Reihe Rechtswissenschaft
Band 190

Das Opportunitätsprinzip im französischen Strafverfahren

Sabine Schönknecht

Centaurus Verlag & Media UG
1999

Die Autorin studierte Rechtswissenschaften, 1997 Promotion an der Universität Mainz. Sie ist derzeit Rechtsreferendarin in Mainz.

Die Deutsche Bibliothek — CIP-Einheitsaufnahme

Schönknecht, Sabine:
Das Opportunitätsprinzip im französischen Strafverfahren / Sabine Schönknecht. – Pfaffenweiler : Centaurus-Verl.-Ges., 1999
(Reihe Rechtswissenschaft ; Bd. 190)
Zugl.: Mainz, Univ., Diss., 1997
ISBN 978-3-8255-0207-2   ISBN 978-3-86226-322-6 (eBook)
DOI 10.1007/978-3-86226-322-6

ISSN 0177-2805

Satz: Vorlage des Autors

Meinen Eltern und Geschwistern

Vorwort

Die vorliegende Arbeit wurde im Sommersemester 1997 vom Fachbereich Rechts- und Wirtschaftswissenschaften der Johannes Gutenberg-Universität Mainz als Dissertation angenommen.

An dieser Stelle möchte ich mich bei allen bedanken, die mich bei der Erstellung der Arbeit unterstützt haben.

Mein besonderer Dank gilt Herrn Professor Dr. Justus Krümpelmann für die Überlassung des Themas sowie für seine verständnisvolle Betreuung und Unterstützung bei der Durchführung der Arbeit. Seine Anregungen waren mir eine wertvolle Hilfe.

Des weiteren möchte ich dem Max-Planck-Institut für ausländisches und internationales Strafrecht für den mir dort als "externer Doktorandin" zur Verfügung gestellten Arbeitsplatz danken sowie dem Direktor des Institut des Sciences Criminelles der Université de Poitiers / Frankreich, Herrn Professor Dr. Jean Pradel, für die freundliche Aufnahme an seinem Institut. Zu Dank verpflichtet bin ich ihm sowie den dortigen Professoren Dr. Michel Massé und Dr. Michel Danti-Juan für Hinweise, Gespräche und die Vermittlung von Kontakten zur französischen Staatsanwaltschaft.

Nicht zuletzt danke ich an dieser Stelle der Lang-Hinrichsen Stiftung, dem Fachbereich Rechts-und Wirtschaftswissenschaften der Johannes Gutenberg-Universität Mainz und der Landesgraduiertenförderung Rheinland-Pfalz, ohne deren Stipendien die Arbeit nicht zustande gekommen wäre.

Inhaltsverzeichnis

Abkürzungsverzeichnis

A. Deutsche Abkürzungen

aA.	Andere Ansicht
aaO.	am angegebenen Ort
Abs.	Absatz
a.F.	alte Fassung
AmJCompLLaw	American Journal of Comparative
Anm.	Anmerkung
AnwBl.	Anwaltsblatt
Aufl.	Auflage
BGB	Bürgerliches Gesetzbuch
BGHSt	Entscheidungen des Bundesgerichtshofes in Strafsachen (zitiert nach Band und Seite)
BGHZ	Entscheidungendes Bundesgerichtshofes in Zivilsachen (zitiert nach Band und Seite)
BtMG	Betäubungsmittelgesetz
BVerfGE	Entscheidungen des Bundesverfassungsgerichtes zitiert nach Band und Seite)
ders.	derselbe
d.h.	das heißt
dies.	dieselbe
Diss.	Dissertation
ebd.	ebenda
EGStGB	Einführungsgesetz zum Strafgesetzbuch
Einl.	Einleitung
einschr.	einschränkend
entspr.	entsprechend
EStÄG	Einführungsgesetz zum Strafrechtsänderungsgesetz
ff.	folgende
Fn.	Fußnote
FS	Festschrift
GA	Goldtammers Archiv für Strafrecht (zitiert nach Jahr und Seite)
GS	Der Gerichtssaal (zitiert nach Band undSeite)
h.M.	herrschende Meinung
HS	Halbsatz
iVm	in Verbindung mit

JA	Juristische Ausbildung (zitiert nach Jahr und Seite)
JGG	Jugendgerichtsgesetz
JR	Juristische Rundschau (zitiert nach Jahr und Seite)
JuS	Juristische Schulung (zitiert nach Jahr und Seite)
JZ	Juristenzeitung (zitiert nach Jahr und Seite)
KG	Kammergericht
krit.	kritisch
MSchrKrim	Monatsschrift für Kriminologie und Strafrechtsreform
mwN.	mit weiteren Nachweisen
NJW	Neue Juristische Wochenschrift (zitiert nach Jahr und Seite)
NStZ	Neue Zeitschrift für Strafrecht (zitiert nach Jahr und Seite)
OLG	Oberlandesgericht
OWiG	Gesetz über Ordnungswidrigkeiten
RiStBV	Richtlinien für das Straf - und Bußgeldverfahren
Rn.	Randnummer
RPflEntlG	Rechtspflegeentlastungsgesetz
Rspr.	Rechtsprechung
S.	Satz oder Seite
s.a.	siehe auch
s.o.	siehe oben
s.u.	siehe unten
StA	Staatsanwaltschaft
StGB	Strafgesetzbuch
StPO	Strafprozeßordnung
st.Rspr.	ständige Rechtsprechung
str.	streitig
StV	Der Strafverteidiger (zitiert nach Jahr und Seite)
ua.	unter anderem
uU.	unter Umständen
u.v.a.	und vor allem
vergl.	vergleiche
z.B.	zum Beispiel
ZRP	Zeitschrift für Rechtspolitik
ZStW	Zeitschrift für die gesamte Strafrechtswissenschaft

B. Französische Abkürzungen

al.	alinéa
Arch. pol. crim.	Archives de Politique Criminelle

Art. / art.	Article
Ass. plén.	Assemblée plénière
B.C. / Bull. Crim.	Bulletin Criminel
BOMJ	Bulletin Officiel du Ministère de la Justice
C.	Code
Cass.	Cour de Cassation
C. Civ.	Code Civil
C.E.S.D.H.	Convention européene de sauvegarde des droits de l'homme
C.E.	Conseil d'État
chr.	chronique
C.I.C.	Code d'instruction criminelle
C.P.	Code pénal
C.P.P.	Code de procédure pénale
Crim.	Chambre criminelle
Concl.	Conclusions
D.	Recueil Dalloz (zitiert nach Jahr, Abteilung u. Seite)
DEA	Diplôme d'études approfondies
déc.	décret
doctr.	doctrine
Dr. pén.	Droit pénal (zitiert nach Jahr und Beitragsnummer)
éd.	édition
FF	Franc Français
Gaz. Pal.	Gazette du Palais (zitiert nach Jahr, Abteilung und Nummer)
I.R.	informations rapides (Dalloz)
J.C.P.	Jurisclasseur périodique (Semaine juridique)
J.-Cl. Proc. Pén.	Jurisclasseur de procédure pénale[1]
J.O.	Journal officiel
l.	loi
n°	numero
ord.	ordonnance
O.P.J.	Officier de police judiciaire
Rev.Sc.Crim.	Revue de science criminelle
Rev. pén.	Revue pénitentiaire et du droit pénal
R.I.D.P.	Revue international de droit pénal
R.P.S.	Revue pénale suisse
S.	Recueil Sirey
s.	suivants
Somm.	Sommaires commentés (Dalloz)
t.	tome
trib.	tribunal

---

[1] Der Jurisclasseur ist in etwa einem deutschen Kommentar vergleichbar. Dabei wird im Rahmen dieser Arbeit in den Fußnoten zuerst der Bearbeiter, anschließend J.Cl. Proc. Pen. als Fundort angegeben.

Einleitung

Im deutschen Strafverfahren gilt gem. § 152 StPO das Legalitätsprinzip, d.h. die Staatsanwaltschaft ist gehalten, zu ermitteln, sobald ein Anfangsverdacht besteht. Sie ist ebenso gehalten, anzuklagen, sobald dafür ein hinreichender Tatverdacht besteht.

Allerdings kennt das deutsche Legalitätsprinzip zahlreiche Ausnahmen und Durchbrechungen, die auch mit dem Rechtspflegeentlastungsgesetz vom 11.1.1993 wieder erweitert worden sind. Angesichts dieser immer stärker zunehmenden Ausnahmen erschien es interessant, sich mit einer Strafverfahrensordnung auseinanderzusetzen, in der das Opportunitätsprinzip nicht nur als Ausnahme gilt, wofür sich das französische Strafverfahren anbot. Dabei kam es der Verfasserin in erster Linie auf eine Darstellung des französischen Rechts und zum Teil auch der französischen Praxis an. Untersucht werden sollte neben den Gründen für eine Verfahrenseinstellung auch, auf welche Art und Weise die Entscheidungsbefugnis der Staatsanwaltschaft begrenzt wird.

Zur gewählten Methodik ist zu festzuhalten, daß für den Vergleich mit dem deutschen Recht grundsätzlich ein eigener Gliederungspunkt gewählt wurde, um die Darstellung von dem Vergleich auch optisch zu trennen. Durchhalten ließ sich dies jedoch nicht immer; kürzere vergleichende Anmerkungen finden sich daher zum Teil auch bei der Darstellung.

Die Verfasserin hatte im Rahmen eines fünf - monatigen Aufenthaltes in Poitiers (Februar bis Juni 1995) auch die Möglichkeit, mit Praktikern zu sprechen. Insgesamt wurden dabei fünf ausführliche Gespräche mit leitenden Staatsanwälten (procureurs de la République) geführt, zum Teil waren dabei auch Substituten anwesend. Die Ergebnisse dieser Gespräche sind in diese Arbeit eingeflossen, allerdings auf Wunsch der beteiligten Praktiker in anonymisierter Form, als "Auskünfte von Praktikern".

Literatur und Rechtsprechung sind bis Frühjahr 1996 eingearbeitet.

1. Teil: Historischer Überblick

Eine Arbeit über das Opportunitätsprinzip im französischen Strafprozeß ist notwendigerweise zumTeil auch eine Arbeit über den französischen Staatsanwalt: nur wenn man seine Rolle im Verfahren kennt, kann man das Opportunitätsprinzip in den Gesamtzusammenhang einordnen.

Aus diesem Grund erfolgt hier ein Abriß nicht nur der Entwicklung des Opportunitätsprinzips, sondern auch der Entwicklung des Strafprozesses unter besonderer Berücksichtigung der Rolle des Staatsanwaltes. Letztere ist für den deutschen Betrachter auch insofern von Interesse, als die Institution der Staatsanwaltschaft aus dem französischen Recht in das deutsche Strafverfahrensrecht übernommen worden ist[1], ohne daß zugleich auch das in Frankreich bereits damals praktizierte Opportunitätsprinzip ebenfalls übernommen worden wäre; zur Grundlage der Entscheidung des Staatsanwaltes wurde vielmehr das Legalitätsprinzip gemacht.

A. Geschichte des französischen Strafprozesses, insbesondere der Staatsanwaltschaft

In Frankreich wie in Deutschland entwickelte sich das Strafverfahren im Widerstreit von Akkusations- und Inquisitionsprinzip. Ebenso wie die deutsche Srafprozeßordnung entwickelt auch der französische Code de Procédure Pénale einen aus beiden Elementen gemischten Kompromiß. Im Überblick läßt sich die Entwicklung in Frankreich wie folgt skizzieren:

I. Entwicklung bis zur Revolution

Ursprünglich wurde zwischen Straf- und Zivilprozeß von der Form her nicht unterschieden[2]. Eine Straftat war etwas, was nur das Opfer und eventuell seine Familie (seine Hinterbliebenen) betraf. Daß sie auch die Gemeinschaft als solche betreffen konnte, wurde noch nicht erkannt, was die einheitliche Prozeßform erklärt. Dieser Auffassung entsprach auch die Anklageform des Strafprozesses: Ohne Klageerhebung des Opfers kam es nicht zum Prozeß; einen öffentlichen Ankläger gab es nicht (Akkusationsprozeß)[3].

---

[1] U.a. Bader, JZ 1956 S. 4 (5); Elling, S. 56/57; Roxin, DRiZ 1969 S. 385 (385); Rüping, GA 1992, S. 147 (147); Schneider, S. 11.

[2] Chenon, S.247.

[3] Laingui/Lebigre, S. 36.

1

Auf die Dauer zeigten sich die Probleme des Akkusationsprozesses immer deutlicher. Viele Verbrechen blieben unbestraft, da eine Anklage den Opfern häufig zu riskant war[4]. Zunächst wurde daher das sogenannte flagrante Delikt eigenen Regeln unterworfen: war der Täter auf frischer Tat, also in flagranti betroffen oder vom öffentlichen Geschrei (clameur publique) verfolgt worden, war kein Ankläger mehr notwendig für den Prozeß[5]. Darüber hinaus versuchten die Gerichtsherren, die Opfer zu einer Klage zu veranlassen, um den Prozeß zu ermöglichen[6].

Auch wenn es sich nicht um ein flagrantes Delikt handelte, gab es mit einem aprise genannten Verfahren die Möglichkeit, gegen einen bekannten Täter vorzugehen. Danach konnte der Gerichtsherr den mutmaßlichen Täter inhaftieren und "de son office," also von Amts wegen, Ermittlungen aufnehmen. Er forderte dann etwaige Ankläger auf, sich zu präsentieren. Dieses Verfahren war wahrscheinlich dem kirchlichen Recht nachgeahmt[7]. Wenn sich trotz der Aufforderung im Laufe eines Jahres kein Ankläger fand, mußte der mutmaßliche Täter wieder in die Freiheit entlassen werden[8].

Wenn der Betreffende erwiesenermaßen eine Straftat begangen hatte, war dieses Ergebnis mißlich. Allerdings konnte es auf zwei Wegen umgangen werden. Zum einen konnte der Betreffende wegen allgemein bekannter Tat (fait notoire) verurteilt werden, wenn alle Zeugen die Schuld des Betreffenden bejahten[9]. Damit wurde der Anwendungsbereich des flagranten Deliktes auf das fait notoire ausgedehnt[10]. Zum anderen konnte der Betreffende dazu aufgefordert werden, sich mit einer Verurteilung ohne Anklage einverstanden zu erklären; ohne dieses Einverständnis war eine Verurteilung allerdings nicht möglich. Da der Betreffende jedoch nicht unbedingt dazu disponiert war, dieses Einverständnis zu erteilen, wurde zum Teil zur Erlangung dieses Einverständnis Folter eingesetzt[11]. In diesem Verfahren (Aprise) wird der Beginn des Verfahrens von Amts wegen gesehen[12].

Mit der aprise wurde die dénonciation[13] häufiger. Sie stellte die Möglichkeit dar, auf Straftaten aufmerksam zu machen, ohne gleich das Risiko einer förmlichen Anklage einzugehen, welche aus mehreren Gründen riskant sein konnte: zum einen

---

[4] Esmein, S. 49.
[5] Esmein, Adhémar: A History of Continental Criminal Procedure with special reference to France, New York 1968, S.61; Laingui/Lebigre, S. 39.
[6] Esmein, S. 49/50.
[7] Esmein, S. 80; Laingui/Lebigre, S. 39.
[8] Carbasse, S. 134.
[9] Carbasse, S. 134; Laingui/Lebigre, S. 39.
[10] Casorla, S. 21.
[11] Carbasse, S. 134; Esmein, S. 52/53; Laingui/Lebigre, S. 40.
[12] Esmein, S. 66; Laingui/Lebigre, S. 39.
[13] Anzeige, nicht zu verwechseln mit dem deutschen Wort Denunziation, das im französischen délation heißt.

wurde der Ankläger, wegen der Gleichheit von Angeklagtem und Ankläger, ebenso wie der Angeklagte während des Prozesses inhaftiert und selbst bestraft, wenn er die Anklage vor Gericht nicht erfolgreich beenden konnte. Zum anderen war das Gottesurteil in Form eines Duells (duel judiciaire) immer noch verbreitet[14]. Aus diesem Grund ging die Zahl der privaten Anklagen im Verlauf der Zeit immer mehr zurück.

Auf die Dauer wurde die Strafverfolgung von Amts wegen daher immer vollständiger, wobei gleichzeitig die Praxis der privaten Vergleiche im Anschluß an eine Straftat immer mehr zurückgedrängt wurde[15]. Allerdings ging die Strafverfolgung noch vom erkennenden Richter aus. Auch hier hat der Prozeß vor den kirchlichen Gerichten als Vorbild gedient, wo bereits seit einiger Zeit versucht wurde, die Härten des Akkusationsprozesses, insbesondere der Ordalien[16], abzumildern. Innozenz III. hatte dort neben dem Prozeß auf private Anklage hin 1243 den Prozeß auf Anzeige hin gestattet, bei welchem der private Ankläger durch den Ankläger von Amts wegen (promoteur) ersetzt wurde, sowie das kontradiktorische Verfahren durch das inquisitorische[17]. Die Übernahme des Inquisitionsprozesses basierte auf dem römischen Recht.

Anfang des 14. Jahrhunderts tauchte dann der procureur du roi als Organ des Strafprozesses auf[18]. In anderen, administrativen Funktionen hatte es den procureur bereits vorher gegeben. Seine Hauptaufgabe war die Kontrolle der Finanzen des Königs gewesen. Über diese Rolle erhielt er auch Einzug in den Strafprozeß, denn die Bußgelder flossen dem königlichen Vermögen zu[19]. Ursprünglich waren diese "procureurs du roi" nichts anderes als Geschäftsleute. Noch im 13. Jahrhundert waren sie in keiner der Sammlungen der Gewohnheitsrechte aufgeführt[20]; zum erstenmal wurden sie 1302 in einer Ordonnance Philips des Schönen erwähnt[21], in der ihnen unter anderem verboten wurde, andere Fälle als die des Königs wahrzunehmen[22]. Ab 1303 wurden sie auch bezahlt und somit zu einer Art Beamter[23], denen mehr und mehr auch die Strafverfolgung oblag.

Allerdings konnten die procureurs du roi selbst nicht als Ankläger auftreten, denn dies war nach wie vor den Opfern der Straftat vorbehalten und wohl auch,

---

[14] Carbasse, S. 135; Laingui/Lebigre, S. 38; Rassat, ministère public, S. 20.

[15] Carbasse, S. 135.

[16] Ordalien wurden die Gottesurteile genannt, durch die Schuld oder Unschuld eines Angeklagten festgestellt werden sollten.

[17] Bouzat/Pinatel, Rn. 946; Laingui/Lebigre, S. 47; Rassat, ministère public, S. 20.

[18] Esmein, S. 100.

[19] Rassat, ministère public, S. 18.

[20] Esmein, S. 100.

[21] Esmein, S. 100; Feldhausen S. 5; Laingui/Lebigre, S. 59.

[22] Esmein, S. 102; Goldschmidt, GA 67 (1919), S. 179 (181).

[23] Goldschmidt, ebd.

gegen Ende des 13. Jahrhunderts, mit dem Akkusationsprinzip nicht vereinbar. Sie konnten aber den jeweiligen Richter dazu bringen, sich von selbst mit der Sache zu befassen. Dazu nutzten sie vor allem die Möglichkeit der dénonciation[24]. Im Verlauf des 14. Jahrhunderts wurde die Rolle der procureurs immer einflußreicher. In der Mitte des Jahrhunderts erscheint die Staatsanwaltschaft[25] als dénonciateur fast aller Verbrechen. Der Staatsanwalt ist an allen Prozessen beteiligt, entweder als Hauptpartei oder neben dem Opfer als Nebenkläger (partie jointe), und wacht über den Verfahrensablauf[26].

Gleichzeitig wurden auch die Regeln der Strafverfolgung von Amts wegen in den Ordonnanzen des Königs festgelegt. Nach ihnen besteht der Strafprozeß aus zwei Teilen, der Voruntersuchung (l'information) und dem Hauptverfahren (l'enquête)[27]. Diese Zweiteilung besteht auch heute noch. Die wichtigsten dieser Ordonnanzen waren die Ordonnance de Blois von 1498 und die Ordonnance de Villers-Cotterêts von 1538. Nach ihnen wirken die procureurs du roi in allen Strafsachen mit[28], sind aber "tenu à l'écart des actes de procédure."[29] Dies bedeutet im Einzelnen, daß der procureur bei Befragungen, Gegenüberstellungen etc. nicht beteiligt wurde, ebensowenig konnte er selbständig ermitteln. Er konnte nur durch eine plainte die Ermittlungen auslösen[30]. Die Rolle des procureurs beschränkte sich praktisch darauf, von dem Prozeß Kenntnis zu nehmen[31].

Die größte und wichtigste Ordonnanz entstand jedoch 1670 unter Ludwig XIV. Mit ihr wurde das Inquisitionsverfahren endgültig festgeschrieben[32]. Allerdings erhielt auch mit ihr der procureur du roi noch nicht in allen Fällen das Recht, von sich aus anzuklagen. Dieses Recht hatte er nur für diejenigen Delikte, auf die eine entehrende Strafe stand, in welchen Fällen er auch gleichzeitig zum Eingreifen verpflichtet war[33]. Im übrigen blieb ihm die Möglichkeit, darauf hinzuwirken, daß sich der Richter von Amts wegen mit einer Sache befaßt[34]. Grundsätzlich war damals der procureur vom Richter abhängig, nicht umgekehrt. Der Richter konnte jederzeit aus eigener Initiative tätig werden, er mußte nicht auf die des procureurs warten: "Tout juge est procureur du roi."[35] Unter der Ordonnance von 1670 mußte

---

[24] Esmein, S. 104; Laingui/Lebigre, S. 58/59.

[25] Carbasse, S. 134,spricht hier bereits vom ministère public, obwohl damals erst ein Vorläufer der heutigen Staatsanwaltschaft bestand.

[26] Laingui/Lebigre, S. 59.

[27] Esmein, S.106; Goldschmidt, aaO., S. 183.

[28] Esmein, S. 139 f.; Goldschmidt, aaO., S 183.

[29] Rassat, ministère public, S.28.

[30] Goldschmidt, aaO., S. 183/184.

[31] Rassat, aaO. S. 28.

[32] Casorla, S. 23.

[33] Carbasse, S. 148.

[34] Rassat, ministère public, S. 27.

der Richter allerdings in jeder Phase des Prozesses dem Staatsanwalt die Möglichkeit zur Stellungnahme geben[36]. Die Ordonnanz von 1670 und damit das Initiativrecht des Richters blieb bis zur Revolution in Kraft und beeinflußte später auch den Code d'Instruction Criminelle für die Phase der Voruntersuchung[37].Während dieser ganzen Entwicklung blieb für das Opfer die Möglichkeit bestehen, sich direkt an den Richter zu wenden. Davon wurde auch recht häufig Gebrauch gemacht. Die procureurs verfolgten auf Staatskosten vorwiegend königliche Fälle (cas royaux) und religiöse Delikte, z.T. auch Delikte gegen den ordre public wie vagabondage und désertion (bei den beiden letztgenannten Delikten wurden ungefähr die Hälfte aller diesbezüglichen Prozesse von den procureurs eingeleitet). Die übrigen Delikte wurden zumeist auf Privatinitiative hin verfolgt[38].

Bei der Ordonnanz von 1670 handelte es sich nicht um ein eigenständiges, neues Werk. Sie faßte vielmehr die schon bestehenden Ordonnanzen zusammen und sollte wohl auch Streitfragen klären. Aufgrund ihrer Klarheit gab sie dem Inquisitionsverfahren seine endgültige Form[39].Dieses Verfahren wies jedoch mehrere grausame und ungerechte Züge auf, die es denn auch nachhaltig in Verruf brachten: es war ein geheimes und schriftliches Verfahren, Folter war erlaubt und an der Tagesordnung und zwar sowohl vor dem Urteil, um zu einem Geständnis des Angeklagten zu kommen, als auch vor der Vollstreckung des Urteils, um die Namen von eventuellen Beteiligten zu erfahren. Außerdem bestand für den Angeklagten die Pflicht zur Aussage, wobei er auch vereidigt werden konnte. Die Ergebnisse des Verfahrens waren infolgedessen von Willkür geprägt. Dies um so mehr, als die die Verfahren führenden Richter häufig mehr an ihrer eigenen Finanzlage als an der Rechtsprechung interessiert waren und daher die Prozeßhandlungen vervielfältigten[40].

Ausgehend von einigen besonders eklatanten Fällen wurde das Inquisitionsverfahren und damit auch die Ordonnance von 1670 hauptsächlich wegen der genannten Grausamkeiten im Laufe des 18. Jahrhunderts mehr und mehr kritisiert[41], und zwar unter anderem von Philosophen und Publizisten wie Montesquieu, Voltaire und Beccaria[42]. Montesquieu, der durchaus zu den schärfsten Kritikern gehörte[43],

---

[35] Langui/Lebigre, S. 59; Rassat, ministère public, S. 27.
[36] Laingui/Lebigre, S. 91.
[37] Laingui/Lebigre, S. 87.
[38] Schnapper, arch. pol.crim 10 (1988), S. 19 (20).
[39] Feldhausen S. 1/2; Sasserath, Rev. Sc. Crim. 1952, S. 35.
[40] Belot, S. 261
[41] Esmein, S. 361; Laingui/Lebigre, S. 127.
[42] Stefani/Levasseu/Bouloc, Rn. 74.
[43] Montesquieu, De l'esprit des lois, Buch 6, Kapitel 17: De la torture ou question contre les criminels.

verschonte jedoch die Institution der Staatsanwaltschaft, die er im Gegenteil lobend erwähnte:

> " Nous avons aujourd'hui une loi admirable; c'est celle qui veut que le prince, établi pour faire exécuter les lois, prépose un officier dans chaque tribunal pour poursuivre en son nom tous les crimes; de sorte que la fonction de délateurs est inconnue parmi nous, et, si ce vengeur était soupçonné d'abuser de son ministère, on l'obligerait de nommer son dénonciateur"[44].

Die Kritik Montesquieus am Strafprozeß wurde von Beccaria und Voltaire aufgenommen. Am bekanntesten und einflußreichsten wurde dabei die Abhandlung "Dei delitte e delle pene" Beccarias, die 1766 aus dem Italienischen ins Französische übersetzt wurde. In dieser Abhandlung greift Beccaria systematisch alle Institutionen des damaligen Inquisitionsprozesses an. Das Werk hatte auf Anhieb einen großen Erfolg, der nicht auf Italien und Frankreich beschränkt blieb[45]. Interessanterweise blieb jedoch auch in der folgenden Auseinandersetzung die Institution der Staatsanwaltschaft, wie schon bei Montesquieu, weitgehend von der Kritik verschont[46].

Auf die immer heftiger werdende Kritik am Inquisitionsprozeß hin wurde 1780 die question préparatoire (die dem Urteil vorhergehende Folter) abgeschafft. Allerdings wurde sie zu diesem Zeitpunkt bereits seit ungefähr dreißig Jahren nicht mehr angewendet, so daß ihre Abschaffung nicht wirklich etwas änderte, sondern eher eine kosmetische Operation war[47]. Auch 1788 fanden unter Ludwig XVI. noch einige Änderungen der Ordonnanz von 1670 statt, die jedoch nur die ärgsten Mißstände behoben, ohne die Ordonnanz grundsätzlich zu ändern[48].Infolgedessen wurde die Ordonnanz von 1670 auch in ihrer gemäßigten Form im Rahmen der Revolution abgelehnt.

II. Intermediäres Recht

Bereits vor der Revolution waren die Blicke auf das englische Strafverfahren gefallen[49]; mit seinem Akkusationsprinzip und vor allen den Geschworenengerichten erschien es vielen als die beste Abhilfe gegen alle Übel des französischen Strafverfahrens[50]. Als also das Inquisitionsverfahren der Ordonnanz von 1670

---

[44] Montesquieu,aaO., Buch 6, Kapitel 8.
[45] Belot, S. 266.
[46] Goldschmidt, aaO., S. 184.
[47] Laingui/Lebigre, S. 129.
[48] Esmein, S. 399; Laingui/Lebigre, S. 129/130; Stefani/Levasseur/Bouloc, Rn. 75.
[49] Einer der ersten, die das englische Verfahren erwähnten, war Montesquieu (De l'esprit des lois, Buch XI, Kapitel 6), der es mit dem römischen Verfahren der Republik und dem feudalen Strafverfahren verglich (Carbasse, S.303/304).

durch die Revolution abgeschafft wurde, lag nichts näher, als das englische Akkusationsverfahren zu übernehmen, was dann auch geschah.

Mit dem Inquisitionsverfahren gemeinsam wurde auch die Staatsanwaltschaft abgeschafft, obwohl diese, wie bereits angemerkt, von Kritik weitgehend verschont geblieben war. Zur Abschaffung der Staatsanwaltschaft trug allerdings bei, daß die procureurs du roi eben die Interessenvertreter des Königs waren[51] und als solche das Mißtrauen der Revolutionäre erregten. Außerdem gab es im englischen Akkusationsprozeß, der ja als Vorbild diente, keine dem procureur vergleichbare Position. Ersetzt wurde die Staatsanwaltschaft zum einen durch einen commissaire (erst du roi, später du gouvernement), der für die Anwendung der Gesetze und die Ausführung der Urteile zu sorgen hatte und zum anderen durch einen accusateur publique, der während des Prozesses die Anklage vertrat[52]. Ihm standen zwar Überwachungsfunktionen hinsichtlich der Polizei, nicht aber ein unmittelbarer Einfluß auf die Einleitung des Strafprozesses zu, so daß er kaum noch Ähnlichkeiten mit den früheren procureurs hatte[53]. Für die Revolutionäre kam es nicht in Betracht, ihm die Herrschaft über die action publique anzuvertrauen[54].Ankläger war jetzt wieder allein der Bürger und zwar jeder Bürger, auch derjenige, der von der Straftat selbst nicht betroffen war (Popularklage). Diese dénonciation civique stellte für bestimmte Delikte eine Bürgerpflicht dar. Die Position des klagenden Bürgers war gegenüber derjenigen, die er mit der alten action civile innegehabt hatte, sehr viel stärker.

1791 wurde konsequenterweise auch die Jury des englischen Vorbildes in das französische Strafverfahren übernommen, um gemäß der Verfassung vom 3.9.1791 über die schwersten Verbrechen zu richten[55].

Die Abschaffung der Staatsanwaltschaft war nicht ohne Protest erfolgt. Zum Teil wurde die Bürgerpflicht zur Anzeige von Mitbürgern als grausam empfunden; vor allem aber wurde kritisiert, daß diese Bürgerpflicht den staatlichen Ankläger nicht zu ersetzen vermöchte[56]. Daher hielt sich die Abschaffung der Staatsanwaltschaft auch nicht lange. Bereits im Gesetz vom 7. Pluviose des Revolutionsjahres IX (28. Januar 1801) wurde die Voruntersuchung neu geregelt und dabei die Staatsanwaltschaft wieder eingeführt. Die Staatsanwälte hießen nunmehr substituts du commissaire du gouvernement und waren mit der Strafverfolgung befaßt. Sie

---

[50] Esmein, S. 411; Feldhausen, S. 20.
[51] Casorla, S. 28; Rassat, ministère public, S. 32.
[52] Die Anzeigen erfolgten gegenüber dem juge de paix, der die Ermittlungen durchführte und dann die jury d'accusation anrief, die gegebenenfalls das erkennende Gericht mit dem Fall befaßte. Erst dann trat der accusateur public in Erscheinung.
[53] Casorla, S. 28; Esmein, S. 417; Goldschmidt, aaO., S. 185; Rassat, ministère public, S.32/33.
[54] Laingui/Lebigre, S. 138; Schnapper, aaO., S. 21.
[55] Stefani/Levasseur/Bouloc, Rn. 76.
[56] Belot, S. 35; Bouzat/Pinatel, Rn.1104; Esmein, S. 342.

nahmen die plaintes und dénonciations entgegen und waren, was neu war, auch für Verhaftungen (arrestations) zuständig, d.h. sie konnten einen Verdächtigen bis zu 24 Stunden inhaftieren[57]. Auch sonst stellte das Gesetz vom 7. Pluviose IX eine deutliche Rückkehr in Richtung auf die Ordonnanz von 1670 dar. So wurde die gerichtliche Voruntersuchung (instruction préparatoire) wieder eingeführt und einem Untersuchungsrichter anvertraut[58]. Insgesamt betrachtet bildete dieses Gesetz den Übergang zum Code d'Instruction Criminelle, indem es einige Grundsätze wieder einführte, die während der Revolution ausgelöscht worden waren[59].

III. Der Code d'Instruction Criminelle

Das Kaiserreich brachte zunächst keine großen Änderungen in die Institutionen des Strafverfahrens; nur die Bezeichnungen änderten sich zum Teil. So bekam die Staatsanwaltschaft ihre alten Titel wieder: aus den commissaires du gouvernement prés les cours d'appel wurden wieder procureurs généraux, aus ihren Substituten wurden die procureurs impériaux[60]. Aber bereits 1801 wurde eine Überarbeitung des Strafverfahrens (sowie auch anderer Gesetze) begonnen[61]. Die Überarbeitung des Strafverfahrens mündete 1808 in den Code d'Instruction Criminelle (CIC), der allerdings erst nach der Verabschiedung (promulgation) des Code Pénal und des Gesetzes über die Organisation der Justiz 1810 am 1.1.1811 in Kraft trat. Er blieb in Kraft, bis er 1958 durch den heutigen Code de Procédure Pénale (CPP) abgelöst wurde[62].

Mit dem CIC wurde die Staatsanwaltschaft wieder eingeführt, allerdings ohne die politischen Kompetenzen, die sie unter dem ancien régime gehabt hatte. Ihre Funktion war jetzt auf die Justiz beschränkt[63]. Bei den Vorbereitungen zum CIC

---

[57] Casorla, S.31; Esmein, S.451/452; Feldhausen, S.127; Goldschmidt, aaO., S.187; Laingui/Lebigre, S. 141; Stefani/ Levasseur/Bouloc, Rn.78.

[58] Laingui/Lebigre, S. 141; im Rahmen dieser Voruntersuchung wurde die vorher nicht mögliche Zeugenanhörung außerhalb der Gegenwart des Angeklagten eingeführt, Esmein, S. 455; Goldschmidt, aaO., S. 187.

[59] Feldhausen, S. 131.

[60] Esmein, S. 481; Goldschmidt aaO., S.187.

[61] Arrêté consulaire vom 7. germinal IX (= 29.3.1801); s. Stefani/Levasseur/Bouloc Rn.79; Feldhausen, S.139.

[62] Der napoleonische CIC gilt noch heute relativ wenig verändert in Belgien und in stärker geänderter Form in Luxembourg; Spielmann,A./Spielmann,D.: Luxembourg, in: van den Wyngaert, Christine (Hrsg): Criminal Procedure Systems in the European Community, London Brüssel Dublin Edinburgh 1993, 261 ff. (261).

[63] RASSAT geht davon aus, daß der Staatsanwalt im heutigen Sinne erst durch den napoleonischen Gesetzgeber geschaffen wurde, ohne daß dieser jedoch eine neue Institution schaffen wollte; Ziel des napoleonischen Gesetzgebers sei vielmehr die Wiedereinführung der Staatsanwaltschaft in

entstand Streit um die Kompetenzen der Staatsanwaltschaft. Die Frage war, ob sowohl die Ermittlungen als auch die Anklage von der Staatsanwaltschaft durchgeführt werden sollten, wie es im Projekt für den CIC , das 1808 dem Conseil d'Etat unterbreitet wurde, vorgesehen war. Danach sollte der procureur impérial Anzeigen und Anträge (dénonciations et plaintes) entgegen nehmen, im Fall des flagranten Deliktes den Beschuldigten festnehmen, Zeugen anhören, Durchsuchungen vornehmen und Haftbefehle aussprechen können. Der Untersuchungsrichter sollte die Voruntersuchung nur vervollständigen und eventuell wiederholen können. Die Verfasser dieses Entwurfes waren darauf bedacht, der Exekutive einen möglichst großen Einfluß auf des Strafverfahren zu sichern[64].

Dieses Projekt wurde abgelehnt, da es eine zu große Machtfülle für die Staatsanwaltschaft beinhaltet hätte. Vielmehr kehrte man zur Trennung von Untersuchung und Verfolgung zurück[65]. Aus Praktikabilitätserwägungen wurden dem Staatsanwalt aber Untersuchungsbefugnisse für die Fälle des flagranten Deliktes eingeräumt, welches daher in der französischen Strafprozeßordnung, auch im heute geltenden CPP, breiter als in anderen Prozeßordnungen geregelt ist[66]. In den anderen Fällen ist die Untersuchung einem Untersuchungsrichter anvertraut. Der Staatsanwalt erhält die Aufgabe, die action publique auszuüben.

Die gerichtliche Voruntersuchung (instruction préalable) entspricht weitgehend derjenigen der Ordonnanz von 1670, (selbstverständlich ohne deren Exzesse). Die Voruntersuchung ist danach schriftlich, geheim und nicht kontradiktorisch, nur der Staatsanwalt kann jederzeit das Dossier einsehen. Der Beschuldigte hat diese Möglichkeit nicht, er wird vielmehr während der Voruntersuchung darüber im Unklaren gelassen, was ihm vorgeworfen wird[67]. Das Hauptverfahren dagegen ist mündlich, öffentlich und kontradiktorisch; als kontradiktorisch wird dabei das bezeichnet, was im Deutschen Recht auf Gehör genannt wird[68]. Anklage und Verteidigung haben die gleichen Möglichkeiten. Der Gang des Hauptverfahrens dagegen wurde hauptsächlich dem Gesetz vom 7.Pluviose IX entnommen[69].

Das im CIC geregelte Strafverfahren stellt sich somit als eine Mischung aus der Ordonnanz von 1670 und den Gesetzen der Revolutionszeit, also dem Inquisitionsverfahren und dem Akkusationsverfahren dar[70], ebenso wie als Kompromiß

---

modifizierter Form gewesen; Rassat, ministère public, S.34.

[64] Casorla, S. 32.

[65] Casorla, S. 33.

[66] Esmein, S. 530/531.

[67] Casorla, S. 34; Feldhausen, S. 150; Sasserath, aaO., S. 35 (36); Stefani/Levasseur/Bouloc, Rn.80.

[68] Tiedemann, Klaus: La constitutionnalisation de la "matière pénal" en Allemagne, in Rev. Sc. Crim. 1994, S. 1 (9);vergl. auch Pradel, procédure, Rn. 262.

[69] Casorla S. 34; Feldhausen, S. 152; Laingui/Lebigre, S. 144; Sasserath, ebd.; Stefani/ Levasseur /Bouloc, Rn. 80.

[70] Bouzat/Pinatel, Rn.951; Stefani/Levasseur/Bouloc, Rn. 81.

zwischen dem Sicherheitsbedürfnis einerseits und den Rechten des Angeklagten andererseits[71]. Grundprinzipien des CIC, die auch heute unter dem CPP noch gelten, sind die Einheit von Zivil- und Strafgerichtsbarkeit und die Trennung zwischen den verschiedenen Funktionen (Strafverfolgung, Untersuchung und Urteil)[72]. Bereits im CIC bekamen bestimmte Verwaltungsbehörden, wie z.B. eaux et forêts, das Recht, entweder gemeinsam mit der Staatsanwaltschaft oder allein die öffentliche Strafklage zu betreiben[73]. Dieses Recht steht ihnen auch unter dem CPP noch zu.

IV. Entwicklung vom Code d'Instruction Criminelle zum Code de Procédure Pénale

Da die Strafverfolgung und der Strafprozeß eng an die politische Organisation eines Staates geknüpft sind, an seine Konzeption der Grundrechte und der Notwendigkeit der Verteidigung der Gesellschaft, hat sich die Tendenz des Strafprozesses in Frankreich denn auch immer wieder verändert[74].

Unter der Julimonarchie wurden die Garantien für die Freiheit des Einzelnen erweitert, die Ausnahmegerichte wurden abgeschafft (wodurch die Domäne der Jury erweitert wurde), und die Prüfung mildernder Umstände wurde in den Verfahren vor der Cour d'assises den Geschworenen übertragen, nicht mehr wie bisher den Berufsrichtern[75].

Unter dem zweiten Empire wurden aus Kostengründen dem Untersuchungsrichter allein bestimmte streitige Entscheidungen übertragen, die vorher von einer chambre du conseil du tribunal correctionnel getroffen worden waren. Diese und andere Maßnahmen hatten die Tendenz, die Garantien für die Individualfreiheit einzuschränken. Eine weitere Maßnahme war die Übertragung von bisher dem Untersuchungsrichter vorbehaltenen Kompetenzen in den Fällen des "flagranten Delikts" auf die Staatsanwaltschaft. Andererseits findet man im Gesetz vom 14. Juli 1865 über die Untersuchungshaft auch Ausdrücke einer liberalen Tendenz[76].

Auch in der Zeit der dritten Republik finden sich beide Tendenzen, allerdings in zwei aufeinanderfolgenden Perioden.

In der Zeitspanne von 1870 - 1935 kann man ein Wachsen der Garantien der persönlichen Freiheit beobachten; mit der Entwicklung demokratischer Ansichten erfuhren die im Strafprozeß verbliebenen Elemente des Inquisitionsverfahrens zum

---

71 Stefani/Levasseur/Bouloc, Rn. 80.
72 Feldhausen, S. 153.
73 Schnapper, aaO., S. 22.
74 Stefani/Levasseur/Bouloc, Rn. 81.
75 Stefani/Levasseur/Bouloc, Rn. 82.
76 Stefani/Levasseur/Bouloc, Rn. 83.

10

Teil deutliche Änderungen[77]. So blieb die Voruntersuchung (instruction préparatoire) zwar schriftlich, geheim und nicht kontradiktorisch. Sie wurde jetzt aber kontrolliert und vor allen Dingen wurde der Betroffene über sie in Kenntnis gesetzt. Er konnte sich bereits bei seinem ersten Erscheinen im Rahmen der Voruntersuchung anwaltlich unterstützen lassen[78]. Außerdem wurden die Individualfreiheiten stärker geschützt.

In der zweiten Zeitspanne (1935 -1945) dagegen herrschte eine entgegengesetzte Strömung, die stark von den Frankreich umgebenden totalitären Staaten (Deutschland, Italien) geprägt wurde und unter dem Vichy-Regime ihren Höhepunkt hatte. In dieser Zeit wurden die Garantien für die Individualfreiheiten stark eingeschränkt[79]. Während frühere Reformen die Rolle der Jury erweitern wollten, wurde ihre Rolle während dieser Zeit absichtlich massiv eingeschränkt, zum einen durch die Reduzierung der Geschworenenzahl um die Hälfte und zum anderen dadurch, daß die Berufsrichter mit über die Schuldfrage abstimmten[80]. Etliche Delikte wurden von der Cour d'assises auf die Korrektionalgerichte (tribunaux correctionnels) übertragen und die Zahl der Ausnahmegerichte, die schwerste Strafen nach einem nur summarischen Verfahren aussprechen durften, erhöht[81]; die Möglichkeiten, Rechtsmittel einzulegen, wurden stark reduziert[82].

Grundsätzlich kann man in der Zeitspanne seit Entstehen des CIC einen immer stärker anwachsenden Einfluß der Staatsanwaltschaft feststellen. So war die Staatsanwaltschaft zwar offiziell für die Voruntersuchung nicht zuständig. Mit der von ihr praeter legem durchgeführten enquête officieuse entwickelte sich aber eine Art der Ermittlungen, die den Untersuchungsrichter z.T. beinahe ersetzten[83]. Darüber hinaus entwickelten die Staatsanwälte auch die Angewohnheit, die einzelnen Fälle unter den Untersuchungsrichtern des jeweiligen Gerichtes zu verteilen, was ihnen eine gewissen Einfluß auf die Untersuchungsrichter gewährte[84].

Mit der Befreiung wurden zunächst nur die exzessivsten Teile der Gesetzgebung von Vichy außer Kraft gesetzt[85]. Die Voruntersuchung (l'instruction préparatoire) wurde nur in geringem Ausmaß geändert, der Schutz der Individualfreiheiten blieb

---

[77] Bouzat/Pinatel, Rn.953; Stefani/Levasseur/Bouloc, Rn. 84.

[78] Art. 3 des Gesetzes vom 8. Dezember 1897, D. 1897 4. Teil, S.113, (119-121).

[79] Stefani/Levasseur/Bouloc, Rn.84.

[80] Art.1 Abs.6 (Änderung von Art. 309 CIC) und Art.2 Abs 1-6 (Änderung von Art. 345-350 CIC) vom sogenannten Gesetz (l'acte dit loi) vom 25.11.1941; D.1941, 4.Teil, S. 604, 604/605.

[81] Stefani/Levasseur/Bouloc, Rn. 85.

[82] Art. 4 - 6 vom Dekret vom 8. 8. 1935, D. 1935, 4. Teil, S. 224, 224 - 225.

[83] Casorla, S. 36.

[84] Casorla, S. 37. Dieser Einfluß des Staatsanwaltes auf den ihm noch dazu untergeordneten Untersuchungsrichter wurde auch von *Donnedieu de Vabres* in seiner Erklärung zu dem von einer von ihm geleiteten Kommission erarbeiteten Entwurf einer Überarbeitung des CIC als bedauerlich festgestellt; Rev. Sc. Crim. 1949, S. 459 (500).

[85] Stefani/Levasseur/Bouloc, Rn. 86.

im Großen und Ganzen auf dem Stand von 1939[86]. Die Jury wurde weiterhin mit einem gewissen Mißtrauen betrachtet; die Reform, die mit dem "sogenannten Gesetz von 1939" (l'acte dit loi) die Reform der Cour d'assises betroffen hatte, wurde im wesentlichen übernommen. Durch die Kriegsjahre, die Besetzung und insbesondere die Erfahrung mit den Verhören durch die Polizei (sowohl der deutschen als auch der französischen[87]) war die französische Bevölkerung für Mißbräuche der Strafverfolgung während der polizeilichen Phase sensibilisiert worden; entsprechende Gesetze sollten formuliert werden, um dies in Zukunft zu verhindern[88].

Die Neuorientierung des Strafrechts, die die Verfolgung stärker der Täterpersönlichkeit anpaßte, stellte den Strafprozeß ebenfalls vor neue Probleme[89]. Aus all diesen Gründen begann man, ernsthaft an einer Revision des alten CIC zu arbeiten. Das letzte Projekt zu Überarbeitung des CIC war 1938 vor dem Parlament niedergelegt worden. Nach der Befreiung ließ man es von einer Kommission bearbeiten, deren Vorsitz H. Donnedieu de Vabres innehatte[90]. Die von dieser Kommission erarbeitete Version wurde 1949 veröffentlicht[91]. Überraschenderweise waren einige ihrer Regelungen den Individualrechten gegenüber sehr zurückhaltend; u.a. sollte der Beschuldigte beispielsweise erst nach dem ersten Verhör mit seinem Anwalt sprechen dürfen[92]. Darüber hinaus sollte nach diesem Projekt der Staatsanwalt auch für die Voruntersuchung zuständig sein, während ein ihm übergeordneter juge d'instruction sein Vorgehen kontrollieren und am Ende über die Anklage entscheiden sollte[93]. Die Trennung zwischen Untersuchung und Verfolgung sollte also abgeschafft werden[94], was ebenso wie der Rückschritt im Bereich der Rechte der Verteidigung zum Teil stark kritisiert wurde[95]; infolgedessen wurde dieses Projekt nicht in das Parlament eingebracht[96].

1953 wurde dann eine neue Kommission unter dem Vorsitz von A. Besson einberufen[97]. 1956 konnten Vorwort und erster Teil des Code de procédure pénale (CPP) dem regulären gesetzgeberischen Prozeß unterzogen werden. Mit der

---

[86] Stefani/Levasseur/Bouloc, Rn. 87.

[87] Für nähere Einzelheiten über die Kollaboration der französischen Polizei siehe Jean DEFRASNE, Histoire de la collaboration, (édition que sais-je), 2. Auflage, Paris 1989, S. 65 ff. und S. 95 ff.

[88] Stefani/Levasseur/Bouloc, Rn. 88.

[89] Stefani/Levasseur/Bouloc, Rn. 88.

[90] Stefani/Levasseur/Bouloc, Rn. 89.

[91] Rev. Sc. Crim. 1949, S. 433 ff., 617 ff., 796 ff., avec le rapport de présentation de Donnedieu de Vabres.

[92] Art. 87 des Projektes, Rev.Sc.Crim. 1949, S. 433 (446).

[93] Art. 44, 51 des Projektes, Rev. ScCrim. 1949, S. 433 (442).

[94] H. Donnedieu de Vabres, Rev.Sc.Crim. 1949, S. 499 (501).

[95] Caleb, Rev.Sc.Crim. 1952, S.19 (21).

[96] Bouzat/Pinatel, Rn.956.

[97] Stefani/Levasseur/Bouloc, Rn. 90.

Verabschiedung der Verfassung von 1958 beschloß die Regierung, den gesamten CPP im Wege einer Ordonnanz in Kraft zu setzen[98], was dann mit der Ordonnance 58 - 1296 vom 23. Dezember 1958 auch geschah.

V. Entwicklung seither

In den beinah 40 Jahren, die der CPP in Kraft ist, wurde er mehrfach geändert. Dabei kann man die erfolgten Änderungen in zwei Gruppen aufteilen: einige hatten die Verbesserung der Individualrechte zum Ziel, die andere Gruppe diente der Verfahrensbeschleunigung[99].

In die erste Gruppe lassen sich vor allen Dingen das Gesetz vom 17. Juli 1970 hinsichtlich der Untersuchungshaft, das Gesetz vom 6. August 1975 und das Gesetz bzw. die Gesetze der Reform von 1993 einsortieren[100].

Zur zweiten Gruppe gehören des Gesetz vom 3. Januar 1972 mit der Einführung des Strafbefehls (ordonnance pénale), ebenso wie das bereits genannte Gesetz vom 6. August 1975, indem der Anwendungsbereich für das Flagranzverfahren erweitert und die Auswirkung von Prozeßfehlern verringert wurde. 1995 versuchte der Gesetzgeber, die bedingte Verfahrenseinstellung (injonction pénale) einzuführen, was jedoch daran scheiterte, daß die Cour Constitutionnel die Regelung für mit der Verfassung nicht vereinbar erklärte (cf. dazu im Einzelnen S.74 ff.).

---

[98] Stefani/Levasseur/Bouloc, Rn. 90.

[99] Stefani/Levasseur/Bouloc, Rn. 94.

[100] Das Gesetz vom 4. Januar 1993 (D. 1993 législation S.134 ff.) wurde durch Gesetz vom 24. August 1993 wieder geändert (D. 1993, législation S.467 ff.). Das Gesetz vom 4. Januar hatte den CPP in vielen Punkten , insbes. im Untersuchungsverfahren geändert und Neuerungen wie die mögliche Mediation durch den Staatsanwalt eingeführt. Die Hauptverhandlung war zu einem Akkusationsprozeß ausgeformt worden. Einziges Ziel war der Schutz der Rechte des Angeklagten. Allerdings war das Gesetz in dieser Form nicht praktikabel, da es zum einen den Schutz der Gesellschaft nicht mehr ausreichend sicherte und zum anderen für die praktische Handhabung zu kompliziert war. Mit dem politischen Wechsel im März 1993 wurde das Gesetz dann überarbeitet; diese Überarbeitung mündete in dem Gesetz vom 24. August 1993. Vergl. dazu Pradel, procédure, Rn. 545; ders., D. 1993 chr.S.299 ff.

B. Entwicklung des Opportunitätsprinzips

I. Intermediäres Recht

Während der Revolutionszeit herrschte allen Beamten und Funktionären des ancien régime, also auch den Staatsanwälten[101] gegenüber, großes Mißtrauen. Aus diesem Grund nahm das revolutionäre Recht das Legalitätsprinzip für die Strafverfolgung (principe de légalité dans la mise en mouvement des poursuites)[102] in seine Gesetze auf und zwar sowohl in das Gesetz vom 16.-19.9.1791[103] als auch in den Code vom 3.Brumaire IV (25.10.1795)[104]. Damit war der juge de paix, dem die Ermittlungen oblagen, in jedem Fall, auch dem einer einfachen Anzeige ohne Konstitution als Zivilpartei durch den Anzeigenden, gehalten, zu ermitteln und die Anklagejury mit dem Fall zu befassen. Für den Fall der Weigerung des Staatsanwaltes existierte ein Rechtsmittel, das eine weitere autorité judiciaire mit dem Fall befaßte[105].

II. Code d'Instruction Criminelle

Unter der Geltung des CIC fand der Übergang zum Opportunitätsprinzip für die Frage der Einleitung des Strafverfahrens (le principe d'opportunité dans la mise en mouvement des poursuites) statt, obwohl im Gesetzestext keinerlei Hinweis auf dieses Prinzip zu finden ist.

Eher ist im Gegenteil aufgrund der Entstehung des CIC davon auszugehen, daß auch weiterhin das Legalitätsprinzip gelten sollte. Eine so starke Neuerung wie die Einführung des Opportunitätsprinzips und die damit verbundene Möglichkeit des Staatsanwaltes, ein Verfahren einzustellen, wäre wohl im Gesetz erwähnt worden[106]. Zudem war es zu dieser Zeit Anliegen des Gesetzgebers, möglichst alle Straftaten verfolgt zu sehen[107]; diesem Ziel zu dienen, ist das Legalitätsprinzip eher

---

[101] Denis, S. 158; Pradel, procédure, Rn. 369.

[102] Statt principe de légalité dans la mise en mouvement des poursuites heißt es z.T. auch kürzer légalité des poursuites (z.B. bei Pradel, procédure, Rn. 368). Begrifflich ist es zu unterscheiden von dem prinipe de légalité des peines (keine Strafe ohne Gesetz).

[103] Art. 3 Titre V des Gesetzes: "Si le dénonciateur signe la dénonciation et l'affirme, l'officier de police *sera tenu* d'ordonner aux témoins qu'il indiquera, de venir faire devant lui leur déclaration." zitiert nach Rassat, ministère public, S. 227 (Fn.617).

[104] Art. 4 des Code präzisierte. "... tout délit donne essentiellement lieu à une action publique" zitiert nach Laurent, Rec. Dr. Pén. 1948, S. 97 (103); s.a. Pradel, Rev. Penitentiaire 1991, S. 9 (15).

[105] Rassat, ministère public, S.227.

[106] Laurent, Rec. dr. pén. 1948 S. 97 (104).

[107] Rassat, ministère public, S. 228/229 .

in der Lage als das Opportunitätsprinzip. Treilhard, der an den Debatten des Conseil d'Etat teilgenommen hatte und damit betraut war, das Projekt des CIC dem Le-
gislativkörper vorzustellen, rühmte an dem Projekt, daß der CIC dafür sorge, daß
keine Straftat unverfolgt bliebe[108]. Für ihn stellte eine nicht bestrafte Straftat ein
Unglück dar[109]. Auch dies spricht dafür, daß unter dem CIC das Legalitätsprinzip
gelten sollte.

Trotzdem entwickelte sich bald nach dem Inkrafttreten des CIC die Praxis der
Verfahrenseinstellungen (classements sans suite) durch die Staatsanwaltschaft, deren Legalität ausgesprochen umstritten war. Im Zentrum des Streites standen dabei Art. 47, 64 und 70 CIC[110] und ihre Interpretation.

Vom Wortlaut, insbesondere von der gewählten Imperativform her, schienen
diese Artikel das Legalitätsprinzip festzuschreiben. In diesem Sinn wurden sie auch
direkt nach Entstehung des CIC interpretiert[111]. Sehr schnell kam aber eine andere
Lesart dieser Artikel auf, wonach sie nur das Verhältnis zwischen Staatsanwalt und
Untersuchungsrichter regelten. Vor dem CIC waren Strafverfolgung und Ermittlung in der Hand des Staatsanwaltes vereint, mit dem CIC wurden die beiden Aufgaben auf Staatsanwalt und Untersuchungsrichter verteilt. Vor diesem Hintergrund
wurde vertreten, daß die genannten Artikel auf genau diese Trennung hinweisen
und nicht etwa die Freiheit des Staatsanwaltes, über die Einleitung des Strafprozesses zu entscheiden, einschränken sollten. Ihm sollte durch sie nicht auferlegt werden, allen einfachen Anzeigen von Privatleuten nachgehen zu müssen. Wollte man
ihn dazu verpflichten, so würde die Handlungsfreiheit der Staatsanwaltschaft beschnitten und insgesamt die öffentliche Strafverfolgung dem Rachebedürfnis einzelner untergeordnet werden[112].

---

[108] "... Aucun crime, aucun délit, aucune contravention ne doit rester sans poursuite....le premier
voeu de la loi est que toute infraction des règles soit connue, soit poursuivie, soit jugée, ... le premier livre du Code d'Instruction Criminelle, qui vous est actuellement soumis pourvoit sage-
ment à ce qu'aucun crime, aucun délit, aucune contravention ne reste sans poursuite."zitiert nach
Rassat, ministère public, S. 228; vergl. auch Laurent, aaO., S. 104.

[109] "... car c'est un malheur, sans doute que l'impunité d'un crime" zitiert nach Laurent, aao., S. 104.

[110] Art. 47: Hors les cas énoncés dans les Art. 32 et 46, le procureur de la République instruit, (...),
qu'il a été commis dans son arrondissement un crime ou un délit (...) il sera tenu de requérir le
juge d'instruction d'ordonner qu'il en soit informé. (...).
Art. 64: Les plaintes qui auraient été adressées au procureur de la République seront par lui
transmises au juge d'instruction avec son réquisitoire, (...).
Art. 70: Le juge d'instruction compétent pour connaître de la plainte ordonnera la communicati-
on au procureur de la République pour être par lui requis ce qu'il appartiendra (...).

[111] So auch heute noch Rassat, ministère public, S.229, die zwar zustimmt, daß die betreffenden Ar
tikel hauptsächlich die Trennung zwischen instruction und poursuite meinten, aber daneben aufgrund der verwendeten Imperativform auch dem procureur jegliche Einschätzung der Opportunität der Strafverfolgung untersagten.

[112] Garraud, Bd.1, S.337; Rolland, JCP 1956.I.1281 n° 2; Roux, S.557; Vitu, Rev.Sc.Crim. 1947,
S. 505 (506/507).

Als weiteres Argument für diese zweite Lesart der betreffenden Artikel führt *Roux* das Gesetz vom 20.April 1810 an, dessen Art.11 die cour d'appel autorisiert, den procureur général in bestimmten Fällen zur Strafverfolgung zu verpflichten, worin ein Korrektiv der ansonsten dem Staatsanwalt in dieser Frage gelassenen Freiheit läge: "...le correctif ne saurait exister si la liberté elle-même n'existait pas et s'il y avait faute à ne pas agir." [113]

Faustin Helie argumentierte darüber hinaus damit, daß im CIC, im Gegenteil zum intermediären Recht, kein Rechtsmittel mehr gegen die Untätigkeit der Staatsanwaltschaft vorgesehen war[114]. Diesem Argument wurde allerdings entgegengehalten, daß unter dem CIC eine hierarchisch gegliederte Staatsanwaltschaft bestand, die es vorher in der Form nicht gegeben hatte, und somit im Gegensatz zu vorher die Möglichkeit der Beschwerde beim Dienstvorgesetzten bestand[115].

In der Praxis wurden die Verfahrenseinstellungen ungeachtet der Debatte über ihre Legalität immer häufiger, wobei sie bald auch Unterstützung durch ministerielle Rundschreiben erhielten: 1817 forderte beispielsweise ein circulaire die Staatsanwälte auf, häufiger das Verfahren einzustellen, da sie zu viele Ermittlungen durchführen ließen auf einfache, teilweise sogar völlig unbedeutende Beschwerden hin, die den ordre public nicht sonderlich beeinträchtigten[116].

1826 wurde dann auch das Kassationsgericht mit dem Streit befaßt. In dem zu entscheidenden Fall ging es um eine Verurteilung wegen verleumderischer Anzeige (dénonciation calomnieuse). Die Staatsanwaltschaft hatte das Verfahren, das auf die fragliche Anzeige hin begonnen worden war, eingestellt, so daß es nicht zu einer gerichtlichen Entscheidung über den Inhalt dieser Anzeige gekommen war. In der Folge war es jedoch zu einem Gerichtsverfahren wegen verleumderischer Anzeige gegen den Anzeigeerstatter gekommen. Das Kassationsgericht stellte in diesem Zusammenhang fest, daß das Instanzgericht Art. 47 CIC falsch interpretiert habe, als es aus ihm die Verpflichtung des Staatsanwaltes geschlossen habe, in jedem Fall den Untersuchungsrichter zu Ermittlungen aufzufordern. Der Gesetzgeber habe den Staatsanwalt nicht zwingen wollen, von Amts wegen und ohne Intervention der Zivilparteien bei jeder Anzeige, auch bei völlig unbedeutenden, die Strafverfolgung aufzunehmen. Diese Anzeigen hätten häufig kein anderes Ziel, als persönliche Antipathien zu befriedigen; sie tangierten den ordre public nicht weiter[117]. Damit nahm das Kassationsgericht in seinem Urteil die Argumente der Staatsanwaltschaft auf;

---

[113] Etwa: "Das Korrektiv bestünde nicht, wenn es die Freiheit nicht gäbe und es ein Fehler wäre, nicht zu handeln.", Roux, S.557 Fn.1.

[114] Zitiert nach Laurent, aaO., S. 106.

[115] Laurent, aaO., S. 107; Rassat, ministère public, S. 228.

[116] "... de ne poursuivre sur les plaintes qui lui sont faites, que lorsque le délit interesse essentiellement l'ordre public..." (circulaire du 8. mars 1817); zitiert nach Laurent, aaO., S. 105; vergl. auch Rassat, ministère public S. 229.

[117] Cass. Crim vom 8. 12. 1826, Bull. Nr. 250; Laurent, aaO., S.105; Rassat, ministère public S.229.

der Einfluß des circulaire von 1817 ist unverkennbar[118]. Die Geltung des Opportunitätsprinzips wurde mit diesem Urteil höchstrichterlich anerkannt.

Mit diesem Urteil war der Streit für die Praxis mehr oder weniger beendet, vor allen Dingen wohl auch wegen der praktischen Notwendigkeit von Verfahrenseinstellungen[119]. So wurde in einem Rundschreiben vom 29. Januar 1829 die Geltung des Opportunitätsprinzips sehr deutlich festgestellt: "Il appartient au ministère public d'examiner librement s'il y a lieu ou non de donner suite aux dénonciations qui lui sont portées...Le ministère public est chargé de veiller au maintien de l'ordre public et d'assurer la paix de la sociète, décide seul si cet ordre ou cette paix ont été troublés et si, par conséquence, il est nécessaire ou convenable d'intenter une action publique." [120] Auch die theoretische Frage nach der Legalität der Verfahrenseinstellungen wurde danach nur noch selten ernsthaft diskutiert.

Anders als in Frankreich wird in Belgien ohne eine vergleichbare Kontroverse nach dem Opportunitätsprinzip verfahren, obwohl dort bis heute ebenfalls der napoleonische CIC gilt. Dort wird das Opportunitätsprinzip seit der ersten Hälfte des letzten Jahrhunderts durch ministerielle Rundschreiben und eine ständige Rechtsprechung bestätigt[121]. Ziel dieser Rundschreiben war es, die Kosten für die Strafrechtspflege in Grenzen zu halten[122].

1943 wurde in Frankreich der Art. 373 CPP über die verleumderische Anklage dahingehend geändert, daß auch eine Verfahrenseinstellung durch die Staatsanwaltschaft Ausgangspunkt für dieses Delikt sein kann. Damit wurde die Existenz der Verfahrenseinstellungen durch die Staatsanwaltschaft zum ersten Mal in einem Gesetz anerkannt. Daraus wurde, zumindest teilweise, gefolgert, daß jedenfalls ab diesem Zeitpunkt das Opportunitätsprinzip auch dem Gesetz nach gegolten habe[123].

---

[118] Rassat, ministère public, S. 229.

[119] Laurent, aao., S. 98; S. 101/102; S.106.

[120] Etwa: "Es steht dem Staatsanwaltschaft zu, frei zu entscheiden, ob den zu seiner Kenntnis gebrachten Anzeigen eine Folge zu geben ist oder nicht...Der Staatsanwalt, dessen Aufgabe es ist, über die Aufrechterhaltung der öffentlichen Ordnung zu wachen und für den Frieden der Gesellschaft zu sorgen, entscheidet allein darüber, ob diese Ordnung oder dieser Friede gestört worden sind und ob es infolgedessen notwendig oder angemessen ist, eine öffentliche Strafklage zu erheben." zitiert nach: Rassat, ministère public, S.230.

[121] Aus einem circulaire von 1824: "... que toute offense fait à un membre de la société doit être considerée par la loi comme une infraction á l'ordre social, cependant il ne doit pas s'en suivre nécessairement que le ministère publique doive poursuivre toutes les offenses personnelles, mais que le plus ou moins d'importance de l'affaire et de ses circonstances permet bien quelques distinctions à cet égard", zitiert nach: Janssen, Christiane/ Vervaele, John: Le ministère public et la politique de classement sans suite, Brüssel 1990, S. 13; s.a. Pradel, Rev. Penitentiaire 1991, S. 9 (16).

[122] Janssen/Vervaele, ebd.

[123] So z.B. Laurent, aaO., S.98,108/109; Vitu, aaO., S.509; kritisch dazu Rassat, ministère public S.225, die es für beunruhigend hält, daß sich ein Gericht einer Entscheidung der Staatsanwaltschaft beugen muß, die für die Staatsanwaltschaft selbst nicht bindend ist.

2. Teil: Begründung des Opportunitätsprinzips

A. Ableitung des Opportunitätsprinzips aus Art. 40 Abs.1 CPP

Auch im CPP ist die Geltung des Opportunitätsprinzip nicht ausdrücklich festgeschrieben. Art. 40 Abs. 1 CPP verlangt, daß der Staatsanwalt Anzeigen und Anträge entgegennimmt und ihnen die angemessene Folge zukommen läßt[124], woraus allgemein die Geltung des Opportunitätsprinzips gefolgert wird und zwar für alle Fälle, nicht nur für die plaintes et dénonciations[125].

Zwar erwähnt der Artikel ausdrücklich nur die plaintes und dénonciations, d.h. er befaßt sich nur mit den Delikten, deren Kenntnis der Staatsanwalt durch Anzeigen und Beschwerden erlangt hat. Generell ist man jedoch der Auffassung, daß die Entscheidungsgewalt des Staatsanwaltes nicht durch die Art der Kenntniserlangung begrenzt ist, sondern daß er in allen Fällen nach Opportunitätserwägungen entscheiden darf[126].

Zum Teil wird jedoch auch die Ansicht vertreten, das Opportunitätsprinzip habe seine Grundlage nicht in dem genannten Artikel, dieser spreche schließlich nicht ausdrücklich von ihm. Allerdings gelte es als Gewohnheitsrecht praeter legem. Bei der Formulierung des CPP habe bezüglich des Opportunitätsprinzips eine andere Situation als bei der Redaktion des CIC vorgelegen. Zu diesem Zeitpunkt war das Opportunitätsprinzip in der Praxis fest verankert, so daß es einer deutlichen Absage bedurft hätte, um es außer Kraft zu setzen. Bei der Einführung des CIC hatte dagegen das Legalitätsprinzip gegolten. Die Argumentation ist somit dem Grunde nach identisch mit derjenigen, die eine Geltung des Opportunitätsprinzips unter dem CIC abgelehnt hatte: Ein Wechsel des der Einleitung der Strafverfolgung zugrunde liegenden Prinzips hätte expressis verbis erfolgen müssen. Der CPP legt also das Opportunitätsprinzip nicht ausdrücklich fest, er verhindert es aber auch nicht: es bleibt gewohnheitsrechtlich bestehen[127].

Diese Auffassung wurde vor allem direkt nach Inkrafttreten des CPP vertreten. So findet sich in einem Kommentar von 1958 die Anmerkung, daß die Formulierung von Art. 40 Abs.1 CPP "...n'exclut pas l'application du principe de l'opportunité des poursuites consacré par la tradition française"[128] Später ging man davon

[124] Art.40 Abs.1 CPP: Le procureur de la République reçoit les plaintes et dénonciations et apprecie la suite à leur donner.

[125] Bonneau, J.-Cl. Proc.Pén. Art.1er n° 70; Pradel, procédure, Rn. 369.

[126] Merle/Vitu, Rn. 1095; Pradel, procédure, Rn. 369; Stefani/Levasseur/Bouloc, Rn. 466.

[127] Rassat, ministère public, S.233.

[128] Besson/Vouin/Arpaillange, Anm. zu Art.40.

aus, daß die Formulierung des Art. 40 Abs.1 CPP die Anwendung des Opportunitätsprinzips festlegt[129].

B. Theoretische Begründung des Opportunitätsprinzips

Aus welchen theoretischen bzw. dogmatischen Gründen das Opportunitätsprinzip dem Legaltiätsprinzip vorzuziehen sei, wird in Frankreich kaum mehr diskutiert. Die Lehrbücher begnügen sich zumeist mit einer Auflistung der praktischen Vorteile.

Dem Schweizer Autoren *Treyvaud* zufolge gibt es zwei theoretische Begründungen des Opportunitätsprinzips[130].

Dabei geht die erste der beiden möglichen Begründungen davon aus, daß das Strafgesetz wie jedes Gesetz abstrakt ist und der Gesetzgeber nicht bei jedem Delikt alle möglichen Umstände und Einzelfälle bedenken konnte. Daher dürfe man sich nicht immer am Wortlaut des Gesetzes festhalten (se tenir à la lettre de la loi), sondern müßte den Sinn und Geist des Gesetzes suchen, um vom Gesetzgeber so nicht gewollte, absurde Lösungen zu vermeiden.

Die zweite von *Treyvaud* genannte Begründungsmöglichkeit sieht den Grund der Strafverfolgung im Interesse des Staates, den Urheber eines Deliktes zu bestrafen. Dieses öffentliche Interesse ist jedoch variabel; es kann soweit absinken, daß ein öffentliches Interesse an der Repression einer bestimmten Straftat nicht besteht oder aber mit einem anderen öffentlichen Interesse in Konflikt gerät. In diesen Fällen will das Opportunitätsprinzip eine Interessenabwägung ermöglichen, d.h. ein Absehen von Strafverfolgung, wenn ein öffentliches Interesse daran nicht vorhanden ist oder hinter einem wichtigeren Interesse zurücktreten soll.

Eine Kombination dieser beider Begründungsvarianten wird auch in der französischen Literatur vertreten. So geht *Rolland* davon aus, "en présence de l'inflation législative et du défaut d'abrogation des lois par désuétude"[131] sei es notwendig, der Staatsanwaltschaft einen Ermessensspielraum zu lassen, da das Gesetz nicht jeden Einzelfall voraussehen könne. Darüber hinaus könne ein Zuviel an Strafverfolgung ihrer Effizienz schaden[132]. Ähnlich argumentiert *Glesener*, für den das Opportunitätsprinzip seine Berechtigung daraus zieht, daß in manchen Fällen eine

---

[129] Boucly/Leclère, S. 63, Anm. zu Art.40: "...consacre le principe d'opportunité de la poursite"; vorsichtiger noch Faustin Hélie (1960): "Il a, à ce sujet, un pouvoir discrétionnaire qui lui est reconnu, que la loi cependant ne lui a pas conféré en termes exprès, mais qui resulte cependant de l'expression timidement employée par l'art. 40 al.1 CPP".Heute wird das Opportunitätsprinzip allgemein auf Art. 40 CPP gestützt, Pradel, procédure, Rn. 369.

[130] Treyvaud, S. 15.

[131] Etwa: "...in Gegenwart der gesetzgeberischen Inflation und der fehlenden Aufhebung nicht mehr angewandter Gesetze..".

[132] Rolland, JCP 1956 I 1281 Abs. 3.

Strafverfolgung größeren Schaden anrichtet als das ursprüngliche Delikt, so daß es im öffentlichen Interesse oder im Interesse der Resozialisierung des Täters liege, den betreffenden Fall nicht zu verfolgen[133].

Stefani/Levasseur/Bouloc ziehen als Begründung für das Opportunitätsprinzip Fälle heran, die entweder so geringfügig sind oder in denen der Täter aus so löblichen Motiven gehandelt hat, daß eine Verfolgung schädlicher wäre als ein Absehen vom Verfahren. In diesen Fällen muß es dem Staatsanwalt möglich sein, von der Strafverfolgung abzusehen[134]. Damit folgen auch sie im Prinzip der zweiten von *Treyvaud* aufgezeigten Begründungsmöglichkeit für das Opportunitätsprinzip.

Festzuhalten bleibt, daß die Geltung des Opportunitätsprinzips im französischen Strafverfahren inzwischen so anerkannt ist, daß darüber eine Diskussion kaum noch stattfindet.

C. Vereinbarkeit des Opportunitätsprinzips mit dem Grundsatz "nulla poena sine lege"

Ist auch die Geltung des Opportunitätsprinzips für die Frage, ob ein Strafverfahren eingeleitet werden soll, in Frankreich nicht mehr umstritten, so können sich im Zusammenhang mit diesem Prinzip andere Fragen stellen: sowohl die französische cour de cassation als auch das deutsche Bundesverfassungsgericht hatten Gelegenheit, sich mit dem Verhältnis des Opportunitätsprinzips zu dem Grundsatz "nulla poena sine lege" auseinanderzusetzen. In beiden Urteilen, die nur rund ein halbes Jahr auseinander liegen, wird die Vereinbarkeit des Opportunitätsprinzips mit dem genannten Grundsatz bestätigt.

I. Das Urteil der Cour de Cassation vom 21.September 1993

In einem Urteil vom 21. September 1993 hat die Cour de Cassation die Vereinbarkeit des Opportunitätsprinzips mit der EMRK festgestellt[135]: Das Prinzip der légalité criminelle verbietet es, jemanden zu bestrafen, wenn die Tat zum Zeitpunkt ihrer Begehung nicht strafbar war (nulla poena sine lege praevia); es stellt sich aber nicht gegen eineAbschätzung der Opportunität der Strafbarkeit durch die Staatsanwaltschaft; es ordnet nicht an, daß in jedem Fall, in dem die Strafbarkeit zum Tatzeitpunkt feststand, auch bestraft werden muß.

In seiner Anmerkung zu diesem Urteil geht *Doucet* davon aus, daß das Opportunitätsprinzip beinahe eine notwendige Folge aus dem Grundsatz "nulla poena sine

---

[133] Glesener, RDPC 1972-73, S.353 (355).
[134] Stefani/Levasseur/Bouloc, Rn. 466.
[135] Cass. Crim. vom 21. September 1993, Gaz. Pal. 1993, chron. S. 573.

lege scripta, praevia" sei, da der Gesetzgeber, um diesem Prinzip gerecht zu werden, den unteren Ansatz der Strafbarkeit zum Teil tiefer ansetzen müßte, als eigentlich wünschenswert sei, um bei Handlungen, die in der Regel harmlos, in einigen Fällen jedoch verwerflich seien, eine Reaktionsmöglichkeit zu haben. Um im Einzelfall über die angemessene Reaktion zu entscheiden, sei das Opportunitätsprinzip notwendig[136].

Allerdings führt diese Betrachtung zu einer Aushöhlung des Grundsatzes "nulla poena sine lege", der dann nur noch formell wirksam ist. Die Berechenbarkeit und Vorhersehbarkeit, die durch diesen Grundsatz erreicht werden sollen, sind nicht gewährleistet, wenn erst prozessual bestimmt wird, was zu bestrafen und was nicht strafwürdig ist, wenn materiell Verhaltensweisen, die nur ausnahmsweise strafwürdig erscheinen, vorsorglich kriminalisiert werden und die Eingrenzung der Tatbestände erst auf prozessualer Ebene stattfindet.

II. Im Vergleich dazu das "Cannabis - Urteil" des Bundesverfassungsgerichts vom 19. März 1994

Eine der Argumentation Doucets ähnliche Argumentation findet sich auch im "Cannabis-Urteil" des Bundesverfassungsgerichts[137]: Der Gesetzgeber, der Besitz und Erwerb von Cannabis ausnahmslos unter Strafe stellt, verstößt nicht gegen das Übermaßverbot, da im Einzelfall von der Strafverfolgung abgesehen werden kann[138]. Die Prinzipien der Gesetzlichkeit der Strafbarkeit und der Bestimmtheit der Strafvorschrift werden gewahrt[139].

Dagegen wendet sich überzeugend das Sondervotum *Sommers*: Gegen die prozessuale Lösung spricht Art. 103 Abs.2 GG, wonach der Gesetzgeber verpflichtet ist, "die Voraussetzungen der Strafbarkeit so konkret zu umschreiben, daß Tragweite und Anwendungsbereich der Straftatbestände zu erkennen sind." Dadurch soll unter anderem sichergestellt werden, daß der Gesetzgeber strafbares Verhalten festlegt und nicht die Exekutive durch Verfahrenseinstellungen: "Wird den Strafverfolgungsbehörden jedoch eine Zurückhaltung angesonnen, die auf die Korrektur eines zu weit gefaßten Tatbestandes mit den Mitteln des Strafprozeßrechtes hinausläuft, entscheiden sie nicht mehr über die Opportunität der Strafverfolgung im Einzelfall, sondern legen selbst fest, was als strafbar angesehen wird"[140].

---

[136] Doucet, Anm. zum genannten Urteil, Gaz Pal. 1993, chron. S. 573, (574).
[137] BVerfG vom 9. März 1994, BVerfGE 90, S. 145 ff.
[138] BVerG, aaO., S. 189.
[139] BVerfG, aaO., S. 191/192 und 198.
[140] BVerfG, aaO., S.224/225.

3. Teil: Anwendung des Opportunitätsprinzips

A. Strafverfolgungsorgane

Gemäß dem CPP ist es in der Regel der Staatsanwalt, der die action publique ausübt und somit darüber entscheidet, ob er in einem bestimmten Fall die Strafverfolgung einleiten will oder nicht[141]. Damit ist der Staatsanwalt derjenige, dessen Entscheidung auch berücksichtigt, ob die Strafverfolgung opportun ist oder nicht, er ist der hauptsächliche Anwender des Opportunitätsprinzips und damit eine Zentralgestalt im Strafprozeß. Die Staatsanwaltschaft, ihr Aufbau und ihre Kompetenzen werden daher in diesem Abschnitt recht ausführlich dargestellt . Ein Schwerpunkt liegt dabei auf der Darstellung der Weisungsgebundenheit der Staatsanwaltschaft und ihrer Grenzen, denn über die Weisungsgebundenheit kann auf die Entscheidungen des Staatsanwaltes Einfluß genommen werden.

Ebenfalls kurz dargestellt werden soll, der Vollständigkeit halber, der Untersuchungsrichter (S.44 ff.). Er kann zwar selber keine Opportunitätsentscheidungen treffen, ist aber an bestimmten Entscheidungen des Staatsanwaltes beteiligt, insbesondere im Rahmen der Korrektionalisierung, einer Technik, mit der in Frankreich in bestimmten Fällen Delikte von Verbrechen zu Vergehen herabgestuft werden (cf. unten S.111ff. allgemein zu dieser Technik und S.116 zur Beteiligung des Untersuchungsrichters.).

In der Praxis werden viele Entscheidungen, in Frankreich wie in Deutschland, jedoch bereits getroffen, bevor der Fall überhaupt zur Staatsanwaltschaft gelangt. Ein Teil der Fälle gelangt auch gar nicht bis zur Staatsanwaltschaft, da die Polizei hier häufig eine Art Vorauswahl trifft, weshalb auch die police judiciaire hier eine kurze Darstellung erfahren soll (S. 50 ff.).

---

[141] In bestimmten Fällen steht die Ausübung der Strafverfolgung auch bestimmten Behörden zu. Im Rahmen der action civile setzt das Opfer die öffentliche Strafverfolgung automatisch mit in Gang.

22

I. Die Staatsanwaltschaft (le ministère public)

1. Organisation

Die französische Staatsanwaltschaft wird mit mehreren Ausdrücken bezeichnet: ministère public in der Gesetzessprache, traditionell als parquet[142] und zum Teil in der Literatur auch als magistrature debout (im Gegensatz zur magistrature assise, den urteilenden Richtern). Ihre Mitwirkung in allen Strafsachen ist obligatorisch (Art. 32 CPP)[143]; weder das erkennende Gericht noch die Untersuchungsgerichtsbarkeit können über die ihnen vorgelegten Fälle wirksam entscheiden, ohne daß ein Staatsanwalt am Verfahren beteiligt ist und angehört werden kann[144]. Aus der obligatorischen Mitwirkung des Staatsanwaltes folgt auch die Unvereinbarkeit seiner Stellung im Prozeß mit der eines Zeugen.

Wegen dieser Mitwirkungspflicht sind bei allen Gerichten außer dem tribunal de police Staatsanwaltschaften eingerichtet[145]. Beim tribunal de police, das für Übertretungen (contraventions) zuständig ist, wird die Aufgabe der Staatsanwaltschaft entweder von der Staatsanwaltschaft des zuständigen tribunal de grande instance oder vom zuständigen Polizeikommissariat wahrgenommen (Art. 45 - 48 CPP). Wer von beiden tätig wird, richtet sich nach dem jeweiligen Fall: für die contraventions der fünften Kategorie[146] muß ein Staatsanwalt tätig werden; bei den übrigen contraventions ist die Teilnahme eines Staatsanwaltes fakultativ[147]. Wenn Übertretungen im Bereich des Forstrechtes vor dem tribunal de police verhandelt werden,

---

[142] Wobei bei diesem Ausdruck die Herkunft umstritten ist; es wird die Ansicht vertreten, der Ausdruck sei darauf zurückzuführen, daß im alten Frankreich die Staatsanwälte nicht wie die Richter auf der Empore stehen durften, sondern unten im Parquet stehen mußten; Pradel, procédure, Rn. 109; Rassat, procédure, S. 201; Rolland, JCP 1956.I.1271 n° 5; a.A. Malibert, J.-Cl. Proc.Pén. Art 31a à 44 n° 13.

[143] Art. 32 Abs. 1 CPP: Il est représenté auprés de chaque juridiction répressive. Il assiste aux debats des juridictions du jugement; toutes les décisions sont prononcés en sa présence.   Vergl. § 141 GVG für die deutsche Regelung.

[144] Aymond, Rép. Pén. Abs. 30; Malibert, J.-Cl. Proc. Pén. Art 31a à 44 n° 24 - 27; Cass. Crim. vom 3. Februar 1960, Bull. Nr. 61; vom 23.Juni.1992, Bull. Nr.250 für die Anwesenheit des Staatsanwaltes während der Urteilsverkündung; er muß aber im Gegensatz zu den erkennenden Richtern nicht namentlich im Protokoll erwähnt sein, Cass. Crim vom 12. Juli 1992, Bull. Nr. 278.

[145] Vergl. zm Folgenden: Stefani/Levasseur/Bouloc, Nr. 111; Merle/Vitu, Rn. 1003/1004; Grebing in. Jescheck/Leibinger, S. 14, (22/23).

[146] Der französische Code Pénal teilt die Delikte in 3 Kategorien, die crimes, die delits correctionnels und die contraventions. Contraventions sind Straftaten, die mit Geldstrafe bis zu 10 000F bestraft werden können (bei Rückfall bis zu 20 000F); daneben sind andere Strafen wie die Konfiskation möglich. Sie sind ihrer Schwere nach in 5 Kategorien aufgeteilt, dabei ist die 5. Kategorie die schwerste, d.h. die den délits correctionnels am nächsten stehende, so daß prozessual für sie einige der Regeln für die délits correctionnels gelten.

[147] Bouzat/Pinatel, Rn.110; Rassat, procédure, S. 203.

23

nimmt ein Ingenieur der Forstverwaltung die Funktion des Staatsanwaltes wahr (Art. 45 Abs. 2 CPP).

Beim tribunal de grande instance, für Strafsachen auch tribunal correctionnel genannt, besteht die Staatsanwaltschaft aus dem procureur de la République (das entspricht ungefähr dem Oberstaatsanwalt) und seinen Vertretern[148].

Bei der cour d'appel leitet der procureur général die Staatsanwaltschaft, in der außer ihm eine je nach Größe des Gerichts variierende Zahl von avocats généraux und substituts généraux tätig ist (Art. 34, 510 CPP). Dabei haben die avocats généraux einen höheren Rang als die substituts généraux. Letztere sind mehr in der Verwaltung der Staatsanwaltschaft, erstere mehr in den Verhandlungen beschäftigt[149].

Das Geschworenengericht (cour d'assises) als nur zeitweilig tagendes Gericht[150] hat keine eigene Staatsanwaltschaft; sie "leiht" sich die Staatsanwälte sowie auch die Berufsrichter nach folgendem Schema von anderen Gerichten (Art. 34,39,241 CPP):

Tagt das Geschworenengericht in einer Stadt, in der ein Appellationsgericht sitzt, werden dessen Richter und Staatsanwälte tätig, anderenfalls die des jeweiligen tribunal de grande instance. Der procureur général des Appellationsgerichtshofes kann aber zu jedem Geschworenengericht in seinem Zuständigkeitsbereich einen Staatsanwalt entsenden, da das Geschworenengericht im Prinzip zum Appellationsgericht, also zu seiner Zuständigkeit, gehört. Im Tätigwerden der procureurs de la République vor dem Geschworenengericht liegt eine stillschweigende Delegation dieser Aufgabe durch den procureur général, die er jederzeit zurücknehmen kann[151].

Beim Kassationshof besteht die Staatsanwaltschaft aus einen procureur général, einem ersten avocat général und 19 avocats généraux, von denen sechs speziell der Strafkammer zugeteilt sind. Die Staatsanwälte des Kassationshofes sind ausnahmsweise partie jointe in den vor diesem Gericht anhängigen Verfahren, Hauptparteien sind die Staatsanwaltschaft und der Angeklagte der Vorinstanz[152]. Der Staatsanwalt des Kassationshofes gibt nur eine Stellungnahme (conclusion; im Gegensatz zu den ansonsten abgegebenen réquisitions) ab, welche Lösung des Falles er für angemessen hält[153].

In Deutschland regelt § 142 GVG, wer die Aufgaben der Staatsanwaltschaft bei welchem Gericht wahrnimmt. So wie in Frankreich vor den Polizeigerichten nicht immer ein Staatsanwalt tätig zu werden braucht, so kann auch vor dem deutschen Amtsgericht statt eines Staatsanwaltes ein Amtsanwalt tätig werden, der kein

---

[148] Die Anzahl der Staatsanwälte ist dabei sehr unterschiedlich; 112 in Paris, 24 in Lyon und 5 in Bourg en Bresse(Vincent/Guinchard/ Montagnier/Varinard, Rn. 516).

[149] Rassat, procédure, S. 202; Vincent/Guinchard/ Montagnier/ Varinard,Rn. 517.

[150] Die cour d'assises tagt nur periodisch, ungefähr alle drei Monate.

[151] Rassat, procédure, S. 204.

[152] S.a. Pradel, procédure, Rn. 112; Stefani/Levasseur/Bouloc, Rn. 110.

[153] Rassat, procédure, S. 204.

Staatsanwalt, sondern ein Rechtspfleger mit einer zusätzlichen Ausbildung ist. Amtsanwälte erledigen in Deutschland mehr als 50% der Ermittlungsverfahren[154].

2. Stellung

Ebenso wie in Deutschland, wo die Staatsanwaltschaft als Rechtspflegeorgan sui generis betrachtet wird[155], läßt sich auch die Staatsanwaltschaft im französischen Recht nicht eindeutig der Exekutive oder der Rechtsprechung zuordnen. In der Verfassung von 1958 ist die Staatsanwaltschaft nicht eigens erwähnt, ebensowenig wie im Grundgesetz.

Damit befindet sich sowohl in Frankreich als auch in Deutschland die Staatsanwaltschaft im Spannungsverhältnis zwischen Exekutive und Judikative; anders als die Richter weisungsgebunden, von den übrigen Verwaltungen jedoch ebenfalls stark unterschieden. Sind die gefundenen Lösungen auch im Ergebnis in beiden Ländern ähnlich, so wird der Schwerpunkt in Frankreich stärker als in Deutschland auf die Ähnlichkeit des Staatsanwaltes mit dem Richter gelegt.

Auf der einen Seite sprechen eine für Richter und Staatsanwälte gleiche Ausbildung (license en droit, ecole nationale de la magistrature), die Möglichkeit des Laufbahnwechsels und die Zugehörigkeit zur magistrature, wie sie sich beispielsweise im sowohl für die Richter- als auch für die Staatsanwaltschaft grundlegenden statut de la magistrature wiederspiegelt, für eine Einordnung in die Judikative[156], ebenso wie das Prinzip der Einheit des corps judiciaire.

Auf der anderen Seite sprechen die strenge Hierarchie, an deren Spitze der Justizminister steht, sowie die Weisungsgebundenheit und die daraus resultierende Begrenzung der Unabhängigkeit der Staatsanwaltschaft ebenso wie die Ernennung der Staatsanwälte durch Dekret des Staatspräsidenten auf Vorschlag des Justizministeriums für eine Zugehörigkeit zur Exekutive[157]. Seit 1993 gibt ein Ausschuß (formation) des Conseil Supérieur de la Magistrature für die Ernennung eine Empfehlung ab[158]. Dieser für die Staatsanwaltschaft zuständige Ausschuß existiert seit 1993. Er bedeutet eine verstärkte Anerkennung der Staatsanwaltschaft vom verfassungsrechtlichen Standpunkt her ebenso wie eine Stärkung ihrer Unabhängigkeit.

Insgesamt geht man heute von der Koexistenz zweier die Stellung der Staatsanwaltschaft bestimmenden Prinzipien[159] oder von einer Doppelnatur der

---

[154] Villmow, Rebmann -Festschrift, S. 411 (412).

[155] Grebing, aaO., S. 23; Kissel, Rn. 9 zu § 121 GVG; Kunert, Wassermann-FS, S. 915 (917); aA. und für eine Zugehörigkeit der Staatsanwaltschaft zur Judikative: Kohlhaas, Die Stellung der Staatsanwaltschaft als rechtsprechende Gewalt

[156] Favoreu, Rev.Sc.Crim.1994, S. 675 (677); Grebing, aaO., S.24; Vouin, AmJCompL 1970 S. 483 (485).

[157] Favoreu, aaO., S. 675, (677); Grebing, aaO., S.24; Vouin, aaO., S.483 (484).

[158] Stefani/Levasseur/Bouloc, Rn. 110.

Staatsanwaltschaft aus: zum einen ist sie Vertreterin der Exekutive,[160] zum anderen Hauptpartei im Strafprozeß[161].

Der Schwerpunkt liegt, wie gesagt, allerdings darauf, daß Staatsanwälte ebenso wie Richter magistrats sind, anders als in Deutschland, wo der Schwerpunkt der Betrachtung auf der Beamtenstellung der Staatsanwälte gegenüber der Sonderstellung der Richter liegt. Mit der Schaffung einer für die Staatsanwaltschaft zuständigen Formation des Conseil supérieur de la magistrature (CSM), die parallel zu der für die Richter zuständigen Formation strukturiert ist, wird ebenfalls die Zugehörigkeit der Staatsanwälte zur magistrature und damit zum corps judiciaire betont. Trotz einer ähnlich aufgebauten Hierarchie und Abhängigkeit von der Exekutive besteht also in der Stellung ein gewisser Unterschied zur Stellung des deutschen Staatsanwaltes, bei dem hervorgehoben wird, daß er eben nicht Partei, sondern objektiv zur Wahrheitsfindung gehalten sei[162]. Allerdings scheint der Begriff Partei (partie) im Strafverfahren in Frankreich pragmatischer aufgefaßt zu werden, ohne wie im Deutschen den Anklang der Gegnerschaft zum Angeklagten zu beinhalten.

Auch in Disziplinarangelegenheiten ist die deutsche Staatsanwaltschaft der Richterschaft nicht institutionell so verbunden, wie dies in Frankreich mit dem für beide zuständigen conseil supérieur de la magistrature der Fall ist.

In dem für die Überarbeitung der Verfassung (1993) gebildeten Komitee waren die Stellung der Staatsanwaltschaft und die Voraussetzungen der Ausübung ihrer Funktionen ein wichtiger Diskussionspunkt. Die Vorschläge des Komitees umfaßten die ausdrückliche Erwähnung der Staatsanwaltschaft in Art. 64 der Verfassung und eine genauere Klärung der Verhältnisses zwischen Staatsanwaltschaft und Exekutive[163]. Diese Vorschläge wurden jedoch nicht in die Überarbeitung aufgenommen[164].

a. Hierarchie

Ebenso wie die deutsche Staatsanwaltschaft ist auch die französische Staatsanwaltschaft hierarchisch gegliedert. An der Spitze der Hierarchie steht der Justizminister[165], auch wenn immer wieder einmal erörtert wird, diese Verbindung

---

[159] Die Koexistenz dieser beiden Prinzipien hat auch der Conseil constitutionnel bestätigt; Favoreu, aaO., S.675 (677).

[160] AA. Albernhe, aaO., n° 31 bis 33; seiner Ansicht nach ist der Staatsanwalt nicht Organ der Exekutive, sondern Vertreter der Republik, an welche die Gesamtheit der Bürger ihre Souveränität übertragen hat, er ist Repräsentant der Nation.

[161] Grebing, aaO., S. 23; Stefani/Levasseur/Bouloc, Rn. 112; vergl. zu dem Problem auch Kill, S. 12 - 21; der für eine Zugehörigkeit zur Exekutive ist.

[162] Eb. Schmidt, MDR 1951, S. 1 (6).

[163] Favoreu, aaO., S. 675, (678).

[164] Favoreu, aaO., S. 675, (679).

[165] Art. 5 der Ordonnanz Nr. 58 - 1270 vom 22. Dezember 1958 (statut de la magistrature): Les

der Staatsanwaltschaft mit der Politik zu durchtrennen und die Staatsanwaltschaft von der Exekutive unabhängig zu machen.

Die Staatsanwaltschaft des Kassationshofes ist den anderen Staatsanwaltschaften nicht übergeordnet, so daß trotz der zentralistischen Staatsform eine zweigeteilte Hierarchie wie bei der deutschen Staatsanwaltschaft besteht[166].Dabei sollte man nicht übersehen, daß die Weisungsgebundenheit der Staatsanwaltschaft in Deutschland dadurch aufgelockert ist, daß an der Spitze der Hierarchie jeweils die Landesjustizverwaltungen und damit der Landesjustizminister bzw. -senator steht und es somit für Deutschland parallel 16 hierarchische Schienen gibt. Die französische Staatsanwaltschaft dagegen ist zentral dem Justizminister Frankreichs unterstellt. Weisungen, eine bestimmte Art von Delikten verstärkt zu verfolgen oder nicht zu verfolgen, haben somit für ganz Frankreich Geltung. Ebenso kann der französische Justizminister in Fälle, die ihn interessieren, direkt eingreifen, im Gegensatz zum deutschen Bundesjustizminister. Allerdings gibt es auch in Deutschland allgemeine Weisungen, die im gesamten Bundesgebiet gelten, wie z.B. die RiStBV. Ihre allgemeine Geltung beruht jedoch auf einer Absprache zwischen den Landesjustizministern[167], sie rührt nicht vom Bundesjustizminister her.

b. Weisungsgebundenheit

i. Reichweite des Weisungsrechts des Vorgesetzten, insbesondere das Problem des Art. 36 CPP

Die Hierarchie beinhaltet ein externes und internes Weisungsrecht[168] von oben nach unten. Dieses kann zum einen durch allgemeine Handlungsanweisungen in der Form von Rundschreiben und zum anderen durch Einzelfallweisungen ausgeübt werden. Dabei ist die Möglichkeit von Rundschreiben im Gesetz nicht ausdrücklich vorgesehen.

Die Rundschreiben sind in der Regel relativ weit formuliert; sie stellen eher Anhaltspunkte als konkrete Handlungsanweisungen dar. Sie können auf eine lange Tradition zurückblicken. Ihr Zweck ist es zum Teil, die Strafverfolgung zu vereinheitlichen. Zum Teil geben sie auch Anhaltspunkte, in welchen Fällen die

---

magistrats sont placés sous la direction et le contrôle de leurs chefs hiérarchiques et sous l'autorité du garde des sceaux, ministre de la justice. A l'audience, leur parole est libre.

[166] Rassat, Institutions, S. 227.

[167] Geerds in: Strafverfolgung und Strafverzicht, S. 297 (298); Wille in: Strafverfolgung und Strafverzicht, S. 317 (320), nennt die RiStBV "eine der bedeutsamsten Ausprägungen des externen Weisungsrechts des Justizministers gegenüber der Staatsanwaltschaft."

[168] Dabei wird unter internem Weisungsrecht das Weisungsrecht innerhalb der Staatsanwaltschaft gemeint; mit externem Weisungsrecht wird dagegen das des Justizministers bezeichnet, der ja kein Staatsanwalt ist.

Strafverfolgung als inopportun anzusehen ist. Handelt der Staatsanwalt den Rundschreiben zuwider, so setzt er sich Disziplinarmaßnahmen aus.

Die Möglichkeit, im Einzelfall Weisungen zu erteilen, ist hingegen in Art. 36 CPP für den Justizminister und in Art. 38 CPP für den procureur général gegenüber dem procureur de la République ausdrücklich vorgesehen. Allerdings kann der Justizminister (garde des sceaux) den procureurs de la République nicht direkt Weisungen für den Einzelfall erteilen, er muß sich vielmehr an den Behördenleiter der Staatsanwaltschaft beim Appellationsgericht, den procureur général, halten; Weisungen können nur entlang der hierarchischen Schiene erteilt werden[169]. Seit 1993 müssen diese Weisungen schriftlich erteilt und zu den Akten gegeben werden. Indessen sind für Verstöße gegen diese Regel keine Folgen festgelegt, so daß der Justizminister praktisch nicht gehindert ist, mündlich Weisungen zu erteilen[170]. Gegenüber der Staatsanwaltschaft des Kassationsgerichtes besteht ein Weisungsrecht überhaupt nur in den gesetzlich geregelten Fällen[171].

Auch in Deutschland werden die Weisungen entlang der hierarchischen Schiene erteilt: von der Justizverwaltung an den Generalstaatsanwalt[172], der sie dann weitergibt; eine direkte Weisung des Justizministers an den einzelnen Staatsanwalt findet nicht statt. Im EStÄG war die Schriftform für Weisungen vorgesehen. Dieses Gesetz wurde jedoch nicht verabschiedet, so daß de lege lata die Schriftform für Weisungen in Deutschland nicht erforderlich ist[173].

Problematisch ist die Reichweite des Weisungsrechts des Justizministers im Einzelfall. Ausschlaggebend dafür ist Art. 36 CPP: "Le ministre de la Justice peut ... lui enjoindre, par instructions ecrites et versées au dossier de la procédure d'engager ou de faire engager des poursuites ou de saisir la juridiction compétente de telles réquisitions écrites que le ministre juge opportunes."[174] Daraus ergibt sich zunächst eindeutig das Recht des Justizministers, die Weisung zu erteilen, das Strafverfahren einzuleiten oder in einem bestimmten Sinn Anträge zu stellen. Insbesondere ergibt sich deutlich das Recht, in den Fällen, in denen die Strafverfolgung eingeleitet worden ist, die Weisung zu erteilen, Anträge in einem bestimmten Sinn, also auch in Richtung auf einen Freispruch etc. zu stellen.

Umstritten ist jedoch, ob der Justizminister auch die Weisung erteilen kann, in einem bestimmten Fall aus Opportunitätserwägungen von der Verfolgung

---

[169] Boucly/Leclère S.59, Anm. zu Art.36; Grebing, aaO., S. 26; Malibert, J.-Cl. Proc. Pén. Art. 31a à 44 n° 42; Rassat, procédure, S. 206; Vouin, aaO., S. 487.

[170] Vauzelle, Gaz.Pal. 1993 doctr. S.342, (345).

[171] Grebing, aaO., S. 26.

[172] Kleinknecht/Meyer-Goßner Rn. 1 zu § 147 GVG.

[173] Kintzi, Wassermann FS, S. 899 (912/913).

[174] Etwa: "Der Justizminister kann dem procureur général die Straftaten, von denen er Kenntnis hat, anzeigen, ihn durch schriftliche und der Akte beigefügte Anweisungen auffordern, den Strafprozeß einzuleiten oder einleiten zu lassen oder beim zuständigen Gericht diejenigen schriftlichen Anträge zu stellen, die der Minister für opportun hält."

abzusehen, ob er also eine Verfahrenseinstellung anordnen kann. Die herrschende Meinung in der Literatur geht davon aus, daß er das nicht kann[175]. Dabei argumentiert sie mit dem Wortlaut des Art. 36 CPP, wonach dem Minister ausdrücklich das Recht zusteht, dem procureur général die Weisung zu erteilen, die Strafverfolgung zu betreiben oder bestimmte Anträge zu stellen. Von einem Recht, die Einstellung eines Verfahrens anzuordnen, ist dort jedoch nicht die Rede, woraus die Literatur folgert, daß dieses Recht auch nicht besteht[176].

Unterstützt wird diese Ansicht auch von den folgenden Überlegungen: Gegen eine analoge Anwendung des Art. 36 CPP auf die Weisung, den Fall einzustellen, spricht die grundsätzliche Verschiedenheit dieser Weisung von der Weisung, einen bestimmten Fall auf eine bestimmte Weise zu verfolgen und dabei bestimmte Anträge zu stellen. In der ersten Alternative kommt der betreffende Fall vor den erkennenden Richter. Dieser kann ebensogut einen Freispruch wie eine Verurteilung aussprechen, er kann zwischen den verschiedenen Meinungen entscheiden: der schriftliche Antrag, der im Auftrag des Ministers gestellt wurde, steht neben etwaigen mündlichen Ausführungen und neben den Anträgen der Zivilpartei und des Verteidigers.

Im Rahmen der zweiten Alternative, nämlich der Weisung, einen bestimmten Fall einzustellen, wird dieser Fall jedoch der Justiz entzogen[177]. Es besteht für die Staatsanwaltschaft kaum eine Möglichkeit, ihn noch einem Richter vorzulegen. Nur das Opfer der Tat kann durch die action civile ein Urteil erzwingen (vgl. dazu S.150). Im Rahmen des durch die action civile eingeleiteten Verfahrens muß die Staatsanwalt Anträge stellen, woran sie auch nicht durch eine vom Justizminister erwünschte oder gar ausgesprochene Verfahrenseinstellung gehindert werden kann[178].

In der Praxis haben aber einige Justizminister trotz dieser einhelligen Literaturauffassung auch Verfahrenseinstellungen angeordnet[179], so daß das Thema der Weisungsgebundenheit immer noch aktuell ist[180]. Die Aktualität des Themas beschränkt sich dabei nicht nur auf Literatur und juristische Praxis, also auf die

---

[175] Albernhe, aaO., n° 42; Kill, S. 37; Mayer, D.1992 jur. 429; Pradel/Leigh, RDPC 1989 I S. 223, 237; vergl. Rolland, JCP 1956.I.1271, n° 7 und Le Poittevin S.638/639 für die gleiche Diskussion noch unter der Geltung des CIC.

[176] Rassat, ministère public, S.234.

[177] Mayer, D.1992 jur S.429.

[178] Cass. Crim. vom 12.5.1992 in: D.1992 jur. S.427.

[179] Siehe: "Quand les gardes des sceaux se font procureurs" in: Le Monde vom 3. Oktober 1994; dieselbe: "Pierre Méhaignerie veut affirmer l'autorité du garde des sceax sur la politique pénale", In: Le Monde, 19. Oktober 1993 (Beide Artikel von Chemin, Anne).

[180] Die Weisungsgebundenheit war auch eins der am stärksten diskutierten Themen im Rahmen eines am 29./30. Mai 1995 in Paris stattfindenden Kolloquiums mit dem Thema "Le parquet dans la République", das von der Ecole Nationale de la Magistrature, der Zeitung Le Monde und der Fondation Nationale des Sciences Politiques organisiert worden war.

Kreise, die beruflich damit konfrontiert sind. Aufgrund mehrerer Justizskandale (man denke nur an die Affäre um Bernard Tapie und den Fußballverein Olympic Marseille...) ist die Beziehung der Staatsanwaltschaft zur Regierung, d.h. letztendlich die Beziehung zwischen politischer Macht und Strafrecht, auch stark in den Blickpunkt des allgemeinen, öffentlichen Interesses getreten[181].

Pierre Méhaignerie, Justizminister bis 1995, wollte daher dem CPP einen Satz hinzufügen, der klarstellt, daß "toute décision de poursuite individuelle ne peut être interdite par le garde des sceaux" und somit die Auffassung der Juristen bestätigt und gesetzlich festschreibt[182]. Dazu ist es jedoch nicht gekommen.

Sein Nachfolger, Jaques Toubon, hat zwar ebenso wie Pierre Méhaignerie bei Amtsantritt verkündet, in den Lauf der Justiz nicht eingreifen und die Eröffnung einer Untersuchung nicht verhindern zu wollen[183]. Die jetzige Regierung hat aber nicht vor, das Verbot, eine Verfahrenseinstellung anzuordnen, gesondert in den CPP einzufügen, sondern geht davon aus, daß sich aus Art.36 CPP ein solches Verbot ergibt[184]. Damit bleibt in diesem Bereich alles, wie es ist: ob das aus Art.36 CPP resultierende Verbot, eine Verfahrenseinstellung anzuordnen, respektiert wird, hängt letztendlich vom jeweiligen Justizminister ab. Nachdem allerdings mit Pierre Méhaignerie und Jaques Toubon zwei aufeinanderfolgende Justizminister öffentlich verkündet haben, keine Verfahrenseinstellungen anordnen und auch sonst nicht in den Lauf der Justiz eingreifen zu wollen, stellt sich die Frage, ob ein späterer Justizminister dahinter zurückgehen und seinerseits wieder Verfahrenseinstellungen anordnen kann. Aber selbst wenn sich daraus eine politische Tradition der Zurückhaltung entwickeln sollte, ist dies doch eine unzureichende Grundlage für ein so gewichtiges Problem.

Dem Weisungsrecht von oben nach unten entspricht eine Informationspflicht von unten nach oben[185]. Gemäß Art. 35 Abs.2 CPP wird dem procureur général einmal monatlich von jedem procureur de la République in seinem Bezirk Bericht erstattet. Eine Berichterstattung des procureur général gegenüber dem Justizminister ist im Gesetz nicht ausdrücklich vorgesehen. Sie wird aber für zulässig erachtet, da dem Justizminister ja, wie eben dargestellt, das Recht zusteht, dem procureur

---

[181] In der Affaire um Bernard Tapie, um dieses doch sehr spektakuläre Beispiel aufzugreifen, war 1991 von dem damaligen Justizminister Henri Nallet die Einstellung des Verfahrens im Anschluß an eine enquête préliminaire wegen malversations des Fußballvereins Olympic Marseille ausdrücklich angeordnet worden; erst nach dem Regierungswechsel fand erneut eine Auseinandersetzung mit diesem Fall statt.

[182] Etwa: "Daß jede Entscheidung einer Strafverfolgung im Einzelfall nicht vom Justizminister untersagt werden kann."; Chemin, Anne:" M. Méhaignerie souhaite que les procureurs soient plus autonomes" in: Le Monde vom 18. Februar 1995, S. 12.

[183] Seinen ersten "Härtetest" hat er im Rahmen der Affaire um die Wohnungsvermittlungen von Premierminister Juppé bereits überstanden.

[184] "M. Toubon promet de ne pas entraver le cours de la justice" in: Le Monde vom 25. Mai 1995, S. 15. (Artikel von Chemin, Anne)

[185] Grebing, aaO., S. 26.

général Weisungen zu erteilen (Art.36 CPP)[186], was er sinnvoll nur tun kann, wenn er über die allgemeine Lage und über besondere Fälle informiert ist. Zum Teil wird daher auch von einer Informationspflicht gesprochen[187].

Diese Informationspflicht darf aber nicht dazu führen, daß die Staatsanwälte in allen Fällen die Weisungen des Justizministers erbitten, um sich abzusichern, wie dies periodisch vorgekommen ist. In diesen Fällen hatte sich das Justizministerium veranlaßt gesehen, die Staatsanwaltschaften in einem Rundschreiben daran zu erinnern, welche Kompetenzen ihnen von Gesetz wegen zustehen[188]: Aus der Eigengewalt der Staatsanwaltschaft folgt nach Ansicht *Rassats*, daß sie ihre Entscheidungen selbständig und eigenverantwortlich trifft, womit das Verlangen nach einer Absicherung für jeden Fall nicht vereinbar ist[189].

Die starke hierarchische Abhängigkeit der Staatsanwaltschaft vom Justizminister wird in der Öffentlichkeit mehr und mehr kritisiert, vor allem, da in brisanten Fällen die Justizminister von ihrem Weisungsrecht durchaus auch politischen Gebrauch machen. Als problematisch erscheint somit nicht nur die Frage nach den Weisungen, ein bestimmtes Verfahren einzustellen, sondern ganz generell die Frage nach dem Verhältnis von Politik und Strafverfolgung. So werden politisch brisante Fälle zumeist nur nach Rücksprache mit dem Justizminister verfolgt. Beispielsweise wurde die Eröffnung einer enquête préliminaire, d.h. einer durch die Staatsanwaltschaft geleiteten Ermittlung, über bestimmte Finanzierungen der Partei CDS, der der zu diesem Zeitpunkt amtierende Justizminister P. Méhaignerie angehört, mehr oder weniger durch diesen entschieden. Indem der Justizminister diese Entscheidung zugunsten der enquête préliminaire getroffen hat, statt der Staatsanwaltschaft die Wahl zu lassen, sich zwischen dieser und einer gerichtlichen Voruntersuchung (instruction) zu entscheiden, habe er sich mehr oder weniger zum Staatsanwalt gemacht[190].

Um dieser Diskussion ein Ende zu machen, wird zum Teil vorgeschlagen und gefordert, die Verbindung zwischen dem Justizministerium und der Staatsanwaltschaft zu kappen. Damit würde aber, ungeachtet der praktischen Schwierigkeiten, die mit einem solchen Vorhaben verbunden wären, die Frage aufgeworfen, worauf sich dann die Legitimation des staatsanwaltschaftlichen Handelns stützen soll, da die Staatsanwälte nicht vom Volk gewählt werden. Dadurch, daß sie dem Justizminister unterstehen, ergibt sich ja auch ihre Legitimation.

---

[186] Cedras, Rev. pénitentiaire 1992, S.77, 78.

[187] Malibert, J.-Cl. Proc. Pén. Art. 31a à 44 n° 71 u. 72; Pradel, procédure, Rn.115.

[188] Dies ist u.a. 1930 vorgekommen, Malibert, J.-Cl. Proc. Pén. Art. 31a à 44 n° 43, dort auch Text des Rundschreibens vom 24. November 1930.

[189] Cedras, aaO., S.77 (78); Rassat, ministère public, Rn.144. Diese Ansicht ist jedoch nicht unumstritten, Vincent/ Guinchard/ Montagnier/ Varinard , Rn.504.

[190] "La justice active ses enquêtes sur le financement du CDS et du PR" in: Le Monde vom 31.3.1995, S. 10 (Artikel von Chemin, Anne).

Bei der Diskussion um diese Ausnahmefälle sollte man eines nicht aus dem Auge verlieren: der überaus größte Teil der von der Staatsanwaltschaft behandelten Fälle stellt in dieser Beziehung überhaupt kein Thema dar. Im Rahmen seiner täglichen Arbeit ist der Staatsanwalt sehr frei, die eben aufgezählten Probleme ergeben sich nur in einem außerordentlich geringen Teil der Fälle.

Auch in Deutschland ist die Weisungsgebundenheit der Staatsanwaltschaft nicht unumstritten; wie in Frankreich geht es in den Diskussionen hauptsächlich um das externe Weisungsrecht.

ii. Durchsetzung des Weisungsrechts

Um sein Weisungsrecht durchzusetzen, hat der Justizminister eine stark ausgeprägte Disziplinargewalt. Die ihm möglichen Disziplinarmaßnahmen reichen vom Verweis über die Versetzung, Zurückstufung und Suspendierung bis zur Entlassung (Art.59 ff. Statut de la magistrature)[191].

Bevor er Disziplinarmaßnahmen ergreift, muß der Justizminister eine Kommission des Conseil supérieur de la magistrature befragen. Diese Kommission besteht seit 1993[192]. Der Conseil Supérieur de la Magistrature umfaßt zwei Kommissionen; eine für die magistrats du siège und eine für die magistrats du parquet. Die für die Staatsanwaltschaft zuständige Kommission besteht aus 12 Personen: dem Präsidenten der Republik, dem Justizminister und drei weiteren weder dem Parlament noch der Justiz angehörigen Personen, von denen jeweils eine vom Präsidenten der Republik, dem Präsidenten der assemblée nationale und dem Präsidenten des senat designiert ist. Darüber hinaus ist der Conseil d'Etat mit einem Mitglied vertreten. Bei den übrigen 6 Personen handelt es sich um fünf magistrats du parquet und einen magistrat du siège verschiedener Hierarchieebenen[193]. Vor der Verfassungsänderung von 1993 war seit 1992 eine commission de discipline du parquet, bestehend aus gewählten magistrats, für die Abgabe dieser Stellungnahme zuständig[194], die jetzt der eben beschriebenen Kommission obliegt.

Der Justizminister ist an das Votum dieser Kommission nicht gebunden. Will er eine stärkere Sanktion als die von der Kommission befürwortete verhängen, so muß er dies zwar begründen, worauf die Kommission ein zweites Mal entscheidet. Im Endeffekt gilt jedoch die Entscheidung des Justizministers[195]. Allerdings hat sich in der Vergangenheit der Justizminister praktisch immer an die abgegebene Stellungnahme gehalten[196].

---

[191] Grebing, aaO., S. 28; Pradel, procédure, Rn. 115.
[192] Art. 65 der Verfassung, Text siehe Anhang.
[193] Lay/Bigaut, D. 1994 chr. S. 129 (129).
[194] Lay/Bigaut, aaO., S.129 (133).
[195] Albernhe, aaO., n° 177, 179; Pradel, procédure, Rn. 115; Stefani/Levasseur/Bouloc, Rn. 113.
[196] Lay/Bigaut, aaO., S.129 (133).

Die Disziplinarmaßnahmen des Justizministers werden vom Conseil d'Etat nur in geringem Umfang überprüft[197]. Der Conseil d'Etat hat in einem Urteil erklärt, er sei für Entscheidungen hinsichtlich der Organisation der Staatsanwaltschaft kompetent, nicht jedoch bezüglich ihrer Funktion (fonctionnement). Die Unterscheidung zwischen organisation und fonctionnement ist allerdings nicht immer einfach und war es auch in dem der Entscheidung zugrunde liegenden Fall nicht. Der Sachverhalt läßt sich wie folgt zusammenfassen:

> Am 19.Oktober 1948 war in den Minen von Noeux "wild" gestreikt worden (grèves insurrectionnelles). Dabei war es zu tätlichen Auseinandersetzungen von Streikenden mit der Polizei gekommen. Der zuständige procureur de la République (M. Dorly) hatte daraufhin die Voruntersuchung einleiten lassen. Sieben Personen, die auf einer polizeilichen Liste standen, wurden vom Untersuchungsrichter festgenommen (placé sous mandat de depot). Noch am gleichen Tag wurde von diesen Personen Antrag auf Freilassung gestellt, dem der Untersuchungsrichter am nächsten Tag auch stattgab, da der Staatsanwalt nicht widersprochen hatte. Der Justizminister warf dem Staatsanwalt daher vor, der Freilassung nicht widersprochen zu haben und im übrigen eine Voruntersuchung eingeleitet zu haben, statt im Flagranzverfahren vorzugehen, das dem Staatsanwalt und der Polizei selbst erhebliche Ermittlungsmöglichkeiten einräumt. Aufgrund dieser Vorwürfe wurde der Staatsanwalt herabgestuft und in eine andere Stadt versetzt[198].

Den Ereignissen war ein Rundschreiben des Justizministers vorhergegangen, in dem die Staatsanwaltschaft aufgefordert worden war, in diesem Bereich hart durchzugreifen. Indem der Staatsanwalt der Freilassung nicht widersprochen hatte, hatte er nicht im Einklang mit diesem Rundschreiben gehandelt[199].

Der Conseil d'Etat lehnte die Rechtsmittel des Staatsanwaltes gegen diese Maßnahmen ab, da die Beurteilung der vorgenommenen Handlungen zum fonctionnement gehörten, über das zu urteilen er nicht kompetent sei. Vorher hatte er seine Zuständigkeit, überhaupt in diesem Fall zu entscheiden, damit begründet, daß die vom Justizminister angeordnete Versetzung in den Bereich der Organisation der Staatsanwaltschaft falle[200].

Dieses Urteil schafft eine für die Staatsanwälte nachteilige Situation, da sie disziplinarrechtlich auf das Ermessen des Justizministers angewiesen sind[201]. Es wurde aber generell als mit der "logique juridique" im Einklang angesehen, da der Conseil d'Etat, um über die Qualifikation der dem betreffenden Staatsanwalt vorgeworfenen Handlungen als Fehler entscheiden zu können, über die von diesem vorgenommene Strafverfolgung hätte urteilen müssen, was mit dem Prinzip der Gewaltenteilung

---

[197] Merle/Vitu, Rn. 1008; Pradel, procédure, Rn. 115.
[198] Sachverhaltsdarstellung s. Cartou, Louis, JCP 1953.II.7810.
[199] Rassat, ministère public, S. 49.
[200] Conseil d'Etat vom 26.6.1953, JCP 1953.II.7810.
[201] Pradel , procédure, Rn.115 a.E.; vergl. Rassat, ministère public, S. 50/ 51; Jeandidier/Belot, S. 52.

zwischen der Exekutive und der Judikative nicht vereinbar gewesen wäre. Der Conseil d'Etat kann über die Legalität von Disziplinarmaßnahmen, die das persönliche Verhalten des Staatsanwaltes betreffen (manquements à l'honneur et à la delicatesse) urteilen, nicht jedoch über die Frage, ab wann es einen Fehler im disziplinarrechtlichen Sinne darstellt, ministeriellen Weisungen zuwiderzuhandeln[202].

Einzig wenn die Kommission im Gegensatz zum Justizminister ein Verschulden (faute) des Betreffenden nicht feststellen kann, kann sich der Justizminister nicht ohne weiteres über ihre Ansicht hinwegsetzen, sondern muß eine weitere, spezielle Kommission damit befassen, bevor er eine Sanktion aussprechen kann[203].

iii. Begrenzung des Weisungsrechts

(i.) Le pouvoir propre

Die Weisungsbefugnis von oben nach unten besteht jedoch nicht unbegrenzt. Eine wesentliche Begrenzung bildet zunächst die dem Behördenleiter zustehende Eigengewalt (pouvoir propre): Er kann auch entgegen einer Weisung wirksam eine Anklage erheben oder ein Verfahren einstellen[204]. Auch in Deutschland ist weisungswidriges Handeln eines Staatsanwaltes im Außenverhältnis wirksam[205], worin aber keine Begrenzung des Weisungsrechts gesehen wird.

Der pouvoir propre ergibt sich daraus, daß nur den Leitern der jeweiligen Staatsanwaltschaft, also dem jeweiligen procureur de la République, vom Gesetz die Kompetenz zur Strafverfolgung übertragen ist (Art.1, 40, 41 CPP)[206] und nicht auch dem Justizminister bzw. dem procureur général. Bei weisungswidrigem Handeln wird der betreffende Staatsanwalt zwar disziplinarrechtlich zur Rechenschaft gezogen[207]; seine Handlungen sind jedoch im Außenverhältnis wirksam. Die Strafverfolgungshandlungen können nur von demjenigen Staatsanwalt vorgenommen werden, dem sie vom Gesetz übertragen worden sind, niemand anderes kann an seiner Stelle tätig werden[208].

---

[202] Rassat, ministère public, S.50.

[203] Vincent/Guinchard/Montagnier/Varinard, Rn. 525.

[204] Aydalot, Rep.Pén., n° 45; Grebing, aaO., S.26; Merle/Vitu, Rn. 1009; Rolland, JCP 1956.I.1271 n° 6 noch für den CIC; Stefani/Levasseur/Bouloc Rn. 114; Vincent/ Guinchard/ Montagnier/ Varinard Rn. 522.

[205] Geerds, aaO., S. 297 (303); Kleinknecht/ Meyer-Goßner Rn. 8; LR-Schäfer Rn. 13 jeweils zu § 146 GVG.

[206] Art. 40 Abs. 1 S.1: Le procureur de la République reçoit les plaintes et les dénonciations et apprécie la suite à leur donner.
Art. 41 Abs. 1: Le procureur de la République procède ou fait procéder à tous les actes nécessaires à la recherche et à la poursuite des infractions à la loi pénale. (...)

[207] Boucly/ Leclère S. 59, Anm. zu Art. 36; Malibert, J.-Cl. Proc. Pén., Art. 31 à 44 n° 62.

Für den Fall, daß der Staatsanwalt einer Weisung, einen bestimmten Fall zur Anklage zu bringen oder bestimmte Anträge zu stellen, mißachtet, ist die Disziplinar-
strafe auch eine angemessene Sanktion.

Fraglich ist aber, wie sich das Zusammenspiel von Weisung und pouvoir propre
des Staatsanwaltes für den Fall der eben dargestellten, umstrittenen Weisung, einen
Fall einzustellen, auswirkt. Zunächst führt dabei der pouvoir propre wieder zu dem
Ergebnis der Außenwirksamkeit der Anklage des Staatsanwaltes: das mit einem
weisungswidrigerweise angeklagten Fall befaßte Gericht kann diesen nicht unter
Hinweis auf die Weisungswidrigkeit der Anklageerhebung abweisen[209]; für die
Staatsanwaltschaft resultiert in diesem Bereich aus ihrer Eigengewalt ein förmli-
ches Recht zum Ungehorsam[210].

Da dem betreffenden Staatsanwalt jedoch, wie gesagt, Disziplinarmaßnahmen
drohen und außerdem sein Verhalten auch auf seine weitere Karriere Einfluß hat[211],
kommt ein weisungswidriges Handeln so gut wie nie vor, auch dann nicht, wenn
die Weisung, wie im Fall der Weisung, einen bestimmten Fall einzustellen, mit dem
Gesetz nicht vereinbar ist[212]: "Trop de facteurs se conjuguent donc pour faire du
pouvoir propre, en outre hypothèse, autre chose que l'hommage théorique et rhéto-
rique que la loi rend à la vertu"[213], und auch ein Staatsanwalt wird nicht unbedingt
das Risiko eines Disziplinarverfahrens mit ungewissem Ausgang auf sich nehmen,
um entgegen der ausdrücklichen Weisung "von oben" in einem bestimmten Fall die
Strafverfolgung einzuleiten. Aus demselben Aspekt heraus besteht auch die Gefahr,
daß ein Staatsanwalt sich dem Wunsch des Justizministeriums unterordnet, selbst
wenn eine förmliche Weisung nicht vorliegt, sondern dieser Wunsch im Rahmen
beispielsweise eines telefonischen Informationsaustausches zwischen der Justizverwaltung und dem betreffenden Staatsanwalt angeklungen ist[214]. Die Eigengewalt
des Staatsanwaltes ist daher nur bedingt eine wirkliche Begrenzung der Weisungsbefugnis des Justizministers oder, im Fall des procureur de la République, der des
procureur général.

Gegen die Weisung, ein bestimmtes Verfahren einzustellen, scheint die action
civile des Opfers, sofern sie zulässig ist, das effizienteste Kontrollmittel zu sein, da
sie zwangsläufig die Auslösung der action publique zur Folge hat (cf. unten

---

[208] Pradel, procédure, Rn. 116.

[209] Mayer, aaO., S. 429; Pradel, procédure, Rn.116.

[210] Mayer, aaO., S.429.

[211] Dieses wurde mir auch von Praktikern bestätigt.

[212] Rassat, ministère public, S.53.

[213] Etwa: "Zuviele Faktoren vereinigen sich somit, um aus der Eigengewalt etwas anderes zu machen als einen theoretischen und rhetorischen Tribut des Gesetzes an die Tugend" Cedras, Rev.
pénitentiaire1992, S.77 (84).

[214] Für Deutschland weist Geerds auf dieses Problem des vorauseilenden Gehorsams hin; aaO., S.
297 (308/ 309) u. (313/ 314).

S.149)[215].

Aus dem pouvoir propre resultiert darüber hinaus auch, daß es im Rahmen der vertikalen Hierarchie weder ein Substitutions- noch ein Devolutionsrecht gibt[216]. Für den Vorsitzenden besteht weder die Möglichkeit, den Fall an sich zu ziehen, noch einen anderen Staatsanwalt damit zu betrauen. Allerhöchstens kann er im Rahmen eines Disziplinarverfahrens einen Behördenleiter absetzen und einen anderen berufen[217].

Faktisch kommen Konflikte aber wohl kaum vor; im Alltag hat der pouvoir propre vielmehr zur Folge, daß der procureur de la République selbständig und eigenverantwortlich seine Entscheidungen trifft, ohne jedesmal den procureur général um Anweisungen bitten zu müssen (vgl. dazu auch unten S.57) [218].

Anders sieht es im Rahmen der horizontalen Hierarchie, d.h. der Hierarchie innerhalb einer Staatsanwaltschaft aus. Hier besteht für den procureur de la République ein Substitutions- und Weisungsrecht gegenüber seinen substituts[219] [220]. Diese handeln als seine Vertreter, als solche kann er sie jederzeit von einem Fall entbinden oder die entsprechende Entscheidung selber treffen: Eigengewalt steht nur dem procureur de la République zu. In der Praxis haben jedoch auch die substituts einen relativ großen Entscheidungsspielraum. Wie weit er im Einzelnen reicht, hängt von der Organisation der jeweiligen Staatsanwaltschaft ab, sowie davon, wieviel Vertrauen der procureur de la République in seine Mitarbeiter hat etc.

(ii.) "La plume est serve mais la parole est libre"

Die andere traditionelle Begrenzung der Weisungsgewalt wird mit dem Satz "la plume est serve mais la parole est libre" umschrieben[221]. Das bedeutet, daß für alle schriftlichen Anträge des jeweiligen Staatsanwaltes Weisungsgebundenheit besteht, er aber in der mündlichen Verhandlung seine Ansicht zu dem Fall frei vortragen kann, worin sich seine Selbständigkeit als magistrat widerspiegelt. Dies kann soweit gehen, daß der Staatsanwalt in der mündlichen Verhandlung seinen eigenen schriftlichen Anträgen widerspricht[222].

---

[215] Vergl. Cedras, rev. pénitentiaire 1992,S.77 (85); Cass. Crim. vom 12.5.1992 Bull.Crim. n° 186 und D.1992, jur. S.427.

[216] Merle/Vitu, Rn. 1009; Stefani/Levasseur/Bouloc, Rn. 114.

[217] Kill, S. 39.

[218] Jeandidier/Belot, S.54; Pradel, procédure, Rn. 116.

[219] Substituts heißen die Staatsanwaltsvertreter; den Titel procureur de la République trägt nur der Leiter der jeweiligen Staatsanwaltschaft.

[220] Grebing, aaO., S. 28; Kill, S. 42; Rassat, Institutions, S. 229.

[221] Grebing, aaO., S. 27; Kill, S. 40; Merle/Vitu, Rn. 1009; Soyer, Rn. 655; Stefani/Levasseur/Bouloc, Rn. 114; Vouin, aaO., S. 487.

[222] Bouzat/Pinatel, Rn.112; Vincent/Guinchard/Montagnier/Varinard, Rn. 522

Der Grundsatz hat eine lange Tradition[223]. Begründet wird er damit, daß zum einen sich im Prozeß unerwartete Entwicklungen ergeben können, auf die der Staatsanwalt reagieren können muß[224]; er kann in der Verhandlung nicht erst neue Weisungen einholen. Zum anderen wird damit argumentiert, die Anwesenheit des Staatsanwaltes in der Sitzung würde sonst überflüssig[225]: "Un greffier suffirait pour lire les conclusions qu'il a reçu l'ordre de déposer; les conditions de science, de talent, que le législateur a prescrit de rechercher en lui deviennent superflues" [226]. Schließlich wird der Grundsatz auch auf die Doppelnatur der Staatsanwaltschaft zurückgeführt, die ja einerseits "in ihrem Büro" zur Verwaltung gehöre, andererseits in der Verhandlung aber magistrat sei[227]. In Art. 33 CPP und in Art.5 des Statut de la magistrature findet der Grundsatz seine gesetzliche Fixierung[228].

Auch bei dem Grundsatz der liberté de parole ist, wie bei der Eigengewalt des Staatsanwaltes, fraglich, inwieweit er eine effektive Begrenzung des Weisungsrechtes darstellt. Weisungswidriges Handeln kann hier zwar nicht mit Disziplinarmaßnahmen, wohl aber durch Nichtbeförderung geahndet werden[229].

Aus dem Grundsatz der liberté de parole folgt, daß der Staatsanwalt das Recht hat, "de faire état dans son réquisitoire de tout élément, quand bien même s'agirait-il de pièces extérieurs à la procédure et non communiquées aux parties"[230]. Der Staatsanwalt hat völlige Handlungsfreiheit[231], womit ihm ein sehr weitreichendes Recht zusteht. Nur die ausdrückliche Weigerung, diese im Schlußplädoyer erwähnten Schriftstücke der Verteidigung zu überlassen oder ihr Rederecht zu respektieren, ist fehlerhaft.

---

[223] So bereits Cour de Cassation vom 14.pluviose XII (=3.2.1802): "Il faut distinguer dans un officier du ministère public deux caractères différents: celui d'agent de la société pour la poursuite des délits et celui d'organe de la loi pour requerir des peines aux prévenus qui sont l'objet de cette poursuite.(...) ...si les prévenus lui paraissent innocents ou s'il pense que aucune disposition du Code pénal leur est applicable alors l'organe de la loi est impassible comme elle; il propose, en cette qualité, le rejet de la demande qu'il a formée comme agent de la société, mais la demande qu'il a formée comme agent de la société n'en subsiste pas moins...". Abgedruckt bei Malibert, J.-Cl. Proc. Pén. Art. 31 à 44 n° 49 und Le Poittevin, S.641.

[224] Malibert, J.-Cl. Proc. Pén., Art. 31 à 44 n° 46.

[225] Malibert, J.-Cl. Proc. Pén., Art. 31 à 44 n° 47.

[226] In etwa: "Ein Gerichtsschreiber würde genügen, die Folgerungen vorzulesen, die ihm abzugeben aufgetragen worden sind, ; die #anforderungen an Wissen und Talent, die vom Gesetzgeber gestellt werden, werden damit überflüssig."; Le Poittevin, S.642.

[227] Pradel, procédure, Rn. 113.

[228] Zum Statut de la magistrature siehe Anhang.

[229] Laroche-Flavin, S. 100.

[230] In etwa: "in seinem Schlußplädoyer alles heranzuziehen, was ihm angemessen erscheint, selbst wenn es sich dabei um nicht mit dem Prozeß zusammenhängede Schriftstücke handelt, die den Prozeßparteien nicht mitgeteilt worden sind", Dr. Pénal 1994, chr. Nr. 48; s.a. Albernhe, aaO., Abs. 55-58.

[231] Jeandidier/Belot, S.55.

Auch im Rahmen jeder einzelnen Staatsanwaltschaft gilt, daß der einzelne Staatsanwalt (Substitut) im Rahmen seiner mündlichen Ausführungen frei plädieren kann[232]. Durch das Substitutionsrecht ist dieses Recht des Staatsanwaltes jedoch faktisch eingeschränkt[233]: der Behördenleiter wird in die Verhandlung denjenigen Substitut entsenden, der seiner Ansicht ist, oder aber selbst an der Verhandlung teilnehmen.

(iii.)Zum Vergleich: Grenzen der Weisungsgebundenheit der deutschen Staatsanwaltschaft

Grundsätzlich gilt, daß das Weisungsrecht in Deutschland seine Grenzen am Legalitätsprinzip findet, das strafrechtlich durch die Tatbestände der Verfolgung Unschuldiger und die Strafvereitelung abgesichert ist[234].

Pouvoir propre oder Eigengewalt in dem dargestellten Sinne steht dem deutschen Staatsanwalt nicht zu. Vielmehr hat der Generalstaatsanwalt gemäß § 145 GVG ein Substitutions- und Devolutionsrecht; der Justizminister kann zwar die Sache nicht an sich ziehen, da er kein Staatsanwalt ist; ihm steht aber ein Substitutionsrecht zu (§ 147 GVG)[235]. Die hierarchische Abhängigkeit der Staatsanwaltschaft von der jeweiligen Landesjustizverwaltung wird zum Teil auch darin deutlich, daß in einigen Bundesländern der Generalstaatsanwalt ein politischer Beamter ist, also jederzeit ohne Angabe von Gründen in den Ruhestand versetzt werden kann[236]. Ähnliches ist in Frankreich nicht möglich.

Auch zu dem französischen Grundsatz, daß der Staatsanwalt in der Sitzung nicht weisungsgebunden ist, gibt es für den deutschen Staatsanwalt keine Entsprechung im Gesetz. Allerdings ist umstritten, wieweit dem Staatsanwalt für die Hauptverhandlung Weisungen erteilt werden können.

Die Hauptverhandlung soll Grundlage für die an sie anschließenden Anträge sein; gemäß dem Prinzip der Mündlichkeit und der Öffentlichkeit soll sich der Staatsanwalt hier sein Bild machen. Aus diesem Grund wird zum Teil eine Weisungsgebundenheit des Staatsanwaltes für das Schlußplädoyer durch einen in der Hauptverhandlung selbst nicht anwesenden Vorgesetzen auch ohne entsprechende gesetzliche Vorschrift als prozeßordnungswidrig abgelehnt[237].

---

[232] Grebing, aaO., S. 28; Kill S. 42; Rassat, procédure, S. 208.

[233] Rassat, Institutions, S. 229/230; dies. , procédure, S. 208.

[234] Odersky, Rebmann - FS, S. 343 (357).

[235] KK-Schoreit Rn. 3 zu § 145 GVG; Kleinknecht/ Meyer-Goßner Rn. 1 zu § 147 GVG; Krey/ Pföhler, NStZ 1985, S. 145 (146); Odersky, Rebmann-FS, S. 343 (356).

[236] Ob dieser Zustand erhaltenswert ist, ist umstritten. Dafür wohl Günther, S. 147; er folgert aus dem Weisungsrecht auch eine Weisungspflicht (S. 153/ 154); dagegen jedoch Odersky, aaO., S.343 (357), Krey /Pföhler, NStZ 1985, S. 145 (147).

[237] Arndt, NJW 1961, S. 1616 unter Hinweis auf die französische Regelung; Bader, JZ 1956, S. 4 (6); Roxin, DRiZ 1969, S. 385 (386); Eb. Schmidt, MDR 1951, S. 1 (4).

Andere wiederum sehen das Problem differenzierter und unterscheiden zwischen Weisungen hinsichtlich Rechtsfragen, die erlaubt sein sollen, und anderen Weisungen. *Kintzi* hält Weisungen insofern für zulässig, als sie vom Gang der Hauptverhandlung abstrahiert werden können, wobei die Weisungen unter dem Vorbehalt stehen müssen, daß "relevante Änderungen in der Hauptverhandlung nicht eintreten und sich entscheidungserhebliche Sachverhalte überhaupt diagnostizieren lassen." [238]

Die eben dargestellte Auseinandersetzung bezieht sich auf die Verfahren im Rahmen des § 172 StPO, also auf diejenigen Verfahren, die im Rahmen des Legalitätsprinzips behandelt werden.

Fraglich ist, wie es mit einem Weisungsrecht im Bereich der §§ 153 ff StPO aussieht. *Roxin*, der der Weisungsgebundenheit im Rahmen des Legalitätsprinzips skeptisch gegenübersteht, hält sie im Rahmen der §§ 153 ff. StPO für zulässig, da es hier nicht um Rechtmäßigkeits- sondern um Zweckmäßigkeitserwägungen geht, um "Praktikabliltät und Effektivität" [239]. Und hält er auch für die Staatsanwaltschaft die gleiche Unabhängigkeit für notwendig, wie sie Richtern zusteht, so doch nur "dort, wo die Staatsanwaltschaft rechtliche Entscheidungen zu fällen hat, also nicht im Bereich des Opportunitätsprinzips und in den technisch-taktischen Fragen des Strafrechts." [240]

Krey/Pföhler differenzieren hierbei zwar etwas stärker, kommen aber auch zu dem Ergebnis, daß "der Bereich des Opportunitätsprinzips ... die Domäne des externen Weisungsrechts" sei, wobei allerdings eine nicht auf justizgemäßen Erwägungen beruhende Weisung rechtswidrig sei[241]. Damit gehen die Forderungen in Deutschland weniger weit als in Frankreich, wo eine andere Einschätzung des Weisungsrechts auch und gerade für das Opportunitätsprinzip gefordert wird.

Die Argumente, die von den Befürwortern einer Weisungsfreiheit des Staatswaltes in der Hauptverhandlung herangezogen werden, sind den für die Begründung der liberté de parole herangezogenen zum Teil ähnlich; insbesondere wird auch hier mit der Reaktionsmöglichkeit des Staatsanwaltes auf Entwicklungen in der Hauptverhandlung argumentiert. Es zeigt sich dabei aber auch deutlich der Unterschied in der Stellung zwischen dem deutschen Staatsanwalt und seinem französischen Kollegen: In Frankreich wird für die liberté de parole auch noch die Position des Staatsanwaltes als magistrat und die daraus zumindest in diesem Bereich resultierende Unabhängigkeit herangezogen.

---

[238] Kintzi, Wassermann-FS, S. 899 (912); ähnlich auch Geerds, Strafverfolgung und Strafverzicht, S.297 (304/305).

[239] Roxin, DRiZ 1969, S. 385 (387).

[240] Roxin, ebd.

[241] Krey/ Pföhler, NStZ 1985, S. 145 (149); ähnlich auch Wille, Strafverfolgung und Strafverzicht, S. 317 (319).

c. Weitere Prinzipien

Daraus, daß der Behördenleiter kraft Gesetzes mit der Strafverfolgung betraut ist und seine Dienstuntergebenen als seine Vertreter handeln, folgt als weiteres Prinzip das Prinzip der Einheit und der Unteilbarkeit der Staatsanwaltschaft (l'unité et l'indivisibilité)[242]. Jeder Staatsanwalt wird als Vertreter der Behörde tätig, so daß, genau wie im deutschen Recht, nicht immer derselbe Staatsanwalt im Laufe eines Falles tätig werden muß, sondern die Beamten einer Staatsanwaltschaft, auch innerhalb des Verlaufes eines Falles, austauschbar sind[243]; jeder Substitut hat das Recht, alle hinsichtlich der action publique relevanten Handlungen vorzunehmen[244]. Diese Unteilbarkeit kann sich jedoch nicht gegen die Staatsanwaltschaft wenden. So kann der procureur de la République durchaus appel einlegen gegen ein Urteil, das konform zu den Anträgen seines substituts ergangen ist[245].

Andere Grundsätze, die die Stellung der französischen Staatsanwaltschaft kennzeichnen, sind die Unabhängigkeit sowohl von den Gerichten als auch von den Untersuchungsrichtern und die Nichtverantwortlichkeit (l'irresponsabilité) der Staatsanwälte.

Unabhängigkeit von den Gerichten bedeutet dabei, daß die Gerichte weder die Handlungsweise der Staatsanwaltschaft kritisieren noch ihr Anweisungen erteilen dürfen[246]. Insbesondere die Entscheidung darüber, ob in einem bestimmten Fall die Strafverfolgung opportun ist oder nicht, ist einzig und allein Entscheidung der Staatsanwaltschaft und kann nicht durch ein Gericht kritisiert werden[247], ebensowenig wie ein Plädoyer[248]. Die Unabhängigkeit von beiden Gerichtsbarkeiten (juridictions de jugement et de l'instruction) ergibt sich aus dem Gewaltenteilungsprinzip[249]. Folge ist, daß es ein Zusammenwirken von erkennendem Gericht und

---

[242] Grebing, aaO., S. 28.

[243] Albernhe, aaO., n° 77 - 79; Aydalot, n° 39; Kill, S. 34; Laroche-Flavin, S. 31; Merle/Vitu, Rn. 1011; Pradel, procédure, Rn. 117; Stefani/Levasseur/ Bouloc, Rn. 115; zum Deutschen vergl. § 144 GVG.

[244] Daher ist es auch unschädlich, wenn auf einem Antrag die mit dem Zusatz "pour le procureur de la République" versehene Unterschrift nicht lesbar ist. Cass. Crim. vom 3.Juli 1990, Bull. Crim. Nr.275.

[245] Albernhe, aaO., n° 85.

[246] Ständige Rechtsprechung, z.B. Cass. Crim vom 22.Juni 1985, Bull. Nr. 199; vom 28.Juni 1991, Bull. Nr. 287; vom 14. Dez. 1993 in: Droit Pénal 1994 chr. 18; Kill, S. 28 ff, Merle/Vitu, Rn. 1011.

[247] Albernhe, aaO., n° 92.

[248] Malibert, J.-Cl. Proc. Pén., Art. 31a à 44 n° 96 bis 104, mit mehreren Beispielen, darunter: das Urteil ist wegen excès de pouvoir des Gerichtes aufzuheben, wenn das Gericht in seinem Urteil feststellt daß der Staatsanwalt eher wie ein amtlicher Verteidiger des Angeklagten denn wie ein Ankläger gesprochen habe oder wenn ein Gericht im freisprechenden Urteil bedauert, sich ein zweites Mal mit einem Verfahren auseinandersetzen zu müssen, welches jeder vernünftige Bürger vermieden hätte.

[249] Vincent/Guinchard/Montagnier/Varinard, Rn. 522.

Staatsanwaltschaft im Sinne einer Zustimmung bei der Einstellung eines Verfahrens, wie im deutschen Strafprozeßrecht bekannt, in Frankreich nicht gibt; die Einstellung fällt ausschließlich in die Kompetenz des Staatsanwaltes.

Anders als in Deutschland hat in Frankreich das Gericht ein Selbstbefassungsrecht für während der Verhandlung begangene Straftaten (Art. 675 ff CPP), so daß insofern das Gewaltenteilungsprinzip durchbrochen ist[250]. Ausnahmsweise darf darüber hinaus in Fällen des flagranten Delikts auch der Untersuchungsrichter bestimmte Untersuchungshandlungen vornehmen, ohne vorher vom Staatsanwalt mit dem Fall befaßt worden zu sein (Art. 72 Abs.2 CPP)[251].

Die Nichtverantwortlichkeit (l'irresponsabilité) der Staatsanwaltschaft bedeutet, daß ihr bei Freisprüchen nicht die Kosten des Verfahrens auferlegt werden können, ebensowenig wie sie zu Schadensersatz gegenüber dem Freigesprochenen verurteilt werden kann[252].

Schließlich kann der französische Staatsanwalt im strafrechtlichen Bereich nicht wegen Befangenheit abgelehnt werden (principe d'irrécusabilité, art. 669 Abs. 2 CPP)[253]. Dies wird damit begründet, daß die Staatsanwaltschaft Hauptpartei im Strafprozeß ist, woraus folgt, daß sie "plaideur ordinaire" und Gegner des Angeklagten ist. Da man sich seinen Gegner nicht aussuchen kann, kann der Angeklagte den Staatsanwalt nicht ablehnen[254].

In Deutschland dagegen ist die Möglichkeit der Ablehnung eines Staatsanwaltes, der nach den für Richter geltenden Kriterien als befangen bezeichnet würde, gesetzlich nicht geregelt[255] und daher entsprechend umstritten. Nach überwiegender Auffassung, insbesondere auch der Rechtsprechung, ist es Sache eines befangenen Staatsanwaltes selbst, auf seine Ablösung hinzuwirken. Auch kann derjenige, der von Ermittlungen eines befangenen Staatsanwaltes betroffen ist, beim Vorgesetzten des Staatsanwaltes dessen Ersetzung beantragen; der Vorgesetzte kann die Ersetzung im Rahmen seines Substitutionsrechts dann vornehmen[256]. Ein Recht auf die Ablehnung steht dem Betroffenen jedoch nicht zu[257]; eine die Ersetzung ablehnende Verfügung kann der Betroffene nicht nach § 23 EGGVG anfechten. Eine prozeßordnungswidrige Teilnahme eines befangenen Staatsanwaltes kann vom

---

[250] Albernhe, aaO., Abs. 93; Stefani/Levasseur/Bouloc, Rn. 116.

[251] Stefani/Levasseur/Bouloc, Rn. 116.

[252] Bouzat/ Pinatel, Rn.1116; Pradel, procédure, Rn. 114; Stefani/Levasseur/Bouloc, Rn. 118.

[253] Bouzat/Pinatel, Rn.1115; Stefani/Levasseur/Bouloc, Rn. 114.

[254] Malibert, J.-Cl. Proc. Pén. Art. 31 à 44 n° 133; eine ähnliche Begründung der Nichtablehnbarkeit galt in Deutschland in den Partikularrechten des letzten Jahrhunderts, Tolksdorf,S. 14

[255] Ausnahmen bilden §7 Nds-AGGVG und § 11 BW-AGGVG, wobei bei beiden Regelungen die Verfassungsmäßigkeit umstritten ist, da § 6 EGStPO den Erlaß von landesrechtlichen Verfahrensvorschriften im Bereich des Strafverfahrensrechts ausschließt; Pfeiffer, Rebmann - FS S. 359 (365).

[256] Pfeiffer, aaO., S. 359 (366).

[257] BGH, NStZ 1984, S. 419; LG Köln, NStZ 1985, S. 230 ff.; BGH, NStZ 1991, S. 595.

Betroffenen erst mit der Revision gerügt werden[258].

3. Aufgaben und Kompetenzen

Hauptaufgabe der Staatsanwaltschaft im Rahmen der Strafverfolgung sind das Er-mittlungsverfahren sowie die Erhebung und Vertretung der öffentlichen Anklage. Die Staatsanwaltschaft übt die action publique aus, sofern im Gesetz nichts anderes bestimmt ist. Letzteres bezieht sich auf bestimmte Behörden, denen in einigen Fäl-len vom Gesetzgeber das Recht eingeräumt worden ist, die action publique auszu-üben (vgl. dazu S.138). Im Regelfall ist es die Staatsanwaltschaft, die die action pu-blique ausübt, selbst wenn sie, u.U. gegen ihren Willen, von der Zivilpartei in Gang gesetzt worden ist[259]. Daneben obliegt ihr auch die Vollstreckung von Gerichtsentscheidungen[260].

Dabei ist die Staatsanwaltschaft nicht Inhaberin der action publique, vielmehr steht diese der Gesellschaft zu. Die Staatsanwaltschaft wird für die Gesellschaft als ihre Vertreterin tätig. Daraus folgt auch, daß der Staatsanwalt zum Teil weniger Handlungsmöglichkeiten als die Zivilpartei hat, die ihre eigenen Interessen wahr-nimmt. So kann der Staatsanwalt beispielsweise eine einmal initiierte action publi-que nicht mehr zurücknehmen[261].

Diese Auffassung über die Stellung der Staatsanwaltschaft wird bei genauerer Betrachtung bereits aus ihrem Titel deutlich: der procureur de la République ist nicht Vertreter des Staates oder der Regierung[262], sondern der Republik. Die Repu-blik ist das Gemeinwesen, an das die Bürger ihre Souveränität verliehen haben[263].

Das staatsanwaltschaftliche Ermittlungsverfahren ist nur eine Art summarisches Verfahren; anders als im deutschen Recht ist der Staatsanwalt in Frankreich für die Untersuchung[264] nicht zuständig, aufgrund der Gewaltenteilung ist dafür der Un-tersuchungsrichter zuständig. Dieser wird mit einem Fall jedoch erst dann befaßt, wenn die Staatsanwaltschaft die Strafverfolgung einleiten will, d.h. nachdem sie bereits zu einer Entscheidung hinsichtlich des Vorliegens einer Straftat und der

---

[258] Kleinknecht/ Meyer-Goßner Rn. 3 ff. vor § 22 StPO; aA. und für eine entsprechende Anwen-dung der §§ 22 ff, 138 a,b StPO u. § 20 VwVfg Krey, JA 1985, S. 513ff;
differenziert zu den einzelnen Ausschlußgründen s. auch Koffka, ZStW 1984, S. 666 (671 / 672).

[259] Stefani/Levasseur/Bouloc, Rn. 121.

[260] Grebing, aaO., S. 29.

[261] Pradel, procédure, Rn. 119.

[262] Wie früher die procureurs du roi (Anwälte des Königs) oder unter Napoleon die proceurs impéri-aux (kaiserliche Anwälte) eher Vertreter der Regierung gewesen sind.

[263] Albernhe, J.-Cl. Proc. Pén. Art. 31 à 44, n° 31.

[264] Zur besseren Unterscheidung wird der Begriff Ermittlung hier nur für die Ermittlungen von Staatsanwaltschaft und Polizei verwandt, für die vom Untersuchungsrichter durchgeführte in-struction judiciaire wird im folgenden der Begriff Voruntersuchung verwendet.

Opportunität ihrer Verfolgung gelangt ist. Diese Entscheidung wird durch das Ermittlungsverfahren vorbereitet, das im CIC noch nicht enthalten war, sondern sich praeter legem als enquête officieuse entwickelte[265] und durch den CPP sanktioniert wurde[266]. Faktisch werden heute nur noch die Fälle an den Untersuchungsrichter abgegeben, bei denen die Voruntersuchung gesetzlich vorgeschrieben ist oder bei denen Zwangsmaßnahmen notwendig werden (cf. unten S.44 und S.46).

Die Staatsanwaltschaft nimmt Anzeigen und Strafanträge Verletzter und unbeteiligter Personen sowie anzeigepflichtiger staatlicher Behörden auf[267]. Nach Eingang der Akten bzw. Aufnahme der Anzeigen etc. kann die Staatsanwaltschaft im Rahmen der Ermittlungen weitere Nachforschungen anstellen. Dabei stehen ihr sämtliche Kompetenzen eines officiers de police judiciaire zu. Praktisch wird diese Möglichkeit allerdings kaum wahrgenommen, die Staatsanwaltschaft übt ihre Tätigkeit vielmehr "im Sitzen" aus[268].

Die andere im Gesetz vorgesehene Möglichkeit kommt in der Praxis sehr viel häufiger vor: Die Polizei ermittelt aus eigener Kompetenz. Anders als im deutschen Recht kann die Polizei in Frankreich in bestimmtem Umfang aus eigenem Recht tätig werden. Sie ist dann allerdings verpflichtet, die Staatsanwaltschaft unverzüglich über alles zu unterrichten. Praktisch wird die Staatsanwaltschaft wegen der Menge der bearbeiteten Fälle jedoch nur über die wichtigsten informiert (cf. unten S.52 und S.147).

Im Anschluß an die enquête préliminaire hat der Staatsanwalt mehrere Entscheidungsalternativen. Zunächst hat er die grundsätzliche Entscheidung zwischen Einstellung oder Strafverfolgung zu treffen. Anschließend, wenn er sich für die Strafverfolgung entschieden hat, hat er die Wahl zwischen der Einleitung einer förmlichen Voruntersuchung, der citation directe oder der procédure de la saisine directe. Die beiden zuletzt genannten Möglichkeiten führen direkt vor den erkennenden Richter[269], d.h. es findet keine weitere Voruntersuchung durch den Untersuchungsrichter statt. Die enquête préliminaire bzw. die durch sie gewonnenen Erkenntnisse über das Vorliegen einer Straftat, über den Täter etc. ermöglichen dem Staatsanwalt, sich zwischen diesen Alternativen zu entscheiden[270]; er kann abschätzen, ob eine Verfahrenseinstellung opportun oder die Einleitung des Strafverfahrens angemessen ist. Die gerichtliche Voruntersuchung durch den Untersuchungsrichter kann dem Staatsanwalt keine Grundlage für seine Entscheidung bieten, denn in dem Moment, in dem sie stattfindet, ist die action publique bereits eingeleitet und kann durch die Staatsanwaltschaft nicht mehr zurückgenommen werden.

---

[265] Denis, colloque, S. 31 (35).
[266] Art. 75 ff. CPP
[267] Grebing, aaO., S. 29.
[268] Grebing, aaO., S. 29.
[269] Casorla, S. 170.
[270] Caleb, Rev.Sc.Crim. 1952, S. 19 (21); Denis, colloque, S. 31 (37).

In Frankreich gehört es zu den Grundsätzen des Strafprozesses, daß Strafverfolgung (poursuite), richterliche Voruntersuchung (instruction préparatoire) und Urteil (jugement) getrennt sind[271]. Auch in Deutschland gab es bis 1975 eine gerichtliche Voruntersuchung (§§ 178 -197 StPO). Seit der Einführung des StPO 1879 war die Stellung des Untersuchungsrichter kontrovers diskutiert worden. Zu dieser Zeit führte ein gewisses Mißtrauen gegenüber der neuen Institution der Staatsanwaltschaft zur Einführung des Untersuchungsrichters. 1975 wurde die gerichtliche Voruntersuchung in Deutschland abgeschafft; sie hatte auch nur eine geringe praktische Bedeutung.In Frankreich wird die richterliche Voruntersuchung entweder vom Untersuchungsrichter (juge d'instruction) oder von der Anklagekammer (chambre d'accusation) durchgeführt. Beide haben zwar mit Opportunitätsentscheidungen nur am Rande zu tun. Die Befugnis der Staatsanwaltschaft, Opportunitätsentscheidungen zu treffen, wird aber nur vor dem Hintergrund auch ihrer Tätigkeit deutlich.

Die gerichtliche Voruntersuchung findet bei Verbrechen obligatorisch, bei Vergehen dagegen grundsätzlich fakultativ statt. Vorgeschrieben ist sie bei Vergehen ausnahmsweise in den Fällen, in denen der Beschuldigte noch minderjährig ist[272]. Darüber hinaus wird sie bei Vergehen dann notwendig, wenn im Rahmen der Ermittlungen Zwangsmaßnahmen[273] erforderlich werden, da diese (außer in sogenannten Flagranzverfahren) dem Untersuchungsrichter vorbehalten sind[274]. Bei Übertretungen[275] findet sie nur auf Antrag der Staatsanwaltschaft statt, Art. 79 CPP. Durch die Überweisung der Sache an den Untersuchungsrichter zur Voruntersuchung wird die action publique eröffnet.

1. Organe

a. Der Untersuchungsrichter (le juge d'instruction)

Der Untersuchungsrichter ist für die Untersuchung bei Verbrechen zuständig. Er allein stellt die Untersuchungsgerichtsbarkeit erster Instanz dar. Es handelt sich bei ihm um einen für drei Jahre abgeordneten Richter des tribunal de grande instance.

---

[271] Grebing, aaO., S. 34; Soyer Rn. 748; Vincent/ Guinchard/ Montagnier/ Varinard, Rn. 280.

[272] Bei Minderjährigen ist für die Voruntersuchung zum Teil statt oder neben dem juge d'instruction der juge d'enfants zuständig. Vergl. dazu genauer Pradel, procédure, Rn. 60.

[273] Z.B. Hausdurchsuchungen gegen den Willen des Betroffenen, Beschlagnahmen, Haftbefehle etc. (Art. 81 al.1; Art. 122 ff. CPP).

[274] Vergl. auch Denis, colloques, S. 31 (36).

[275] Das französische Strafrecht geht, anders als die heutige deutsche Zweiteilung in Verbrechen und Vergehen von einer Dreiteilung der Delikte in Verbrechen, Vergehen und Übertretungen aus (wie das deutsche Strafrecht bis zum EGStGB vom 2.3.1974)).

Als Untersuchungsrichter kann er auch wieder abgesetzt werden, nicht jedoch als Richter des tribunal de grande instance (Art. 50 CPP)[276]. Im Fall der Verhinderung des Untersuchungsrichters kann ein anderer Richter des tribunal zum Untersuchungsrichter bestimmt werden, welcher dann dieselben Funktionen und Kompetenzen wie ein durch ministerielles Dekret ernannter Untersuchungsrichter hat[277].

Unter der Geltung des CIC war der juge d'instruction zunächst nur ein Beamter der Gerichtspolizei und somit der Staatsanwaltschaft unterstellt. 1856 wurde ihm die Rolle der Untersuchungsgerichtsbarkeit zugewiesen. Mit der Einführung des CPP verlor er seine Stellung als Beamter der Gerichtspolizei, denn die damit verbundene Unterordnung unter die Staatsanwaltschaft war mit seiner Stellung und Funktion nur schlecht zu vereinbaren[278].

b. Die Anklagekammer (la chambre d'accusation)

Die Anklagekammer (chambre d'accusation) ist ein Teil des Appellationsgerichtes. Sie besteht aus einem Kammerpräsidenten und zwei Beisitzern. Dabei nimmt der Kammerpräsident ausschließlich seine Aufgabe in der Anklagekammer wahr, im Gegensatz zu den Beisitzern, die auch in anderen Kammern tätig sein können. Ebenso wie der Untersuchungsrichter wird der Kammerpräsident per Dekret ernannt. Die Beisitzer werden durch Beschluß der Vollversammlung des Gerichtes ernannt (Art. 191 Abs. 2 u. 3 CPP). Der Anklagekammer sind mehrere Aufgaben übertragen: sie kümmert sich um die Auslieferungsverlangen anderer Staaten und sie löst die Konflikte, die sich daraus ergeben können, daß mehrere Richter oder Staatsanwälte mit einem Fall befaßt sind (Art. 658 CPP). Ihre Hauptaufgaben sind jedoch die Wahrnehmung der Untersuchungsgerichtsbarkeit zweiter Instanz[279] und die Funktion als Disziplinargericht für die Angehörigen der Gerichtspolizei (Art. 224 CPP).

2. Aufgaben und Kompetenzen

a. Aufgaben und Kompetenzen des Untersuchungsrichters

Der Untersuchungsrichter kann sich nicht selbst mit einer Sache befassen, er wird entweder durch die Staatsanwaltschaft (requisitoire afin d'informer, Art. 80 Abs.1 CPP) oder durch das Opfer einer Straftat (plainte avec constitution de

---

[276] Stefani/Levasseur/Bouloc, Rn. 347, Guyer, Rn. 748.

[277] Art. 50 Abs. 4 CPP; Stefani/Levasseur/Bouloc, Rn. 347.

[278] Stefani/Levasseur/Bouloc, Rn. 348.

[279] Siehe Livre premier, titre III, chapitre II: De la chambre d'accusation: juridiction d'instruction du second degré; Art. 191 - 230 CPP.

partie civile) mit einem Fall befaßt (Art.51 Abs.1 CPP). Auch in diesem Fall ist die Staatsanwaltschaft gehalten, mit einem réquisitoire Stellung zu nehmen (Art. 80 Abs. 1 CPP).

Gemäß Art. 81 Abs. 1 CPP führt der Untersuchungsrichter daraufhin die Voruntersuchung durch mit dem Ziel, die Wahrheit zu erforschen[280]. Das hat zur Folge, daß der Untersuchungsrichter, ebenso wie der deutsche Staatsanwalt, sowohl belastende als auch entlastende Umstände ermitteln muß. Dabei ermittelt der Untersuchungsrichter zum einen hinsichtlich der Tat, d.h. er sucht nach be - und entlastenden Beweisen. Zum anderen führt er aber auch Ermittlungen hinsichtlich der Persönlichkeit des mutmaßlichen Täters, seiner sozialen, familiären und finanziellen Situation durch, bzw. läßt diesbezügliche Ermittlungen durchführen (Art. 81 al.6 CPP). Der Umfang seiner Ermittlungen ist durch den Antrag der Staatsanwalt nur bezüglich des Lebenssachverhaltes, nicht hinsichtlich der verdächtigen Personen begrenzt, er ermittelt in rem und nicht in personam[281]. Für seine Ermittlungen stehen dem Untersuchungsrichter ungefähr die gleichen Möglichkeiten zur Verfügung wie sie auch in der deutschen StPO enthalten sind[282].

Der Untersuchungsrichter kann sich bei seinen Ermittlungen von der Gerichtspolizei helfen lassen (commissions rogatoires, Art. 81 Abs.4 CPP) oder, praktisch selten, von seinen Kollegen. Insgesamt ist festzustellen, daß die Voruntersuchung sehr stark vom Inquisitionsprozeß beeinflußt ist. Sie findet zum einen schriftlich (Art.81 Abs.2 CPP), zum anderen unter Ausschluß der Öffentlichkeit (Art.11 CPP) statt.

Fraglich ist, wieweit der Untersuchungsrichter faktisch von der Staatsanwaltschaft beeinflußt ist. Der Staatsanwalt kann jederzeit den Antrag stellen, das Dossier übersandt zu bekommen, ebenso wie er auch andere Anträge stellen kann (z.B. auf Untersuchungshaft). Eine Beeinflussung kann darüber hinaus auch daraus resultieren, daß im normalen Verfahrensablauf der Untersuchungsrichter kaum Kontakt mit dem erkennenden Richter hat, sondern nur mit der Staatsanwaltschaft. Von

---

[280] Art. 81 Abs. 1 CPP: Le juge d'information procède, conformément à la loi, à tous les actes d'information qu'il juge utiles à la manifestation de la vérité.

[281] Pradel, procédure, Rn. 423; Stefani/Levasseur/Bouloc, Rn. 351;
Dabei stellt sich jedoch das Problem, zwischen den Tatsachen, mit denen er befaßt ist und anderen, neuen Tatsachen (die sich vielleicht erst im Lauf der Ermittlungen ergeben) abzugrenzen, denn um neuen Tatsachen nachzugehen, braucht der Untersuchungsrichter ein neues réquisitoire des Staatsanwaltes. Zu diesem Problem siehe Cass. Crim vom 6.2.1996, D. 1996 jur. S, 198 ff. mit Anmerkung Pradel.

[282] Medizinische Untersuchung des Beschuldigten, Art. 81 Abs. 7 CPP; Vernehmung, Art. 101 CPP; Vereidigung, Art. 103 CPP und zwangsweise Vorführung von Zeugen, Art. 109 CPP; Durchsuchungen, Art. 94 -96 CPP; Beschlagnahmungen, Art. 97 CPP; Anordnung von U-Haft, Art. 122 Abs 4 CPP, um nur einige der im Gesetz ausdrücklich genannten Zwangsmittel aufzuführen;
andere Mittel, wie z.B. das Abhören von Telefongesprächen, wurden direkt auf Art. 81 Abs.1 gestützt (Cass. Crim. vom 9.10.1980 in D. 1980, jur. S. 332), bis 1991 das Abhören von Telefongesprächen gesetzlich geregelt wurde, Art.100-1 bis 100-7 CPP.

der Staatsanwaltschaft bekommt er den Fall, sie stellt Anträge und an sie richtet sich auch die Schlußverfügung des Untersuchungsrichters. Damit hat der Untersuchungsrichter immer wieder Kontakt mit der Staatsanwaltschaft. Darüber hinaus ist die Tätigkeit des Untersuchungsrichters stärker mit der des Staatsanwaltes während des Ermittlungsverfahrens als mit der eines erkennenden Richters verwandt. Aus all diesen Erwägungen ist eine faktische Beeinflussung nicht auszuschließen[283].

Am Ende der Untersuchung, d.h. wenn nach Ansicht des Untersuchungsrichters[284] der Fall soweit möglich aufgeklärt ist, übersendet er dem Staatsanwalt eine ordonnance de soit-communiqué, damit dieser in der vorgeschriebenen Frist dazu Stellung nimmt (Art. 175 CPP)[285]. In seiner Stellungnahme (réquisitoire définitif) faßt der Staatsanwalt die Tatsachen zusammen, qualifiziert sie und gibt seiner Meinung über die zu wählende Folge des Prozesses Ausdruck[286]. Dieses réquisitoire définitif bindet den Untersuchungsrichter jedoch nicht für seine Schlußverfügung (ordonnance de clôture oder ordonnance de règlement)[287].

Mit der ordonnance de clôture ist der Untersuchungsrichter von dem Fall entbunden, der Fall ist dann entweder erledigt oder bei dem erkennenden Gericht oder der Anklagekammer anhängig. Anders als die Entscheidung des Staatsanwaltes ist dieser Schlußakt des Untersuchungsrichters in jedem Fall ein zu begründender Rechtsakt[288]. Die Schlußverfügung muß dem Beschuldigten und gegebenenfalls der partie civile sowie ihren Anwälten angezeigt werden.

Diese Schlußverfügung erläßt der Untersuchungsrichter entweder als eine Überweisung an das erkennende Gericht (ordonnance de renvoi en jugement) oder als eine Einstellungsverfügung (ordonnance de non-lieu), je nachdem ob die Ermittlungen das Vorliegen einer verfolgbare Straftat ergeben haben oder nicht. Eine ordonnance de non-lieu aus Opportunitätserwägungen kann der Untersuchungsrichter nicht verfügen, er kann die Sache nur einstellen, wenn die ermittelten Tatsachen keine Straftat darstellen oder der Täter unbekannt geblieben ist (Art.177 CPP). Zwischen diesen beiden Gründen muß genau unterschieden werden, denn nur die ordonnance de non-lieu, die aus rechtlichen Gründen ergangen ist, also weil beispielsweise die ermittelten Tatsachen keine Straftat darstellen, erwächst in Rechtskraft (unbeschadet eines Rechtsmittels gegen sie bei der Anklagekammer)[289]. Auch

---

[283] Vergl. zu diesem Problem Laroche-Flavin, S. 33, der wegen der Nähe vom Untersuchungsrichter zum parquet von einer starken Beeinflussung ausgeht.

[284] Merle/Vitu, Rn. 1234 (insbesondere FN. 2); Stefani/Levasseur/Bouloc, Rn.623; Cass. Crim vom 5.4.1960, Bull. Nr. 210; Cass. Crim vom 23. 11.1965, Bull. Nr. 246; Cass. Crim. vom 3.10.1968, Bull. Nr. 243.

[285] Ein Monat, wenn der Beschuldigte inhaftiert ist; sonst drei Monate. Bis 1985 betrug die Frist immer drei Tage, die in der Praxis jedoch nie eingehalten wurden. .

[286] Merle/Vitu, Rn. 1237.

[287] Merle/Vitu, Rn. 1238; Pradel, procédure, Rn. 430; Stefani/Levasseur/Bouloc Rn. 623.

[288] Stefani/Levasseur/Bouloc, Rn. 623.

[289] Merle/Vitu, Rn. 1241; Soyer, Rn. 779; Stefani/Levasseur/Boloc, Rn. 624.

wenn der Untersuchungsrichter nach dem Gesetz an Opportunitätsentscheidungen nicht beteiligt ist, so ist in manchen Fällen bei den Korrektionalisierungen sein Mitwirken praktisch erforderlich (cf. dazu unten S. 111 ff.).

Bei der ordonnance de renvoi en jugement wird der Fall an das zuständige Gericht überwiesen, d.h. für Übertretungen an das Polizeigericht (Art.178 CPP) und für Vergehen an das Korrektionalgericht (Art. 179 I CPP).

Bei Verbrechen sieht es etwas anders aus: hier werden die Akten dem procureur de la République übersandt (ordonnance de transmission de pièces), der sie an den procureur général weiterleitet, der wiederum die Anklagekammer als Untersuchungsgerichtsbarkeit zweiter Instanz damit befaßt (Art.181 CPP). An dieser Prozedur hat sich seit 1865 nichts geändert. Sinn dieses Verfahrens ist es, dem Beschuldigten eine größere Garantie für seine Freiheiten zu geben[290], denn bei Verbrechen ist nur eine Tatsacheninstanz, das Geschworenengericht, mit dem Fall befaßt.

b.   Aufgaben und Kompetenzen der Anklagekammer

Die Anklagekammer kann einen Fall entweder in ihrer Funktion als höhere Untersuchungsgerichtsbarkeit oder in ihrer Funktion als zweitinstanzliche Untersuchungsgerichtsbarkeit erhalten[291].

Als höhere Untersuchungsgerichtsbarkeit ist die Anklagekammer für Verbrechen zuständig. Sie wird immer dann mit einem Fall befaßt, wenn der Untersuchungsrichter eine ordonnance de transmission des pièces erläßt (Art.181 CPP). Die Anklagekammer untersucht den Fall daraufhin ein zweites Mal und entscheidet über die Anklage, falls es sich ihrer Meinung nach um ein Verbrechen handelt. Zu diesem Zweck erläßt sie einen Beschluß, der das Geschworenengericht mit dem Fall befaßt (Art.214 CPP).

Eine andere Möglichkeit, die Anklagekammer zu befassen, bietet der praktisch wohl selten angewandte Art. 195 CPP: der procureur général kann einen Fall, mit dem die unteren Gerichte befaßt sind, mitsamt seinem Antrag der Anklagekammer vorlegen, wenn er der Ansicht ist, der Fall verdiene eine schwerere Würdigung als vorgenommen[292]. Darüber hinaus kann die Anklagekammer dann befaßt werden, wenn Untersuchungshandlungen des Untersuchungsrichters nichtig sind (Art.171 CPP[293]); in Fällen von Untersuchungshaft (Art. 141 Abs.5, 148-4, 223 CPP) und wenn nach Schließung der Voruntersuchung durch eine Einstellungsverfügung neue Vorwürfe aufgetaucht sind (Art.196 CPP).

Wenn die Anklagekammer dann ihre Kompetenz festgestellt hat, führt sie die Untersuchung ein zweites Mal durch (réexamination de la procédure). Wenn sie der

---

[290] Jeandidier, S. 42/43.
[291] Merle/Vitu, Rn.1251.
[292] Jeandidier, S.45; Merle/Vitu, Rn.1253; Stefani/Levasseur/Bouloc, Rn. 642.
[293] Vergleiche dazu im Einzelnen Stefani/Levasseur/Bouloc, Rn. 611 ff.

Meinung ist, ein Verbrechen läge vor, befaßt sie das Geschworenengericht mit dem Fall (renvoi aux assises).

Als zweitinstanzliche Untersuchungsgerichtsbarkeit wird die Anklagekammer auf appel[294] eines Verfahrensbeteiligten, d.h. des Beschuldigten, des Staatsanwaltes oder der Zivilpartei tätig, die in Frankreich im Gegensatz zum deutschen Nebenkläger eine sehr starke Position hat. Der Staatsanwalt kann gegen alle Verfügungen des Untersuchungsrichters bis auf die ordonnance de transmission de pièces, durch die das Verfahren sowieso zur Anklagekammer kommt, Beschwerde (appel) einlegen (Art.185 Abs.1 und 3 CPP)[295].

Der Beschuldigte dagegen kann gegen diejenigen Verfügungen vorgehen, die seine Freiheit betreffen, sowie gegen solche, die über die Zulässigkeit der Zivilpartei entscheiden (Art.186 Abs.1 CPP) oder die die Zuständigkeit des Untersuchungsrichters feststellen (Art.186 Abs.3). Seit 1993 kann er darüber hinaus auch gegen eine Beschluß vorgehen, mit dem der Untersuchungsrichter es ablehnt, eine von ihm verlangte Untersuchungshandlung vorzunehmen. Dieses Recht steht auch der Zivilpartei zu[296], welche weiterhin gegen eine Verfügung, eine Untersuchung insgesamt nicht durchzuführen oder das Verfahren einzustellen ebenso Beschwerde einlegen kann wie gegen Verfügungen, die gegen ihre Interessen verstoßen (Art.186 Abs.2 CPP). Genauso wie der Beschuldigte kann sie auch gegen die Verfügungen vorgehen, die die Kompetenz des Untersuchungsrichters regeln (Art.186 Abs.3 CPP)[297].

Die Beschwerde (appel) hat Suspensiv- und Devolutiveffekt. Der Suspensiveffekt hat allerdings bei "negativen", d.h. ablehnenden Verfügungen seine Grenzen. Außerdem kann die Untersuchung außer in den Fällen, in denen die Anklagekammer etwas anderes entscheidet (Art.187 CPP), trotz der Beschwerde weitergeführt werden[298]. Anders ausgedrückt, hat die Beschwerde nur Suspensiveffekt hinsichtlich der angegriffenen Entscheidung, sofern sie "positiver" Natur ist. Aufgrund des Devolutiveffekts wird die angegriffene Verfügung der Anklagekammer vorgelegt,

---

[294] Der appel als Rechtsmittel entspricht nicht genau einem der deutschen Rechtsmittel. Es handelt sich bei ihm um ein ordentliches Rechtsmittel, daß zum einen gegen erstinstanzliche Urteile eingelegt werden kann und dann Devolutiv- und Suspensiveffekt hat, d.h. die Sache bei der cour d'appel anhängig macht, wo sie in rechtlicher sowie tatsächlicher Hinsicht neu entschieden wird (entspricht insofern der deutschen Berufung). Mit dem appel kann zum anderen auch gegen die Verfügungen des Untersuchungsrichters vorgegangen werden, die dann von der Anklagekammer überprüft werden. Schließlich kann mit dem appel auch gegen andere gerichtliche Entscheidungen als Urteile vorgegangen werden. Einzelheiten s. Pradel, procédure, Rn. 645 ff.

[295] Cass. Crim. vom 15. 11. 1956, Bull Nr. 753; Cass.Crim vom 8. 7. 1958, Bull Nr. 526 (beide noch zum CIC) und Cass Crim. vom 18.1.1983, Bull Nr. 22 bestätigen dieses Recht des Staatsanwaltes sogar für Ordonnanzen, die seinem Antrag entsprochen haben.

[296] Merle/Vitu, Rn. 1257; Stefani/Levasseur/Bouloc, Rn. 632.

[297] Merle/Vitu, Rn. 1258; Stefani/Levasseur/Bouloc, Rn. 633.

[298] Merle/Vitu, Rn. 1259; Stefani/Levasseur/Bouloc, Rn. 636; Cass. Crim. vom 3.2.1967, Bull. Nr. 51.

die entweder die Nichtigkeit der Verfügung feststellt oder die unterlassene Verfügung selbst vornimmt. Dabei befaßt sie sich nicht nur mit der angegriffenen Verfügung selbst, sondern mit der gesamten Voruntersuchung, sie ist insoweit nicht an die Beschwerde gebunden.

Genau wie das Verfahren vor dem Untersuchungsrichter ist das Verfahren vor der Anklagekammer nichtöffentlich (Art.199 Abs.1 CPP). Es ist jedoch nicht mehr ausschließlich schriftlich, denn der Staatsanwalt und die Parteien, vertreten durch ihre Anwälte, können mündliche Zusammenfassungen abgeben (Art.199 Abs.2 CPP). Da es außerdem notwendig ist, den Parteien die niedergelegten Schriftstücke der anderen Parteien mitzuteilen (Art.197 Abs.3 u. 4, Art.198 CPP), ist das Verfahren auch stärker kontradiktorisch ausgeprägt als das vor dem Untersuchungsrichter.

III. Die Gerichtspolizei (la police judiciaire)

Als letztes sei im Rahmen dieses Kapitels kurz auf die Gerichtspolizei eingegangen. Sie ist zwar theoretisch streng an das Legalitätsprinzip gebunden, d.h. sie muß der Staatsanwaltschaft über jeden möglicherweise strafbaren Sachverhalt Bericht erstatten, von dem sie Kenntnis erlangt hat (Art.19 S.1, Art.54 CPP). In der Praxis aber "wird das Opportunitätsprinzip zunächst auf den Polizeikommissariaten angewandt" (cf. unten S.147)[299].

Auch wird dem Staatsanwalt erst durch die polizeilichen Ermittlungen ermöglicht, seine Entscheidung über die Opportunität der Einleitung der Strafverfolgung in Kenntnis der Umstände des Falles zu treffen. Und schließlich bedient sich die Staatsanwaltschaft der Polizei zum Teil auch, um einen Beschuldigten vor einer etwaigen Verfahrenseinstellung verwarnen zu lassen.

1. Organisation

Genau wie in Deutschland nimmt die Polizei in Frankreich repressive und präventive Aufgaben wahr. Beide Aufgaben werden z.T. von denselben Beamten wahrgenommen.

Die französische Polizei ist in zwei unterschiedliche Formationen aufgeteilt. Zum einen gibt es die Nationalpolizei (police nationale), die dem Innenministerium unterstellt ist, und zum anderen die dem Verteidigungsministerium unterstellte Gendarmerie[300]. Die Gerichtspolizei (police judiciaire) umfaßt Beamte aus beiden Organisationen[301].

---

[299] Laroche-Flavin, S. 89.
[300] Vergl. zur Organisation der französischen Polizei ausführlich Pradel, procédure, Rn. 123 - 142; Stefani/Levasseur/Bouloc, Rn. 275 - 285.

Die police judiciaire ist hierarchisch gegliedert (Art.15 CPP). In der Hierarchie unterscheidet man zwischen officiers de police judiciaire, agents de police judiciaire und agents de police judiciaire adjoints. Diese Unterscheidung ist insofern von Bedeutung, als daß nur die officiers de police judiciaire bestimmte Handlungen vornehmen dürfen, wie zum Beispiel die Ermittlungen in Flagranzverfahren und die Anordnung, den Beschuldigten 24 Stunden lang festzuhalten (garde à vue)[302]. Officiers de police judiciaire müssen vom jeweils zuständigen procureur général zu ihrer Tätigkeit als officier de police judiciaire ernannt werden. Diese Ernennung kann aus disziplinarischen Erwägungen ausgesetzt oder zurückgezogen werden[303]. Mit diesem Mechanismus soll die Unterordnung der officiers de police judiciaire unter die Justizbehörden abgesichert werden.[304] Die police judiciaire ist der Leitung durch die Staatsanwaltschaft und der Kontrolle durch die jeweils zuständige Anklagekammer unterstellt (Art.13 CPP)[305].

2. Aufgaben und Kompetenzen

Die Aufgaben der Gerichtspolizei sind unterschiedlich, je nachdem ob bereits ein Untersuchungsverfahren eröffnet worden ist oder nicht. Im ersten Fall führt sie die Weisungen der Untersuchungsgerichtsbarkeit aus (commissions rogatoires). Im zweiten Fall ist zwischen dem Flagranzverfahren (l'enquête de flagrance) und dem Verfahren im Rahmen der enquête préliminaire zu unterscheiden.

Wenn die Polizei im Auftrag des Untersuchungsrichters tätig wird, stehen ihr beträchtliche Befugnisse zu, welche aber durch den Auftrag des Untersuchungsrichters eng begrenzt sind[306]. Die Untersuchungsrichter machen von der Möglichkeit der commissions rogatoires häufig Gebrauch. Praktisch wird nur die Befragung des Beschuldigten vom Untersuchungsrichter selbst vorgenommen (Art. 152 al. 2 CPP), sie ist der Polizei verboten[307].

---

[301] Stefani/Levasseur/Bouloc, Rn. 285; Rassat, S. 259.

[302] Rassat, procédure, S. 260; Pradel stellt in procédure, Rn 135-142 die einzelnen Dienstgrade detailliert dar, ebenso Stefani/Levasseur/Bouloc in Rn. 286 - 296; vergl. auch Pradel, van den Wyngaert, S.105, (109).

[303] Cass. assemblée plenière vom 1.Juli 1994, Dr. Pénal 1994 comm. 244.

[304] Gleizat/ Gatti - Domenach/ Journis, S.152/153.

[305] Laroche - Flavin hält diese Kontrolle allerdings für unzureichend: da die Staatsanwaltschaft der Gerichtspolizei nicht hierarchisch übergeordnet sei und somit keinen Einfluß auf die Karriere eines einzelnen Polizeibeamten habe, sei die Benotung durch die Staatsanwaltschaft für den jeweiligen Polizisten nicht von allzugroßer Bedeutung (S. 101/102).

[306] Levy, S. 56.

[307] Denis, colloque, S. 31 (36).

Bei der enquête préliminaire (Art.75 - 78 CPP) kann die Polizei auch aus eigenem Recht tätig werden, nicht nur auf Weisung der Staatsanwaltschaft hin[308]. Hier liegt insofern ein Unterschied zur deutschen Polizei, die nur im Rahmen besonderer Eilbedürftigkeit ohne Anweisung tätig werden darf. Faktisch ist allerdings sowohl in Frankreich als auch in Deutschland die Polizei "Herrin des Ermittlungsverfahrens"[309]. Zu beachten ist bei der enquête préliminaire, daß weder dem Staatsanwalt noch der Polizei irgendwelche Zwangsmittel zur Verfügung stehen; Hausdurchsuchungen, Beschlagnahmen etc. können nur mit ausdrücklicher schriftlicher Zustimmung des Betroffenen durchgeführt werden (Art. 76 CPP), Zeugen können nicht durch Zwangsgeld zur Aussage gedrängt werden[310]. Einziges Mittel der Polizei ist die garde à vue, d.h. die Möglichkeit, einen Tatverdächtigen 24 Stunden und bei Verlängerung durch den Staatsanwalt weitere 24 Stunden in Polizeihaft zu halten[311]. Bis zum Gesetz vom 4. Januar 1993 konnte diese garde à vue auch gegenüber Personen verhängt werden, die nach Ansicht der Polizei oder der Staatsanwaltschaft wesentliche Informationen über den Sachverhalt oder über beschlagnahmte Objekte oder Dokumente geben könnten. An dieser Regelung war kritisiert worden, daß von dem Recht, keine Aussage zu machen, kaum Gebrauch gemacht werden würde, wenn die garde à vue dem Zeugen als unangenehme Möglichkeit immer vor Augen stand[312].

Anders sieht es dagegen bei den Ermittlungen hinsichtlich eines flagranten Deliktes (Flagranzverfahren, Art. 53 ff. CPP)[313] aus; dort stehen der Gerichtspolizei (genauer gesagt, den officiers de police judiciaire) und der Staatsanwaltschaft dieselben Zwangsmittel zu, wie dem Untersuchungsrichter im Rahmen der gerichtlichen Voruntersuchung, abgesehen von den Haft- und Vorführungsbefehlen (mandats)[314]. Sie ist damit bei ihren Ermittlungshandlungen nicht mehr an das Einverständnis des Betroffenen gebunden, sondern kann beispielsweise eine Hausdurchsuchung auch gegen seinen Willen vornehmen.

Flagrante Delikte im Sinne des Flagranzverfahrens sind dabei nicht nur diejenigen, die gerade begangen werden oder eben begangen wurden, sondern auch andere, ihnen gleichgestellte (infractions réputées flagrantes): der Täter wurde vom öffentlichen Geschrei (clameur publique) verfolgt oder er trägt Spuren bzw. Indizien bei sich, die auf seine Teilnahme schließen lassen oder der Hausherr/ die Hausherrin verlangt die Feststellung eines in seinem/ihrem Hause begangenen Deliktes (Art. 53 CPP)[315]. Damit erstreckt sich das Flagranzverfahren von vornherein auf

---

[308] Denis, colloque, S.31 (43).
[309] Grebing, aaO., S. 33.
[310] Grebing, aaO., S. 30.
[311] Grebing, aaO., S. 30.
[312] Stefani/Levasseur/Bouloc, Rn. 325.
[313] Vergl. dazu Pradel, procédure, Rn. 343.
[314] Stefani/Levasseur/Bouloc, Rn. 304.

eine große Anzahl von Fällen. Darüber hinaus kann die Polizei auch einen Fall, in dem zunächst im Rahmen der enquête préliminaire ermittelt wurde, im Flagranzverfahren weiter ermitteln, wenn die Voraussetzungen dafür zwischenzeitlich erfüllt werden. Zur Verdeutlichung möge ein Fall dienen, der vom Kassationshof in diesem Sinne entschieden wurde:

> Im Mai 1990 wurde eine Sozialarbeiterin über einen Fall des sexuellen Mißbrauchs eines 14-jährigen Mädchens durch seinen Vater in Kenntnis gesetzt. Die zuständige Staatsanwaltschaft wurde informiert und ließ den Fall durch die Gerichtspolizei im Rahmen der enquête préliminaire ermitteln. Am 3. Mai hörte diese das Mädchen an, welches die Tatsachen bestätigte und hinzufügte, daß es am Abend zuvor wiederum zu einem Mißbrauch gekommen war. Ab diesem Zeitpunkt setzte die Polizei die Ermittlungen im Rahmen des Flagranzverfahrens fort. Die Zulässigkeit dieses Vorgehens bestätigte der Kassationshof[316].

Die Ermittlungen im Flagranzverfahren können sich durchaus über mehrere Tage erstrecken, solange sie nicht unterbrochen werden. Solange sie andauern, behalten die officiers de police judiciaire ihre erweiterten Befugnisse[317].

Levy geht davon aus, daß das Flagranzverfahren der Regelfall der polizeilichen Ermittlungen darstellt[318], Denis nennt das Verfahren "la procédure policière idéale" was aufgrund der eben dargestellten Vorteile dieses Verfahrens für die Polizei nicht verwunderlich ist. In Anbetracht der Tatsache, daß der Beschuldigte hier im Gegensatz zu einer gerichtlichen Voruntersuchung fast keine Möglichkeiten hat, seine Interessen wahrzunehmen, erscheint dies jedoch als sehr bedenklich.

---

[315] Einzelheiten s. Rassat, procédure, S. 447 - 450.

[316] Cass. Crim. vom 17.5.1993, zitiert nach Dr. Pénal 1994, chr. 2.

[317] Dr. Pénal 1992, chronique Nr. 26 und 134; aufgrund dieser erweiterten Befugnisse nennt Denis die Ermittlungen im Flagranzverfahren "la procédure policière idéale" (in. colloques, S. 31, 46). Diese Ansicht ist weit verbreitet.

[318] Levy, S. 61, vergl. auch Pradel, procédure, Rn. 343.

B. Anwendung des Opportunitätsprinzips

Im folgenden soll, nachdem kurz auf Grundsätzliches der Opportunitätsentscheidungen hingewiesen wird, auf die Verfahrenseinstellung als wichtigste Opportunitätsentscheidung durch die Staatsanwaltschaft eingegangen werden (cf. S.56 ff.) . In diesem Rahmen soll versucht werden, aufzuzeigen, ob und in welcher Form es für die Staatsanwaltschaft in Frankreich Entscheidungsmöglichkeiten zwischen der bedingungslosen Einstellung und der Anklage gibt. Dabei wird zunächst die gescheiterte injonction pénale dargestellt (S.73, anschließend die Einstellung nach der Entschädigung des Opfers durch den mutmaßlichen Täter (S. 86).

Faktisch trifft die Staatsanwaltschaft in Frankreich in bestimmten Fällen nicht nur eine Entscheidung über das "Ob" der Strafverfolgung, sondern auch darüber, ob eine bestimmte Tat als Verbrechen vor dem Geschworenengericht oder als Vergehen vor dem Korrektionalgericht angeklagt wird. Auf diese im CPP nicht erfaßte Vorgehensweise, die sogenannte Korrektionalisierung, wird im Anschluß an die Darstellung der Verfahrenseinstellungen eingegangen (S.111 ff.) Dabei wird auch versucht zu erörtern, wieweit eine solche Vorgehensweise eventuell unter den Begriff der Opportunitätsentscheidung gefaßt werden kann.

Schließlich soll in diesem Abschnitt noch kurz auf die Opportunitätsentscheidungen anderer Behörden (S. 138 ff.) sowie auf die faktischen Opportunitätsentscheidungen der Polizei (S.146 ff.) eingegangen werden.

I. Grundsätzliches zu den Opportunitätsentscheidungen

Die Anwendung des Opportunitätsprinzips im Rahmen des französischen Strafprozesses bedeutet, daß der Staatsanwalt nicht nur über die Frage, ob der ihm vorliegende Sachverhalt seiner Ansicht nach eine verfolgbare Straftat darstellt[319], sondern an die Bejahung dieser Frage anschließend auch darüber, ob die Einleitung des Prozesses, die beste Lösung darstellt oder ob ein Absehen von der Strafverfolgung bzw. ein "Mittelweg" vorzuziehen ist, entscheidet. Die Einschätzung der Opportunität der Strafverfolgung ist eine der Hauptaufgaben der französischen Staatsanwaltschaft[320].

Hat sich der jeweilige Staatsanwalt für die Einleitung eines Strafverfahrens entschieden, muß er noch auswählen, in welcher Form das Strafverfahren eingeleitet werden soll: Durch Eröffnung der Voruntersuchung, durch eine citation directe oder eine comparution immédiate. Die beiden zuletzt genannten Möglichkeiten führen direkt vor den erkennenden Richter. Die citation directe ist die für Vergehen

---

[319] Für die Terminologie s. Pradel, procédure, Rn. 368.
[320] Leger, RIDP 56 (1985), S. 87 (89).

54

und Kontraventionen am häufigsten gewählte Methode, den Prozeß einzuleiten[321]. Dabei ist zu beachten: Die Möglichkeit, überhaupt Opportunitätsentscheidungen zu treffen, ist auf die Frage, ob die öffentliche Strafverfolgung eingeleitet werden soll, begrenzt (opportunité dans la mise en mouvement des poursuites); allein das "Ob" der Einleitung eines Strafverfahrens steht für die Staatsanwaltschaft zur Entscheidung. Ist das erst einmal geschehen, so kann die Staatsanwaltschaft nicht aus Opportunitätserwägungen die Anklage zurückziehen, auf Rechtsmittel verzichten o.ä.[322]. Insbesondere kann sie keine gerichtliche Verfahrenseinstellung anregen, da eine solche in Frankreich nicht existiert. Ist einmal die Entscheidung gefallen, den Prozeß einzuleiten, kann diese Entscheidung nicht mehr zurückgenommen werden[323]. In den Fällen, in denen die Staatsanwaltschaft entgegen ihrer ursprünglichen Ansicht am Ende nicht mehr von der Opportunität einer Bestrafung überzeugt ist, bleibt ihr nur die Möglichkeit, das in ihren Anträgen auszuführen, was wohl auch einen gewissen Einfluß auf das erkennende Gericht hat[324].

Daß dem so ist, beruht unter anderem auf der Unabhängigkeit der Staatsanwaltschaft von Untersuchungs- und erkennender Gerichtsbarkeit: Sobald die öffentliche Strafverfolgung eingeleitet ist, also entweder der Untersuchungsrichter oder das erkennende Gericht mit dem Fall befaßt sind, kann er auch nur noch durch eine richterliche Entscheidung beendet werden (non-lieu des Untersuchungsrichters, Freispruch oder Verurteilung durch den erkennenden Richter); eine Einstellung wegen Geringfügigkeit gehört nicht zu diesen Entscheidungsmöglichkeiten[325]. Insofern besteht ein Unterschied zur deutschen StPO, wonach zum Teil auch das Gericht (mit Zustimmung der Staatsanwaltschaft) wegen Geringfügigkeit einstellen darf. In Frankreich ist damit die Trennung zwischen den Funktionen der Staatsanwaltschaft und des erkennenden Gerichtes stärker durchgehalten; der erkennende Richter kann nur noch darüber entscheiden, ob durch den Angeklagten eine Straftat begangen worden ist und wie der Angeklagte dann zu bestrafen ist.

Eine andere Begründung dafür, daß der Staatsanwalt die action publique, hat er sie einmal eingeleitet, nicht mehr zurückziehen kann, wird darin gesehen, daß er nicht Inhaber der action publique ist, sondern sie nur ausübt. Inhaberin der action publique ist die Gesellschaft[326].

---

[321] Malibert, J.-Cl. Proc. Pén. Art. 31 à 44 n° 305.

[322] Belot, S. 42; Grebing in Jescheck/Leibinger S. 13 (45); Pradel, procédure, Rn. 369; Rassat, ministère public, S. 239; Stefani/Levasseur/Bouloc, Rn. 468; Vincent/Guinchard/Montagnier/Varinard, Rn. 536.
In Deutschland kann auch das Gericht das Verfahren mit Zustimmung der Staatsanwaltschaft (§§ 153 II; 153 a II, etc.) einstellen.

[323] Pradel, procédure, Rn. 369.

[324] Bonneau, J.-Cl. Proc. Pén., Art. 1er n° 67 und 69; Rassat, ministère public, S. 239.

[325] Pradel, procédure, Rn. 369.

[326] Aydalot, Rép.Pén., n° 75.

Bei der Entscheidung über die Rechtsfolge ist der Staatsanwalt relativ frei (s.o. S.25 ff.), unterliegt jedoch gegebenenfalls den Anordnungen seiner Vorgesetzten, die jedoch, wie oben dargestellt, kein Substitutionsrecht haben[327].

II. Verfahrenseinstellungen durch die Staatsanwaltschaft

1. Allgemeines

Von ihrer Rechtsnatur her ist die Verfahrenseinstellung ein Justizverwaltungsakt (acte d'administration judiciaire)[328] und kein Rechtsakt (acte juridictionnelle). Ihre Wirkungen sind daher denen eines Urteils gegenüber eingeschränkt . Der Staatsanwalt ist bei seiner Entscheidung zwischen Einstellung und Strafverfolgung weder an eine Anzeige oder einen Strafantrag gebunden noch auf sie angewiesen außer in den gesetzlich vorgeschriebenen Ausnahmefällen[329]. Der Hauptausnahmefall ist die action civile (cf. unten S.149). Eine Verfolgungspflicht war auch für die injonction pénale vorgesehen für den Fall, daß der Beschuldigte die ihm gemachten Auflagen nicht erfüllte (cf. unten S.80).

Seit 1985 muß der Staatsanwalt zwar demjenigen, der die Straftat angezeigt hat und soweit bekannt, auch dem durch die Straftat Verletzten von der Einstellung Mitteilung machen (Art. 40 Abs.1 S.2 CPP)[330], diese haben jedoch keine Möglichkeit, gegen den Einstellungsbeschluß ein Rechtsmittel einzulegen. Sie können nur Dienstaufsichtsbeschwerde beim Vorgesetzten des jeweiligen Staatsanwaltes einlegen[331]. Eben aus der fehlenden Möglichkeit, Rechtsmittel einzulegen, folgert Vitu den administrativen Charakter des Einstellungsbeschlusses[332]. Allerdings hat das Opfer unter bestimmten Voraussetzungen die Möglichkeit, die öffentliche Strafklage auch gegen den Willen der Staatsanwaltschaft in Gang zu setzen, in dem es die sogenannte action civile anstrengt (cf. unten S.149).

In Deutschland dagegen besteht keine gesetzliche Mitteilungspflicht dem Opfer oder dem Anzeigenden gegenüber. Allerdings ist eine Mitteilungspflicht gegenüber dem Anzeigenden in der RiStBV normiert: nach Nr. 89 III RiStBV soll der Staatsanwalt dem Anzeigenden von einer Einstellung nach

---

[327] Aymond, Rép.Pén., n° 80.
[328] Casorla, S. 114; Pradel, procédure, Rn. 370; Rassat, procédure, S. 381; Stefani/Levasseur/Bouloc, Rn. 470; ausführlich dazu Vitu, Rev.Sc.Crim. 1947, S. 505 (519/520).
[329] Aymond, aaO., Abs. 81.
[330] Art. 40 Abs. 1 S.2: Il avise le plaignant du classement de l'affaire ainsi que la victime lorsque celle-ci est identifiée.
[331] Rassat, procédure, S. 381.
[332] Vitu, aaO., S. 520.

§§ 153 Abs.1, 153 a Abs.1, 153 b Abs.1 StPO Mitteilung machen. Gemäß § 171 StPO ist demjenigen, der Strafantrag gestellt hat, von der Verfahrenseinstellung Mitteilung zu machen; ist er, wie zumeist, zugleich das Opfer der Straftat, ist er dabei auch über die Möglichkeit der Anfechtung zu belehren (§ 171 S.2 StPO). In der Praxis wird die Strafanzeige auch häufig mit einem Strafantrag verbunden.

Der Einstellungsbeschluß hat keinen endgültigen, bindenden Charakter, die Einstellung erwächst nicht in Rechtskraft: le classement sans suite n'a pas l'autorité de la chose jugée[333]. Die Staatsanwaltschaft kann, abgesehen von den Fällen der Verjährung, das Verfahren jederzeit wieder aufleben lassen und die action publique einleiten, ohne daß er dafür neue Tatsachen geltend machen oder diese Entscheidung anderweitig rechtfertigen müßte[334][335]. Dies ist insofern auch selbstverständlich, da die Einstellung ja nichts über den Gehalt des Vorwurfes aussagt[336]. Zum letzten Mal wurde dies 1992 von der Cour de Cassation bekräftigt. In dem dem Urteil zugrundeliegenden, etwas komplizierten Fall war das Verfahren zunächst durch die Staatsanwaltschaft eingestellt worden. Diese Einstellung war einige Tage später vom Justizminister öffentlich wiederholt worden. Aufgrund einer action civile (cf. unten S.150 ff.) kam dann der Prozeß doch in Gang. Dem Staatsanwalt, der aufgrund der action civile die Verfolgung geleitet und entsprechende Anträge gestellt hatte, war daraufhin jedoch vorgeworfen worden, er habe nicht die rechtliche Möglichkeit gehabt, sich über die Entscheidung des Justizministers hinwegzusetzen. Die Zurückziehung der Einstellung hätte vom Justizminister angeordnet werden müssen[337].

Dieser Auffassung trat die chambre criminelle entgegen und unterstrich die Möglichkeit des Staatsanwaltes, "à l'exclusion de toute autre autorité, ... de revenir sur une telle décision." [338] Damit rief der Kassationshof die Eigengewalt des Staatsanwaltes in das Gedächtnis, worin die Bedeutung dieser Entscheidung liegt[339]. Nur der zuständige Staatsanwalt, nicht seine Dienstoberen, trifft die Entscheidung über Einstellung oder Anklage. Allerdings war im vorliegenden Fall die

---

[333] Pradel, procédure, Rn. 370; Rassat, ministére public, S. 224; Stefani/Levasseur/Bouloc, Rn. 470; Treyvaud S. 26; Vitu, aaO., S. 520.

[334] Cass. Crim. vom 6.6.1952, Bull.142; vom 5.12.1972, D. 73 somm. 21.

[335] Die Vorläufigkeit des Einstellungsbeschlusses führt zu unterschiedlichen Praktiken bei der Behandlung der Akten: Zum Teil werden diese mit einem Stempel versehen ("classement sans suite"), zum Teil wird dieses Vorgehen abgelehnt, da im Fall einer später stattfindenden Strafverfolgung die Akte auch der Veteidigung zugänglich ist und diese dann in der Verhandlung damit argumentieren kann, daß ja die Staatsanwaltschaft den Fall ursprünglich nicht für verfolgenswert hielt, es so schlimm also nicht sein könne... (Auskunft eines Staatsanwaltes).

[336] Vitu, ebd.

[337] Verständliche Darstellung des aus mehreren, hier nicht interessierenden Gründen komplizierten Sachverhaltes bei Braunschweig, Rev. Sc. Crim. 1992, S.606 ff. (606/607).

[338] Cass.Crim. vom 12.5.1992 D.1992, jur. S.427 f.

[339] Braunschweig, aaO., S.607.

Staatsanwaltschaft durch die action civile zum Handeln gesetzlich verpflichtet, so daß der Kassationshof seine Entscheidung nicht auf den pouvoir propre des Staatsanwaltes hätte stützen müssen. In den Fällen der Verjährung, einer Amnestie etc. beruht das Fehlen einer Wiederaufnahmemöglichkeit auf eben diesen Gründen und nicht auf der Einstellungsentscheidung[340] bzw. einer etwaigen Rechtskraft dieser Entscheidung.

Auch in Deutschland ist die Einstellungsverfügung der Staatsanwaltschaft gem. §§ 153 Abs.1, 153 b Abs.1, 154 Abs.1 StPO nicht bindend, sie erwächst nicht in Rechtskraft. Anders soll es dagegen bei der Einstellung durch das Gericht sein: Hier sollen neue Tatsachen o.ä. erforderlich sein[341], um das Verfahren wiederaufzunehmen. Die endgültige Einstellung nach § 153 a Abs.1 StPO dagegen stellt ein endgültiges Verfahrenshindernis für die Verfolgung der Tat unter dem Gesichtspunkt eines Vergehens dar; die Teileinstellung nach § 154 a Abs.1 StPO erwächst mit dem Urteil über den Rest in Rechtskraft.

In bestimmter Hinsicht nähert sich die französische Einstellungsverfügung allerdings dem Urteil an: Art. 373 Abs.3 a.E. Code Pénal bestimmt, daß eine verleumderische Anzeige (dénonciation calomnieuse) dann vorliegt, wenn in dem betreffenden Sachverhalt ein freisprechendes Urteil oder aber eine Verfahrenseinstellung durch die Staatsanwaltschaft ergangen ist[342]. Dieser Artikel stößt daher auch auf Kritik: die Staatsanwaltschaft selbst ist nicht an die Einstellung gebunden; außerdem hat sie sich nicht notwendigerweise inhaltlich mit dem Sachverhalt auseinandergesetzt[343]. Die Verfahrenseinstellung sagt also nichts über die inhaltliche Richtigkeit der Anzeige aus, so daß die Bindung des erkennenden Gerichts an die Einstellung der Staatsanwaltschaft, die ja die Staatsanwaltschaft selbst nicht bindet, als bedenklich erscheint.

Generell hat die Bedeutung von Verfahrenseinstellungen seit 1831 ständig zugenommen: Wurden 1831 noch 17,7% der der Staatsanwaltschaft bekanntgewordenen Fälle eingestellt, so waren es 1950 bereits 65,5%,[344] 1986 ca. 82%[345] und 1987 85%[346] der Fälle. Die Einstellung ist also ein häufig benutztes Mittel, um die Aktivitäten der Strafverfolgung zu regulieren[347]. In den letzten Jahren kommen zu den "einfachen" Einstellungen verstärkt Einstellungen nach einer anderweitigen

---

[340] Davidovitch/Boudon, l'année sociologique 1964, S. 111 (138).

[341] Rieß, NStZ 1981, S. 2 (9) für die Einstellung durch das Gericht; KK-Schoreit Rn. 4 zu § 153 StPO, aA. Beulke, S. 140 Rn. 334, nach ihm sind weder neue Beweismittel noch neue Tatsachen nötig, ebenso LR-Rieß Rn. 54 zu § 153 StPO, Rn. 54 zu § 153 b StPO für die Einstellung durch die Staatsanwaltschaft.

[342] Cass. Crim. vom. 21.4.1980, Bull. 112.

[343] Rassat, ministére public, S. 225.

[344] Davidovitch/Boulon, aaO., S. 124 (tableau 1).

[345] Simmat-Durand, S. 92.

[346] Simmat-Durand, S. 22.

[347] Casorla, S. 115.

Konfliktlösung hinzu, d.h. entweder nach einer informellen Entschädigung des Opfers oder nach einer Mediation (cf. unten S.87 ff.).Von den 82% der 1986 eingestellten Fälle wurden 66% eingestellt, weil der Täter unbekannt geblieben war; das entspricht ca. 55% aller Fälle insgesamt. Allerdings muß berücksichtigt werden, daß sowohl die Zahl der Einstellungen insgesamt als auch der Einstellungen "Täter unbekannt" je nach Delikt sehr stark variieren. Nach den Ergebnissen der Studie von Simmat-Durand ergibt sich für 1986 folgendes Bild[348]:

Deliktsart (delit)	Einstellungen insgesamt	unterteilt in:	
		Täter unbekannt	andere Gründe
schwerer Diebstahl (vol aggravé)	96,78	99,32	0,68
Sachbeschädigungen (dégradations)	95,83	90,57	9,43
andere Diebstähle (vols autres)	95,69	97,02	2,98
Scheckdelikte (chèques)	94,51	8,06	91,94
Diverse (divers)	91,57	58,4	41,6
Transport (transports)	89,04	3,8	96,2
vorsätzl. Körperverletzungen (atteintes volontaires)	77,4	3,76	96,24
fahrl. Körperverletzungen (atteintes involontaires)	69,38	38,54	61,46
Verstöße gegen strafbewehrte berufsregelnde Vorschriften (règlement administration professionelle)	68,11	12,07	87,93
Delikte gg. die Familie (famille)	68,05	0,31	99,69
Ladendiebstähle (vols étalage)	67,78	1,6	98,4
Betrug (escroqueries)	67,3	36,2	63,8
Verkehrsdelikte (circulation conduite)	64,13	24,97	75,03
ordre public	58,64	4,62	95,38
Betäubungsmittel (stupéfiants)	57,51	2,52	97,48
Teilnahme am Straßenverkehr ohne gültige Papiere (circulation papiers)	40,69	0,70	99,3
öffentliche Verkehrsmittel (transports commun)	19,65	9,83	90,17
insgesamt	82,73	66,23	33,77

[348] Tabelle entnommen aus Simmat-Durand, S. 95; die Zahlen beziehen sich auf eine von der Autorin 1986/87 gemachte Untersuchung bei der Staatsanwaltschaft von Versailles, der 102 043 Dossiers zugrunde liegen.Aubusson de Carlqay kommt bei einer 1986 in Reims gemachten Untersuchung allerdings zu leicht abweichenden Ergebnissen; S.104 und 106/107.

Zum Vergleich: Am tribunal correctionnel Poitiers sind 1994 insgesamt 21600 procès-verbaux[349] eingegangen. Davon wurden 17759 eingestellt, in 4041 Fällen leitete die Staatsanwaltschaft die Strafverfolgung ein. Von den eingestellten Verfahren wurden 1414 aus Opportunitätsgründen eingestellt[350].

Deutlich wird aus den Zahlen bei aller Vorsicht, daß abgesehen von den Ladendiebstählen Diebstähle fast nicht aus Opportunitätsgründen eingestellt werden. Andererseits finden im Bereich der Betäubungsmitteldelikte, der Ladendiebstähle, der Schecksachen und ähnlicher "leichter" Delikte viele Einstellungen statt, die auf anderen Gründen, also zumindest zum Teil auch auf Opportunitätserwägungen, beruhen. Bei diesen "leichteren" Delikten ist also ein öffentliches Interesse an der Strafverfolgung nicht so ausgeprägt wie bei den als schwerer empfundenen Delikten; auch an diesen Zahlen ist der Grundsatz "minima non curat praetor" erkennbar. Die sehr hohe Zahl der Verfahrenseinstellungen im Bereich der Delikte gegen die Familie läßt dagegen auf eine andere Motivation der Einstellung schließen; im innerfamiliären Bereich beseht die Gefahr, daß Konflikte durch ein Strafverfahren eher verschärft werden, so daß es daher sehr häufig opportun erscheinen mag, in diesen Fällen von einer Strafverfolgung abzusehen und das Verfahren einzustellen.

Im Rahmen der weiteren Arbeit wird der Schwerpunkt auf den Fällen liegen, die aus anderen Gründen als wegen unbekannten Täters eingestellt werden.

Allerdings sollte man nicht vergessen, daß auch bei den Einstellungen "Täter unbekannt" der Staatsanwalt ja eine Handlungsalternative hat, da er die Sache an den Untersuchungsrichter zur Untersuchung weitergeben oder selber weitere Ermittlungen durchführen kann[351]. Ein Verbrechen wird daher im Regelfall auch bei unbekanntem Täter nicht durch die Staatsanwaltschaft eingestellt[352].

Bei den Vergehen (délits correctionnels) sieht die Situation anders aus. Laurent stellt bereits 1948 fest, daß sich in diesen Fällen, d.h. bei unbekanntem Täter, durch die lange Praxis die Einstellung aufdrängt[353]. Gerade im Bereich der Vermögensdelikte, in dem schon damals am häufigsten wegen unbekannten Täters eingestellt wurde, ergäbe eine gerichtliche Voruntersuchung auch nichts anderes als bereits die staatsanwaltschaftlichen Ermittlungen ergeben haben. Die Gewohnheit der Staatsanwälte, in diesen Fällen einzustellen, ist wohl auch darauf zurückzuführen[354].

---

[349] Procés-verbal heißt das Schriftstück, mit dem der ermittelnde Polizeibeamte (oder der mit dessen Befugnissen ausgestattete Beamte) Anzeigen und Beschwerden aufnimmt und seine Vorgehensweise festhält. Es gelten strenge Formbestimmungen. Vergl. im Einzelnen Pradel, procédure, Rn. 342.

[350] Interne Statistik der dortigen Staatsanwaltschaft.

[351] Casorla, S. 113.

[352] Laurent, Rec. Dr. Pén. 1948, S. 97 (115).

[353] Laurent, aaO., S. 115.

[354] Laurent, aaO., S.117.

Dabei spielt Arbeitsökonomie eine Rolle: warum soll der Untersuchungsrichter mit einem Fall belastet werden, bei dem er voraussichtlich auch kein anderes Ergebnis erzielen wird als die Staatsanwaltschaft im Rahmen der enquête préliminaire?

Mit der Berechtigung, ein Strafverfahren aus Opportunitätsgründen einzustellen, hat der Staatsanwalt weitere Befugnisse als der Richter: der Untersuchungsrichter kann das Verfahren nur dann mit einer Einstellung (non-lieu) beenden, wenn die ermittelten Tatsachen keine verfolgbare Straftat ergeben. Auch das erkennende Gericht kann nur unter diesen Voraussetzungen einen Freispruch aussprechen. In bestimmten anderen Fällen kann es zwar von Strafe absehen, dem geht jedoch ein Schuldspruch voraus[355].

2. Gründe für die Verfahrenseinstellung

a. Grundsätzliches zu den Einstellungsgründen

Im Unterschied zu §§ 153 ff.StGB werden im CPP keine Gründe aufgeführt, aus denen ein Verfahren durch die Staatsanwaltschaft eingestellt werden kann; es gibt nur eine einheitliche Einstellungsform, unabhängig davon, ob wegen mangelnden Tatverdachts, aus Opportunitätsgründen oder aus anderen Gründen eingestellt wird. Grebing geht daher davon aus, daß in der französischen Praxis auch die Grenzen zwischen Einstellungen aus Opportunitätserwägungen und solchen wegen mangelnden Tatverdachts fließend seien[356]. Eine Einstellung wegen mangelnden Tatverdachtes ist keine Einstellung aus Opportunitäts- sondern eine aus Legalitätserwägungen. Diese muß der französische Staatsanwalt immer zunächst anstellen, Opportunitätserwägungen können nur dann eine Rolle spielen, wenn eine verfolgbare Straftat vorliegt. Da die Einstellung aber einheitlich erfolgt, nicht wie in Deutschland nach unterschiedlichen Rechtsnormen (auf der einen Seite Einstellung nach § 172 Abs.2 StPO, auf der anderen Seite nach §§ 153 ff StPO), ist die Einstellung für den Beschuldigten gleich. Infolgedessen existiert in Frankreich die Diskussion darüber, ob ein Beschuldigter ein Recht auf weitere Ermittlungen hat, die zum Nachweis seiner Unschuld führen, nicht.

Da es für die Einstellungen keine gesetzlichen Vorgaben gibt, stehen sie im Ermessen des Staatsanwaltes. Als Grund für das Fehlen von Einstellungsgründen im Gesetz wird die Furcht genannt, daß bei einer expliziten Nennung von Gründen die Staatsanwaltschaften von einer Flut von Briefen überschwemmt würden, die alle diese Gründe auf einen bestimmten, gerade anhängigen Fall bezögen und jegliche Strafverfolgung als inopportun darstellten. Daher habe die Kommisson Besson, die

---

[355] Casorla, S. 113.
[356] Grebing, aaO., S. 46.

anhand der vor dem Krieg geleisteten Vorarbeiten von anderen den CPP erarbeitete (cf. oben S.12) die Gründe nicht ausdrücklich ins Gesetz aufgenommen[357].

Das Ermessen des Staatsanwaltes ist in einem gewissen Rahmen durch die staatsanwaltschaftliche Hierarchie gebunden. So gibt es ministerielle Rundschreiben, deren Reichweite aber ihrerseits wiederum ihre Grenze in der Eigengewalt der Staatsanwälte findet[358]. Diese Rundschreiben legen die strafrechtliche Politik der Regierung in bestimmten Bereichen fest. Dabei sind sie immer auf einen bestimmten Deliktsbereich bezogen.

So wurde in einem Rundschreiben beispielsweise empfohlen, die illegale Einreise und den illegalen Aufenthalt in Frankreich nur dann strafrechtlich zu verfolgen, wenn noch weitere Straftaten hinzuträten, die eine Strafverfolgung opportun erscheinen ließen. Grund dafür war die Befürchtung, die Gerichte sonst zu sehr mit dieser Art von Fällen zu belasten[359]. In einem anderen Rundschreiben wurde darauf hingewiesen, daß Strafverfolgung in der Regel inopportun sei, wenn der illegal in Frankreich lebende Ausländer kaum noch Bindungen zu seinem Heimatland, statt dessen aber familiäre Bindungen zu Frankreich habe[360].

Wieweit solche Rundschreiben mit der mehr oder weniger konkreten Aufforderung, bestimmte Fälle einzustellen, mit dem nach herrschender Auffassung in der Literatur bestehenden Verbot, die Verfahrenseinstellung anzuordnen (cf. oben S.28), zu vereinbaren ist, ist fraglich. Allerdings wird man wohl sagen müssen, daß es sich bei den Rundschreiben um allgemein gehaltene Anweisungen und Hinweise handelt. In jedem Einzelfall ist der betreffende Staatsanwalt frei, über Einstellung oder Verfolgung zu entscheiden. Daher sind diese Rundschreiben auch mit der Interpretation der herrschenden Lehre von Art.36 CPP zu vereinbaren[361].

---

[357] Rassat, procédure, S. 380/381.

[358] Laurent, aaO., S. 117; Rassat, ministère publique, S. 232.

[359] Circulaire crim. 94-13 E 1/11-07-94 vom 11. Juli 1994, in BOMJ Nr. 55, S. 76 .

[360] Circulaire du Garde des Sceaux, Ministre de la Justice; n° CRIM 91 11/E-1 du 23 octobre 1991, relative à la lutte contre l'immigration clandestine et à l'éloignement du territoire français des étrangers condamnés, in: JCP 1991.III.65192.

[361] Eine Grenze dürfte jedoch mit einem Rundschreiben erreicht sein, in dem für eine bestimmte Fallkonstellation die Einstellung als Regelfall vorgeschrieben werden sollte (Circulaire du Garde des Sceaux n° 52-31 en date du 13 mai 1952 -dispense d'age en vue du mariage / poursuites contre les seducteurs du chef d'attentat aux moeurs- in: JCP 1952.III.17415). Es handelte sich dabei um ein circulaire aus dem Anfang der 50er Jahre, daß sich auf die strafrechtliche Verfolgung wegen Verführung Minderjähriger bezog in Fällen, in denen die Minderjährige um einen Dispens vom Mindestalter für die Heirat gebeten hatte im Hinblick auf die Eheschließung mit dem Täter. Der Justizminister hielt eine Stafverfolgung in diesen Fällen für prinzipiell inopportun.

Leistet der Staatsanwalt einem Rundschreiben mit einer so konkreten Aufforderung zur Einstellung nicht Folge, so setzt er sich einem Disziplinarverfahren aus. VOUIN empfindet dies auch als angemessen, "for it is indubitable that the magistrates who are charged with the enforcement of the law can only enforce it, in some cases, by refraining from prosecuting". AmJCompLaw 18 (1970) S. 483 (489).

Rundschreiben ergehen auch zu neuen Gesetzen, die Strafvorschriften beinhalten. So wird der Staatsanwaltschaft eine Anleitung zu diesen neuen Gesetzen gegeben. Gleichzeitig soll damit auch für eine gewisse Vereinheitlichung der Verfolgungspraxis gesorgt werden. In einem Rundschreiben vom 23. April 1993 wird die Staatsanwaltschaft beispielsweise aufgefordert, die Verstöße gegen das in dem Jahr erlassene Gesetz zur Bekämpfung des Alkoholismus und des Tabakkonsums[362] streng zu verfolgen[363]. Ein anderes Rundschreiben gibt Hinweise zu den 1993 vorgenommen Änderungen des CPP[364]. Durch diese Rundschreiben übermittelt die Regierung ihre kriminalpolitischen Entscheidungen an die Praxis weiter.

Eine gewisse Vereinheitlichung der Praxis findet wohl auf der Ebene der Appellationsgerichte statt. Der dort ansässige procureur général ist gleichzeitig der Vorgesetzte der zum Bezirk gehörenden procureurs de la République und hat als solcher Einfluß auf die in dem entsprechenden Bezirk gehandhabte Praxis.

Schließlich kann eine gewisse Vereinheitlichung der Verfolgungspraxis in einer Region auch durch die Rechtsprechung der Appellationsgerichte erreicht werden, die durch die bestätigten und u.U. erhöhten Strafen einerseits und durch die Urteilsaufhebungen andererseits bestimmte Prioritäten deutlich machen, die sich auf die Staatsanwaltschaften übertragen können. Wird zum Beispiel im Bezirk eines Gerichtes die alkoholisierte Verkehrsteilnahme streng sanktioniert, führt dies mit einer gewissen Wahrscheinlichkeit dazu, daß in diesem Bereich auf die Dauer weniger eingestellt und häufiger Anklage erhoben wird[365].

b. Abhängigkeit der Verfahrenseinstellung von der Art der Kenntniserlangung

Simmat-Durand hat in ihrer Untersuchung festgestellt, daß die Zahl der Einstellung mit davon abhängig ist, auf welchem Weg die Staatsanwaltschaft von dem Delikt Kenntnis erlangt hat. Wenn die Staatsanwaltschaft von einem Delikt direkt durch das Opfer oder andere Privatleute Kenntnis erhält, wird häufiger aus anderen Gründen, sei es aus Opportunitätserwägungen, sei es weil eine Straftat nicht vorliegt, als wegen unbekannten Täters eingestellt als wenn die Staatsanwaltschaft durch die Polizei informiert wird (wiederum nur die Fälle, in denen aus anderen Gründen, also nicht wegen "Täter unbekannt" eingestellt wird). Ein Grund dafür ist sicherlich, daß die Polizei bei dem, was sie der Staatsanwaltschaft übergibt, bereits "vorgefiltert" hat, ob überhaupt eine Straftat vorliegt, u.U. auch nach Relevanz. Im

---

[362] Im Französischen: tabagisme.

[363] Circulaire du 23. avril 1991 du Garde des sceaux, Ministre de la Justice; n° CRIM 91-4/F3 portant sur la loi n° 91-32 du 10.janvier 1991 relative à la lutte contre le tabagisme et l'alcoolisme; in: JCP 1991.III.64821.

[364] Circulaire du 24.aout 1993 relative à la loi n° 93-1013 modifiant la loi n°93-2 du 4. janvier 1993 portant reforme de la procédure pénale; abgedruckt im CPP éd. Dalloz 1994/1995 unter Art.803 (S. 853 ff.).

[365] Auskunft eines Praktikers.

Einzelnen ergibt sich dabei ungefähr folgendes Bild[366]:

Ursprung	Einstellung "Täter unbekannt"	Einstellung andere Gründe	insgesamt
Polizeikommissariate	76,03	14,3	90,33
direkt zur Staatsanw.schaft	13,83	71,6	85,43
Gendarmerie	61,79	22,23	84,02
Verwaltung	4,01	25,93	29,94
Verkehrsgesellschaften	0,19	17,54	17,73
insgesamt	54,79	27,94	82,73

Die Gründe, die zu einer Verfahrenseinstellung aus Opportunitätserwägungen führen, sind vielfältig: praktische Erwägungen, geringfügiger Charakter der Straftat, Bemühung, die Situation zu entspannen, Alter oder Gesundheit des Täters und, genereller ausgedrückt, jeder Umstand, der dem Gewissen des Staatsanwaltes zufolge die Strafverfolgung inopportun erscheinen läßt[367]. Man kann jedoch mit Grebing versuchen, diese verschiedenen angesprochenen Gründe in verschiedene Gruppen zu unterteilen[368].

c. Einzelne Kategorien von Einstellungsgründen

i. Kriminalpolitische Gründe

Zunächst gibt es eine Gruppe von Einstellungsgründen, die man zusammenfassend als kriminalpolitische Gründe bezeichnen kann. Zum Einen fallen darunter aus "sozialhygienischen" Gründen eingestellte Delikte, bei denen eigentlich nicht so sehr die Staatsanwaltschaft als vielmehr die Sozial- oder Gesundheitsbehörden eingreifen sollten[369]: Einstellungen bei Landstreicherei, öffentlicher Trunkenheit, Exhibitionismus, Verletzung des öffentlichen Schamgefühls .... Dabei wurden ein Teil dieser Delikte wie Landstreicherei (vagabondage) und Bettelei (mendicité), in den neuen Code Pénal nicht mehr aufgenommen, da sie mehr oder weniger in Vergessenheit geraten waren, d.h. in diesem Bereich schon lange keine Strafverfahren mehr stattfanden[370].
Weiter fallen darunter Einstellungen wenig schwerwiegender Fälle. Darunter werden beispielsweise Fälle verstanden, in denen der Täter sozial eingegliedert

[366] Tabelle entnommen bei Simmat-Durand, S.99.
[367] Leger, aaO., S. 87 (89).
[368] Grebing, aaO., S. 46/47.
[369] Grebing, aaO., S.46/47.
[370] Circulaire vom 14.5.1993 zum neuen Code Pénal, in: Dalloz, Code Pénal/Nouveau Code Pénal édition 1993/ 1994, S. 1980, 1984.

und die Tat ein geringfügiger erstmaliger Ausrutscher ist: Einstellungen bei Ladendiebstählen, geringfügige Körperverletzungs- und Vermögensdelikte, in denen eine
Wiedergutmachung oder Entschädigung des Opfers erfolgt ist[371]. Bei diesen sehr
geringfügigen Fällen geht man von dem alten Rechtsgrundsatz aus: minima non curat praetor[372]. Dabei wird auf die Wiedergutmachung durch den Täter zum Teil
ganz massiv hingewirkt. Die Staatsanwaltschaft setzt den Beschuldigten teilweise
insofern unter Druck, daß die öffentliche Strafverfolgung angedroht wird für den
Fall, daß die Wiedergutmachung nicht bis zu einem bestimmten Termin erfolgt
und der Staatsanwaltschaft gegenüber nachgewiesen sei[373] (cf. unten S.87). Dieses
Hinwirken auf einen Ausgleich geht bereits in Richtung einer bedingten
Einstellung.

Eingestellt wird auch dann, wenn die Tat durch Fahrlässigkeit verursacht wurde
und der Täter durch die Tat selbst genügend bestraft ist. Laurent führt für diese
Fallgruppe folgenden, ziemlich krassen Beispielsfall auf:

> Ein Vater erwacht nachts durch den Ruf seines kranken Kindes. Er steht auf, um nach
> dem Kind zu sehen. Dabei stolpert er und stößt aus Unachtsamkeit eine Petroleum-
> lampe um. Diese fällt gegen das Bett, in welchem zwei weitere Kinder schlafen. Das
> Bett fängt Feuer und die Kinder kommen in den Flammen um.[374]

In diesem Fall braucht der Vater nicht zusätzlich wegen fahrlässiger Tötung strafrechtlich belangt zu werden, ein Strafverfahren ist inopportun.

Endlich dürften unter die Gruppe der kriminalpolitischen Einstellungen auch die
Fälle gehören, in denen bereits eine außerstrafrechtliche Sanktion erfolgt ist, z.B. in
einem Fall von Ladendiebstahl durch Angestellte die Kündigung. Wenn die Situation bereinigt worden ist und der Staatsanwalt die Sanktion als strafend genug empfindet, erfolgt die Einstellung[375].

Eingestellt wird auch im Vorgriff auf gesetzliche Regelungen. So wurde die Abtreibung strafrechtlich nicht mehr verfolgt, als das Gesetz, das die diesbezügliche
Strafbarkeit abschaffte, beschlossen, jedoch noch nicht in Kraft getreten war. Ähnlich wurde die Staatsanwaltschaft durch Rundschreiben vom Justizministerium
auch aufgefordert, im Vorgriff auf den neuen Code Pénal, in dem für Übertretungen
keine Freiheitsstrafen mehr vorgesehen sind, schon vorher in diesem Bereich keine
Freiheitsstrafen mehr zu beantragen[376] und damit im Rahmen ihrer Ermessensent-
scheidungen der Gesetzesänderung vorzugreifen.

---

[371] Grebing, aaO., S.46; Rassat, ministère public, S.220; Simmat-Durand, S. 172/ 173; Vitu,
Rev.Sc.Crim. 1947, S.505 (507).
[372] Rassat, ministère public, S. 220.
[373] Kill S. 80/81.
[374] Laurent, aaO., S. 118.
[375] Simmat-Durand, S. 173.
[376] circulaire crim.

Ebenso wurden bereits vor der Verabschiedung des traditionell den Präsident-schaftswahlen folgenden Amnestiegesetzes die Fälle eingestellt, von denen man an-nehmen konnte, daß sie, wie üblich, unter dieses Amnestiegesetz fallen werden, da dieses Gesetz jedesmal ein bestimmtes Anwendungsgebiet hat: alle Übertretungen außer denen im arbeitsschutzrechtlichen Bereich und bestimmten besonders ver-kehrsgefährdenden Tatbeständen; Vergehen nach einem bestimmten Strafquantum. Letzteres setzt zwar eigentlich voraus, daß die Strafe ausgesprochen worden ist. Wenn aber zu erwarten ist, daß das Strafmaß innerhalb des von dem Quantum er-faßten Rahmens bleibt, dann wird der Fall bereits vorher eingestellt[377]. Am 26. Juli 1995 wurde das Amnestiegesetz vom Senat verabschiedet und entsprach auch weit-gehend den Erwartungen[378]. In all diesen Fällen ist zwar eine Strafverfolgung (noch) möglich, weil die Gesetzesänderung bzw. die Amnestie noch nicht in Kraft getreten ist. Aufgrund der Wertung, die mit dem neuen Gesetz deutlich wird, er-scheint in all diesen Fällen eine Strafverfolgung jedoch auch vorher nicht mehr an-gebracht, so daß die Staatsanwaltschaften im Rahmen ihrer Befugnis, über die Op-portunität der Strafverfolgung zu entscheiden, davon absehen.

ii. Ordre public

Eine andere Gruppe bilden die Einstellungen aus Gründen des ordre public. Diese Gruppe umfaßt die Einstellungen von Strafverfahren, die die öffentliche Ordnung nicht sehr stark beeinträchtigt haben, deren mögliche Strafverfolgung jedoch ent-weder den ordre public stärker beeinträchtigen würde, als im Verhältnis zu der Straftat angemessen erscheint[379] oder in denen der Täter oder das Opfer unter eine Strafverfolgung unangemessen schwer leiden würden[380].

Darunter fallen hauptsächlich Straftaten im Zusammenhang mit sozialen Kon-flikten, d.h. bei Streiks und Demonstrationen[381].

---

[377] Auskunft von Praktikern.
[378] Es hatte diesmal einiges Hin und Her gegeben um die Amnestierung bestimmter Taten; umstrit-ten waren insbesondere die Taten der "Antiabtreibungskommandos". Am Ende wurden diese Ta-ten sowie die strafbare Werbung für einen Schwangerschaftsabbruch aus dem Amnestiegesetz ausgenommen.
Traditionnellerweise und auch diesmal sind von dem Amnistiegesetz alle Kontraventionen erfaßt mit Ausnahme bestimmter, gefährlicher Verkehrsdelikte. Daneben umfaßt das Gesetz bestimmte Sockelregelungen: alle Fälle, für die eine Freiheitsstrafe von nicht mehr als 3 Monaten bzw. 9 Monaten mit Bewährung ausgesprochen wurde, werden von der Amnestie erfaßt sowie bestimm-te einzeln aufgeführte Delikte. Vergl. dazu näher Le Monde vom 28. Juli 1995, S. 26.
[379] Grebing, aaO., S. 46; Pradel, procédure, Rn. 370; Vitu, Rev. Sc. Crim. 1947, S. 505 (508).
[380] Casorla, S. 113.
[381] Grebing, aaO., S. 47.

iii. Praktische Notwendigkeiten

Aufgrund des sehr hohen Arbeitsanfalles beruht ein Teil der Einstellungen auch einfach auf praktischen Notwendigkeiten[382]. So wurden z.B. Scheckbetrügereien unter 500 FF grundsätzlich eingestellt[383], bevor mit dem neuen Code Pénal die Ausstellung eines nicht gedeckten Schecks entkriminalisiert wurde. Ähnlich sieht es bei Ladendiebstählen aus: Bis zu einer Grenze, die von Staatsanwaltschaft zu Staatsanwaltschaft variieren kann, zumeist aber mit ungefähr 500 FF angegeben wird, wird bei Ersttätern das Verfahren eingestellt. Allerdings wird dies zumeist erfaßt, und wenn der Betreffende ein weiteres Mal wegen Ladendiebstahls auffällig wird, werden beide Fälle verfolgt[384].

Zum anderen fallen Taten darunter, die nur eine leichte Störung der öffentlichen Ordnung verursacht haben, deren Aufklärung jedoch langwierig und teuer wäre, wie beispielsweise beinahe alle Straftaten des Handelsrechtes und dort insbesondere Verstöße gegen das Aktienrecht, deren Ermittlung lange und teure Expertengutachten verlangt[385]. In diesen Fällen wird das Opfer häufig auf den Zivilweg verwiesen.

Mit diesen Einstellungen eng verbunden sind auch die Einstellungen, die Simmat-Durand "Einstellungen durch die behördliche Verwaltung" nennt (classements resultant de la gestion). Unter dieser Bezeichnung faßt sie diejenigen Verfahrenseinstellungen zusammen, die zwar durch die Behörde Staatsanwaltschaft geschehen, innerhalb der Behörde jedoch quasi auf der Geschäftsstelle, also durch Gerichtsschreiber, erledigt werden, ohne daß ein Staatsanwalt den Fall tatsächlich zu sehen bekäme[386]. Nach der von ihr durchgeführten Untersuchung werden im Jahr ungefähr 2% aller in Versailles anhängigen Fälle auf diese Art eingestellt[387].

Generell kann man sagen, daß ein großer Teil der Verfahren aus praktischen oder justizökonomischen Erwägungen eingestellt wird. Der procureur de la République weiß häufig, wieviele Verfahren das zuständige Korrektionalgericht im Jahr bewältigen kann. Um nicht zuviele Dossiers als Überhang zu produzieren und damit die Zeitspanne bis zur Verhandlung zu verlängern, wird auf die Kapazität des Gerichtes zum Teil Rücksicht genommen und anhand der Möglichkeiten des Gerichts abgeschätzt, wieviele Dossiers an das Gericht abgegeben werden können - auch wenn die Staatsanwaltschaft zum Teil auch in anderen Fällen eine Anklage für

---

[382] Grebing, aaO., S. 47; Simmat-Durand, S. 28.

[383] Rasst, ministère public, S. 220; Simmat-Durand, S. 96.

[384] Auskunft von Praktikern; dabei kann es zu Variationen nicht nur hinsichtlich der Höhe kommen, sondern auch anderweitig. Ein Staatsanwalt erklärte mir beispielsweise, daß der Ladendiebstahl von Alkoholika nicht unter diesen Automatismus falle.

[385] Rassat, ministère public, S. 220/221.

[386] Simmat-Durand, S. 166/167.

[387] Diese Angabe bezieht sich auf die Fälle, in denen aus anderen Gründen, d.h. nicht wegen unbekannten Täters eingestellt worden ist; Simmat-Durand, S. 177.

sinnvoll gehalten hätte[388].

d. Vergleich mit den Verfahrenseinstellungen aus
Opportunitätserwägungen in Deutschland

In Deutschland werden Strafverfahren aus den gleichen oder ähnlichen Gründen
ebenfalls zum Teil bereits durch die Staatsanwaltschaft eingestellt; man kann etliche der Verfahrenseinstellungen, die nicht auf § 170 Abs.2 StPO beruhen, unter
ähnliche Kategorien wie in Frankreich einsortieren.

i. Verfahrenseinstellungen nach § 153 StPO

So findet der Grundsatz "minima non curat praetor" seinen Niederschlag in
§ 153 Abs. 2 StPO, wonach die Staatsanwaltschaft Fälle geringer Schuld und geringen Schadens ohne Zustimmung des Gerichtes einstellen kann, falls die Tat nicht
im Mindestmaß mit erhöhter Strafe bedroht ist. Dabei bezog sich § 153 Abs.1
S. 2 StPO zunächst nur auf Vermögensdelikte und wurde mit dem Rechtspflegeentlastungsgesetz vom 11.1.1993 auf die übrigen Vergehen erweitert.

Voraussetzungen für eine Einstellung nach § 153 Abs.1 StPO ist dabei, daß die
Schuld des mutmaßlichen Täters einer Einstellung nicht entgegensteht. Weitere
Voraussetzung ist das mangelnde öffentliche Interesse an der Strafverfolgung. Um-
stritten ist dabei, auf welche Schuld abzustellen ist: auf die Täterschuld unter Berücksichtigung der Maßstäbe des § 46 StGB[389], oder auf die Tatschuld, auf den
Grad des verwirklichten tatbestandsmäßigen Unrechts[390]. Ebenso fraglich ist, ob
Nachtatverhalten des Täters, wie z.B. das Bemühen um eine Wiedergutmachung im
Rahmen der Schuldschwere[391] oder im Rahmen des öffentlichen Interesses zu berücksichtigen ist[392]. Gering ist die Schuld jedenfalls, und darin scheint Einigkeit zu
bestehen, wenn sie unterhalb des Durchschnittes an Schuld liegt, die bei dem entsprechenden Delikt normalerweise verwirklicht wird[393].

Auch der Begriff des öffentlichen Interesses ist umstritten. Zum Teil wird hier
auf die Strafzwecke abgestellt[394], wobei aber die Frage, ob eingestellt oder
angeklagt werden soll, hinsichtlich der Dringlichkeit der Bestrafung auch vom
Verhältnis des betreffenden Falles zu anderen Fällen abhängig sein soll[395]. In der

---

[388] Auskunft von Praktikern.
[389] So Boxdorfer, NJW 1976, S. 317 (318); Fezer, ZStW 106 (1994), S.1 (28); Hünerfeld, ZStW 90
(1978), S. 905 (919); LR-Rieß Rn. 21, 22 zu § 153 StPO.
[390] So Bloy, GA 1980, S. 161 (172); Krümpelmann, S. 215.
[391] So KK-Schoreit Rn. 19; LR-Rieß Rn. 24 jew. zu § 153 StPO.
[392] So Kleinknecht/Meyer-Goßner Rn. 6 zu § 153 a StPO.
[393] S. die bisher genannten.
[394] Bloy, aaO., S. 161 (175); Boxdorfer aaO S. 319; Hanack, Gallas-FS S. 339, (347).

68

RiStBV findet sich eine Definition des öffentlichen Interesses nur für § 376 StPO. Auch wenn man von einer gleichen Auslegung des Begriffes in dieser Vorschrift und bei §§ 153, 153 a StPO ausgeht, ist jedoch mit der dort gegebenen Definition nicht viel Klarheit gewonnen: öffentliches Interesse ist das Interesse, das nicht rein privates Interesse ist[396]. Teilweise werden deshalb auch statt Definitionen Beispiele für das Fehlen oder das Vorliegen des öffentlichen Interesses genannt[397].

Bei den Diskussionen über die Definition von Schuld und öffentlichem Interesse spielt jeweils eine Rolle, ob die Einstellungsvoraussetzungen der StPO als rein prozessuale Vorschriften oder als Vorschriften mit auch materiellrechtlichem Charakter angesehen werden[398]. Ebenfalls umstritten ist, ob geringe Schuld und mangelndes öffentliches Interesse an der Strafverfolgung unbestimmte Rechtsbegriffe sind oder dem Staatsanwalt einen Ermessensspielraum zugestehen[399]. Da es im Rahmen des Vergleichs mit dem französischen Recht aber eher um die Anwendung der Normen und um die Rechtswirklichkeit geht, können diese dogmatischen Diskussionen hier außer Betracht bleiben, denn Folge all dieser Unbestimmtheiten ist praktisch, daß die Einstellungen durch die Staatsanwaltschaft "nach dem gesunden Menschenverstand" entschieden werden[400].

---

[395] Bloy, aaO., S. 161 (175/176); Kunz, Einstellung,macht deutlich, daß diese Formeln ungeeignet sind, um den Begriffsinhalt des öffentlichen Interesses festzulegen, da sie teilweise zu gegensätzlichen Ergebnissen führen.Seiner Ansicht nach ist die Zitierung des öffentlichen Interesses daher "eine Mahnung zu besonderer Sorgfalt und Sachlichkeit bei der Ausübung des Ermessens"; so auch vorher schon Krümpelmann, S.221.

[396] Bohnert, S. 152/153; Kausch, S. 109.

[397] Boxdorfer, aaO., S. 317 (319/ 320); die Schwierigkeit, daß öffentliche Interesse begrifflich klar zu fassen, ist nicht neu: bereits bei Marck/ Kloß, S. 124, findet sich eine ähnliche Aufzählung.

[398] NAUCKE sieht im Begriff der geringen Schuld und damit in § 153 StPO einen persönlichen Strafausschließungsgrund, also eine materiellrechtliche Regelung, Maurach-FS, S. 197 ff.
LR-RIEß sieht in §§ 153, 153 a StPO prozeßrechtliche Vorschriften, bei denen "kriminalpolitisch gesehen materiellstrafrechtliche Gedankengänge eine Rolle spielen."; für ihn dient § 153 inzwischen nicht mehr allein der Justizentlastung, sondern auch der Diversion, Rn. 1, 2 zu § 153.
Gegen eine Vermengung materiell-rechtlicher Ziele mit den prozessualen Zielen des § 153 dagegen KRÜMPELMANN, S. 231-234; auch KOHL, Unschuldsvermutung, S.114/115, sieht die Unschuldsvermutung nur dann nicht berührt, wenn § 153 einen rein prozessualen Charakter hat. Er argumentiert mit dem historischen Zweck der Justizentlastung und "sinnvollen Prioritätensetzung" des § 153 und lehnt darüber hinausgehende Zwecke ab.
Darauf, daß die unterschiedlichen Ansichten auch zu unterschiedlichen Ergebnissen führen können, weist KUNZ ausdrücklich hin; Einstellung, S. 38.

[399] Für unbestimmte Rechtsbegriffe KK-Schoreit Rn.32;
KRÜMPELMANN sieht im öffentlichen Interesse einen Hinweis auf Ermessen, in der geringen Schuld dagegen einen unbestimmten Rechtsbegriff (S. 216), im Anschluß an ihn auch Kunz, Bagatellprinzip, S. 53, der daraus folgert, daß die gesamte Entscheidung eine Ermessensentscheidung sei; ders., Einstellung, S.38 .
Für unsere Zwecke kann diese Frage allerdings offen bleiben, da weder beim unbestimmten Rechtsbegriff noch bei staatsanwaltschaftlichem Ermessen eine gerichtliche Kontrolle stattfindet und damit ein praktischer Unterschied hier kaum vorhanden sein dürfte.

[400] Kunz, Einstellung, S. 44.

Sieht man von den Unklarheiten der einzelnen Begriffsbestimmungen ab, so bedeutet § 153 Abs.1 StPO für geringfügige Delikte eine Durchbrechung des Legalitätsprinzipes. Anders als in Frankreich ist die Einstellungsmöglichkeit allerdings auf Vergehen beschränkt, dafür aber andererseits aber bis Ende des Verfahrens möglich, praktisch ohne Korrekturmöglichkeit (cf. unten S.196).

Kunz stellt für die Entscheidung des Staatsanwaltes hinsichtlich Einstellung oder Anklageerhebung auf die Sanktionierungsbedürftigkeit ab. Als für die Entscheidung des Staatsanwaltes relevante Umstände führt er dabei die Höhe des durch die Tat verursachten Schadens, die Wiedergutmachung bzw. Bereitschaft dazu, die Vorbelastung des Beschuldigten, die Selbstschädigung des Beschuldigten, das Tatmotiv, die Intensität der Rechtsgutverletzung und das Mitverschulden des Opfers auf[401]. Praktisch dürften damit für die Einstellung dieselben Motive ausschlaggebend sein wie in Frankreich.

Grundsätzlich ist weitere Voraussetzung einer Einstellung des Verfahrens durch die Staatsanwaltschaft nach § 153 Abs.1 StPO die Zustimmung des andernfalls für die Eröffnung der Hauptverhandlung zuständigen Gerichts. Diese Zustimmung ist jedoch entbehrlich, wenn die Tat nicht im Mindestmaß mit einer erhöhten Strafe bedroht ist[402] und ihre Folgen gering[403] sind. Bis zum Rechtspflege- entlastungsgesetz vom 11.1.1993 war diese Ausnahme auf geringfügige Vermögensdelikte beschränkt. Die Ausweitung führt dazu, daß erhebliche Zahlen von Delikten allein durch die Staatsanwaltschaft eingestellt werden können, insbesondere, da § 153 Abs.1 S.2 StPO auch auf die bedingte Einstellung nach § 153 a Abs.1 StPO anwendbar ist (§ 153 a Abs.1 S.6 StPO). Damit kann die Staatsanwaltschaft nicht mehr nur im Bereich der leichten Kriminalität, sondern bis in den Bereich der mittleren Kriminalität hin Verfahren einstellen, zu einem großen Teil ohne die Zustimmung des Gerichts. Somit erscheint fraglich, ob auf Dauer von der Zustimmung durch das Gericht noch als der Regel ausgegangen werden kann. Bedenklich ist dies insofern, als daß es eine externe Kontrolle nicht gibt (cf. unten S.239).

In Frankreich wäre ein solches Zustimmungserfordernis, wie es in Deutschland prinzipiell noch besteht, nicht denkbar, darin läge ein Verstoß gegen die

---

[401] Kunz, Einstellung, S. 61/62; auch Kunigk, S. 173 stellt auf die Vorbelastung des Beschuldigten ab, daneben auch auf die Art und Weise der Tatbegehung.

[402] Im einzelnen gehören zu den mit einer erhöhten Mindeststrafe bedrohten Vergehen u.a. §142 (Unfallflucht), § 143 (Auswqanderungsbetrug), § 145 (Mißbrauch von Notrufen etc.), § 153 (uneidliche Falschaussage), § 156 (falsche Versicherung an Eides Statt), § 166 (Beschimpfung von Bekenntnissen), §167, 168 (Störung der Religionsausübung / der Totenruhe), § 170 b (Verletzung der Unterhaltspflicht), § 174 (sexueller Mißbrauch von Schutzbefohlenen), § 222 (fahrlässige Tötung), § 239 (Freiheitsberaubung), § 240 (Nötigung), §§ 242, 243 (Diebstahl), § 246 (Unterschlagung), §§ 263, 263 a (Betrug, Computerbetrug), § 267 (Urkundenfälschung), § 288 (Vereitelung der Zwangsvollstreckung),§ 289 (Pfandkehr); §§ 303 ff. StGB (Sachbeschädigung); §§ 315c, 315d, 316 (Gefährdung des Straßen - und Schienenverkehrs, Trunkenheit im Verkehr).

[403] Für die Frage, was eine geringe Tatfolge ist, soll die Rechtsprechung zum Schadensbegriff herangezogen werden können, KK-Schoreit Rn. 42 zu § 153 StPO.

70

strafrechtliche Gewaltenteilung[404]. In Deutschland existiert zwar auch ein Art straf-
prozessualer Gewaltenteilung, allerdings nicht so ausgeprägt wie in Frankreich:
festgelegt ist, was allein Aufgabe und Pflicht des Richters ist und wo daher kein anderes Organ eingreifen kann. Der Staatsanwaltschaft steht demgegenüber das Anklagemonopol zu.

ii. Verfahrenseinstellungen nach § 153 b StPO

Auch in Deutschland muß ein Fall, bei dem der Täter durch die Tatfolgen bereits
genügend bestraft ist (wie in dem oben aufgeführten französischen Beispielsfall)
nicht unbedingt zur Verhandlung gelangen, sondern könnte gem. § 60 StGB i.V.m.
§ 153 b StPO aus ähnlichen Erwägungen wie in Frankreich eingestellt werden.
Voraussetzung für die Anwendbarkeit des § 60 StGB ist, daß die Strafe offensichtlich verfehlt ist, d.h. daß sie "unter keinem der für sie maßgeblichen Gesichtspunkte
eine sinnvolle Funktion hat"[405]. Dabei kommt es also nicht nur auf täterbezogene
Gesichtspunkte an, von den Folgen der Tat muß vielmehr auch eine ausreichende
generalpräventive Wirkung ausgehen, so daß sich die Folgen auch für die Allgemeinheit als genügend herausstellen.

§ 153 b StPO gibt grundsätzlich der Staatsanwaltschaft die Möglichkeit, ein
Verfahren einzustellen, wenn die Voraussetzungen vorliegen, unter denen das Gericht von Strafe absehen kann. Bei den meisten diesbezüglichen Vorschriften[406] gehört zu diesen Voraussetzungen entweder die tätige Reue oder die geringfügige
Schuld des Täters oder aber deliktsspezifische Voraussetzungen, die wiederum auf
geringe Schuld herauslaufen, wie der Aussagenotstand bei § 157 StGB.
§ 153 b StPO entspringt der auch in Frankreich verbreiteten Einstellungsbegrün-
dung, daß es unökonomisch sei, einen Prozeß zu machen, wenn bereits am Anfang
absehbar ist, daß keine Bestrafung für den mutmaßlichen Täter zu erwarten ist. In
der Praxis hat § 153 b StPO das Absehen von Strafe nach einem Schuldspruch dann
auch weitgehend ersetzt[407].

---

[404] Vergl. zu diesem Prinzip für Frankreich Pradel, procédure, der der Gewaltenteilung ein ganzes
Kapitel: "le principe de la séparation des fonctions judiciaires" widmet, Rn. 7 ff.

[405] Sch-Sch-Stree Rn. 8 zu § 60 StGB.

[406] Im Einzelnen gehören dazu: § 46 a (nach Täter-Opfer-Ausgleich), § 60 (Folgen der Tat sind
Strafe genug), § 83 a (Hochverrat), § 86 IV (Verbreitung von Propagandamitteln), § 86 a (Ver-
fassungswidrige Organisationen / Kennzeichen), § 87 III (Sabotage), § 89 III (Spionage), § 99
III (geheimdienstliche Agententätigkeit), § 113 IV (Widerstand gegen Vollstreckungsbeamte),
§§ 129 V, VI, 129 a V, VI (Bildung krimineller / terroristischer Vereinigungen), § 139 I (Nichtanzeige geplanter Straftaten), §§ 157, 158 (Aussagedelikte), §§ 174 IV, 182 IV (sexueller Mißbrauch Schutzbefohlener bzw. Jugendlicher), § 218 a IV (Abtreibung), § 233 (wechselseitige
Körperverletzung), § 311 e (gemeingefährliche Straftaten), §§ 315 VI, 315 b VI (Eingriffe in
den Bahn-, Schiffs- und Luftverkehr bzw. in den Straßenverkehr), § 316 a II StGB (räuberischer
Angriff auf Kraftfahrer), § 20 II VereinsG, §§ 29 V, 31 BtMG.

[407] LR - Rieß, Rn. 2 zu § 153 b StPO.

Anders als bei § 153 Abs.1 StPO ist bei § 153 b Abs.1 StPO die Zustimmung des andernfalls für die Hauptverhandlung zuständigen Gerichts ausnahmslos erforderlich. Sowohl nach § 153 Abs.1 StPO als auch nach § 153 b Abs.2 StPO steht die jeweilige Einstellungsmöglichkeit auch dem Gericht zu, die Einstellungsbefugnis geht mit dem Antrag auf Eröffnung der Hauptverhandlung über. Das Gericht braucht seinerseits die Zustimmung des Staatsanwaltschaft zur Einstellung des Verfahrens. In Frankreich, wie bereits gesagt, ist eine Verfahrenseinstellung dagegen nur vor der Anklageerhebung möglich, danach muß das Gericht durch Urteil entscheiden.

iii. Weitere Einstellungen aus Opportunitätserwägungen

Weitere Gründe für Verfahrenseinstellungen, die dem ordre public Gedanken entspringen, werden in §§ 153 c, 153 d und 153 e StPO normiert. Dabei handelt es sich um Taten mit Auslandsberührung und um Taten, deren Verfolgung einen drohenden Nachteil für die Bundesrepublik Deutschland bedeutet. Dabei bedeutet § 153 c Abs.3 StPO eine sehr starke Durchbrechung des Legalitätsprinzips, da hier auch die Klagerücknahme gestattet ist, was in Frankreich in keinem Fall möglich ist.

Neben diesen genannten Möglichkeiten der Verfahrenseinstellung trifft die Staatsanwaltschaft ebenfalls eine Opportunitätsentscheidung bei bestimmten Delikten, deren Verfolgung öffentliches oder besonderes öffentliches Interesse voraussetzt: Privatklage- und bestimmte Antragsdelikte[408]. Unterschiedlich ist hier die Formulierung: wenn öffentliches Interesse nicht vorliegt, dann findet eine Strafverfolgung von Amts wegen nicht statt. Das öffentliche Interesse muß also explizit festgestellt werden, damit eine Strafverfolgung durch die Staatsanwaltschaft stattfindet, während bei den Offizialdelikten vom grundsätzlichen Vorliegen des öffentlichen Interesses an der Strafverfolgung ausgegangen wird In der RiStBV ist dabei versucht worden, für die Körperverletzung das öffentliche Interesse zu bestimmen (Nr.234).

Verfahrenseinstellungen im Vorgriff auf eine Amnestie kommen im Gegensatz zu Frankreich in Deutschland nicht vor; in Deutschland besteht keine Tradition, daß im Anschluß an bestimmte Wahlen ein Amnestiegesetz ergeht.

3. Bedingte Einstellung

Neben den "einfachen" Einstellungen, die für den mutmaßlichen Täter keine weiteren Folgen haben, wird in anderen Fällen erst eingestellt, nachdem der Täter das

---

[408] Antragsdelikte, die nur bei besonderem öffentlichen Interesse von Amts wegen verfolgt werden sollen, sind insbesondere geringfügige Vermögensdelikte (§ 248 a StGB, anwendbar für Diebstahl und Betrug).

Opfer entschädigt hat, bzw. es zu einem Versuch der gütlichen Konfliktlösung gekommen ist. Eine bedingte Einstellung in der Form, daß der Staatsanwalt dem Beschuldigten Auflagen machen kann, wie beispielsweise eine bestimmte Geldsumme
zu zahlen oder gemeinnützige Arbeit zu erledigen, etwa vergleichbar dem deutschen § 153 a StPO ist im CPP nicht vorgesehen (cf. zu § 153 a StPO unten S.77
insbes. S. 79 für die Bedeutung der Auflagen).

a. Die vom Conseil Constitutionnel verworfene injonction pénale

Die bedingte Einstellung in der zuletzt genannten Form, injonction pénale genannt,
war aber als Teil eines größeren Gesetzesentwurfes (projet de loi relatif à l'organisation des juridictions et à la procédure civile, pénale et administrative) vorgesehen;
wurde jedoch vom Conseil Constitutionnel in einer Entscheidung vom 2.2.1995 als
verfassungswidrig verworfen. Da diese injonction pénale der deutschen Einstellung
nach § 153 a StPO ähnlich gewesen wäre, wird sie hier zunächst dargestellt und anschließend genauer der deutschen bedingten Einstellung gegenübergestellt.

i. Entwicklung

Ausgangspunkt für die geplante Einführung der bedingten Einstellung war die hohe
Anzahl von Verfahrenseinstellungen (ohne eine weitergehende Reaktion) auch von
Fällen, in denen der Täter der Polizei und der Staatsanwaltschaft bekannt war[409].
Auf die Dauer käme dies einer Rechtsverweigerung gleich[410]. Auf der anderen Seite ist jedoch die Justiz, sind insbesondere die Gerichte jetzt bereits völlig ausgela-
stet, so daß nicht die gesamte Bagatellkriminalität vor Gericht gebracht werden
kann. Die bedingte Einstellung war deshalb als eine Alternative zur Einstellung des
Verfahrens ohne eine weitere Folge für den Täter gedacht; Zweck war die Entlastung der Staatsanwaltschaften und Gerichte[411].
    Die Entwicklung dieses Rechtsinstitutes ist dabei nicht geradlinig verlaufen. In
einem ersten Entwurf (transaction pénale genannt) war festgelegt, daß der Staatsanwalt dem Beschuldigten die Auflage machen könne, eine bestimmte Geldsumme an
den Staat zu zahlen. Nach erfolgter Zahlung wäre das Verfahren eingestellt worden.
Dabei hätte bereits zu Beginn des Verfahrens das Opfer der Tat informiert werden
müssen, um gegebenenfalls durch die Einlegung der action civile seinerseits das

---

[409] Folgende Zahlen wurden dabei angeführt: 74% der Anzeigen würden eingestellt, nur 26% wür
den an die Untersuchungs - oder erkennende Gerichtsbarkeit weitergeleitet; dabei würden 48%
der registrierten Anzeigen eingestellt, obwohl der Täter bekannt gewesen sei. (Rapport fait au
nom de la commission des lois de l'Assemblée nationale, Nr. 1427, Bd.2, S. 18).
[410] Derselbe Rapport, S. 19.
[411] Volff, D.1995, chr. S. 201 (202).

Verfahren auszulösen und eine Einstellung zu verhindern Eine erfolgte transaction sollte im nationalen Strafregister, dem casier judiciaire, eingetragen werden. Ausgangspunkt für diese transaction war Art. 6 Abs. 3 CPP, wonach das Verfahren durch eine transaction enden kann, wenn dies gesetzlich vorgesehen ist. In bestimmten Bereichen des Nebenstrafrechts ist die transaction auch als eine Möglichkeit zur Beendigung eines Strafverfahrens vorgesehen, die bestimmten Behörden zur Verfügung gestellt worden ist. Diese transaction sollte jetzt auf einige Delikte des Code Pénal ausgeweitet werden[412].

Bei den Diskussionen dieses Entwurfes im Rahmen der Gesetzgebungskommission der Assemblée nationale war die Frage, ob die transaction pénale allein der Staatsanwaltschaft überlassen werden sollte, bereits zur Sprache gekommen[413]. Nachdem aber in der Kommission dieses Problem aus der Diskussion verschwunden war und offensichtlich kein ernstes Hindernis für die Verabschiedung dieses Gesetzesentwurfes darstellte, wurde der die transaction betreffende Teil des Gesetzesentwurfes in der Assemblée nationale in der Vollversammlung abgelehnt und zwar hauptsächlich aus folgenden Gründen:

► die transaction trage das Risiko einer Klassenjustiz in sich; diejenigen, die die geforderte Summe zahlen könnten, würden nicht mit einer Strafverfolgung belastet im Gegensatz zu denjenigen, die diese Summe nicht aufbringen könnten und daher die transaction ablehnen müßten;

► durch die transaction würde dem Staat eine seiner Hoheitsaufgaben, nämlich Recht zu sprechen, entzogen, die nur durch einen Richter zu erfüllen sei. Darüber hinaus erwecke sie den Eindruck, Straffreiheit könne erkauft werden;

► die transaction berge die Gefahr eines Angriffs auf die Unschuldsvermutung, da es durchaus denkbar sei, daß unabhängig von Schuld oder Unschuld jemand ihr zustimmen könnte, um einem unangenehmen Strafverfahren zu entgehen;

► schließlich könne das Opfer unter Druck gesetzt werden, einer transaction zuzustimmen[414].

---

[412] Volff, D. 1995, chr. S. 201 (202).

[413] S. unter anderem im Rapport fait au nom de la commission des lois de l'Assemblée nationale, Nr. 1427, Bd.1 die Beiträge von Marcel Porcher S. 12; Pierre Albertini S. 16, die sich zu diesem Problem kritisch äußern. Dagegen der Justizminister Pierre Méhaignerie: "A cet égard on peut s'étonner des critiques formulées sur le rôle du parquet dans ce dispositif: le procureur de la République pourra proposer une transaction alternative à la poursuite ou au classement, mais ne sera pas investi d'une fonction de jugement puisque la mesure ne sera pas assortie de l'autorité de la chose jugée" (Etwa: Diesbezüglich kann man sich über die an der Rolle der Staatsanwaltschaft hierbei geäußerten Kritik wundern: der procureur de la République wird eine transaction als Alternative zu Verfolgung oder Einstellung vorschlagen können, er wird aber keine richterliche Funktion wahrnehmen, da die Maßnahme keine Rechtskraft erhält); selber Rapport, S. 19.

Auf diese Ablehnung folgte ein geänderter Entwurf des Senats für die bedingte Einstellung, die nun nicht mehr mit transaction pénale, sondern mit composition pénale bezeichnet wurde[415]. In diesem neuen Entwurf wurde auf die angeführten Kritikpunkte zum Teil eingegangen: neben der Zahlung einer Geldsumme war auch die Ableistung gemeinnütziger Arbeit vorgesehen, die allerdings in dem Entwurf nicht gemeinnützige Arbeit (travail d'intérêt général) sondern "activité non remunerée au profit d'une personne morale du droit public ou d'une association habilitée à cet effet" hieß. Faktisch hätte aber wohl kaum ein Unterschied zur gemeinnützigen Arbeit bestanden[416], allein die geänderte Bezeichnung hätte keine sachliche Änderung bedeutet.

Außerdem war der Anwendungsbereich neu definiert worden und zwar unter Auflistung der einzelnen Delikte, für die die composition pénale möglich sein sollte. Schließlich sollte eine Eintragung der composition nicht in das casier judiciaire, sondern in ein eigens zu schaffendes, neues Register stattfinden.

Diese Version wurde mit einigen Änderungen beispielsweise hinsichtlich der Delikte, für die sie möglich sein sollte, dann auch von der Assemblée nationale unter dem Namen injonction pénale angenommen. Unter diesem Namen fand sie sich im endgültigen Gesetz[417].

ii. Gründe der Ablehnung durch den Conseil Constitutionnel

Der Conseil Constitutionnel verwarf diesen Teil des Gesetzes jedoch als nicht mit der Verfassung zu vereinbaren und zwar aus folgenden Gründen, die zu einer Unvereinbarkeit mit Art. 9 und 66 der Verfassung (Unschuldsvermutung und Justiz als Hüterin der Individualfreiheiten) und mit den Rechten der Verteidigung führten:

► Die injonction pénale sei mit der Unschuldsvermutung nicht zu vereinbaren und verstoße gegen grundsätzliche Freiheiten.

► Die Auflagen hätten strafenden Charakter, denn ein erkennendes Gericht könnte diese Maßnahmen als Strafe verhängen. Aus diesem Grund könnten sie nicht allein durch die Staatsanwaltschaft ausgesprochen werden.

► In der alleinigen Kompetenz der Staatsanwaltschaft läge ein Verstoß gegen die Gewaltenteilung, die auch den Rechten der Verteidigung diente.

---

[414] Rapport fait au nom de la commission sénatoriale des lois Nr. 30, 13.Okt.1994, S. 31/32

[415] Transaction klang zu sehr danach, als ob über die action publique verhandelt würde, Volff, aaO., S. 202.

[416] Volff, aaO., 203.

[417] Der Wortlaut der geplanten injonction pénale gemäß dem "projet de loi adopté avec modification par l'assemblée nationale au deuxième lecture" findet sich im ganzen im Anhang.

Diese Gründe entsprechen z.T. denjenigen, mit denen die ursprüngliche Fassung der transaction pénale in der assemblée nationale abgelehnt worden war.

Damit lehnt der Conseil Constitutionnel die bedingte Einstellung nicht generell, sondern nur in der vorliegenden Form ab, d.h. vor allen Dingen die alleinige Kompetenz des procureur de la République im Zusammenhang mit den möglichen Weisungen, da diese seiner Auffassung nach zum Teil strafenden Charakter haben[418].

In der Praxis wird allerdings damit gerechnet, daß die injonction pénale in abgeänderter Form noch kommen wird. Interessanterweise kann man sich jedoch nicht vorstellen, daß sie, dem deutschen § 153 a StPO ähnlich, von der Zustimmung eines Gerichtes abhängig gemacht werden könnte. Dies würde wohl der französischen Vorstellung von der séparation des pouvoirs judiciaires (prozessuale Gewaltenteilung) widersprechen, die in Frankreich, ebenso wie die Gewaltenteilung auf staatsrechtlicher Ebene, stärker ausgeprägt ist als in Deutschland. Vielmehr wird davon ausgegangen, daß die Weisungen modifiziert werden und zumindest die Anordnung gemeinnütziger Arbeit entfällt[419]. Volff hält allerdings die Ausweitung des Strafbefehlsverfahrens (ordonnance pénale) für sinnvoller, da es sich dabei um ein bewährtes, zügiges Verfahren handele, daß auch nicht die Probleme aufwerfe, die mit der Einführung eines neuen Verfahrens immer verbunden seien[420].

Die Entscheidung des Conseil constitutionnel ist nicht ohne Kritik geblieben. Pradel kritisiert sie unter zwei Aspekten. Zum einen hat in seinen Augen die Auflage keinen Strafcharakter; die Charakteristika der injonction pénale seien "aux antipodes de ceux de la peine"[421]: Die Auflagen könnten im Gegensatz zu einer Strafe nicht zwangsweise durchgesetzt werden; der Betreffende habe die Möglichkeit, eine injonction pénale abzulehnen, einen Strafprozeß dagegen könne er ebensowenig wie eine Strafe wirkungsvoll ablehnen. Schließlich stelle die Strafe eine Schulderklärung dar, was die injonction pénale nicht täte; im Fall der Nichterfüllung der Auflage könne das Einverständnis mit der injonction pénale im Strafprozeß nicht als Schuldeingeständnis gewertet werden[422]. Insofern stelle die bedingte Einstellung auch keinen Angriff auf die Unschuldsvermutung dar.

Dieser Kritik kann man entgegenhalten, daß zwar formal die bedingte Einstellung kein Schuldanerkenntnis seitens des Betreffenden ist. Praktisch jedoch wird der Staatsanwalt nur die Fälle für die bedingte Einstellung auswählen, in denen er von der Täterschaft des Betreffenden überzeugt ist. Ziel der Einführung der bedingten Einstellung sollte es ja auch sein, eine Alternative für die bedingungslose Verfahrenseinstellung in den Fällen zu schaffen, in denen der Täter bekannt ist. Faktisch läge in einer Einstellung des Verfahrens gegen die Auflage, eine bestimmte

---

[418] Conseil Constitutionnel, décision n° 95-360 DC du 2 février 1995, JO 7 février S. 2097.

[419] Meinungsäußerung von Praktikern.

[420] Volff, D. 1995, chr. S. 201 (204).

[421] Pradel, D. 1995, chr. S. 171 (172).

[422] Pradel, procédure, Rn. 185.

Geldsumme an den Staat zu zahlen oder eine bestimmte Anzahl von Stunden gemeinnütziger Arbeit zu verrichten, durchaus die Erklärung des Staatsanwaltes und damit des von ihm vertretenen Staates, man halte den Betreffenden für den Täter des fraglichen Deliktes. Die Argumentation entspricht im Großen und Ganzen der um § 153 a Abs.1 StPO schon lange geführten Auseinandersetzung.

Interessanter ist der zweite Aspekt, unter dem Pradel das Urteil des Conseil constitutionnel kritisiert. Er wirft nämlich die Frage auf, warum, wenn die bedingte Einstellung in dieser Form mit der Verfassung nicht vereinbar ist, andere, verwandte Rechtsinstitute wie die gegenüber Drogenabhängigen zum Teil ausgesprochene injonction thérapeutique, die von bestimmten Behörden in gesetzlich ausdrücklich geregelten Fällen vorgenommene transaction im strafrechtlichen Bereich, die bereits erwähnte Praxis der Verfahrenseinstellung unter Entschädigungsauflage oder die strafrechtliche Mediation nicht ebenfalls von Conseil constitutionnel unterbunden werden[423]. Diese Frage kann jedoch vor einer näheren Betrachtung dieser Rechtsinstitute nicht sinnvoll erörtert werden, weshalb an späterer Stelle auf sie zurückgekommen wird (cf. für die injonction thérapeutique S.101, für die Einstellung nach Entschädigung des Opfers S.87 und für die transaction S.143).

iii. Vergleich mit § 153 a StPO

(i.) Kurzer Abriß der deutschen Regelung

Im Rahmen der deutschen StPO gibt es die bedingte Einstellung in der Gestalt des § 153 a StPO[424], der es ermöglicht, ein Verfahren unter Erteilung von Weisungen und Auflagen gegenüber dem Beschuldigten einzustellen. Insoweit entspricht er ungefähr der in Frankreich gescheiterten injonction pénale, wenn auch mit dem Unterschied, daß die Staatsanwaltschaft grundsätzlich nicht allein entscheiden darf, sondern dazu die Zustimmung des anderenfalls für die Hauptverhandlung zuständigen Gerichts braucht. Nach § 153 a Abs.2 StPO kann auch das erkennende Gericht das Verfahren einstellen, was bei der französischen injonction pénale nicht vorgesehen war.

In den Fällen, in denen die Tat nicht mit einer im Mindestmaß erhöhten Strafe bedroht ist (wozu die Mehrheit der Fälle gehört, cf. dazu unten S.71, und die Folgen gering sind, kann die Staatsanwaltschaft allein entscheiden (§ 153 a Abs.1 S.6 i.V.m. § 153 Abs.1 S.2 StPO). Die Sphäre, in der die Staatsanwaltschaft zustimmungsfrei entscheiden kann, wurde mit dem Rechtspflegeentlastungsgesetz bis in die mittlere Kriminalität ausgedehnt, als in § 153 Abs.1 S.2 StPO die

---

[423] Pradel, D. 1995, chr. S. 171 (172/ 173).

[424] Eingeführt durch Art. 21 Nr. 44 EGStGB vom 2.3.1974 (BGBl I 469) vergl. Kausch, S. 245 ff.; zuletzt geändert durch RPflEntlG vom 1.11.1993.

Beschränkung auf geringfügige Vermögensdelikte aufgehoben wurde[425].

Voraussetzungen für die Anwendung des § 153 a Abs.1 StPO sind dabei, daß das öffentliche Interesse an der Strafverfolgung durch die Auflagen und Weisungen beseitigt werden kann und die Schwere der Schuld einer Einstellung nicht entgegensteht. Bei den Voraussetzungen der geringen Schuld und des durch Auflagen zu beseitigenden öffentlichen Interesses handelt es sich um unbestimmte Rechtsbegriffe, deren Handhabung unklar und umstritten ist.

Bis zum Rechtspflegeentlastungsgesetz vom 11.1.1993 war Voraussetzung für die Einstellung, daß die Schuld gering wäre; der Anwendungsbereich der Vorschrift wurde also auch in dieser Hinsicht erweitert. Ausgeschlossen aus ihrem Anwendungsbereich ist jetzt nur noch die schwere Schuld, wobei hier aber auch das öffentliche Interesse an einer Strafverfolgung immer vorliegen dürfte, so daß das Kriterium der nicht entgegenstehenden Schuldschwere keine eigenständige Bedeutung mehr hat[426].

Mit dem Verzicht auf das Kriterium der geringen Schuld wurde auch die Parallele zu § 153 StPO fallengelassen, die früher darin bestand, daß in beiden Fällen die Schuld des mutmaßlichen Täters gering sein mußte. Der Unterschied zwischen den beiden Vorschriften bestand allein im Ausmaß des öffentlichen Interesses an der Strafverfolgung. Dabei muß für eine Einstellung nach § 153 a StPO neben der geringen bis mittelschweren Schuld ein gewisses öffentliches Interesse an der Strafverfolgung bestehen, da andernfalls nach § 153 StPO eingestellt werden müßte. Andererseits muß sich dieses öffentliche Interesse in einem Rahmen halten, daß es durch Auflagen und Weisungen ausgeräumt werden kann. Was genau vom öffentlichen Interesse umfaßt wird, ist vage. Waller sieht in der Erweiterung einen Widerspruch zu dieser Vorschrift, da danach in Fällen, in denen aus Gründen des öffentlichen Interesses eine Strafverfolgung von vornherein verzichtbar ist, eine Einstellung nur bei geringer Schuld möglich ist. Besteht aber grundsätzlich öffentliches Interesse an einer Strafverfolgung, kann es jedoch durch Auflagen und Weisungen beseitigt werden, soll auch bei nicht mehr geringer Schuld eingestellt werden können[427].

Die Einstellung nach § 153 a Abs.1 StPO erfordert wegen der Auflagen und Weisungen einen höheren Verdachtsgrad als die nach § 153 Abs.1 StPO[428]. Generell geht eine Einstellung nach § 170 Abs.2 StPO derjenigen nach § 153 a StPO vor, ebenso wie der nach § 153 StPO. Praktisch ersetzen wohl aber Einstellungen nach § 153 a StPO teilweise die nach § 170 Abs.2 StPO[429]. Der Beschuldigte muß

---

[425] Kritisch zu den Erweiterungen von §§ 153, 153 a StPO im Vorfeld Bandisch, AnwBl. 1991, S. 311 und Waller, DRiZ 1986 S. 47 ff.

[426] Fezer, ZStW 106 (1994) S. 1 (31).

[427] Waller, aaO., S. 47 (51).

[428] Kleinknecht/ Meyer-Goßner Rn. 7; LR-Rieß Rn. 31; Pfeiffer/ Fischer Rn. 2, jew. zu § 153 a StPO.

einer Einstellung nach § 153 a Abs.1 StPO zustimmen, da er die Auflagen bzw. Weisungen erfüllen muß. Dabei haben diese Auflagen und Weisungen eben wegen dieser Freiwilligkeit nach überwiegender Ansicht in der Lehre keinen Strafcharakter, sondern den Charakter besonderer außerstrafrechtlicher Sanktionen[430], wobei wohl in der Praxis durchaus ein Strafcharakter gesehen wird. So kommt Meinberg zu dem Ergebnis, daß über die Hälfte der von ihm befragten Staatsanwälte auch einen Strafcharakter der Vorschrift bejahen: "Die Befragten scheinen mithin mehrheitlich die Auflagen nach § 153 a Abs.1 StPO als Äquivalent für eine an sich angezeigte Strafe anzusehen, was im Hinblick auf die genannten dogmatischen Bedenken, aber auch die Qualität der Ermittlungen ("Durchermittlung") bedeutsam ist."[431] Aufschlußreich ist insofern auch, daß die Auflage, einen Geldbetrag an eine gemeinnützige Organisation bzw. Verein oder an den Staat zu zahlen, die am häufigsten gemachte Auflage ist, wohingegen von der Wiedergutmachungsauflage kaum Gebrauch gemacht wird[432]. Hirsch spricht insofern von der Geldzahlungsauflage als von einer Quasistrafe[433].

(ii.) Vergleich der beiden Rechtsinstitute

Vergleicht man nun § 153 a Abs.1 StPO mit der geplanten und gescheiterten injonction pénale, so fällt zunächst auf, daß der Anwendungsbereich des § 153 a StPO sehr viel weiter gefaßt ist, als der der geplanten injonction pénale es gewesen wäre: ersterer umfaßt sämtliche Vergehen, letzterer hätte nur bestimmte, einzeln aufgelistete Vergehen betroffen[434]. So ist beispielsweise § 153 a StPO bei einer fahrlässigen Tötung in besonders gelagerten Fällen durchaus anwendbar[435], was in Frankreich nicht denkbar gewesen wäre. Überhaupt wäre die Regelung der injonction pénale sehr viel detaillierter und ausführlicher gewesen als § 153 a StPO[436].

Auffällig ist weiterhin die unterschiedliche Stellung, die jeweils dem Opfer eingeräumt wird bzw. worden wäre. Wir finden hier eine sich durch beide Strafverfahrensordnungen ziehende Tendenz: in Deutschland wird das Opfer wenig

---

[429] Zu diesem Ergebnis gelangt jedenfalls Hergenröder, S. 76.

[430] Kleinknecht/ Meyer-Goßner, Rn. 12; LR-Rieß, Rn. 9 jew. zu § 153 a StPO.

[431] Meinberg, S. 232.

[432] KK-Schoreit, Rn.17; LR-Rieß, Rn. 41 u. 45 jew. zu § 153 a StPO.

[433] Hirsch, ZStW 102 (1990), S. 533 (556).

[434] Art. 48-2 des Gesetzesentwurfes; im Einzelnen hätte es sich um Delikte gehandelt, deren Höchststrafe 3 Jahre nicht überschritten hätte, u.a. wären das Telefonbelästigung, leichte Körperverletzung, Drohungen (außer mit dem Tod), Exhibitionismus, Zechprellerei, böswilliges Verlassen der Familie ohne Unterhaltszahlungen, einfache Sachbeschädigung und weitere gewesen.

[435] Kleinknecht/ Meyer-Goßner ,Rn. 8 zu § 153 a StPO.

[436] Insgesamt wäre die französische Regelung klarer und deutlicher formuliert gewesen als die deutschen Regelungen.

berücksichtigt, allein die Wiedergutmachungsauflage bezieht es in die Regelung ein und eine Benachrichtigunspflicht besteht gem. Nr. 89 Abs.3 RiStBV allein gegenüber dem Anzeigeerstatter (ohne Bekanntgabe der Auflagen und Weisungen)[437], also nicht ausdrücklich gegenüber dem Opfer in seiner Qualität als Opfer[438].

In Frankreich dagegen hätte der Verletzte, wie auch sonst im CPP eine recht starke Position innegehabt: die Staatsanwaltschaft hätte das Opfer sowohl von der Absicht, das Verfahren bedingt einzustellen, unterrichten müssen, als auch von der Erfüllung der Auflagen durch den Betreffenden, da mit ihr die action publique erloschen wäre. Das Opfer hätte mit der ihm zustehenden action civile (cf. unten S.182) die injonction pénale verhindern können, ebenso wie es nach erfolgreicher injonction pénale seinen Schadensersatz immer noch vor dem Strafgericht hätte geltend machen können. Diese Beteiligungsformen für das Opfer wären, wie gesagt, im französischen Strafprozeß nichts Neues gewesen, da es sich dort grundsätzlich entweder der Klage der Staatsanwaltschaft anschließen oder aber die Staatsanwaltschaft zu einer Klage veranlassen kann.

Auffällig ist schließlich, daß die geplante injonction pénale für den Fall, daß der Beschuldigte sie abgelehnt hätte, die einzige Regelung im CPP beinhaltet hätte, gemäß welcher die Staatsanwaltschaft Anklage hätte erheben müssen. Hier hätte damit eine Art Durchbrechung des Opportunitätsprinzips vorgelegen, ebenso wie ja § 153 a StPO seinerseits eine Durchbrechung des Legalitätsprinzips darstellt.

Während einerseits seine Befürworter in § 153 a StPO einen "kriminalpolitisch vernünftigen und gerechten neuen Verfahrenstyp" sehen[439], wurde und wird § 153 a StPO andererseits stark kritisiert, wobei hier zum Teil dieselben Argumente verwendet werden, mit denen der französische Conseil Constitutionnel in Frankreich die Ablehnung der injonction pénale begründet hat.

So wird gerügt, die Vorschrift führe zu einem Rückfall in den Inquisitionsprozeß, von welchem aber allein die Kläger- und Ermittlerrolle auf den Staatsanwalt übergegangen sei (mit Einschränkungen hinsichtlich der Eingriffe in Rechtsgüter des Beschuldigten, die richterlicher Anordnung bedürfen); alles weitere wurde der rechtsprechenden Gewalt übertragen[440]. § 153 a Abs.1 StPO wirft somit die Frage nach der Abgrenzung der richterlichen Gewalt von der Staatsanwaltschaft auf. Damit wird im Endeffekt die Frage nach einem etwaigen Sanktionscharakter der

---

[437] Vergl. KK-Schoreit Rn. 31 zu § 153 a StPO.

[438] Rieß spricht von einer erheblichen Beeinträchtigung der Opferinteressen (LR-Rieß, Rn.77 zu § 153 a StPO); auch Schlüchter sieht Nachteile im Bereich des Opferschutzes; in einem Alternativvorschlag fordert sie, daß bei Widerspruch des Verletzten die Staatsanwaltschaft nicht ohne Zustimmung des Gerichtes einstellen darf. (Aspekte S. 18/ 19); Waller sprach sich u.a. wegen eines Zukurzkommens der Opferinteressen gegen eine Erweiterung des § 153 a StPO aus, DRiZ 1986 S. 31 (53).

[439] Hünerfeld, ZStW 90 (1978), S. 905 (926).

[440] Hirsch, ZStW 92 (1980), S.218 (231).

Vorschrift aufgeworfen, der wohl, wie gesagt, in der Praxis nicht auszuschließen ist[441].

So kommt Hirsch zu dem Schluß, daß § 153 a Abs.1 StPO in die gem. Art. 92 GG allein den Richtern vorbehaltenen Kompetenz eingreift, da in ihren Bereich alle wesentlichen Unrechtstatbestände fallen[442]. Damit weist er auf einen Verstoß gegen die Gewaltenteilung hin, ebenso wie auch Kausch ausdrücklich feststellt, daß § 153 a Abs.1 StPO das Gewaltenteilungsprinzip verletzt[443]. Genau dieser Verstoß gegen die Gewaltenteilung war es, der die französische injonction pénale zu Fall brachte. Verwunderlich ist dies insbesondere, wenn man bedenkt, daß in Deutschland der Staatsanwalt stärker der Exekutive zugeordnet ist, während er in Frankreich als magistrat dem Richter näher steht (cf. S.25). In Deutschland erscheint also der Übergriff der Exekutive in judikative Funktionen noch stärker ausgeprägt.

Weiter liege in der bedingten Einstellung ein Verstoß gegen die Unschuldsvermutung sowie gegen § 136 a StPO[444]. Auch die Befürchtung einer Klassenjustiz wird geäußert:; der reiche Beschuldigte könne sich freikaufen[445]. Neuerdings wird auch die beinahe gegenteilige Befürchtung geäußert: Bereits in einem sehr frühen Zeitpunkt der Ermittlungen werde auf den Beschuldigten zugekommen und ihm die Zahlung einer Geldsumme gegen Einstellung angetragen, damit er eine für ihn peinliche Bloßstellung vermeiden könne[446].

---

[441] Hanack, Gallas-FS S.339 (363), sprach bereits vor der Einführung des § 153 a StPO davon, "daß die geplante Vorschrift im Grunde und in der Sache eine neuartige Form der Sanktion einführen würden."

[442] Hirsch, aaO., S. 218 (230/ 231); ebenso Rudolphi, ZRP 1976, S.165 (168).

[443] Kausch, S. 215.

[444] Dencker,JZ 1973, S. 144 (149 u. 150).

Weigend, KrimJ 1984, S.8 (28/29), spricht von einem Verstoß zumindest " gegen den Geist der Unschuldsvermutung" wenn jemand "für das Abstandnehmen von der Möglichkeit, alle prozeßrechtlichen Register gegen den Beschuldigten zu ziehen, einen Preis in barem Geld verlangt."

[445] Hirsch, aao., S. 229; Rudolphi, ZRP 1976 S. 165 (168); Müller, ZRP 1975 S. 49 (55): "§ 153 a StPO als Millionärsschutzparagraph"; Schmidhäuser, JZ 1973 S. 529 (535);

aA.: DREHER, Welzel-FS S. 917 (939), der einen gewissen Freikaufeffekt offensichtlich hinzunehmen bereit ist: "Sollte man nicht in diesem Punkt, wenn es um die Flut der Bagatellkriminalität geht, in der Tat ein bißchen pragmatisch denken dürfen?"

KAISER/MEINBERG, NStZ 1984, S. 343 (349), gelangen in ihrer Untersuchung zu dem Ergebnis, daß sich ein "schichtspezifischer Selektionsprozeß im Sinne eines umfassenden Einflußes personenbezogener Merkmale auf die staatsanwaltschaftliche Einstellungsentscheidung nach § 153 a I StPO nicht nachweisen" ließe, dieses aber indirekt durch geschicktes Verteidigungshandeln und durch Verkomplizierungen des Prozesses eine Rolle spiele.

RÖNNAU, S. 119, geht davon aus, daß ein deliktsspezifischer Unterschied besteht, d.h. einige Delikte häufig nach § 153 a StPO behandelt werden, andere (z.B. Einbruchssdiebstähle) dagegen nicht. Der Täter eines "privilegierten" Deliktes, der noch dazu anwaltlich vertreten sei, habe eine gute Chance, auf das Verfahren Einfluß zu nehmen. So vorher bereits HANACK, Gallas-FS, S.339 (349/350).

[446] Schlüchter, Aspekte, S. 21.

Gegen diese Einwände wird angeführt, § 153 a Abs.1 StPO habe in der Praxis nicht zu einem Reichenprivileg geführt; die Unschuldsvermutung werde angesichts der Freiwilligkeit der Auflagenerfüllung nicht tangiert, wobei sich der Beschuldigte hierbei in einer geringeren Drucksituation befände als bei der Entscheidung über die Einlegung eines Rechtsmittels gegen einen Strafbefehl[447]. Gegen einen etwaigen Strafcharakter der Auflagen und Weisungen führt Hünerfeld jedoch an, daß die Leistung ja freiwillig übernommen sei; ihre Bedeutung läge darin, "daß der Beschuldigte hierdurch die Gültigkeit der möglicherweise durch ihn verletzten Norm bekräftigt und zwar sowohl für sich selbst als auch für die Rechtsgemeinschaft..."[448]

Darüber hinaus beziehe sich § 136 a StPO auf die Vernehmung, die Anwendung auf prozessuale Willenserklärungen sei umstritten und es werde mit der Einstellung zudem kein gesetzlich nicht vorgesehener Vorteil versprochen[449].

Offenbar wird bei dem Vergleich, daß die bedingte Einstellung sowohl unter genereller Geltung des Legalitätsprinzips als auch unter genereller Geltung des Opportunitätsprinzips nicht einfach einzufügen ist. Bei der bedingten Einstellung wird eine Art dritter Weg beschritten zwischen Anklageerhebung und Verzicht auf die Anklageerhebung. Dieser dritte Weg aber ist auch vom Ausgangspunkt des Opportunitätsprinzips nicht ganz einfach zu gehen: das Opportunitätsprinzip ermöglicht dem Staatsanwalt eine Entweder-Oder Entscheidung, bei der freiwillige Leistungen des Täters miteinbezogen (cf. unten S. 86), dem mutmaßlichen Täter aber keine Sanktionen auferlegt werden können[450].

Deutlich wird dabei, daß sich die Argumentation sowohl für als auch gegen die bedingte Einstellung in Frankreich und in Deutschland gleichen. In Deutschland kommt der Vorwurf der Durchbrechung des Legalitätsprinzips[451] hinzu, der in Frankreich naturgemäß nicht erhoben werden kann. Dieser Vorwurf wird meist dahingehend ausgedrückt, § 153 a Abs.1 StPO sei eine Ausweitung des Opportunitätsgedankens im deutschen Strafprozeßrecht. Daß dies so zu kurz greift, macht die französische Entwicklung deutlich: Die bedingte Einstellung berührt vorrangig das Problem der Gewaltenteilung[452] und der Unschuldsvermutung. Um so erstaunlicher ist es, daß in Deutschland § 153 a StPO trotz aller Kritik existiert und sein

---

[447] LR-Rieß, Rn. 14 zu §153 a StPO.

[448] Hünerfeld, aaO., S. 905 (920); ähnl. auch Dreher, Welzel-FS S. 917 (939); dagegen aber Hirsch, ZStW 92 (1980), S.218 (225) Fn. 28.

[449] Dreher, Welzel-FS, S. 917 (937/ 938).

[450] Auch für das deutsche Recht fordert SCHMIDHÄUSER de lege ferenda: "Für die Verfahrenseinstellung kann es nur ja oder nein ohne jede Bedingung oder Gegenleistung geben." JZ 1973, S. 529 (537).

[451] S. die bisher genannten.

[452] Ob § 153 a StPO die Gewaltenteilung berührt, wird von Weigend, KrimJ1984, S. 8 (14), kurz erörtert, wobei er unter Zugrundelegung der Ansicht des Bundesverfassungsgerichts hinsichtlich des Kernbereichs davon ausgeht, daß die Stammfunktion der Gewaltenteilung nicht berührt sei.

Anwendungsbereich immer wieder erweitert wird, in Frankreich jedoch die injonction pénale abgelehnt wurde.

b. Die injonction thérapeutique

Ausnahmsweise ist in Frankreich im Bereich der Rauschgiftkriminalität für die Fälle des Konsums von Drogen oder des Besitzes von Drogen zum Eigenbedarf die bedingte Einstellung (injonction thérapeutique) erlaubt und genau geregelt.

i. Darstellung

Die Bedingung, unter der hier ein Verfahren eingestellt werden kann, ist die Teilnahme an einem Entziehungsprogramm, dem sich der Beschuldigte auf Anregung des Staatsanwaltes hin unterwirft. Der Staatsanwalt hat zwar keine eigentlichen Druckmittel, um den Süchtigen zu einer Therapie zu zwingen, er kann jedoch einen gewissen Druck ausüben, indem er ihm die sonst stattfindende Strafverfolgung vor Augen hält.

Problematisch bei der injonction thérapeutique ist jedoch, daß die Zusammenarbeit zwischen Staatsanwaltschaft und den Suchtzentren nicht immer besonders gut funktioniert[453]. Der Arzt fühlt sich häufig in eine zwiespältige Situation versetzt: er soll gleichzeitig Therapeut und Überwacher der staatsanwaltschaftlichen Auflage sein: er soll in bestimmten Abständen, spätestens bei Beendigung der Maßnahme, den Behörden Kenntnis geben. Darin liegt eine ausdrückliche Ausnahme von der ärztlichen Schweigepflicht[454]. Der Arzt jedoch will nicht Kontrolleur sein, der den Fall bei einem Fehlschlag der Therapie an die Staatsanwaltschaft zurückgibt[455].

Unterwirft sich der Beschuldigte dem Entzug, so ist im Regelfall die Strafverfolgung ausgeschlossen; die action publique ist erloschen. Bei Wiederholungstätern hat der Staatsanwalt jedoch wieder die Möglichkeit, trotz einer Entziehungskur die Strafverfolgung einzuleiten, ihr Ausschluß ist dann nicht mehr obligatorisch, da die Regeln sich auf Ersttäter beziehen (Art. 628-1 Abs. 2 und 5 Code de la Santé publique)[456].

Wie stark von der injonction thérapeutique Gebrauch gemacht wird, ist von Staatsanwaltschaft zu Staatsanwaltschaft unterschiedlich und hängt wohl zum einen von der Einstellung des betreffenden Staatsanwaltes zu dem Problemkreis ab und zum anderen davon, wie sich die Zusammenarbeit mit den jeweiligen Gesundheitsbehörden gestaltet[457].

---

[453] Zum Teil wird aber auch von einer recht guten Zusammenarbeit berichtet, (jeweils Auskünfte von Praktikern).

[454] Breton, S. 16.

[455] Marie, S.242.

[456] Merle/Vitu, Rn.1101; Stefani/Levasseur/Bouloc Rn. 467.

Der Unterschied der injonction thérapeutique zu der geplanten injonction pénale liegt darin, daß die Verpflichtung, sich einer Therapie zu unterziehen, keinen strafenden Charakter hat. Sie bleibt eine therapeutische Maßnahme unabhängig davon, wer sie anordnet, also auch im Fall, daß sie von einem Gericht angeordnet wird. Sie ist im Rahmen der Suchtpolitik zu sehen: als 1970 der Besitz und der Konsum von Drogen unter Strafe gestellt wurden, wurden gleichzeitig Regelungen getroffen, die ermöglichen solle, den Drogenabhängigen eher in einen sozial-medizinischen Kreislauf einzugliedern als in einen strafrechtlich-repressiven; der Drogenabhängige wird eher als Kranker denn als Krimineller betrachtet[458]. Daher besteht in mehreren Prozeßstadien die Möglichkeit, aus dem Strafprozeß in die medizinisch-soziale Betreuung überzuwechseln. Begibt sich der Drogenabhängige freiwillig, von sich aus oder auch auf Anregung der Gesundheitsbehörden, und bevor er den Justizbehörden aufgefallen ist, in eine Therapie, so ist gemäß Art. L 628 Abs. 4 Code de la Santé publique eine Strafverfolgung wegen Drogenbesitzes oder -konsums ausgeschlossen[459].

Bestehen bleibt aber die Tatsache, daß der procureur de la République eine Weisung erteilt und gegen Befolgung dieser Weisung von der Strafverfolgung absieht. Insofern erscheint die weiter oben angesprochene Kritik Pradels berechtigt. Auch anderweitig wird die injonction pénale als ein Rechtsinstitut bezeichnet "venant limiter de façon intéressante les règles de la poursuite et le principe selon le parquet exerce celle-ci (l'action publique) mais n'en dispose pas." [460]

ii. Vergleich mit den Regelungen des BtMG

Auch in Deutschland ist es der Staatsanwaltschaft durch bestimmte Vorschriften möglich, im Rahmen der Drogenkriminalität ein Verfahren einzustellen. Anders als in Frankreich ist der Drogenkonsum an sich in Deutschland als "Akt der Selbstschädigung" [461] nicht strafbar; die Strafbarkeit des Besitzes ergibt sich dagegen aus § 29 Abs.1 Nr. 3 BtMG. Einstellungsmöglichkeiten bestehen gemäß § 29 Abs. 5 BtMG i.V.m.. § 153 b StPO und nach § 31 a BtMG, ohne daß sich der

---

[457] So wird nach Auskunft der jeweiligen Staatsanwaltschaften in Périgueux ausnahmslos von der injonction thérapeutique Gebrauch gemacht, da zum einen die Staatsanwaltschaft von dem Sinn der Maßnahme überzeugt ist und zum anderen die Zusammenarbeit mit dem zuständigen Gesundheitsamt gut funktioniert. In Angoulême dagegen wird von der injonction thérapeutique kein Gebrauch gemacht.

[458] Chavanne, Rev. Sc. Crim. 1971, S. 705 (706).

[459] Chavanne, aaO., S.705 (708); Marie, S.237.

[460] Etwa: "... die auf interessante Art und Weise die Regeln der Strafverfolgung und das Prinzip, wonach die Staatsanwaltschaft die action publique ausübt, aber nicht über sie verfügt, begrenzt." Chavanne, aaO., S.705 (707); dagegen aber Volff, demzufolge die injonction thérapeutique die action publique nicht zum Erlöschen bringt sondern lediglich ihrer Ausübung entgegensteht, D.1995 chr. S. 201 (202).

[461] Körner, Rn. 24 zu § 31 a BtMG.

Täter einer Therapie unterziehen muß, sowie gemäß § 37 BtMG mit dem Erfordernis einer Therapie.

Gemäß § 29 Abs.5 BtMG kann das Gericht von Strafe absehen, wenn nur geringe Mengen zum Eigenbedarf besessen werden. Über § 153 b StPO führt dies dazu, daß die Staatsanwaltschaft mit Zustimmung des Gerichts in diesen Fällen bereits von der Verfolgung absehen kann, was seit 1992 auch gem. § 31 a Abs.1 BtMG möglich ist und zwar ohne das Erfordernis der gerichtlichen Zustimmung. Neben den in § 29 Abs.5 BtMG genannten Voraussetzungen tritt bei § 31 a Abs.1 BtMG noch eine geringe Schuld des Täters sowie das Fehlen eines öffentlichen Interesses an der Strafverfolgung hinzu[462]. Durch die Einführung des § 31 a BtMG ist § 29 Abs.5 BtMG praktisch bedeutungslos geworden[463]. Seit dem Bundesverfassungsgerichtsurteil vom 9. März 1994[464] sind einheitliche Richtlinien der Landesjustizverwaltungen in diesem Bereich erforderlich, um eine einheitliche Anwendung der Vorschrift zu gewährleisten (cf. zu diesem Urteil auch unten S.21). Körner macht neben den Vorteilen solcher Richtlinien auch auf ihre Nachteile aufmerksam[465].

§ 31 a BtMG ermöglicht nicht nur der Staatsanwaltschaft, sondern auch dem Gericht die Einstellung des Verfahrens, wobei dieses der Zustimmung der Staatsanwaltschaft bedarf. Diese parallele Möglichkeit von Gericht und Staatsanwaltschaft zur Verfahrenseinstellung zieht sich damit durch das Nebenstrafrecht.

Eine Einstellung im Zusammenhang mit einer Therapie ist der Staatsanwaltschaft durch § 37 BtMG ermöglicht, der über § 38 Abs.2 BtMG auch im Jugendstrafrecht anwendbar ist. Die Voraussetzungen des § 37 BtMG entsprechen denen der französischen injonction pénale nicht vollständig.

§ 37 BtMG ermöglicht dabei ein Absehen von der Anklageerhebung auch hinsichtlich anderer Straftaten als Verstöße gegen das BtMG und erfaßt somit auch zum Teil die Beschaffungskriminalität[466]. Damit ist der Anwendungsbereich des § 37 BtMG weiter als derjenige der injonction thérapeutique.

Auch bei § 37 BtMG finden wir die bekannte Parallelität; zum einen bedarf die Staatsanwaltschaft für die Einstellung der Zustimmung des Gerichts, zum anderen kann auch das Gericht mit Zustimmung der Staatsanwaltschaft einstellen.

---

[462] Joachimski, Rn. 55 zu § 31 a BtMG, weist darauf hin, daß aus spezial- oder generalpräventiven Gründen ein öffentliches Interesse auch bei Vorliegen der Einstellungsvoraussetzungen des § 29 Abs.5 BtMG gegeben sein kann.

[463] Körner, Rn.55 zu § 31 a BtMG.

[464] BVerfGE 90 S. 145 (190).

[465] Dabei führt er als Vorteile auf, daß die Richtlinien zur Klarheit von Generalklauseln führten sowie zur Gleichbehandlung, zur Rechtssicherheit bei der Bevölkerung und zur Sicherheit bei den Rechtsanwendern. Als Nachteile sieht er eine Behinderung der Ermessensausübung, die zu starke Hervorhebung der Menge BtM als Kriterium und die Unfähigkeit von generellen Richtlinien, örtliche Begebenheiten zu berücksichtigen; Rn. 53 zu § 31 a BtMG.

[466] Körner, Rn. 4 zu § 37 BtMG.

4. Einstellung nach Entschädigung des Opfers

a. Allgemein zur Berücksichtigung des Opfers durch die Staatsanwaltschaft

In Frankreich wird selten ein Fall, bei dem es ein Opfer gegeben hat und dieses bekannt ist, eingestellt, ohne daß die Staatsanwaltschaft für die Entschädigung des Opfers Sorge trägt. Dies beruht zum einen darauf, daß das Opfer sonst die Möglichkeit hat, mit seiner Schadensersatzklage auch die öffentliche Strafklage auszulösen (cf. unten S.150) und die Einstellung des Verfahrens ohne eine Entschädigung des Opfers also nicht unbedingt von Dauer wäre. Zum anderen sorgen die Staatsanwälte aber auch deshalb für die Entschädigung des Opfers, weil es als normal, als selbstverständlich empfunden wird, daß das Opfer nicht unter der Verfahrenseinstellung leiden muß[467]. Auch diese Einstellung der Staatsanwaltschaft hat damit zu tun, daß im gesamten französischen Strafprozeß, anders als im Deutschen, das Opfer stärker mit einbezogen ist: es wird von einer Vefahrenseinstellung benachrichtigt und kann immer seinen Anspruch auf Schadensersatz im Rahmen des Strafverfahrens geltend machen wobei, es die Stellung einer Prozeßpartei erhält. Das deutsche Adhäsionsverfahren existiert dagegen faktisch nur auf dem Papier; wird es einmal durchgeführt, erhält das Opfer nicht die gleiche Stellung wie in Frankreich. Bei der deutschen Nebenklage erhält es zwar eine vergleichbare Position, aber keinen Schadensersatz.

Da es aus einer Reihe von Gründen[468] für das Opfer vorteilhafter ist, sich dem Strafprozeß anzuschließen bzw. ihn zu veranlassen, als einen getrennten Zivilprozeß zu führen, ist es in Frankreich sehr häufig, daß das Strafgericht mit über den Schadensersatz entscheidet. Damit ist die Präsenz des Opfers im Strafprozeß normaler als im deutschen Strafverfahren: "Le droit français a toujours eu pour caractéristique de permettre à la victime d'avoir sa place dans le procés pénal." [469] Der Reflex des Staatsanwaltes, das Opfer bei einer Verfahrenseinstellung zu berücksichtigen, ist auch aus diesem Blickwinkel zu betrachten.

Um zu einer Entschädigung des Opfers zu gelangen, hat die Staatsanwaltschaft im Prinzip zwei Möglichkeiten: sie kann zum einen zum bereits angesprochenen classement sous condition greifen; zum anderen kann sie den Fall an eine zu diesem Zweck vom Gericht zugelassene Organisation abgeben zu einer Mediation. Bei beiden Vorgehensweisen geht es neben der Entschädigung des Opfers auch darum, dem Täter seine Verantwortlichkeit vor Augen zu führen und beim Opfer den

---

[467] Auskunft eines Praktikers.

[468] Hauptsächlich wegen des Vorranges der straf- über die zivilrechtliche Entscheidung, wegen der Vereinfachung (das Opfer muß nicht den Ausgang zweier Prozeße abwarten) und weil das Opfer schneller, einfacher und billiger entschädigt wird, wobei das strafprozessuale Beweisrecht anwendbar ist; Pradel, procédure, Rn. 200, 201.

[469] Etevenon, Gaz. Pal. 1993, doctr. S.119 (119).

Eindruck zu vermeiden, die Justiz kümmere sich nicht, der bei "schlichten" Einstellungen entstehen könnte. Aus diesem Grund wird die Staatsanwaltschaft in einem Rundschreiben auch aufgefordert, von diesen beiden Möglichkeiten regen Gebrauch zu machen[470].

b. Einstellung mit Entschädigunsauflage (classement sous condition)

Bei der bereits angesprochenen Einstellung mit Entschädigungsauflage (classement sous condition) läßt der Staatsanwalt dem mutmaßlichen Täter durch die Polizei mitteilen oder teilt ihm selbst mit, er sei durchaus bereit, den Fall einzustellen, wenn ihm der Täter innerhalb einer bestimmten Frist den Nachweis darüber erbrächte, daß er das Opfer entschädigt oder sich entschuldigt habe etc.[471]. Wird der Nachweis erbracht, wird das Verfahren eingestellt, die action publique nicht eröffnet. Auf diese Art und Weise wird nach Auskunft eines Praktikers vor allem dann vorgegangen, wenn der Schaden sehr gering ist.

Die Technik existiert schon lange. Eine besondere gesetzliche Grundlage gibt es für sie im CPP nicht, der Staatsanwalt stützt sich bei diesem Vorgehen auf seine Möglichkeit, dem Fall die Folgen zu geben, die er für angemessen hält, das heißt, auf seine Kompetenz, die Opportunität der Strafverfolgung abzuschätzen.

Sie hat gegenüber der Mediation den Vorteil, schneller und kostengünstiger zu sein. Für bestimmte Fälle, wie z.B. Scheckdelikte, erscheint sie als durchaus ausreichend. Im Prinzip decken aber beide Vorgehensweisen ungefähr den gleichen Bereich von Kriminalität ab, nämlich Teile der kleineren und mittleren Kriminalität. Ob sich der Staatsanwalt zu einer Mediation oder zu einer bedingten Einstellung entschließt, hängt daher häufig auch einfach von der Situation oder auch von Vorlieben für diese oder jene Vorgehensweise ab.

Vom Prinzip unterscheidet sich die Einstellung unter Entschädigungsauflage nicht von der abgelehnten injonction pénale. Nur wird hier eben als Bedingung allein die Entschädigung des Opfers gestellt, während bei der injonction auch andere Auflagen und Weisungen möglich sein sollten. Die Entschädigung des Opfers an

---

[470] Circulaire CRIM 92-13 E5/02-10-92 (+) vom 28. Oktober 1992, BOMJ Nr. 48, S. 21, 24:"... Le recours de certains parquets, dans le cadre de leur pouvoir d'opportunité, aux classements conditionnels avec l'obligation de faire; à la médiation en matière pénale ... a précisement pour but de repondre à cette situation en responsibilisant le délinquant et en assurant l'indemnisation rapide de la victime. Je souhaite maintenant que cette politique soit acceptée par tous les parquets et que les procureurs généraux y veillent tout particulièrement. ... "

(Etwa: Der Rückgriff bestimmter Staatsanwaltschaften im Rahmen ihrer Möglichkeit, die Opportunität abzuschätzen, auf die Einstellung unter der Bedingung, das Opfer zu entschädigen und auf die strafrechtliche Mediation ... hat gerade zum Ziel, auf diese Situation zu reagieren, indem dem Täter seine Verantwortung verdeutlicht und dem Opfer eine zügige Entschädigung gesichert wird. Ich wünsche jetzt, daß diese Politik von allen Staatsanwaltschaften übernommen wird und daß die procureurs généraux darauf ihre besondere Aufmerksamkeit richten.).

[471] Ottenhof, arch.pol.crim. 7 (1984), S. 124, (126/127).

sich stellt aber keine Strafe dar, abgesehen davon, daß diese Art der Einstellung informell gehandhabt wird.

c. Mediation im strafrechtlichen Bereich

i. Mediation im Erwachsenenstrafrecht (Art. 41 al. 7 CPP)

Die andere Möglichkeit der Berücksichtigung des Opfers besteht für den Staatsanwaltschaft darin, den Fall zum Täter-Opfer-Ausgleich, in Frankreich als Mediation bezeichnet, abzugeben und im Anschluß daran, je nach Erfolg oder Mißerfolg dieser Maßnahme, das Verfahren einzustellen oder Anklage zu erheben.

(i.) Allgemeines

Die Mediation ist eine im Zivilrecht entwickelte Technik der Konfliktlösung, die in das Strafrecht übernommen wurde[472]. Grundsätzlich stellt sie eine Technik der Gesprächsführung in Konfliktsituationen dar: Den Kontrahenten, die alleingelassen zum Dialog häufig nicht fähig sind (aufgrund ihrer unterschiedlichen Positionen, aber auch aufgrund von Wut, Enttäuschung, Angst...) werde es durch die Anwesenheit eines neutralen Dritten ermöglicht, wieder miteinander zu sprechen. Aufgabe des Dritten ist es dabei, für ein ruhiges, sachliches Gesprächsklima zu sorgen.

Auf das Strafrecht übertragen, bedeutet Mediation die Intervention eines Dritten, dessen Aufgabe es ist, Täter und Opfer einer Straftat zusammenzubringen, um zu versuchen, den Konflikt zu lösen und, wenn möglich, den Strafprozeß zu umgehen, ohne daß dabei den Parteien von dritter Seite eine Entscheidung aufoktroyiert wird, wie dies im Prozeß durch das Urteil des Richters geschieht[473].

Die Mediation ist von benachbarten Instituten, die entweder auch Täter-Opfer-Ausgleich in weiterem Sinne betreiben oder der Diversion dienen, zu unterscheiden. So unterschiedet sie sich von der arbitrage (Schiedsgerichtsbarkeit) dadurch, daß die in deren Rahmen tätig werdende Schiedsperson den Parteien eine Lösung auferlegen kann. Vom Vergleich, der transaction, die im strafrechtlichen Bereich zwischen bestimmten Behörden und dem Straftäter stattfinden kann und dann gemäß Art.6 CPP die action publique zum Erlöschen bringt (cf. dazu unten S.140), unterscheidet sich die Mediation dadurch, daß bei der transaction kein Dritter tätig zu werden braucht, sondern die jeweilige Behörde direkt mit dem Täter verhandelt. Die Mediation beendet auch nicht automatisch die action publique.

---

[472] Lazerges, arch. pol. crim. 14 (1992), S. 17 (22).

[473] Guilbot/Rojare, arch.pol.crim. 14 (1992), S. 39; vergl. auch die Definition des Petit Robert, dictionnaire de la langue française, Paris 1990: Médiation = entremise destinée à mettre d'accord, à concilier ou à reconcilier des personnes, des partis.

(ii.) Entwicklung der Mediation

Die Mediation wurde in der Praxis entwickelt. Diese Entwicklung ist bis heute zum Teil stark von den USA beeinflußt, in denen es Mediation, auch im strafrechtlichen Bereich, schon länger gibt[474]. Eine gewissen Ähnlichkeit der Mediation zu bestimmten traditionellen afrikanischen Konfliktlösungsmodellen (palaver) wird ebenfalls festgestellt. In Frankreich entwickelte sich die Mediation ungefähr ab Beginn der 80er Jahre, wobei wohl Nanterre eine gewisse Vorreiterrolle gespielt hat[475].

Vorläufer der Mediation war die 1978 per Dekret eingeführte conciliation. Die conciliateurs waren ehrenamtlich tätige, von den Präsidenten der Appellationsgerichte ausgewählte Personen, die jeweils innerhalb eines Gerichtsbezirkes tätig werden sollten und kleinere Streitigkeiten innerhalb der Bevölkerung schlichten und klären sollten. Sie stellten sozusagen die Nachfolger der früheren Friedensrichter dar[476]. Aufgrund einer negativen Einstellung der Justiz, die die Entwicklung einer Paralleljustiz auf einer niedrigeren Ebene befürchtete, war dieses Projekt jedoch nicht erfolgreich, so daß ab 1982 die conciliateurs nicht mehr verlängert wurden[477].

War Ziel der conciliation hauptsächlich die Entlastung des Justizapparates gewesen, so ging es den sich Anfang der 80er Jahre entwickelnden Projekten der Mediation primär um Abbau sozialer Spannungen[478].

Bereits 1983 wurde die Mediation in einem Rundschreiben des Justizministeriums zur Kenntnis genommen. Damit begann die Entwicklung der Mediation als Voraussetzung einer Verfahrenseinstellung in Frankreich früher als in Deutschland.

Im Laufe der Zeit entwickelte sich die Mediation immer weiter, mehr und mehr Projekte kamen hinzu. Die Entwicklung verlief allerdings ungleichmäßig, da es jeweils auf die Disposition der örtlichen Staatsanwaltschaft ihr gegenüber ankam. War die Einstellung der Staatsanwaltschaft eher negativ, so konnte sich eine Mediation im strafrechtlichen Bereich kaum entwickeln, da sie auf die Kooperation angewiesen ist; die Fälle werden zumeist von der Staatsanwaltschaft an die die Mediation durchführenden Organisationen abgegeben. Außerdem ist die Staatsanwaltschaft die Instanz, die über den Fortgang des Falles, d.h. über Einstellung oder Strafverfolgung entscheidet.

---

[474] Für die Auseinandersetzung des französischen Schrifttums mit der amerikanischen Mediation, vergl. VÉRIN, La médiation à San Francisco, New York et à Kitchener/ Ontario, Rev. Sc. Crim. 1983, S. 293 ff.; ders., Un exemple de conciliation non étatique: la médiation anglo-saxonne, arch. pol. crim. 7 (1984) S. 131 ff.; E. SERVIDIO-DELABRE, La médiation aux Etats-Unis, arch. pol. crim. 8 (1985) S. 185 ff.

[475] Pradel, dr. pén. comparé, S. 154.

[476] Vérin, Rev. Sc. Crim. 1982, S. 171 (174).

[477] Eukeu, S. 121.

[478] Bonafé-Schmitt in: Wright/Galaway S. 178/181.

1992 wurden in dem bereits erwähnten Rundschreiben die Staatsanwälte aufgefordert, von der Mediation regen Gebrauch zu machen. Das Bemerkenswerte an dem Rundschreiben in diesem Zusammenhang ist jedoch, daß es die Mediation mehrmals erwähnt als eine der geeigneten Reaktionsmöglichkeiten hinsichtlich der Bagatellkriminalität und damit eine Technik zur Kenntnis nimmt, die sich in der Praxis entwickelt hat.

Im Januar 1993 folgte die ausdrückliche Aufnahme der Mediation in den CPP. Ursprünglich war sie im Entwurf zum Änderungsgesetz zum CPP nicht mitenthalten; der betreffende Artikel wurde aufgrund einer Antrags während der parlamentarischen Debatte aufgenommen. Dies war nicht ohne Diskussion abgegangen; ein Teil der Abgeordneten wollte die Mediation nicht eigens in den CPP aufnehmen, da das Opportunitätsprinzip weit genug sei, um eine gesetzliche Grundlage für sie zu bieten. Am Ende wurde dem Art. 41 CPP folgender Absatz angefügt:

> Le procureur de la République peut enfin, préalablement à sa décision sur l'action publique et avec l'accord des parties, décider de recourir à une médiation s'il lui apparaît qu'une telle mesure est susceptible d'assurer la réparation du dommage causé à la victime, de mettre fin au trouble résultant de l'infraction et de contribuer au reclassement de l'auteur de l'infraction.[479]

Die Orientierung eines Falles in Richtung Mediation ist damit nach wie vor eine Entscheidung, die der Staatsanwalt im Rahmen seiner Entscheidung über die Opportunität der Einleitung der Strafverfolgung trifft. Durch die gesetzliche Erwähnung soll daran nichts geändert, sondern die Praxis bestätigt werden. Im Unterschied zur gescheiterten injonction pénale und zu § 153 a StPO werden dem Beschuldigten bei der Mediation keine Weisungen erteilt.

Die Mediation stellt zwischen folgenloser Verfahrenseinstellung und Einleitung der action publique sozusagen einen Mittelweg dar. Gemäß dem Art. 41 Abs. 7 CPP kann der Staatsanwalt sie immer dann wählen, wenn von ihr dreierlei zu erwarten ist:

► Entschädigung des Opfers,

► Beendigung der Störung des öffentlichen Interesses

► und Resozialisierung des Täters.

Die Entschädigung des Opfers ist dabei notwendig, da das Opfer sonst durch die action civile die öffentliche Strafklage auslösen und damit den Prozeß der

---

[479] Der procureur de la République kann schließlich, vor seiner Entscheidung hinsichtlich der action publique und im Einvernehmen mit den Parteien beschließen, Rückgriff auf eine Mediation zu nehmen, wenn ihm eine solche Maßnahme geeignet erscheint, den Ersatz des dem Opfers verursachten Schadens zu sichern, die Störung des ordre public zu beenden und zur Wiedereingliederung des Täters beizutragen.

Mediation blockieren könnte. Das Kriterium stellt sozusagen ein Substitut für die action civile dar[480].

Die Beendigung der Störung des öffentlichen Interesses ist wesentliche Voraussetzung, da es sich immerhin um eine Straftat handelt und damit das öffentliche Interesse, der ordre public, a priori gestört ist. Die öffentliche Ordnung würde normalerweise durch den Strafprozeß, an deren Ende die Strafe steht, wiederhergestellt. Insofern als die Mediation den Strafprozeß erübrigen soll, muß sie diese Aufgabe übernehmen, so daß man dieses Kriterium als eine Substitution der Strafe betrachten kann, abhängig davon, welche Funktion man Strafe zuweist[481].

Das dritte Kriterium schließlich, die Eignung der Mediation zur Resozialisierung des Täters, fügt die Mediation in eine bestimmte strafrechtliche Strömung ein, wonach Ziel der Strafe die Wiedereingliederung des Straftäters ist[482] und nicht die Abschreckung anderer durch das Statuieren eines Exempels oder Strafe als unabkömmliche Sühne für die Tat ist.

Insgesamt macht der französische Gesetzgeber mit der Formulierung deutlich, was er von der Mediation erwartet; dabei werden die für die Mediation bzw. den Täter-Opfer-Ausgleich immer wieder angeführten Argumente mit einbezogen (cf. zu den Argumenten unten S.106).

(iii.) Praxis der Mediation

Die Mediation im strafrechtlichen Bereich kann von der sie betreibenden Organisation aus betrachtet drei Ziele verfolgen:

► Wahrnehmung der Interessen des Opfers einer Straftat durch materielle und psychologische Entschädigung;

► Schutz der öffentlichen Ordnung;

► Wiederbelebung des Gemeinschaftsgeistes bzw. Kampf gegen ein allgemeines Unsicherheitsgefühl[483].

Je nachdem, welches der genannten Ziele in der Hauptsache verfolgt wird, richtet sich das Bild des Ablaufs einer Mediation, der Auswahl des Mediators etc. Ein einheitliches Verfahren für ganz Frankreich gibt es nicht.

---

[480] Blanc, JCP 1994.I 3760, n° 11.
[481] Blanc, aaO., n° 12.
[482] Blanc, aaO., n° 13.
[483] Guilbot/Rojare, aaO., S.39, 41.

a.) Die Mediatoren

Grundsätzlich kann bei im strafrechtlichen Bereich durchgeführten Mediationen zwischen einer von der Staatsanwaltschaft delegierten und einer von ihr selbst durchgeführten unterschieden werden.[484] So sind beispielsweise in Pontoise die Mediatoren Staatsanwälte, allerdings findet die Mediation nicht in den Räumen der Staatsanwaltschaft, sondern in sogenannten maisons de justice statt [485], worunter von der Justiz genutzte Räumlichkeiten außerhalb der klassischen Justizpaläste bezeichnet werden, die wegen der größeren Bürgernähe häufig in sozialen Brennpunkten gelegen sind[486].

Zumeist sind die Mediatoren jedoch nicht die Staatsanwälte selbst, sondern Angehörige bestimmter Organisationen, die zu diesem Zweck von dem jeweiligen Gericht anerkannt worden sein müssen[487]. Bei dem meisten Organisationen, an die die Mediation delegiert wird, handelt es sich entweder um organisations de contrôle judiciaire[488] oder um Opferschutzorganisationen[489]. So ist in Besançon, Grenoble und Limoges z.b. die Mediation an Opferschutzorganisationen delegiert, deren Angestellte die Rolle der Mediatoren übernehmen. In Bordeaux wird die Mediation durch eine Organisation de contrôle judiciaire ausgeführt[490], ebenso in Périgueux und Angoulême[491]. Ausgangspunkt sind damit zum einen opferbezogene und zum anderen auf den Täter gerichtete Organisationen, anders als beispielsweise in England, wo eine stärkere Trennung der verschieden ausgerichteten Organisationen besteht und die Opferschutzorganisationen nicht auch im Rahmen der Mediation tätig werden, um sich ganz ihrer Aufgabe, die Interessen der Opfer wahrzunehmen, zu widmen[492].

Nur das Projekt von Valence läßt sich nicht ganz in diese Zweiteilung -entweder an eine Organisation delegierte oder von der Staatsanwaltschaft selbst

---

[484] Lazerges, arch.pol.crim. 14 (1992), S. 17 ff.

[485] Bonafé-Schmitt, S.106; Etevenon, Gaz. Pal. 1993, doctr. S.119 (121).

[486] Solche maisons de justice befinden sich hauptsächlich in Paris; Etevenon, aaO., S.119 (121).

[487] Die Prozedur dieser Anerkennung sowie einige andere Punkte der Mediation sind inzwischen auch in dem mit dem decret n°96 - 305 vom 10. April 1996 in den CPP eingefügten Art. D 15 - 1 bis D 15 - 8 geregelt. Text siehe teilweise im Anhang.

[488] Die contrôle judiciaire stellt eine Alternative zur Untersuchungshaft dar: der Beschuldigte wird nicht inhaftiert, sondern bestimmten Überwachungsmaßnahmen und bestimmten mesures d'assistance unterworfen, die den Auflagen bei einer Strafaussetzung zur Bewährung nicht unähnlich sind. Die organisations de contrôle judiciaire sind diejenigen Organisationen, die sich um die der contrôle judiciaire unterworfenen Beschuldigten kümmern. (Pradel, procédure, Rn.469 - 472); vergl. für Deutschland § 116 StPO.

[489] Aus der ministeriellen Antwort auf eine parlamentarische Anfrage; in: Droit Pénal 1992, procédure pénale Nr. 132.

[490] Bonafé-Schmitt, médiation, S 110/111; Guilbot/Rojare, aaO., S.39 (46/47).

[491] Auskunft der dortigen Staatsanwaltschaften.

[492] Reeves, Helen in: Wright/Galaway, S.44, (45).

durchgeführte Mediation- eingliedern. In Valence wurde 1985 ein Projekt der Mediation eingeführt, daß sich, mangels anderer Rechtsgrundlagen, auf das Dekret vom 20.3.1978 über die conciliation stützte, es jedoch in zweckentfremdeter Weise anwandte. Danach wurden in Valence die einzelnen Mediatoren von der Staatsanwaltschaft ausgewählt. Ziel der Mediation war es dort vor allem, in bestimmten sozialen Brennpunkten der Stadt gegen ein aus alltäglicher Bagatellkriminalität herrührendes Unsicherheitsgefühl vorzugehen. Dazu wollte man die Lösung der Konflikte wieder an deren Ursprungsort zurückverlegen: In die jeweiligen Stadtviertel[493]. Unter diesem Aspekt wurden denn auch die Mediatoren ausgewählt. Der Mediator sollte ein normaler Bürger des betreffenden Viertels sein, der einen besonderen Sinn für menschliche Kontakte haben, tolerant und offen sein sollte. Darüber hinaus sollte sich das jeweilige Viertel in der Zusammensetzung des ausgewählten Teams wiedererkennen können[494]. Das in Valence betriebene Projekt legte somit die Betonung sehr stark auf den Aspekt der Wiederbelebung des Gemeinschaftsgeistes der Mediation.

Im Regelfall werden die Mediatoren von der Organisation, der sie angehören, bezahlt. Nur die Mediatoren von Valence arbeiten ehrenamtlich[495]. Ebenso verschieden wie die Auswahl oder die Organisationszugehörigkeit der Mediatoren ist auch ihre Ausbildung, wobei zunächst auffällt, daß auf juristische Kenntnisse ein sehr unterschiedlicher Wert gelegt wird. So kommt es in Valence vor allem darauf an, daß der Mediator aus dem betreffenden Viertel kommt und dieses kennt. Eine juristische Ausbildung wird hier nicht für notwendig, eher sogar für schädlich gehalten, denn sie könnte die Mediatoren als Spezialisten gegenüber den Mitbewohnern herausstellen und gerade das soll hier vermieden werden[496]. Viele Organisationen legen bei ihren Mediatoren Wert auf eine Ausbildung oder Schulung entweder juristischer oder sozialwissenschaftlicher Art[497], andere dagegen stärker auf ihre Fähigkeit zum Zuhören oder auf eine Ausbildung zu Gesprächsführung[498].

Ob juristische Kenntnisse für notwendig gehalten werden oder nicht, hängt davon ab, wie die Aufgabe des Mediators definiert wird: die Wichtigkeit dieser

---

[493] Apap, Rev. Sc. Crim. 1990, S. 633 (634),vergl. auch Guilbot/ Rojare, aaO., S. 39 (43), die diesen Gedanken als Handlungsmöglichkeit gegen das wachsende Unsicherheitsgefühl sehen.

[494] Diese Kriterien führen dann zum Beispiel zu folgender Zusammensetzung: Im Stadtviertel Fontbarlettes (12000 Einwohner) wurde ein Team von 6 Mediatoren zusammengestellt. 2 Frauen, 4 Männer, darunter ein Algerier und ein Marokkaner, eine arbeitslose Arbeiterin, ein Maurer, ein Berufsschullehrer, eine Hausfrau und ein Erzieher, alle im Alter zwischen 26 und 45 Jahren; Apap, aaO., S. 633, (635/636).

[495] Guilbot/Rojare, aao., S. 39 (47).

[496] Guilbot/Rojare, ebd.

[497] So sind in Besançon und in Grenoble Juristen zuständig (Mindestanforderung ist die licence, der Studienabschluß nach 3 Jahren). In Limoges ebenso wie in Creteil haben die Mediatoren ebenfalls juristische Kenntnisse. Guilbot/Rojare, aao., S. 39 (48)

[498] In Bordeaux sind daher ein Psychologe, eine Erzieherin und eine Animateurin tätig;Guilbot/Rojare, aaO., S. 39 (48).

Kenntnisse wird in der Hauptsache von denen betont, die es als ihre Aufgabe betrachten, bei Schadensersatzverhandlungen die Parteien auch über die angemessene Höhe zu informieren im Rahmen der aktuellen Rechtsprechung. Andere halten dies nicht für notwendig: ihre Aufgabe sei es nicht, die professionellen Juristen zu ersetzen.[499]

Inwieweit überhaupt professionelle Kenntnisse, d.h. eine Schulung, eine juristische Ausbildung oder eine sozialwissenschaftliche Ausbildung o.ä. für notwendig erachtet werden, ist von der unterschiedlichen Schwerpunktsetzung des jeweiligen Projektes abhängig[500]. Geht es in erster Linie um eine Dezentralisierung der Konfliktlösung, um eine Rückverlegung der Konflikte in die Quartiers, in denen sie entstanden sind, so wird eine spezielle Ausbildung nicht als unbedingt notwendig angesehen[501]. Mit der immer stärkeren Verbreitung der Mediation setzt sich jedoch langsam allgemein die Auffassung durch, eine gewisse Ausbildung, nicht notwendigerweise eine juristische, sei wünschenswert[502]. Einen Ansatzpunkt dafür bietet das Pariser Centre de Médiation et de Formation à la Médiation, das seit 1985 eine Ausbildung für Mediatoren entwickelt hat[503]. Auch des Institut National d'Aide aux Victimes et de Médiation (INAVEM) bietet ein Schulungsprogramm für die Ausübung der Funktion eines Mediators an. Diese Schulung hat zum Ziel, Erfahrung und know-how ebenso wie juristische, psychologische und sozial-ethische Kenntnisse zu vermitteln[504].

Neben der Frage der Ausbildung der Mediatoren stellt sich inzwischen auch die Frage, inwieweit Strukturen gebildet werden sollen, die zu einer stärkeren Vereinheitlichung der unterschiedlichen Praxen der Mediation im strafrechtlichen Bereich beitragen. In diese Richtung geht das Institut d'Aide aux Victimes et de Médiation (INAVEM), das vom Justizministerium unterstützt wird[505].

Die Mediatoren stehen unter Schweigepflicht[506]. Davon werden zum einen die Identität und die Elemente des Privatlebens der Personen, die zur Kenntnis des Mediators gelangen und zum anderen die vertraulichen Informationen und Dokumente, die er von der Staatsanwaltschaft erhält, erfaßt. Die Schweigepflicht gilt gegenüber Dritten, zum Teil auch gegenüber der Staatsanwaltschaft[507]. Letzteres wird von

---

[499] Guilbot/Rojare, aaO., S.39 (53).

[500] Auch die gesetzlichen Anforderungen an den Mediator sind nicht allzu konkret: er darf keinen Strafregistereintrag haben, keinen juristischen Beruf ausüben und soll eine Garantie bieten für Unabhängigkeit, Unparteilichkeit und Kompetenz (Art D 15 - 4 CPP).

[501] Bonafé-Schmitt, médiation, S.229.

[502] Bonafé-Schmitt, médiation, S.231.

[503] Morineau, arch. pol. crim. 14 (1992), S. 71.

[504] Guilbot/Rojare, aaO., S.39, (48).

[505] Bonafé-.Schmitt, médiation, S.233.

[506] Art. D 15 - 5 CPP.

[507] Guilbot/Rojare, aaO., S.39 (49).

Staatsanwaltschaft zu Staatsanwaltschaft unterschiedlich gehandhabt; einige begnügen sich damit, das Ergebnis ohne Details zu erfahren, andere dagegen verlangen
auch Detailauskünfte[508].

Die Mediatoren sehen in der Schweigepflicht nicht nur ein Prinzip ihrer Arbeit-
sethik sondern auch ganz praktisch eine Verbesserung ihrer Arbeitsmöglichkeiten:
die betroffenen Parteien können offener miteinander reden, wenn sie wissen, daß
der Inhalt dieser Gespräche nicht gegen sie verwendet werden kann[509]. Nur unter
dieser Bedingung sei Mediation möglich[510].

Die Mediatoren müssen den Parteien gegenüber strikte Neutralität wahren, was
bedeutet, daß sie keinesfalls selber Ermittlungen vornehmen oder von sich aus eine
Entscheidung fällen dürfen; es ist Aufgabe der betroffenen Parteien, zu einer Entscheidung zu kommen. Aufgabe des Mediators ist es, den Dialog zwischen den Betroffenen zu ermöglichen und zu fördern und auf diese Art und Weise zu einer
Konfliktlösung beizusteuern[511].

b.) Auswahl der Fälle

Im Rahmen des Opportunitätsprinzips entscheidet die Staatsanwaltschaft und sie
allein darüber, welche Fälle für eine Mediation in Betracht kommen.[512] Dabei handelt es sich oft um Fälle, bei denen der Staatsanwalt zwischen Strafverfolgung und
Verfahrenseinstellung schwankt, weil ihm das eine als eine zu schwere Sanktion
und das andere als eine zu geringe Reaktion auf eine Straftat erscheint.[513]

Dabei wurde grundsätzlich zumeist beschlossen, folgende einfache Orientierungskriterien zu erstellen[514]:

► Die Tatsachen müssen unbestritten und unbestreitbar sein;

► die Schadenseinschätzung muß einfach und eine Weiterentwicklung des Schadens unwahrscheinlich sein;

---

[508] Auskunft von Praktikern, vergl. auch Guilbot/ Rojare ebd.
[509] Guilbot/Rojare, aaO., S.39 (50).
[510] Stasi, aaO., S.85 (88).
[511] Guilbot/Rojare, aaO., S. 51.
[512] Lazerges, aao., S. 25, Morineau, aao., S.71 (80).
[513] Rojare, arch.pol.crim. 11 (1989), S.107 (125)
[514] In Valence und Grenoble hatte man zunächst detaillierte Listen erstellt, wonach bestimmte Delikte an die Mediation abgegeben werden konnten, u.a. Nachbarschaftsstreitigkeiten, Sachbeschädigung und Vandalismus bis zu einer Schadenshöhe von 2000 FF, leichte Körperverletzungen, Drohungen, Beleidigungen und Ladendiebstähle. Diese Praxis wurde jedoch bald zugunsten allgemeiner Orientierungskriterien aufgegeben. Eukeu, S. 128.

► die Tatsachen dürfen nur eine geringfügige Störung des ordre public verursacht haben;

► der Konflikt muß strafrechtlich qualifizierbar und somit verfolgbar sein;

► wenn Ziel der Mediation auch die Beruhigung etc. eines bestimmten Stadtviertels ist, muß sich der Konflikt in diesem Viertel lokalisieren;

► Opfer und Täter müssen mit der Mediation einverstanden sein[515].

Das Anwendungsgebiet der Mediation liegt hauptsächlich im Bereich der kleinen und mittleren Kriminalität (leichte Sachbeschädigungen, leichte Körperverletzungen, einfache Diebstähle, Nichtzahlung von gesetzlichem Unterhalt etc.)[516] vor allem im Bereich der Streitigkeiten innerhalb einer Familie oder innerhalb der Nachbarschaft[517].

c.) Die eigentliche Mediation

Nachdem der Staatsanwalt die "Mediationsinstanz" mit dem Fall befaßt hat, was zumeist schriftlich geschieht, und ihr zu diesem Zweck auch die Akten oder Kopien der Akten übersandt hat, sucht die betreffende Organisation die ihr für den Fall am geeignetsten erscheinenden Mediatoren aus[518]. Dabei wird bei den meisten Projekten vom Prinzip einer kollektiven Mediation, d.h. vom gemeinsamen Tätigwerden zweier oder mehr Mediatoren ausgegangen. Dadurch soll zum einen die Personalisierung der Beziehung vermieden und zum anderen die Effizienz der Mediation erhöht werden[519].

In keinem Fall sind es die Parteien selbst, die den Mediator wählen. Ihnen bleibt nur die Möglichkeit, einen Mediator abzulehnen. Kennt der Mediator eine der Parteien vorher, ist es ihm überlassen, sich von der Mediation dieses Falles

---

[515] Eukeu, S. 133; Etevenon, aaO., S.119, (120) für Creteil; Guilbot/Rojare, aaO., S.39 (51/52); Morineau, aaO., S.71 (76); Bonafé-Schmitt, médiation, S.105.

[516] Morineau, aaO., S. 83, für Creteil; dies dürfte aber überall ähnlich gelten.

[517] Das ist insofern erstaunlich, als daß gerade diese Fälle von deutschen Projekten häufig abgelehnt werden, da die Fronten oft zu verhärtet seien.

[518] In Valence wird, bevor zwei Mediatoren für den Fall ausgewählt werden, der Fall zuvor von allen gemeinsam besprochen (Apap, aaO., S. 633, 634); die Mediation durch die Pariser Organisation SOS agressions-conflits weist die Besonderheit auf, daß von den beiden jeweils mit dem Fall befaßten Mediatoren einer ein Gelegenheitsmediator ist, der häufig unter Berücksichtigung der Herkunft der Parteien ausgewählt wird. Die Beteiligung eines solchen Gelegenheitsmediators wird für sinnvoll gehalten, weil er mit einer Partei Kultur und Werte teilt und sich somit eher in sie hineinversetzen kann. Dabei soll er jeoch nicht Partei ergreifen, sondern integrierend wirken. (Eukeu, S. 130/131).

[519] Bonafé-Schmitt, in: Wright/Galaway S.171 (190).

zurückzuziehen[520].

Die ausgewählten Mediatoren nehmen dann die eigentliche Mediation vor. Opfer und Täter werden zunächst getrennt eingeladen. Beiden wird erklärt, daß die Mediation nicht verpflichtend ist[521] und sie sich mit ihr nicht einverstanden zu erklären brauchen. Wenn sich beide mit der Mediation einverstanden erklären, werden Täter und Opfer zumeist gemeinsam eingeladen, und es wird versucht, im Gespräch eine Lösung für den Konflikt zu finden und gegebenenfalls den Schadensersatz festzulegen. Dieses Gespräch, das die eigentliche Mediation darstellt, kann sich über Stunden oder auch über mehrere Sitzungen erstrecken[522].

Um es noch einmal deutlich zu machen: in diesem Gespräch müssen Täter und Opfer gemeinsam die Lösung für ihren Konflikt finden; der Mediator fungiert dabei nur als Gesprächsleiter. Es ist nicht seine Aufgabe, Lösungen vorzuschlagen. Die Lösungen für den Konflikt können dabei ganz verschieden aussehen; nicht immer geht es um pekuniären Schadensersatz. Zum Teil einigt man sich auf eine in Gegenwart des Mediators ausgesprochene Entschuldigung, auf als Ausgleich für das Opfer erbrachte Tätigkeiten o.ä.[523].

Zum Teil können sich die Parteien von ihrem Anwalt begleiten lassen. Diese Möglichkeit besteht zum Beispiel in Creteil[524]. Fraglich ist, welche Rolle die Anwälte bei einer Mediation spielen können und ob ihre Anwesenheit nicht eher hinderlich ist. Eine Funktion, die sie erfüllen können, ist sicherlich, ihrem jeweiligen Mandanten zu erklären, wie er rechtlich da steht und was er von einem Strafprozeß zu erwarten hätte. Außerdem kann ein Anwalt verhindern, daß auf seinen Mandanten Druck ausgeübt wird[525]. In Angoulême wird der Täter daher darauf hingewiesen, daß er sich mit seinem Anwalt beraten kann, bevor er der Mediation und der dort getroffenen Abmachung zustimmt[526].

In manchen Fällen kommt es jedoch nicht zu einem Treffen der Parteien, weil zu befürchten ist, daß ein Treffen den Konflikt noch verschärfen würde. Wenn es in solchen Fällen trotzdem zu einer Mediation kommt (bei der der Mediator wechselweise den Parteien die Vorschläge der jeweils anderen Partei unterbreitet), wird das Schriftstück am Ende zwischen den Parteien hin- und hergesandt[527].

---

[520] Bonafé-Schmitt, médiation, S.205.
[521] Allerdings ist dem Täter dabei bewußt und wird ihm im von einigen Staatsanwaltschaften auch noch einmal vor Augen geführt, daß, falls er sich mit einer Mediation nicht einverstanden erklärt, ihm die Strafverfolgung droht, worin für ihn durchaus ein gewisser Druckmoment liegen kann.
[522] Bonafé-Schmitt in Wright/Galaway S.171, 190; Morineau, aaO., S.71 (76).
[523] Bonafé-Schmitt in Wright/Galaway S.171 (191), Cukeu, S. 129.
[524] Morineau, aaO., S.71 (81).
[525] Stasi, aaO., S.85 (88).
[526] Auskunft der dortigen Staatsanwaltschaft.
[527] Guilbot/Rojare, aaO., S.39 (54).

Wenn eine Lösung gefunden worden ist , wird sie zumeist schriftlich festgehalten[528]. Die meisten Erfahrungen unterstreichen die Notwendigkeit eines solchen Schriftstückes, in dem die jeweiligen Verpflichtungen festgehalten werden. In der Regel wird es am Ende des Gespräches vom Mediator verfaßt[529].

Auf jeden Fall hat dieses Schriftstück keine rechtlich bindende Wirkung, selbst wenn die Mediation durch einen Richter erfolgt ist. Deswegen wird im Rahmen der Mediation nach der Einigung der Parteien eine Art Nachsorge betrieben: Die Aufgabe des Mediators endet, im Gegensatz zu der des Richters, erst dann, wenn die Parteien ihre übernommenen Verpflichtungen erfüllt haben[530]. Um dies zu überprüfen, bleibt der Mediator mit dem Urheber des Konflikts noch während einer gewissen Zeit in Kontakt. Ziel dieses Kontaktes ist dabei nicht so sehr die Ausübung von Kontrolle, sondern vielmehr die Wahrung der berechtigten Interessen des Opfers[531].

Erst wenn sich der Mediator versichert hat, daß die Verpflichtungen erfüllt wurden, erstattet er der Staatsanwaltschaft schriftlich Bericht. Dabei werden der Staatsanwaltschaft nicht immer die einzelnen Details übermittelt, sondern nur, ob die Mediation erfolgreich war oder nicht[532], worin sich zeigt, daß die Mediatoren teilweise auch der Staatsanwaltschaft gegenüber schweigepflichtig oder zumindest -berechtigt sind. Bei einigen Staatsanwaltschaften ist es jedoch üblich, daß der Staatsanwalt ein detailliertes Protokoll erhält, in dem zumindest die getroffenen Regelungen, zum Teil auch der Ablauf der Mediation dargestellt sind[533].

d.) Rechtsfolgen

Bei erfolgreichem Verlauf der Mediation ist die Staatsanwaltschaft zumeist moralisch verpflichtet, das Verfahren im Rahmen ihrer Opportunitätsentscheidung einzustellen. Rechtlich bleibt die Strafverfolgung trotz erfolgreicher Mediation durchaus möglich, da die Mediation keine rechtliche Bindungswirkung entfaltet und auch nur schlecht entfalten kann, denn die private Einigung zwischen Opfer und Täter kann keinen Einfluß auf den staatlichen Strafanspruch haben.

Wenn die Mediation nicht zu einer Einigung zwischen den Parteien geführt hat, ist die Entscheidung der Staatsanwaltschaft nicht so einfach. Unterschiedlich ist darüber hinaus, ob dem Staatsanwalt die Gründe für das Scheitern mitgeteilt

---

[528] In Valence war zunächst nicht geplant, die Lösung schriftlich festgehalten, damit nicht zu sehr an juristische Verfahren erinnert werden sollte (Guilbot/ Rojare aaO., S. 39, 54). Von den Betroffenen wurde jedoch häufig ein Schriftstück verlangt, so daß man dazu überging, eines auszustellen. (Apap, aaO., S. 637).

[529] Morineau, aaO., S.71 (77).

[530] Bonafé-Schmitt, médiation, S.225.

[531] Guilbot/Rojare, aaO., S.39 (54/55).

[532] Bonafé-Schmitt, médiation, S. 225; Guilbot/Rojare aaO., S.39 (55).

[533] So die Praxis in Angoulême und Périgueux.

werden. Dies ist beispielsweise in Valence und Bordeaux der Fall, anderswo lehnen die Mediatoren eine solche Erklärung ab, um nicht die Schuld des Täters noch zu vergrößern[534].

Auch im Fall des Scheiterns der Mediation behält der Staatsanwalt die Möglichkeit, über die Opportunität der Strafverfolgung zu entscheiden. Eine Einstellung trotz des Mißerfolges kann z.B. dann opportun erscheinen, wenn das Opfer für das Scheitern der Mediation verantwortlich ist[535], das Bemühen des Täters kann dann immer noch honoriert werden.

Nach Ansicht von Blanc liegt in der Mediation eine zivilrechtliche transaction, ein zwischen den Parteien getroffener Vergleich (nicht zu verwechseln zu der behördlichen transaction im strafrechtlichen Bereich): es handelt sich um eine Abmachung, mit der die Parteien eine Streitigkeit, hier den der Straftat zugrunde liegenden Konflikt, beenden wollen. Bei dieser Betrachtungsweise stellen sich jedoch, wie Blanc selbst zugibt, bestimmte Probleme, da die zivilrechtliche transaction zwischen den Parteien l'autorité de la chose jugée au dernier degré, d.h. die Autorität eines letztinstanzlichen Urteils hat. Dies würde zu Problemen führen, wenn das Opfer entgegen der Vereinbarung durch eine action civile die öffentliche Strafklage einleiten und damit eine Verurteilung des Täters herbeiführen würde - es würde sich schadensersatzpflichtig machen, obwohl ja der Prozeß rechtlich richtig mit einer Verurteilung enden würde.

e.) Bedeutung

Die Bedeutung der Mediation für die Erledigung von Strafverfahren ist unterschiedlich. Einige Zahlen mögen dies verdeutlichen:

In der siebten Sektion der Pariser Staatsanwaltschaft (zuständig für Körperverletzungen und Sachbeschädigungen) sind im Zeitraum zwischen Juni 1990 und Juni 1991 17780 Fälle eingegangen, in der gleichen Zeitspanne wurden 129 Fälle für die Mediation ausgewählt, die sich wie folgt aufteilen: 40 Nachbarschaftskonflikte, 42 familiäre Konflikte, 27 Arbeitskonflikte, 9 Konflikte zwischen Autofahrern, 3 Konflikte zwischen Freunden und 8 unter divers einsortierte Fälle.Ungefähr ein Drittel dieser für die Mediation ausgewählten Fälle wurde nicht behandelt, sei es, daß die Parteien nicht erschienen, sei es, daß eine Partei die Mediation abgelehnt hat. In den restlichen Fällen kam es zu einer Mediation, die in 15 Fällen nicht erfolgreich war[536].

In Creteil ist die Zahl der Mediationen ungleich höher: 1988 wurden dort 60 Mediationen vorgenommen, 1989 stieg diese Zahl auf 350, 1990 waren es bereits 1143

---

[534] Guilbot/Rojare, aaO., S. 39 (55).

[535] Eukeu, S. 135.

[536] Morineau, aaO., S. 77/78.

und 1991 waren es mehr als 2000, womit das Ziel von 10% des Fallaufkommens der Strafverfolgung beinah erreicht worden ist[537]. Die Erfolgsquote ist hoch: insgesamt beträgt sie 62% und für die Mediation in Nähekonflikten beträgt sie 75%[538].

Es bleibt abzuwarten, wie sich der Einfluß der Mediation entwickelt, nachdem sie durch Art. 41 Abs.7 CPP durch den Gesetzgeber als eine Technik, der kleinen und mittleren Kriminalität zu begegnen, anerkannt worden ist.

ii. Mediation im Bereich des Jugendstrafrechts (art. 12 -1 de   l'ordonnance n° 45-174 du 2 février 1945)

Mediation im strafrechtlichen Bereich existiert nicht nur im Bereich des Erwachsenen -, sondern auch im Bereich des Jugendstrafrechts. Jugendstrafrecht, sofern es vom CP und vom CPP abweicht, ist in Frankreich in der ordonnance n° 45-174 vom 2. Februar 1945 geregelt. Das Gesetz vom 4. Januar 1993, das die Mediation in den CPP einführte, modifizierte auch den Art. 12-1 dieser ordonnance, um auch hier der Praxis der Mediation eine gesetzliche Grundlage zu geben.

Wie im Erwachsenenstrafrecht hatte sich die Praxis der Mediation auch im Jugendstrafrecht einige Jahre vor der Einführung in die ordonnance entwickelt.

Im Unterschied zur Mediation im Erwachsenenstrafrecht, die nur vom Staatsanwalt vor Einleitung des Strafprozesses eingeleitet werden kann, kann im Jugendstrafrecht auch der Untersuchungsrichter oder der erkennende Richter (ein spezialisierter juge d'enfants) den Fall in Richtung einer Mediation lenken, was darin begründet ist, daß Sinn und Zweck des Jugendstrafrechts gemäß Art. 2 der genannten Ordonnanz in erster Linie ist, eine Maßnahme "de protection, d'assistance, de surveillance et d'éducation" auszusprechen. Im vorliegenden Zusammenhang interessiert jedoch nur die Mediation, die vom Staatsanwalt als Alternative zur Einleitung der Strafverfolgung eingeleitet wird.

Grundsätzlich ist der Ablauf derselbe wie bei der Mediation im Erwachsenenstrafrecht: der Fall wird an eine Organisation abgegeben, die nach Möglichkeit Täter und Opfer zusammenbringt und hilft, nach einer Lösung des Problems zu suchen. Im Unterschied zur Mediation im Erwachsenenstrafrecht ist hier immer auch das Einverständnis der Erziehungsberechtigten des minderjährigen Täters erforderlich. Weiter ist es in diesem Bereich auch möglich, daß man im Ergebnis zu einer Tätigkeit des Minderjährigen im Allgemeininteresse gelangt. Bei der Nachsorge der Mediation ist zu berücksichtigen, daß diese hier intensiver ist als im Erwachsenenstrafrecht. Dies liegt daran, daß in vielen Fällen eine Schadensersatzleistung in Geld nicht möglich ist, da der Minderjährige nicht über die dafür notwendigen

---

[537] Morineau, aaO., S. 77 (83); Etevenon, aaO., S.119 (120) gibt leicht abweichende Zahlen an: 1100 für 1990; 1161 für 1991. Er gelangt genau wie Morineau zu dem Ergebnis, daß die 10% erreicht sind, ausgehend von 12 000 Fällen im Jahr in Creteil.

[538] Morineau, aaO., S. 83.

Mittel verfügt. In diesen Fällen wird zu einer Naturalrestitution gegriffen, was dann bedeutet, daß die Nachsorge sich auch damit befaßt, dem Minderjährigen evtl. technische Hilfestellung zu geben.

Im Bereich des Jugendstrafrechts wird noch stärker als im Erwachsenenstrafrecht die erzieherische Komponente der Mediation betont: dem Jugendlichen wird die Möglichkeit gegeben, zu erkennen, was seine Tat für das Opfer bedeutet und damit Verantwortung für sein Handeln zu übernehmen. Durch die Mediation wird versucht, eine Änderung im Verhalten des Jugendlichen herbeizuführen und zwar sowohl durch die Reparation des Schadens als auch durch die Responsabilisierung[539].

iii. Zum Vergleich: Verfahrenseinstellungen nach Entschädigung des Opfers in Deutschland

Auch in Deutschland wird, wenn auch in geringerem Umfang als in Frankreich, die Entschädigung des Opfers bei der Verfahrenseinstellung berücksichtigt. Dies kann zum einen im Rahmen der Wiedergutmachungsauflage des § 153 a Abs.1 StPO geschehen. Zum anderen ist auch in Deutschland der Täter - Opfer -Ausgleich immer mehr in der Diskussion.

(i.) Entschädigung des Opfers im Rahmen des § 153 a Abs.1 StPO

In Deutschland kann gemäß § 153 a Abs. 1 Nr. 1 StPO ein Verfahren unter der Auflage, den Schaden wiedergutzumachen, eingestellt werden. Diese Auflage berührt die zivilrechtlichen Ansprüche des Opfers insofern nicht, als das Opfer wegen etwa darüber hinausreichenden Schadens Klage vor dem Zivilgericht erheben kann. Von dieser Wiedergutmachungsauflage wird allerdings wenig Gebrauch gemacht[540]. Die Wiedergutmachungsauflage ist auch als förmliche Auflage anders konstruiert als das classement sous condition. Hier muß z.B. der Staatsanwalt festlegen, was genau als Wiedergutmachung geleistet werden soll. Die geringe Nutzung der Wiedergutmachungsauflage wird auf die bereits erwähnte Neigung der Staatsanwälte zurückgeführt, die Auflage als eine "Quasistrafe" anzusehen, wozu sich die Geldzahlungsauflage am besten eignet[541].

Vor Einführung des § 153 a StPO herrschte in Deutschland eine der französischen ähnliche Praxis: Eingestellt wurde z.T. nach einer Entschädigung des Opfers. Dieses Nachtatverhalten, so sagte man, mindere die Schuld, so daß eine Einstellung nach § 153 StPO dann möglich sei. Dabei ging die damalige deutsche Praxis über

---

[539] Le Brishoual, in: Enfance et délinquance, S. 125, (131).

[540] Nach Hirsch unter 1% der Fälle; ZStW 102 (1990) S. 533 (556).

[541] Hirsch ebd.

die französische Praxis hinaus: auch die Hauptverhandlung wurde teilweise ausgesetzt, damit der Angeklagte die Anregungen des Staatsanwaltes befolgen konnte[542].

Vor allem aber wurde auf diese informelle Art nicht nur die Entschädigung des Opfers, sondern auch die Zahlung einer Geldsumme an eine gemeinnützige Organisation/ einen gemeinnützigen Verein angeordnet, was in Frankreich wohl nicht denkbar wäre. Zu dieser Zeit war es gemäß der RiStV (Nr. 74 Abs. 4) von 1953 untersagt, Einstellungen von Auflagen dieser Art (Übernahme der Auslagen, Zahlung einer Geldsumme an einen gemeinnützigen Verein/ Organisation) abhängig zu machen. Die Wiedergutmachung als schuldminderndes Nachtatverhalten zu werten, war dagegen auch nach den RiStV möglich. Darauf durfte der Beschuldigte sogar hingewiesen werden, Nr. 75 Abs. 3[543], womit sich das Verbot in der RiStV als halbherzig erwies.

Festzuhalten bleibt, daß in Deutschland eine damals existierende Praxis durch § 153 a Abs.1 StPO legalisiert wurde. Eine ähnlich Praxis, allerdings weniger ausgeprägt, besteht in Frankreich heute, ihre Ausweitung und Legalisierung ist jedoch vorerst gescheitert.

(ii.) Einstellung nach Täter-Opfer-Ausgleich

Auch in Deutschland gibt es seit Mitte der 80er Jahre Projekte, die mit Täter-Opfer-Ausgleich Erfahrungen sammeln; überhaupt gehört der Täter-Opfer-Ausgleich momentan zu den stark diskutierten kriminalpolitischen Neuerungen[544]. Dabei wird Täter-Opfer-Ausgleich auf verschiedenen Ebenen betrieben: vor Beginn der Hauptverhandlung mit dem Ziel der Verfahrenseinstellung oder Strafmilderung[545], nach Eröffnung der Hauptverhandlung mit dem Ziel der Strafmilderung (§ 46 Abs.2 StGB) oder als jugendgerichtliche Weisung (§ 10 Abs.1 S.3 Nr.7 JGG) und schließlich im Strafvollzug als Aufarbeitung der Tat, Schadenswiedergutmachung etc.[546]. Im Rahmen der vorliegenden Arbeit interessiert nur der zuerst genannte Anwendungsbereich: Täter-Opfer-Ausgleich mit Blick auf eine Verfahrenseinstellung.

Modellprojekte in dieser Richtung gab es zuerst im Jugendstrafrecht[547], das mit flexibleren Regelungen (§§ 45, 47 JGG) mehr Spielraum läßt und vor allen Dingen in Deutschland schon immer eine Art Experimentierfeld für neue Entwicklungen im Strafrecht gewesen ist. Dabei sind einige Projekte bei der Jugendgerichtshilfe, andere bei freien Trägern angesiedelt[548].

---

[542] Kausch, S..32.
[543] Vergl. dazu insgesamt Kausch, S. 31 - 34.
[544] Bannenberg, S. 86.
[545] Bannenberg, S. 7.
[546] Bannenberg, S.135.
[547] Am bekanntesten wohl Braunschweig, Reutlingen, Köln, München und Landshut; vergl. Bannenberg/ Rössner, in: Kerner u.a. S. 65 (68).

Praktisch wird beim deutschen Täter-Opfer-Ausgleich wie in Frankreich verfahren: Die von der Staatsanwaltschaft , z.T. auch von der Jugend - oder Gerichtshilfe ausgewählten Fälle werden an die den Täter-Opfer-Ausgleich durchführende Organisation abgegeben[549], die mit Täter und Opfer Kontakt aufnimmt, ein Gespräch führt, oder, wo das nicht möglich ist, Vermittlung ohne direkten Täter-Opfer- Kontakt durchführt, den Ausgleich überwacht und am Ende der Staatsanwaltschaft Mitteilung macht. Eingestellt werden kann das Verfahren dann nach § 45 Abs.2 S. 2 JGG[550].

Im Unterschied zu Frankreich gibt es in Deutschland bei einigen Projekten spezielle Konten oder Fonds, die es auch mittellosen Tätern ermöglichen sollen, an einem Täter-Opfer-Ausgleich teilzunehmen: aus dem Fonds wird das Opfer entschädigt. Dies muß der Täter entweder "abarbeiten" oder er bekommt die Summe als zinsloses Darlehen zur Verfügung gestellt[551].

Inzwischen ist der Täter-Opfer-Ausgleich in Deutschland nicht mehr auf das Jugendstrafrecht beschränkt; einige Projekte arbeiten auch im Erwachsenenstrafrecht[552]. Seit Dezember 1994 gibt es für eine Verfahrenseinstellung im Anschluß an einen Täter-Opfer-Ausgleich eine eigene gesetzliche Grundlage: § 153 b StPO i.V.m.. § 46 a StGB. Vorher wurde in der Praxis unterschiedlich verfahren: Bei geringfügigen Fällen wurde nach einem erfolgten Täter-Opfer-Ausgleich nach § 153 StPO eingestellt[553]; zum Teil wurden die im Rahmen des Täter-Opfer-Ausgleiches ausgehandelten Wiedergutmachungsmodalitäten auch in eine

---

[548] So wird in Braunschweig Täter-Opfer-Ausgleich von der Jugendgerichtshilfe durchgeführt, anders als z.B. in Reutlingen und Köln, wo freie Träger tätig werden. Für eine detaillierte Aufzählung der deutschen Projekte siehe Bannenberg, S. 85 ff. und S. 131.

[549] Bannenberg /Rössner ,aaO., S. 65 (71); Bannenberg, S. 91; allerdings scheint es immer wieder Probleme mit der Fallüberweisung durch die Staatsanwaltschaft zu geben. So stellt NETZIG fest, "daß insbesondere viele Amts- und Staatsanwälte gegenüber Neuerungen generell und speziell bezüglich des Täter-Opfer-Ausgleiches sehr skeptisch und ablehnend eingestellt sind"; Netzig, in: Kerner u.a., S. 178 (180) .
Generell gelten ungefähr die gleichen Kriterien wie in Frankreich, um die Geeignetheit eines Falles für die Mediation / den Täter-Opfer-Ausgleich zu bestimmen:
- Geständnis/ aufgeklärter Sachverhalt
- natürliche Person als Opfer (manchmal auch "überschaubares Gemeinwesen")
- freiwillige Bereitschaft von Täter und Opfer zu einem Ausgleichsversuch
- Ausschluß von Bagatellfällen, die sonst folgenlos eingestellt würden (Bannenberg S. 9 und S. 89).

[550] § 45 II JGG wurde im Dezember 1990 im Rahmen des 1. JGGÄnderungsgesetzes ins JGG eingefügt, da der TOA u.a. geeignet sei, beim Opfer seelische Belastungen abzubauen und auf den Täter eine erzieherische Wirkung auszuüben; Bannenberg, S. 8.

[551] S. Bannenberg, S. 157 ff.

[552] So zum Beispiel das Täter-Opfer-Ausgleich Modellprojekt bei der Staatsanwaltschaft in Nürnberg oder das Projekt in Hannover.

[553] Das Nachtatverhalten machte die Schuld zu einer geringen Schuld bzw. beeinflußte das öffentliche Interesse an der Strafverfolgung, vergl. oben die gleiche Problematik bei der bedingten Einstellung.

Wiedergutmachungsauflage gem. § 153 a Abs.1 Nr.1 StPO umgewandelt[554].Die deutsche Regelung ist dadurch, daß auch das Gericht der Verfahrenseinstellung zustimmen und also über den Täter- Opfer-Ausgleich unterrichtet werden muß, etwas komplizierter als die französische Regelung. Ansonsten bestehen keine wesentlichen Unterschiede in der Durchführung der Mediation bzw. Täter-Opfer-Ausgleiches zwischen Deutschland und Frankreich.

Auffällig ist jedoch, daß bei den gesetzlichen Regelungen Frankreich genauer festlegt als Deutschland, welche Erwartungen der Mediation gegenüber bestehen. Im Gegensatz zu Frankreich sind bei den deutschen Projekten die Vermittler selten Laien, sondern fast immer Sozialpädagogen/pädagoginnen, Sozialarbeiter/innen und zum Teil Psychologen/ innen[555]. Anders als in Frankreich findet sich eine juristische Ausbildung selten.Auffällig ist auch, daß im Gegensatz zu Frankreich in Deutschland viele Projekte von vornherein unter Betreuung bzw. mit wissenschaftlicher Begleitforschung von Universitäten oder Forschungsinstituten konzipiert wurden[556]. Auch scheinen insgesamt in Frankreich eher pragmatische Einstellungen, in Deutschland dagegen starke pädagogische Erwartungen zu herrschen.

Weder in Frankreich noch in Deutschland existiert eine gesetzliche Definition des Täter-Opfer-Ausgleiches bzw. der Mediation. Ebensowenig besteht eine einheitliche Regelung über ihren Ablauf, der von Projekt zu Projekt variieren kann.

Ohne hier jetzt weiter auf deutsche Täter-Opfer-Ausgleichsprojekte eingehen zu können, bleibt zunächst festzuhalten, daß trotz der unterschiedlichen grundsätzlichen Ausgangspunkte von Opportunitätsprinzip in Frankreich und Legalitätsprinzip in Deutschland die französische und die deutsche Entwicklung in diesem Bereich sehr ähnlich verlaufen sind, wobei sie in Frankreich früher eingesetzt hat und stärker von der Praxis ausging und ausgeht als in Deutschland. Die Ähnlichkeit wird auch daran deutlich, daß die Diskussion um den Täter-Opfer-Ausgleich und die Mediation sowohl bei den ablehnenden als auch bei den befürwortenden Stimmen sehr ähnlich geführt wird.

---

[554] Eine vertiefte Auseinandersetzung mit der Entwicklung des Täter-Opfer-Ausgleiches in Deutschland würde den Rahmen einer Arbeit zum Opportunitätsprinzip im französischen Strafrecht überschreiten. daher wird für weitergehende Lektüre verwiesen auf BANNENBERG, Britta; Wiedergutmachung in der Strafrechtspraxis, Bonn 1993; KERNER/ HASSEMER/ MARKS/ WANDREY (Hrsg.); Täter- Opfer- Augleich - auf dem Weg zur bundesweiten Anwendung? Bonn 1994 und ESER/ KAISER/ MADLENER (Hrsg.); Neue Wege zur Wiedergutmachung im Strafrecht, Freiburg im Breisgau 1990 (alle mit weiteren Nachweisen).

[555] Bannenberg, S. 132.

[556] Z.B. das Projekt in Nürnberg-Fürth (allgemeines Strafrecht) mit Begleitforschung von Dölling, damals Inhaber des kriminologischen Lehrstuhls in Erlangen, jetzt Nürnberg; Bannenberg, S. 189.
Die Mängel in der französischen Begleitforschung bedauert auch Mérigeau, in: Eser/ Kaiser/ Madlener, S. 326 (338).

iv. Mediation und Täter-Opfer-Ausgleich in der Diskussion

Sowohl in Frankreich als auch in Deutschland findet die Mediation bzw. der Täter-Opfer-Ausgleich in der Diskussion Zustimmung und Ablehnung. Dabei werden in Frankreich und Deutschland weitgehend dieselben Argumente herangezogen, so daß die Diskussion für beide zusammen dargestellt werden kann.

(i.) Für die Mediation bzw. den Täter-Opfer-Ausgleich angeführte Argumente

Die Mediation bzw. der Täter-Opfer-Ausgleich ist eine Form der Konfliktlösung. Ihre Befürworter sehen in den für sie in Betracht kommenden Straftaten (kleinere und mittlere Kriminalität) in erster Linie einen Konflikt zwischen den beteiligten Personen, also zwischen Täter und Opfer. Ihnen geht es darum, diesen Konflikt zu lösen. Dabei wird geltend gemacht, daß in der heutigen Gesellschaft Institutionen, die früher einen Teil der in der Gesellschaft anfallenden Konflikte gelöst haben (Familie, Kirche, soziales Umfeld) mehr und mehr im Rückzug begriffen seien und auf der anderen Seite der Staat die Konfliktlösung mehr und mehr an sich gezogen habe. Gleichzeitig habe der Staat mehr und mehr Regelungen, die das gesellschaftliche Zusammenleben betreffen, getroffen, d.h. mehr und mehr Gesetze erlassen und dadurch eine größere Anzahl von Konfliktmöglichkeiten geschaffen, deren einzige Antwort eben die Justiz ist[557].

Deren Antwort auf den Konflikt stellt in der Regel der Strafprozeß oder, im Rahmen des Opportunitätsprinzips, die Verfahrenseinstellung dar. Ziel des Strafverfahrens ist es jedoch nicht hauptsächlich, einen Konflikt zu lösen, sondern die Wahrheit zu finden und den Täter zu bestrafen, sei es aus general- oder spezialpräventiven Gründen, sei es, weil ein Verstoß gegen das Gesetz bestraft werden muß[558]. Damit kann der Strafprozeß jedoch häufig gerade im Bereich der kleinen und mittleren Kriminalität und vor allem der Kriminalität im Bereich eines Stadtviertels, in dem sich die Beteiligten auch nach dem Prozeß noch oft begegnen, den Konflikt nicht lösen. Durch einen Prozeß wird im Gegenteil der Konflikt in vielen Fällen noch verschärft[559].

Für Deutschland kommt dazu, daß das Opfer im Strafprozeß keine eigene Rolle spielt. Zumeist ist es zwar als Zeuge anwesend, dabei kann es aber beispielsweise durch Verteidigungsstrategien zu einer erneuten Opferwerdung kommen. Für die Entschädigung wird das Opfer auf den Zivilrechtsweg verwiesen[560].

[557] Bonafé-Schmitt, médiation, S.177/178; ders. in: Wright/Galaway S. 171 (178); COPPENS, arch.pol.crim.13 (1991), S.13 (16); auch COPPENS sieht darin und in der wachsenden Instrumentalisierung des Rechts einen Hauptgrund für die Hinwendung zur Mediation, nicht nur im Strafrecht, sondern in allen Bereichen (aaO.).

[558] Zu den einzelnen Straftheorien und dem Täter-Opfer-Ausgleich vergl. den kurzen Überblick bei Bannenberg, S. 66-68.

[559] Apap, aaO., S. 633; Rojare, arch.pol.crim 11 (1989), S. 107 (116).

Wird dagegen das Verfahren durch die Staatsanwaltschaft eingestellt, bleibt beim Opfer vielfach ein Gefühl des "Nicht-ernst-genommen-werdens" übrig und beim Täter eine Gefühl der Straflosigkeit. Dem sozialen Frieden ist beides nicht dienlich, schon deshalb nicht, weil gerade die Verfahrenseinstellungen im Bereich der Kleinkriminalität häufig zu einem Unsicherheitsgefühl führen können[561]. *Apap* spricht deshalb von der "inadaption de la justice à la petite délinquance: qu'elle intervienne ou qu'elle s'abstienne, sa pesanteur ou son inaction souligneront sa maladresse."[562]. Um die Ungeeignetheit der Justiz aufzufangen, bietet sich nach Meinung ihrer bzw. seiner Befürworter die Mediation bzw. der Täter-Opfer-Ausgleich an, deren Ziel eben die Lösung des der Straftat zugrunde liegenden Konfliktes ist. In den Augen ihrer Befürworter stellt sich die Mediation als Lösung für die Fälle der Bagatellkriminalität dar, die sonst vielfach eingestellt werden. Der ordre public verlange, daß man sich auf die Dauer nicht mit der Abwesenheit der Behandlung dieser Fälle abfinde, da durch sie ein allgemeines Unsicherheitsgefühl wüchse[563]. Mit einer Argumentation in diesem Sinne wurde auch in dem bereits erwähnten circulaire von 1992 die Aufforderung, von Mediation und Einstellung unter Entschädigungsauflage regen Gebrauch zu machen, begründet.

In Deutschland wird allerdings zum Teil betont, der Täter-Opfer-Ausgleich dürfe nicht zu einer Ausweitung der Sanktionierung führen, d.h. daß Fälle, die bisher über § 153 StPO sanktionslos eingestellt werden, auch weiterhin auf diese Art erledigt werden sollen[564].

Bei der Mediation, d.h. bei dem Gespräch zwischen Opfer und Täter, können beide ihren Standpunkt in Ruhe darstellen. Der Täter kann hier, anders als häufig im Strafprozeß, seine Verantwortlichkeit anerkennen, da er nicht als Straftäter in eine bestimmte Ecke gestellt wird. Das Opfer hat das Gefühl, ernst genommen zu werden, es kann bei dem Gespräch seine Gefühl, wie Wut, Angst etc. ausdrücken und auf die durch die Tat erlittenen Folgen hinweisen[565]. Eine Verhärtung der Positionen kann daher teilweise vermieden werden. Beiden, sowohl Täter als auch Opfer, kommt zugute, daß die Atmosphäre weniger förmlich als eine

---

[560] Bannenberg, S. 58; Bendel, in: Kerner u.a., S. 15 (19); vergl. auch grundlegend zu der Entfremdung des Opfers von "seinem" Prozeß Christie, British Journal of Criminology 1977, S. 1 ff.

[561] Lazerges, aaO., S.17, (24).

[562] Von der "Inadaption der Justiz an die Kleinkriminalität: ob sie eingreift oder sich enthält, ihr Gewicht oder ihre Untätigkeit unterstreichen ihre Ungeschicklichkeit" Apap, aaO., S. 634; ebenso MORINEAU, die von der Ungeeignetheit der Strafjustiz bei Nähekonflikten spricht, aaO., S. 77; in diesem Sinn auch ROJARE, aaO., S. 107, (116): "Le mode de fonctionnement de l'appareil judiciaire ne dispose pas le plus souvent de solution adaptée aux petits conflits produits par une nouvelle société et qui appellent de nouvelles formes de justice formée sur la médiation".

[563] Lazerges, aaO., S. 24.

[564] So stellen BANNENBERG/RÖSSNER fest, daß diese Fälle, die sonst sanktionslos eingestellt würden, von etlichen Täter-Opfer-Ausgleich Organisationen als ungeeignet empfunden werden, aaO., S.70.

[565] Bannenberg, S. 60.

Gerichtsverhandlung ist[566].

Die Mediation bzw. der Täter-Opfer-Ausgleich mit dem direkten Zusammentreffen zwischen Täter und Opfer erleichtere es dem Täter darüber hinaus, zu realisieren, daß er nicht nur etwas gestohlen, sondern auch und vielmehr jemanden bestohlen hat. Er kann sich somit bewußt werden, daß er nicht nur materiell eine Sache genommen, sondern jemanden persönlich geschädigt hat[567]. Darin, daß der Täter sich so seiner Verantwortung bewußt wird, wird eine Vorbeugung gegen einen etwaigen Rückfall des Täters gesehen. Weiter biete die Mediation bzw. der Täter-Opfer-Ausgleich eine Reihe praktischer Vorteile: sie entlaste den Justizapparat, sie sei für den Staat kostengünstiger als ein Strafverfahren und sie löse den Konflikt schneller als ein Strafprozeß; das Opfer werde zügiger entschädigt[568] und diese Entschädigung finde auch tatsächlich statt, während der Verletzte vor dem Gericht, sei es das deutsche Zivil- oder das französische Strafgericht, häufig nur einen Titel erhält.

Schließlich wird für die Mediation bzw. den Täter-Opfer-Ausgleich auch angeführt, dadurch könne eine Art positiver Generalprävention geleistet werden: indem die Rechtsgemeinschaft sieht, daß der Verletzte entschädigt wird und das Recht letztendlich doch durchsetzt, wird die Beunruhigung über den Rechtsbruch wieder aufgefangen (Integrationsprävention)[569].

(ii.) Kritik an Mediation bzw. Täter-Opfer-Ausgleich

Es gibt aber auch Kritik und Befürchtungen. So wird befürchtet, Täter-Opfer-Ausgleich bzw. Mediation übersähe die generalpräventive Funktion von Strafe, auch wenn eben, wie bereits erwähnt, der Praxis eine gewisse integrativpräventive Wirkung zugesprochen wird. Die im Rahmen des Täter-Opfer-Ausgleiches bzw. der Mediation ausgehandelte Wiedergutmachung sei grundsätzlich zivilrechtlicher Natur; zivilrechtlich sei der Täter in jedem Falle verpflichtet, den angerichteten Schaden wiedergutzumachen. Die Erfüllung einer solchen existierenden Verpflichtung könne aber nicht die Einstellung eines darüber hinaus verwirkten Strafverfahrens

---

[566] Im Rahmen dieses Vorgehens wird häufig beobachtet, daß das Opfer weniger als im Verlauf eines Strafprozesses auf Rache bedacht ist und seine Forderungen zum Teil eher begrenzt, während auf der Täterseite festgestellt wird, daß sich Täter ab und zu spontan zu einer Entschädigung verpflichten, anstatt, wie im Prozeßverlauf eher geschieht, ihre Verantwortlichkeit abzuleugnen. (Apap, aaO., S. 634).

[567] Lardy, directeur de l'Association de réadaption sociale et de contrôle judiciaire, Bordeaux: "... de faire prendre conscience aux délinquants du préjudice qu'ils causent. Généralement, ils pensent qu'ils ont volé quelque chose et non quelqu'un. En rencontrant leur victime, ils comprennent qu'ils ont nui à une personne" zitiert nach Rojare, aaO., S. 123; in diesem Sinn auch Morineau, aaO., S. 72.

[568] Eukeu, S. 14.

[569] Bannenberg, S. 69; Müller-Dietz, in: Eser/ Kaiser/ Madlener, S. 355 (363).

rechtfertigen. Straftaten erschöpften sich nicht nur in einem Konflikt zwischen Täter und Opfer, es stünden vielmehr auch Interessen der Allgemeinheit mit im
Raum[570].

Auch wird immer wieder die Notwendigkeit betont, bestimmte Regeln für die
Mediation aufzustellen und den Mediatoren bestimmte Kenntnisse zu vermitteln[571],
auf der anderen Seite jedoch die Befürchtung geäußert, mit einer zu detaillierten
Ausbildung der Mediatoren und zu präzisen Regelungen der Mediation bzw. des
Täter-Opfer-Ausgleiches eine Art Gerichtsbarkeit neben der Justiz zu schaffen oh-
ne dieselben Garantien[572].

Befürchtet wird weiterhin, daß Mediation bzw. Täter-Opfer-Ausgleich, indem
sie an Organisationen oder Vereine übertragen werden, instrumentalisiert werden
können. Die Vereine, die Mediation durchführen, sind häufig Opferschutzorganisationen oder Organisationen, die sich des Täters annehmen (organisations de contrôle judiciaire); daher besteht ein gewisses Risiko ihrer Parteinahme für die von ihren jeweiligen Statuten in Bezug genommene Seite; es besteht die Gefahr, daß die
Opferschutzorganisationen die Mediation als eine Möglichkeit sehen, wie das Opfer zügiger als im Strafprozeß entschädigt werden könnte. Für die organisations de
contrôle judiciaire bzw. die Gerichtshilfe könnte die Mediation im Gegenteil eine
willkommene Möglichkeit zur Wiedereingliederung des Täters darstellen[573]. Zuge-
spitzt laufen diese Befürchtungen auf die Frage hinaus, ob unter ethischem Aspekt
Opferschutzorganisationen es verantworten können, bei einer Mediation nicht nur
die Interessen des Opfers sondern ungefähr gleichrangig auch die Interessen des
Täters zu berücksichtigen[574]. Umgekehrt besteht das, meines Erachtens nach größere, Risiko einer Instrumentalisierung des Opfers zum pädagogischen Wohl des
Täters.

Ebenso wird befürchtet, durch die Mediation könnten bestimmte Verfahrensgarantien, vor allem die Unschuldsvermutung unterlaufen werden[575]. Im Gegensatz zu
einem Strafprozeß sind Mediation bzw. Täter-Opfer-Ausgleich nicht durchnor-
miert. Es ist auch fraglich, wie weit sie sich durchnormieren lassen, ohne den ihnen

---

[570] Hirsch, ZStW 102 (1992), S. 533 (537/538).

[571] Morineau, aaO., S. 71 u. S. 73.

[572] Rojare, aaO., S. 107 (134/135); Stasi, aaO., S. 85 (87).

[573] Bonafé-Schmitt, médiation, S.111; insbeondere in den deutschen Publikationen zu dem Thema
fällt eine zum Teil recht ausgeprägte Täterzentrierung auf, die sich allerdings u.U drauf zurück-
führen läßt, daß viele Täter-Opfer-Ausgleichsprojekte in Deutschland von der Jugendgerichtshilfe oder der Gerichtshilfe oder anderen Organisationen durchgeführt wird, die in ihrer sonstigen
Arbeit mehr oder weniger ausschließlich täterorientiert arbeiten.

[574] Bonafé-Schmitt, médiation, S.111; Faget, Déviance et Société 1993, S. 221 (226/227).

[575] Vergl. Parchauy,arch. pol. crim 14 (1992) S. 31 (34); deutlich auch Vauzelle, Gaz. Pal. 1993,
doctr. S.342 (345): "Ainsi, alors que les réformateurs claironnent urbi et orbi que la présomption
d'innocence n'est pas respectée et qu'il faut mieux la défendre, ils laissent au Procureur de la
République, à la suite de l'enquête initiale, le soin de décider qui est l'auteur de l'infraction. Ou
sont les droits de la défense?"

eigentümlichen Charakter und die damit verbunden Vorteile zu verlieren. Die mangelnde Durchnormierung führt aber eben zu fehlenden Verfahrensgarantien. Wenn die Mediation im Rahmen des Strafprozesses in dem Maß Einzug erhält, wie ihre Befürworter es wünschen, werden mehr und mehr Fälle an die Vereine übergeben und damit den strafprozessualen Verfahrensgarantien entzogen.

In Deutschland wird des weiteren noch darauf hingewiesen, daß nicht alle Delikte ein persönliches Opfer haben und damit nicht jeder Täter sein Strafverfahren durch einen Täter-Opfer-Ausgleich abwenden kann. Dem kann allerdings entgegengehalten werden, daß Delikte mit und ohne persönliches Opfer sich in ihrer Struktur unterscheiden: direkt einen anderen Menschen zu schädigen bzw. zu verletzen, dürfte auch psychologisch etwas anderen sein, als z.B. abstrakt das Gemeinwesen zu schädigen. Insofern sind diese Täter nicht gleich im Sinne des Gleichheitssatzes, unter dessen Aspekt dieser Unterschied problematisiert wird. Das Problem erweist sich als Scheinproblem.

v. Eigene Stellungnahme

Auffällig ist, daß unter dem Begriff Mediation eine Reihe sehr unterschiedlicher Konzeptionen zusammengefaßt werden, daß unterschiedliche Personen oder Organisationen auf unterschiedliche Art und Weise tätig werden, mit unterschiedlichen Zielsetzungen und Schwerpunkten.

Zum einen mag man diese Vielfältigkeit als Vorteil ansehen, als Möglichkeit, die Mediation den jeweiligen Verhältnissen anzupassen. Zum anderen sollte man aber darüber nicht übersehen, daß eine solche Vielfältigkeit zu einer Ungleichheit führt, dadurch, daß erstens nicht alle Staatsanwaltschaften gleichermaßen positiv der Mediation gegenüberstehen und daher unterschiedlich viel Fälle an Mediationsinstanzen abgeben, daß zum anderen auch bei einer positiven Einstellung zur Mediation von Staatsanwaltschaft zu Staatsanwaltschaft die Kriterien wechseln können, nach denen ein Fall als für die Mediation geeignet befunden wird und daß schließlich durch die Verschiedenheit der Mediationsformen der Verlauf und damit im Zweifel auch das Ergebnis einer Mediation von Ort zu Ort anders aussehen können. Diese Ungleichheit kann zu einem Konflikt der Mediation mit dem Prinzip der Gleichheit vor dem Gesetz führen. Abhängig von der Organisation, die tätig wird, ergeben sich für den Täter unterschiedliche Folgen aus seiner Tat, die vorher nicht absehbar sind.

Auch stellt sich die Frage, inwieweit mit der Abgabe von strafrechtlichen Fällen von der Staatsanwaltschaft an Vereinigungen zur Mediation die staatliche Strafjustiz sich ihrer Aufgabe entledigt, bzw. untergeordnete, nichtstaatliche Instanzen schafft. Wenn die Mediation erfolgreich ist, stellt der Staatsanwalt das Verfahren ein; er erhält dabei von der jeweiligen Organisation zumeist nur die Auskunft, daß die Mediation erfolgreich war, ohne nähere Einzelheiten. Er stützt sich also bei

seiner Entscheidung auf die Organisation. Theoretisch ist er zwar bei seiner Entscheidung frei, praktisch jedoch verlegt er die Entscheidung auf eine nichtstaatliche Vereinigung, er verlagert die Problemlösung[576].

Unter diesem Aspekt erscheint vielleicht nicht eine Durchnormierung, aber doch die Entwicklung bindender berufsethischer Richtlinien für die Mediatoren notwendig. Schließlich sind die strafrechtlichen und ganz besonders die strafprozessualen Normen Schutz gegen Willkür. Nur, weil nicht mehr der Staat mit der Abwicklung des Konfliktes betraut ist, sondern andere, werden die Schutzfunktionen des Strafverfahrens nicht überflüssig[577]. Im übrigen kann nur die Kontrolle durch die Justiz zu jedem Zeitpunkt und die Möglichkeit der Anwesenheit der Anwälte Vorgehensweisen, die sich für die Individualrechte als gefährlich erweisen könnten, effektiv unterbinden[578]. Hier kann man nur deutlich betonen, daß "es sich aufs Ganze gesehen um Reaktionsformen handelt, die in das strafjustizielle System integriert sind und sich daher auch an seinen Grenzen messen lassen müssen"[579] Dieser Aspekt sollte in der Diskussion und vor allem in der Euphorie über diese friedliche Lösung von strafrechtlichen Konflikten nicht übersehen werden.

Die für die Mediation sprechenden Argumente sind zum überwiegenden Teil praktischer Natur, ebenso wie das Konzept, die Straftaten im Bereich der kleinen und mittleren Kriminalität vorrangig als Konflikt zwischen Täter und Opfer anzusehen; nur von einer solchen Konzeption aus kann man die Verlagerung der Konfliktlösung weg vom Richter hin zu nicht juristischen Organen begreifen[580]. Strafrecht und Strafverfahrensrecht können aber nicht nur praktisch oder pragmatisch angegangen werden; gerade die Festlegung strafbaren Verhaltens und des Umgangs mit Straftätern sind eine vorrangig staatliche Aufgabe, die stark in Grundrechte eingreift und daher auch durch klare Regeln, die sich an den Grundrechten zu messen lassen haben, bestimmt sein müssen.

Deutlich wird somit aus der dargestellten Diskussion, daß Täter-Opfer-Ausgleich bzw. Mediation mit eine gewissen Skepsis gesehen werden muß: gutwillige Sozialarbeiter sind nicht immer die besseren Juristen, und die Verfahrensgarantien des Strafrechts sollten nicht so einfach in Frage gestellt werden, auch nicht für einen guten Zweck. Eine Lösung strafrechtlicher Konflikte, die in einer Übergabe des Konfliktes an andere besteht, muß immer und jederzeit an den strafprozessualen Garantien überprüfbar sein; die letzte Entscheidung muß bei der Justiz bleiben.

---

[576] In der Praxis wird dieses Problem nicht als ein solches betrachtet: die Staatsanwaltschaft behält ja ihre Entscheidungsbefugnis, den Fall einzustellen oder zu verfolgen Nach Ansicht eines Praktikers wartet sie für ihre Entscheidung nur die weitere Entwicklung der Situation ab.

[577] Vergl. Jung, Heike, MSchrKrim 76 (1993), S. 50 (53/54).

[578] Etevenon, aaO., S.119 (122).

[579] Jung, Heike, GA 1993, S. 535 (544).

[580] Indem die Mediation bzw. der Täter-Opfer-Ausgleich eine solche Verlagerung darstellt, gehört sie in den Kontext der dejudiciarisation/ Diversion. Auf dies Thematik hier detailliert einzugehen, würde jedoch den Rahmen dieser Arbeit überschreiten.

5. Korrektionalisierung und Kontraventionalisierung

Eine weitere Entscheidungsmöglichkeit der Staatsanwaltschaft in der Praxis sind Korrektionalisierung und Kontraventionalisierung. Darunter versteht man das Herabdefinieren eines Verbrechens zu einem Vergehen, bzw. eines Vergehens zu einer Übertretung mit der Folge, daß das Verfahren nicht vor dem eigentlich zuständigen Geschworenengericht (Korrektionalgericht), sondern vor dem Korrektionalgericht (Polizeigericht) stattfindet und somit nur Korrektional- bzw. Kontraventionalstrafen verhängt werden können[581].

a. Allgemeines zu dieser Vorgehensweise

Stellen die bisher aufgezeigten Entscheidungsalternativen des Staatsanwaltes Antworten auf die Frage nach dem "ob" des Strafprozesses dar, so beziehen sich Korrektionalisierung und Kontraventionalisierung auf das "wie" bzw. auf das "wo" der Strafverfolgung. Die Praxis setzt damit ein, nachdem eine Entscheidung über das "ob" bereits stattgefunden hat. Diese Technik kann auf eine lange Tradition zurückblicken, ungefähr genauso lange ist sie auch umstritten. Am prägnantesten faßt Ortolan die Kritik zusammen: "Cela s'appelle correctionnaliser. Le mot n'est pas plus français que le procédé est légal" [582].

Korrektionalisierung und Kontraventionalisierung stellen in der Praxis ebenfalls Opportunitätsentscheidungen dar: der Staatsanwalt orientiert den Fall aus Opportunitätserwägungen in eine weniger schwerwiegende Richtung als die rechtlich eigentliche vorgesehene Richtung[583], d.h. er trennt Tatbestandsmerkmale ab oder qualifiziert eine Tat um, damit auf einfachem, schnellerem Weg ein angemessenes Urteil erlangt werden kann. Für deutsche Begriffe ist es dabei erstaunlich, daß eine Technik über so lange Zeit hinweg bestehen, im Schrifttum dargestellt und diskutiert werden kann, die im Gesetz selbst keinen Rückhalt findet. Hieran zeigt sich sehr deutlich, daß in Frankreich pragmatischer vorgegangen wird als in Deutschland und dies auch im französischen Schrifttum akzeptiert wird.

Im Folgenden wird versucht, die Vorgehensweise der Korrektionalisierung bzw. Kontraventionalisierung zunächst darzustellen, wobei auch kurz auf die Entwicklung dieser Praktiken eingegangen werden soll. Daran anschließend soll der Konflikt dargestellt werden, in dem sich diese Technik mit dem CP befindet (S.124 ff.), sowie aufgezeigt werden, welche Lösungsmöglichkeiten dafür in Frankreich diskutiert werden (S.130 ff.). Schließlich sollen, da es in Deutschland eine Vorgehensweise in der Form nicht gibt, verschiedene deutsche Techniken dargestellt werden,

---

[581] Pradel, Procédure, Rn. 90.

[582] Etwa: "Dies nennt sich korrektionalisieren. Das Wort ist sowenig französisch wie die Technik legal." Ortolan, Rn. 2066 (durch die lange Praxis hat das Wort allerdings inzwischen Einzug in den Petit Robert gehalten).

[583] Malibert, J.-Cl. Proc. Pén., Art. 31 à 44 n° 295.

die unter Umständen in einen Zusammenhang mit der Korrektionalisierung gebracht werden können (S.132ff.).

b. Entwicklung der Praktiken

Die Korrektionalisierung bzw. Kontraventionalisierung existiert in Frankreich seit kurz nach dem Inkrafttreten des Code Pénal von 1810. Dieser sah für viele, teilweise auch praktisch häufig vorkommende Delikte, die als Verbrechen eingestuft wurden, sehr harte Strafen vor[584]. So wurden bestimmte Formen des schweren Diebstahls, ohne daß es zu tödlichen Zwischenfällen gekommen sein mußte, mit dem Tode bestraft[585], die Falschaussage vor dem Strafgericht im Zusammenhang mit Verbrechen wurde mit zeitiger Zwangsarbeit bestraft, ohne daß Milderungsgründe vorgesehen waren für die Fälle, in denen die falsche Aussage zugunsten von Ehepartnern oder Familienangehörigen geschehen war[586].

Die Geschworenen hatten nur über die Schuldfrage zu entscheiden. Nicht nur hatten sie über das Strafmaß nicht mit zu entscheiden, sie verstießen sogar gegen ihre von Art. 342 CIC festgelegte Pflicht, die Folgen ihrer Entscheidung zu ignorieren, wenn sie an die Strafe dachten, die ihre Entscheidung mit sich bringen würde[587]. Die Geschworenen hielten sich jedoch zumeist nicht an diese ihnen auferlegte Pflicht. Ihnen stand vielmehr die Folge ihrer Entscheidung deutlich vor Augen und wurde ihnen wohl auch häufig von der Verteidigung vor Augen geführt. In Anbetracht der teilweise sehr harten Mindeststrafen kam es daher häufig zu ungerechtfertigten Freisprüchen durch die Geschworenen, die diese Strafen im Einzelfall nicht für angemessen hielten, auch wenn die Täterschaft für den betreffenden Fall erwiesen war[588]. Zum Teil stuften die Geschworenen die ihnen vorgelegten Fälle auch zu Vergehen hinunter, selbst wenn damit der Sachverhalt manchmal sehr verbogen wurde. Auch dies geschah mit dem Ziel, die Strafe dem anzupassen, was sie für angemessen hielten, also wiederum entgegen ihrer vom CIC festgelegten Pflicht[589].

Infolge der sich vermehrenden ungerechtfertigten Freisprüche durch die Geschworenen gingen die Staatsanwaltschaften dazu über, dieselben Fälle nach dem erfolgten Freispruch ein zweites Mal anzuklagen, diesmal, unter Fortlassung qualifizierender Merkmale, vor dem Korrektionalgericht (correctionalisation posterieur

---

[584] Verdun, S. 12.
[585] Art. 381 Code Pénal von 1810.
[586] Art. 361 Code Pénal von 1810; bei der Zwangsarbeit trugen die Männer eine Eisenkugel am Fuß oder waren aneinandergefesselt (Art. 15); sie wurde für mindestens 5 und höchstens 20 Jahre verhängt (Art. 19) und der zu ihr Verurteilte wurde gebrandmarkt (Art. 20).
[587] Verdun, S. 13.
[588] Merle/Vitu, Rn.1394; Verdun, S.12; Weigend, S. 27.
[589] Verdun, S. 21/22.

au jugement). Bereits im Jahr 1812 erklärte die Strafkammer des Kassationsgerichtes diese Vorgehensweise unter bestimmten Voraussetzungen für zulässig[590]. Diese dem Urteil nachfolgende Korrektionalisierung wird heute nicht mehr angewandt, sie verstößt gegen die Rechtskraft des freisprechenden Urteils und den Satz "ne bis in idem". Dieser Rechtsgrundsatz wurde 1941 durch Art. 359 in den CIC ausdrücklich eingeführt, der den bis dahin geltenden Art. 360 ersetzte. In Art. 359 CIC wurde auch festgelegt, daß der Vorsitzende den Geschworenen eine Zusatzfrage hinsichtlich des in Frage kommenden Vergehens stellen mußte, wenn die Verhandlung dazu Anlaß bot[591].

Aber nicht nur die Geschworenen versuchten, die sehr harten Strafen des Code Pénal zu umgehen. Teilweise klagte die Staatsanwaltschaft auch direkt wegen eines Vergehens vor dem Korrektionalgericht an, wiederum unter Außerachtlassung der Elemente, die aus dem Fall ein Verbrechen machten[592]. Da das Korrektionalgericht mit Berufsrichtern besetzt ist, entfiel (und entfällt) hier die mit der Entscheidung durch die Jury verbundene Unsicherheit; die Entscheidung des Korrektionalgerichts ist für die Staatsanwaltschaft stärker vorhersehbar.

Ein Grund für die Staatsanwaltschaft, direkt vor das Korrektionalgericht zu gehen, war dabei in bestimmten Fällen die Gewißheit, daß ein Verfahren vor dem Geschworenengericht mit einem ungerechtfertigten Freispruch enden würde. In diesen Fällen erschien es sinnvoll, direkt vor dem unteren Gericht anzuklagen und nicht erst das Geschworenengericht mit dem Fall zu befassen, um anschließend den Fall vor das Korrektionalgericht zu bringen[593]. Diese Praxis, correctionnalisation anterieur au jugement genannt, ist heute noch geläufig. Um sie zu beenden, wurden immer wieder vom Gesetzgeber Verbrechen zu Vergehen herabgestuft (sogenannte correctionnalisation législative)[594]. Auch die Einführung mildernder Umstände 1824 und mehr noch ihre Erstreckung auf alle Delikte 1832 zielte in dieselbe Richtung. Mit dieser Erstreckung zusammen wurde auch der Jury gestattet, über das Vorliegen mildernder Umstände mit zu entscheiden[595].

Trotz dieser Bemühungen blieb die Praxis der Korrektionalisierungen ungebrochen bestehen. 1842 wurde sie durch ein ministerielles Rundschreiben erkennbar, wenn auch nicht ausdrücklich, gefördert, nachdem sie zunächst in einem

---

[590] Laurent, JCP 1950.I.852 n° 3; Verdun, S. 28.
[591] Quéret, S. 20.
[592] Laurent, aaO., Verdun, S. 28.
[593] Laurent, aaO., n° 4; Merle/Vitu, Rn. 1393.
[594] Z.B. 1863: Gefangenenausbruch, Drohungen und bestimmte Fälle der Körperverletzung, einige Fälle der unendlichen Falschaussage, aber auch einige so seltene Delikte wie die Ausgabe von Pässen durch Beamte, die wissen, daß der Antragsteller uner falschem Namen auftritt. vergl. Laurent, aaO., n° 8; Verdun, S. 7; zuletzt wurden mit dem neuen Code Pénal viele Straftaten, die vorher Verbrechen darstellten, zu Vergehen herabgestuft.
[595] Merle/Vitu, Rn. 1394.

ministeriellen Rundschreiben 1819 kritisiert worden war[596]. Die Förderung 1842 beruhte auf völlig anderen Erwägungen, als denen, die die Korrektionalisierung bzw. Kontraventionalisierung begründen: Es wurden zum ersten Mal Kostenerwägungen zur Begründung der Korrektionalisierung herangezogen: "Les frais de justice criminelle se sont considérablement accrus depuis quelques années...les affaires jugées par les Cour d'assises ont augmenté prés d'un cinquième depuis 1831... J'ai appris par ma correspondance que les jurés ont à prononcer assez souvent sur des affaires dans lesquelles les circonstances aggravantes ne sont pas bien établies. On évitera des aquittements, des déplacements longs et préjudiciables aux témoins et de frais en pure perte, si ces affaires étaient renvoyées en police correctionnelle. J'appelle sur ce point votre attention et celle des magistrats qui composent la chambre d'accusation"[597]. Es blieb nicht bei dem einen Rundschreiben, 1851 folgte ihm ein weiteres in dem gleichen Sinn[598]. Solchermaßen unterstützt, entwickelte sich die Praxis der Korrektionalisierung weiter.

Zwar erging im Januar 1871 unter dem Eindruck der Proklamation der Republik ein Rundschreiben von der Chancellerie, das offensichtlich von der Kritik an der Korrektionalisierung geprägt war, wonach diese Praxis verschwinden müsse. Bereits im April desselben Jahres forderte der Justizminister jedoch die Staatsanwaltschaften und Gerichte auf, das Circulaire vom Januar als nicht existent zu behandeln[599]. Daraufhin entwickelte sich die Praxis der Korrektionalisierung so gut weiter, daß rund hundert Jahre nach Einführung des CIC die Anzahl der Fälle, die tatsächlich vor dem Geschworenengericht landeten, um ungefähr die Hälfte zurückgegangen war[600].

Zu den ursprünglichen Gründen für diese Praxis traten mit der Zeit noch weitere hinzu: das Verfahren an den Korrektionalgerichten ist zügiger und eine mittlere Bestrafung ist vorhersehbar. Im Gegensatz dazu schleppen sich die Verfahren vor den

---

[596] In diesem Rundschreiben vom 10.2.1819 beschwerte sich der Justizminister,..."de ce que les procédures n'avaient pas été instruites avec le soin convenable et qu'on avait souvent négligé de constater des circonstances aggravantes qui devaient appeler un châtiment plus sévère".. (Etwa: "...daß die Verfahren nicht mit der notwendigen Sorgfalt ermittelt wurden und man es häufig vernachlässigt hat, die erschwerenden Umstände, die eine härtere Sanktion erfordert hätten, festzustellen") zitiert nach Verdun, S. 30.

[597] Etwa: "Die Kosten der Strafjustiz sind seit einigen Jahren beträchtlich gestiegen...Die von den Geschworenengerichten verhandelten Fälle haben um beinahe ein Fünftel zugenommen seit 1831...Ich habe durch meine Korrespondenz erfahren, daß die Geschworenen recht häufig über Fälle zu entscheiden haben, in denen die schweren Umstände nicht sicher feststehen. Man wird Freisprüche, lange und für die Zeugen unbequeme Anreisen sowie Kosten vermeiden, wenn diese Fälle direkt vor das Korrektionalgericht gelangten. Ich lenke Ihre Aufmerksamkeit und die der magistrats der Anklagekammer auf diesen Punkt." Aus dem Rundschreiben von N. Martin, Justizminister unter Louis-Philippe, vom 16.8.1842; zitiert nach Laurent, aaO., n°.6; vergl.auch Verdun, S. 30.

[598] Laurent, aaO., n° 6; Verdun, S. 30.

[599] Verdun, S. 32.

[600] Verdun, S. 32.

Geschworenengerichten länger dahin und die Bestrafung ist, wie bereits erwähnt, wegen der Unberechenbarkeit der Jury schlechter vorherzusehen.

Später wurde das Verfahren vor dem Korrektionalgericht auch dann gewählt, wenn vorhersehbar war, daß das Geschworenengericht durch mildernde Umstände zu einer ähnlichen Strafe wie das tribunal correctionnel gelangen würde. Dabei spielt auch eine Rolle, daß die Geschworenengerichte vollständig überlastet würden, wollte man alle Verbrechen tatsächlich dort anklagen. Insgesamt spielen damit heute prozeßökonomische Grunde eine tragende Rolle bei der Entscheidung, einen Fall herab zu stufen[601]. Das Geschworenengericht ist heute damit faktisch nur noch für die schwersten Fälle zuständig, in denen das förmliche Verfahren unerläßlich erscheint.

c. Praktische Anwendung

Nach diesem kurzen Überblick über die Entwicklung des Herabdefinierens wollen wir uns jetzt seiner Anwendung zuwenden. In der Praxis haben sich verschieden Techniken, durch die ein Verbrechen zu einem Vergehen herunterdefiniert werden kann, herausgebildet. Dabei kann entweder am objektiven oder am subjektiven Tatbestand angesetzt werden.

i. Im objektiven Bereich ansetzende Techniken

(i.) Weglassen qualifizierender Umstände

Am einfachsten ist die Korrektionalisierung eines Verbrechens dann, wenn seinem Tatbestand als Grundtatbestand ein Vergehen zugrundeliegt, welches durch bestimmte qualifizierende Umstände zum Verbrechen wird. In diesen Fällen wird dadurch korrektionalisiert, daß diese qualifizierenden Umstände in der Anklageschrift weggelassen werden[602].Hauptanwendungsfall dieser Technik war bis vor kurzem der Diebstahl, dessen Grundtatbestand (Art. 379 alter CP)[603] zwar ein Vergehen darstellte, das aber sehr schnell durch bestimmte Qualifikationen zum Verbrechen wurde. Die Strafen für Diebstahl wurden allgemein als zu hoch und zu streng angesehen, was mit ein Grund für die häufige Korrektionalisierung dieses Deliktes war. Im einzelnen wurde der Diebstahl unter dem alten Code Pénal dann zu einem Verbrechen, wenn mindestens zwei der folgenden Umstände zusammentrafen

---

[601] Grebing in: Jescheck/Leibinger, S. 14 (73/74); Merle/Vitu, Rn. 1395.

[602] Merle/Vitu, Rn. 1395; Pradel, procédure, Rn. 91; Rassat, procédure, S. 144; Verdun, S. 29/30; Weigend, S. 27.

[603] Soustraction frauduleuse de la chose d'autrui; ist weiter als der Grundtatbestand des § 242 StGB.

► Einbruch in einen Laden oder eine Wohnung,

► Begehung durch zwei oder mehr Täter,

► nächtliche Begehung,

► Gewaltanwendung (Art. 382 alter CP)

Weiter wurde Diebstahl auch dann zum Verbrechen, wenn die Gewaltanwendung zum Tod oder zu einer vollständigen Invalidität von mindestens acht Tagen geführt hatte (Art. 384 Abs. 1 alter CP) oder wenn der oder die Täter offen oder verdeckt eine Waffe bei sich geführt hatten (Art. 384 Abs. 2 alter CP).

Die erschwerenden Umstände wurden in der Anklageschrift bzw. im an den Untersuchungsrichter gerichteten réquisitoire introductif, nicht oder jedenfalls nicht als Elemente des Diebstahls aufgeführt[604]. Wenn die Voruntersuchung bereits wegen eines Verbrechens stattgefunden hatte, wurde im Anschluß daran in der Anklageschrift korrektionalisiert, wobei dort deutlich gemacht werden muß, daß die Voruntersuchung ergeben hat, daß nicht das Verbrechen, sondern nur das entsprechende Vergehen gegeben ist[605]. Dies geht nicht ohne die Mitwirkung des Untersuchungsrichters. So geht denn auch die Initiative zu diesem Vorgehen nicht immer vom Staatsanwalt, sondern genauso häufig auch vom Untersuchungsrichter aus.

Einige dieser Umstände können als eigenständiges Delikt erwähnt und verfolgt werden. Bei anderen, z.B. der Gewaltanwendung, ist das nicht möglich, denn aus einer Anklageschrift, in der ein Diebstahl und die Anwendung von Gewalt zugleich verfolgt würden, ginge immer hervor, daß es sich um einen Fall des Diebstahles unter Gewaltanwendung handelte[606]. Damit wäre aber das Urteil nicht revisionssicher: Gelangte es vor das Kassationsgericht, würde es dort aufgehoben.

Mit dem neuen Code Pénal vom März 1994 wurden die meisten dieser Qualifikationen auch vom Gesetzgeber zu Vergehen herabgestuft und damit das Gesetz der Wirklichkeit angepaßt. Diebstahl ist heute nur noch dann ein Verbrechen, wenn er unter Gewaltanwendung begangen wurde, die eine dauerhafte Verstümmelung oder Behinderung zur Folge hat (Art. 311-7 neuer CP); wenn er unter Waffenanwendung oder -androhung begangen wurde (Art. 311-8 neuer CP), bei Todesfolge (Art. 311-10 neuer CP) oder wenn es sich um einen Bandendiebstahl handelt. In den übrigen Fällen bleibt der Diebstahl ein Vergehen.

Auch im Bereich des anderen Hauptanwendungsgebietes dieser Art der Korrektionalisierung, der Körperverletzung, hat der Gesetzgeber 1994 einen Teil der Qualifikationen zu Vergehen herabgestuft. Vor 1994 war zum einen die

---

[604] Merle/Vitu Rn.1395; Queret, S. 10 u. S. 13; Remplon , II Titre 2, Rn. 38.

[605] Remplon, aaO., Rn. 39.

[606] Laurent ,aaO., n° 48; Levasseur, Rev. Sc. Crim. 76, S. 145, (146); Remplon, aaO., Rn. 38.

Körperverletzung mit schweren Folgen ein Verbrechen (Amputation oder Verstümmelung eines Gliedes, Blindheit, Verlust eines Auges oder andere dauerhafte Infirmitäten, Art. 310 alter CP; Todesfolge, Art. 311 alter CP) oder zum anderen unter bestimmten Umständen die Körperverletzung, deren Opfer ein Jugendlicher unter 15 Jahren ist (Art. 312 alter CP). Wie beim Diebstahl wurde auch hier durch das Weglassen der qualifizierenden Umstände korrektionalisiert. Da sich die bleibenden Folgen oft erst einige Zeit nach der Körperverletzung zeigen, erscheint hier eine Korrektionalisierung einfach[607].

Allerdings muß auch hier beim Abfassen des Urteils vorsichtig vorgegangen werden. Das zeigt ein Fall, in dem das Urteil vom Kassationsgericht wegen Unzuständigkeit des Gerichts aufgehoben wurde. In dem Urteilstext hatte sich eine Andeutung hinsichtlich der durch die Körperverletzung verursachte Taubheit des Opfers gefunden. Das erkennende Gericht hatte zwar den Nachweis der Kausalität der Tat für die Taubheit als nicht erbracht angesehen, der Hinweis im Urteil reichte jedoch aus, um nach Ansicht des Kassationsgerichtes die Einholung eines Gutachtens erforderlich zu machen und den Fall zumindest auch unter dem Blickwinkel des in Betracht kommenden Verbrechens zu beurteilen, so daß das Geschworenengericht zuständig gewesen wäre[608]. Mit dem neuen Code Pénal von 1994 sind nur wenige Qualifikationen übriggeblieben, die aus der Körperverletzung ein Verbrechen machen.Ebenfalls auf dieselbe Weise wird der betrügerische Bankrott zum einfachen Bankrott herabgestuft[609].

Für *Laurent* hat die Korrektionalisierung durch Weglassen der qualifizierenden Umstände anderen Techniken gegenüber den Vorteil, "...de respecter la nature spécifique des faits en ce sens que le vol reste un vol, que la violence demeure une violence..."[610] Zwar wird der Sachverhalt vereinfacht und beschnitten, die Tatsachen werden jedoch nicht deformiert und dem Täter wird kein Vorsatz untergeschoben, den er vielleicht nie gehabt hat[611].

Dieselbe Technik wird auch für die Kontraventionalisierung angewandt, so daß darauf nicht eigens eingegangen zu werden braucht.

(ii.) Umqualifizieren

Anders sieht es bei der Korrektionalisierung durch Umqualifizieren aus. Diese Technik setzt voraus, daß man unter verschiedenen Vergehen dasjenige

---

[607] Queret, S. 14.

[608] Cass.Crim. vom 6.11.1985, Bull. Crim. Nr. 347.

[609] Laurent ,aaO., n° 31.

[610] Die spezifische Natur des Deliktes respektiert in dem Sinn, daß ein Diebstahl ein Diebstahl bleibt, daß eine Körperverletzung eine Körperverletzung bleibt, Laurent aaO., n° 53; in diesem Sinn auch Pradel, procédure, Rn. 91: "qualifié ou pas, le vol reste un vol".

[611] Laurent, ebd.; ebenso Pradel, procédure, Rn. 91.

herausfindet, daß einigermaßen, d.h. am wenigsten schlecht zum tatsächlichen Geschehen paßt. Dafür ist mehr Geschick erforderlich, als für die Technik des Weglassens qualifizierender Umstände, denn "... il faut cependant rester dans certains limites de vraisemblance, maintenir entre le crime véritablement commis et le délit poursuivi au moins la trace d'une allusion"[612].

Auf diese Art wurde die Vergewaltigung (viol) lange Zeit zur Körperverletzung umqualifiziert[613]. Die Umqualifizierung fand statt, indem in der Anklageschrift und später im Urteil alle Anhaltspunkte weggelassen wurden, die für die Vergewaltigung typisch sind. Damit blieb die Gewaltanwendung übrig, allerdings wurde eben nicht auf die besondere Natur dieser Gewaltanwendung eingegangen. Die Schwierigkeit liegt hauptsächlich darin, die Fälle auszuwählen, in denen eine Korrektionalisierung angebracht ist[614]. 1980 wurde das attentat à la pudeur[615] vom Gesetzgeber in allen Formen zu einem Vergehen herabgestuft. Seitdem wird die Vergewaltigung, die im gleichen Zusammenhang neu definiert wurde, häufig in dieses Delikt korrektionalisiert[616].

Bei dieser Methode wird dem Täter allerdings ein Vorsatz untergeschoben, den er nie gehabt hat; die Tatsachen behalten in der Darstellung ihre ursprüngliche Natur nicht mehr[617].

Auch bei dieser Technik gilt wiederum, daß sie ebenso für die Kontraventionalisierung angewandt werden kann.

(iii.)Weglassen des Verbrechens bzw. Vergehens

Eine dritte Technik der Korrektionalisierung schließlich besteht darin, in einem Fall der Idealkonkurrenz (concours idéal) zwischen einem Verbrechen und einem Vergehen nur das Vergehen zu verfolgen[618]. Diese Technik steht in deutlichem Widerspruch zu der auch in Frankreich geltenden Regel, daß sich bei mehreren zugleich verfolgbaren Delikten die Zuständigkeit des Gerichtes und das Strafmaß immer nach dem schwersten Delikt richten; in dieser Korrektionalisierungstechnik liegt schlicht eine Umkehrung dieser Regel in ihr Gegenteil[619].

---

[612] Etwa: "Denn man muß trotz allem innerhalb bestimmter Grenzen der Wahrscheinlichkeit bleiben, zwischen dem tatsächlich begangenen Verbrechen und dem verfolgten Vergehen zumindest die Spur einer Ähnlichkeit beibehalten"; Laurent, aaO., n° 55.

[613] Pradel, procédure, Rn. 91; Rassat, procédure, S. 144.

[614] Laurent, aaO., n° 57.

[615] Art. 330 CP; ist ungefähr mit der sexuellen Nötigung vergleichbar. Das Delikt ist nicht selbständig definiert, sondern umfaßt alleHandlungen sexueller Natur, die nicht vom Vergewaltigungstatbestand, der weiter als der deutsche ist, erfaßt werden. (Vouin/ Rassat, Rn. 306).

[616] Queret, S. 13.

[617] Pradel, procédure, Rn. 91.

[618] Merle/Vitu, Rn. 1394; Rassat, procédure, S. 144; Weigend, S. 27.

[619] Pradel, procédure, Rn. 91.

ii. Im subjektiven Bereich ansetzende Techniken

Bei einigen Delikten, insbesondere beim Versuch bestimmter Delikte, hängt die Qualifizierung vom Vorsatz des Täters ab. Schießt A auf B, ohne ihn tödlich zu verletzen, hängt es allein vom Vorsatz ab, ob sich A nur wegen Körperverletzung oder auch wegen eines versuchten Tötungsdeliktes strafbar gemacht hat. Liegt danach eigentlich eine versuchte Tötung vor, ist es einfach, sie zu einer Körperverletzung zu korrektionalisieren[620].

Im selben Bereich fand auch eine Art Vorkorrektionalisierung statt. Ebenfalls über das subjektive Element kann eine vollendete Tötung in eine Körperverletzung mit Todesfolge umgedeutet werden. Auch diese ist zwar ein Verbrechen, erlaubt es aber dem Geschworenengericht, mit Hilfe mildernder Umstände zu einer Korrektionalstrafe zu gelangen[621].

iii. Auswahl der herab zu stufenden Fälle

Bei der Auswahl der zu korrektionalisierenden Delikte müssen die Staatsanwälte und Untersuchungsrichter mit einem gewissen Geschick vorgehen, nicht jeder Fall eignet sich dafür[622].Kriterien, die für eine Korrektionalisierung sprechen, können dabei sein, daß der Staatsanwaltschaft der Fall für das Geschworenengericht nicht genügend etabliert erscheint, daß die Dauer der gerichtlichen Voruntersuchung oder aber die Zeitspanne zwischen Anklageerhebung und Verhandlung zu lang ist[623].

Zum Teil spielt wohl auch ein gewisses Mißtrauen gegenüber dem Geschworenengericht eine Rolle. Dieses steht im Ruf, insbesondere bei versuchten Tötungs- und schweren Körperverletzungsdelikten aus Leidenschaft, den "crimes passionnels" nicht immer angemessene Strafen zu verhängen; die Geschworenen ließen sich in diesem Bereich zu schnell beeindrucken[624]. Auch sonst gilt das Geschworenengericht als nicht immer vorhersehbar in seinen Entscheidungen. Die Fälle "Legras" und "Bäckerin von Reims" mögen dies verdeutlichen[625].
Dem Fall Legras lag folgender Sachverhalt zugrunde:

> Lionel Legras hatte in seinem Ferienhaus nach mehreren Einbrüchen eine Diebesfalle konstruiert, indem er ein Transistorradio so präpariert hatte, daß es in dem Moment explodierte, in dem man es bewegte. Am Grundstückszaun hatte er ein Hinweisschild angebracht: "Eintritt verboten! Lebensgefahr!" Ein Jahr später brachen zwei junge

---

[620] Laurent, aaO., n° 68; Merle/Vitu, Rn. 1394; Queret, S. 12; Rassat, procédure, S. 144.

[621] Laurent, aaO., n° 69.

[622] Queret, S. 14.

[623] Queret, S. 15; ihren Angaben zufolge liegen um die 8 Monate zwischen Anklageerhebung und Termin beim Geschworenengericht gegenüber 2 Monaten bei den Korrektionalgerichten.

[624] Auskunft von Praktikern.

[625] Ausführliche Darstellung der Sachverhalte und Rechtsfolgen bei Marie,S. 380-393.

Männer, von denen einer nicht lesen konnte, trotz dieses Schildes ein. Das Transistor-radio explodierte, wobei einer der beiden Einbrecher schwer, der andere tödlich verletzt wurde.

Auch im Fall der Bäckerin von Reims ging es um eine überzogene Reaktion auf einen (vermeintlichen) Angriff:

> Im Februar 1989 am frühen Morgen, gegen 6 Uhr, hatten 6 oder 7 Jugendliche magrebinischer Herkunft eine Bäckerei betreten. Der Bäcker weigerte sich, sie zu bedienen, ohne vorher bezahlt worden zu sein (obwohl die Jugendlichen ihm einen 50-Franc Schein und damit ihre Zahlungsfähigkeit gezeigt hatten). Daraufhin begannen die Jugendlichen, sich selbst zu bedienen: sie packten Croissants ein und brachten sie in ihr Auto. Dabei kam es zu einer Auseinandersetzung, durch die die im Haus wohnende Nichte des Bäckers aufgeweckt wurde. Sie stieg mit einem Karabinergewehr (22 long rifle) bewaffnet in den Laden hinunter und gab einen Schuß ab. Dieser traf Ali Rafa, einen der Magrebiner, der allerdings unbeteiligt an der Tür stand. Er starb kurz nach Ankunft im Krankenhaus an seiner Schußverletzung.

Sowohl Legras als auch die Nichte des Bäckers wurden vom Geschworenengericht freigesprochen, Legras vom Vorwurf der Körperverletzung mit Todesfolge[626] und die Nichte des Bäckers vom Vorwurf des Totschlages. Im letzteren Fall war es im Anschluß an das Urteil zu mehreren Demonstrationen gekommen, teils spontan, teils von antirassistischen Vereinigungen organisiert. Im Fall Legras war zunächst durch die Staatsanwaltschaft korrektionalisiert worden, das Korrektionalgericht hatte ihn zu einer Freiheitsstrafe von 8 Monaten auf Bewährung und zu einer Geldstrafe von 600 Francs verurteilt. Gegen dieses Urteil hatte Legras Appel eingelegt, wobei er die Unzuständigkeit des Gerichts rügte: da er die Einbrecher verletzen wollte, handelte es sich nicht um das Vergehen der fahrlässigen Tötung, sondern um das Verbrechen der Körperverletzung mit Todesfolge. Insoweit gab ihm das Appelationsgericht recht, so daß es zu einer Verhandlung vor dem Geschworenengericht kam. Legras wurde, wie auch die Nichte des Bäckers, von Maître Garraud vertreten, der vom Verein "légitime défense" gestellt wurde. In beiden Fällen führte er der Jury die wachsende Kleinkriminaltiät vor Augen und die fehlenden Reaktionen eines Staates ohne Todesstrafe... Dargestellt wurde die Verteidigung eines "ehrlichen Mannes" gegen "Gesindel" - und in beiden Fällen kam es zum Freispruch.

Ermöglicht oder zumindest erleichtert werden solche skandalösen Freisprüche dadurch, daß das Geschworenengericht seine Urteile nicht zu begründen braucht. Die Geschworenen haben nur die Frage zu beantworten, ob sie eine "intime conviction" haben, d.h. ob sie von der Schuld des Angeklagten überzeugt sind[627].

---

[626] Das Notwehrrecht ist in Frankreich begrenzter als in Deutschland; insbesondere ist die Verteidigung von Sachwerten nicht so unbeschränkt möglich wie in Deutschland sondern erfordert eine Güterabwägung.

[627] Da die cour d'assises für Verbrechen die einzige Tatsacheninstanz ist, erschien eine Begründung bisher auch nicht notwendig. Frankreich wurde aber von europäischen Gerichtshof gerügt wegen der fehlenden zweiten Tatsacheninstanz für Verbrechen, so daß eine Reform in dem Bereich ge-

Neben diesem teilweise vorhandenen Mißtrauen gegen die Geschworenengerichte ist ein weiteres Auswahlkriterium die Untersuchungshaft, die bei Verbrechen viel länger dauern kann, als bei Vergehen. Anhaltspunkt für eine eventuelle Korrektionalisierung ist dabei das Verhältnis der Untersuchungshaft zur erwarteten Haftstrafe[628]. Der Staatsanwalt muß dafür den Fall wie ein erkennender Richter beurteilen, um das Ergebnis abschätzen zu können.

Im Übrigen spielt das geschätzte Strafmaß auch sonst eine Rolle bei der Entscheidung über die Korrektionalisierung: wenn davon auszugehen ist, daß das Geschworenengericht eine ähnliche Strafe verhängen wird wie das Korrektionalgericht, wird häufig der schnellere Weg vor das Korrektionalgericht gewählt.

Schließlich wird zum Teil auch korrektionalisiert, um überhaupt in angemessener Zeit zu einem Urteil zu kommen, da die Wartezeiten bei den Geschworenengerichten teilweise sehr lang sind[629]. Das Geschworenengericht tagt nicht ständig, sondern nur zu bestimmten Zeiten. Dies führt dazu, daß nur eine bestimmte Anzahl von Fällen und nicht alle Fälle, die eigentlich Verbrechen darstellen, dort verhandelt werden können. Die Korrektionalisierung ist ein Mittel, die Überlastung der Geschworenengerichte in Grenzen zu halten[630]. Dabei überwiegen die beiden letztgenannten Gründe prozeßökonomischer Art, sie führen am häufigsten zu einer Herabstufung.

Bei bestimmten Delikten kommen zu diesen allgemein geltenden Auswahlkriterien und Gründen noch spezielle hinzu. So wird für die Korrektionalisierung der Vergewaltigung angeführt, daß sie es dem Opfer erspare, eine Aussage vor dem Geschworenengericht mit der doch verhältnismäßig großen Anzahl von Geschworenen zu machen[631]. Dies erscheint auch glaubwürdig, da eine Korrektionalisierung im Regelfall nicht möglich ist ohne das Einverständnis des Opfers, wegen der ihm eingeräumten Möglichkeit, durch die action civile (cf. S.150) zur Prozeßpartei zu werden und damit die mangelnde Kompetenz des Korrektionalgerichts zu rügen. Das heißt, wenn das Opfer mit der Verhandlung vor dem Korrektionalgericht nicht einverstanden ist, kann es den Fall durch diese Kompetenzrüge vor das Geschworenengericht bringen.

---

plant ist, nach der in der ersten Instanz nur Berufsrichter und erst in der Berufung das Geschworenengericht urteilen würde.

[628] Queret, S. 16.

[629] So berichtete ein Staatsanwalt, er korrektionalisiere aus diesem Grund viele Sexualdelikte; er halte sie für sehr schwerwiegende Straftaten, auf die möglichst schnell reagiert werden müsse, wozu die Cour d'assises eben nicht immer in der Lage sei.

[630] Pradel, procédure, Rn. 92.

[631] Queret, S. 16.

d. Einfluß des neuen Code Pénal

Fraglich ist, inwieweit der neue Code Pénal an der Praxis der Korrektionalisierungen auf Dauer etwas ändern wird. Zum Einen sind viele Delikte von Verbrechen zu Vergehen herabgestuft werden (correctionalisation législative) und zum anderen sind im Gesetz nur noch Höchststrafen angegeben, keine Mindeststrafen mehr, so daß auch die Cour d'Assises mittlere und geringere Strafen verhängen kann. Mit diesen Änderungen wurde im Prinzip nur das Recht an die Tatsachen angeglichen, denn mit der Möglichkeit, nicht näher spezifizierte mildernde Umstände anzuerkennen, war das Gericht schon vorher nicht an die Mindeststrafen gebunden[632]. Diese dem Geschworenengericht jetzt eingeräumte Möglichkeit ändert auch nichts an der Überlastung dieser Gerichte mit den daraus folgenden langen Wartezeiten.

Die Delikte, die mit dem neuen Code Pénal zu Vergehen herabgestuft worden sind, werden durch die Staatsanwaltschaft nicht mehr korrektionalisiert. Dadurch hat die Häufigkeit der Korrektionalisierungen abgenommen. Bestimmte Taten bleiben jedoch nach wie vor ein Verbrechen, wie z.B. der Diebstahl mit Waffen. Da in Frankreich, genau wie in Deutschland bei § 250 StGB ein sehr weiter Waffenbegriff vorherrscht, fällt nach dem Gesetz unter diesen Tatbestand auch derjenige, der unter Bedrohung mit einem Ast 100 F gestohlen hat. In diesem Fall wird nach wie vor korrektionalisiert, da die Staatsanwaltschaft hierfür ein Verfahren vor dem Geschworenengericht für zu aufwendig hält[633].

Außerdem hat der neue Code Pénal auch neue Verbrechen geschaffen, wie zum Beispiel die Produktion von Drogen. Da in diesem Bereich vom Gesetz nicht differenziert wird, müßten eigentlich derjenige, der zum Privatgebrauch auf seinem Fensterbrett in einem Blumentopf Hanf züchtet, genauso vor das Geschworenengericht wie derjenige, der in großem Stil in einem Labor Heroin produziert. Diese beiden Fälle sind allerdings kaum miteinander vergleichbar, weshalb im ersten Fall regelmäßig korrektionalisiert und wegen Besitzes von Drogen vor dem Korrektionalgericht angeklagt wird[634], falls das Verfahren nicht eingestellt wird.

Damit kann man wohl davon ausgehen, daß der neue Code Pénal zu einer Verminderung der Praxis beigetragen hat; beendet hat er sie ebensowenig wie vorhergehende Herabstufungen von Verbrechen zu Vergehen durch den Gesetzgeber.

---

[632] Circulaire du 14. Mai 1993, aaO., S. 2003.
[633] Dieser Sachverhalt wurde mir als Beispiel genannt für einen Fall, indem auch nach Einführung des neuen Code Pénal noch korrektionalisiert wird.
[634] Auskunft eines Praktikers.

e. Verhältnis zum CPP

i. Versuch einer juristischen Begründung

Wie bereits mehrfach angeklungen ist, handelt es sich bei der Korrektionalisierung nach einhelliger Ansicht um eine mit dem CPP nicht zu vereinbarende Praxis. Zeitweilig wurde allerdings versucht, im geltenden Recht (vor dem CPP im CIC) eine juristische Begründung im Opportunitätsprinzip zu finden. Dabei wurde versucht, mit einem Schluß de maiore ad minorem zu argumentieren: wenn der Staatsanwalt die Möglichkeit habe, ein Verfahren entweder einzustellen oder anzuklagen, müsse er erst recht die Möglichkeit haben, es in der Form anzuklagen, die er für angemessen halte[635]. Ausgangspunkt der Bemühungen, der Korrektionalisierung eine gesetzliche Grundlage zu verschaffen, waren Art. 341 und 130 CIC. Gemäß Art. 341 CIC mußte die Anklageschrift auch alle Umstände berücksichtigen, die für eine Strafmilderung sprachen. Gemäß Art. 131 CIC mußte das Delikt je nach seiner Natur vor dem entsprechenden Gericht angeklagt werden. Vor allem aus letzterem wurde gefolgert, daß der Staatsanwalt eben diese Natur des Deliktes einschätzen könne[636]. In diesem Sinne argumentiert auch eine Entscheidung des tribunal de police de Brioude: "En vertu de l'opportunité de poursuites, le parquet peut choisir librement sa juridiction repressive en abandonnant volontairement une circonstance aggravante."[637] In der fraglichen Entscheidung ging es um eine Kontraventionalisierung, also Herabstufung eines Vergehens zu einer Übertretung.

Diese Begründung ist nach allgemeiner Ansicht nicht haltbar: Der der Staatsanwaltschaft eingeräumte Entscheidungsspielraum erschöpft sich in der Entscheidung über das "Ob" der Strafverfolgung, auf das "Wo" ist er nicht mehr erstreckt. Schließlich läßt sich das Problem auch nicht auf das "Wo" der Anklage reduzieren, es geht ja auch um den Tatbestand bzw. die Qualifikation, unter der angeklagt wird. Den Tatbestand bzw. die Qualifikation kann sich der Staatsanwalt jedoch nicht aussuchen; "on ne peut permettre que le ministère public puisse poursuivre sous n'importe quelle qualification."[638]

---

[635] Darstellung bei Pradel, procédure, Rn. 92.

[636] Moye auf dem II. Congrés Français du droit pénal; Protokoll der 2. Sitzung vom 21.5.1903, Revue Pénitentiaire 1907, S. 1214, 1221; Rousset, zitiert nach Verdun, S. 72/73.

[637] Etwa: "Im Rahmen der Entscheidung über die Opportunität der Strafverfolgung kann die Staatsanwaltschaft ihre Strafgerichtsbarkeit wählen, indem sie freiwillig einen erschwerenden Umstand wegläßt"; trib. pol. Brioude vom 3.11.1987, Gaz.Pal. 1988. II. 852; auch bei Albernhe, aaO.

[638] Etwa: "Man kann nicht zulassen, daß der Staatsanwalt unter irgendeiner beliebigen Qualifikation verfolgen kann." Pradel, procédure, Rn. 92; auch J.-P. Doucet, note sous tribunal de police de Brioude, Gaz. Pal. 1988. II. S. 853: "...il lui est absolumment interdit de jongler avec la qualification légale que ces faits appellent" (Etwa: "...es ist ihm -dem Staatsanwalt- absolut verboten mit der rechtlichen Qualifikation, die die Tat verdient, zu jonglieren.").

Art. 130 CIC bezieht sich auf die vom Gesetz vorgegebene Natur der Straftat als Übertretung, Vergehen oder Verbrechen. Art. 341 CIC sollte für ein möglichst komplettes Dossier sorgen[639]. Die Korrektionalisierung bleibt damit eine mit dem CIC und dem CPP nicht zu vereinbarende Praxis, die sich über eine lange Zeit hinweg entwickelt hat und bis heute als Gewohnheit hält.

ii. Mit Korrektionalisierung und Kontraventionalisierung kollidierende Prinzipien

Nachdem festgestellt worden ist, daß die Korrektionalisierung bzw. die Kontraventionalisierung mit dem Gesetz nicht vereinbar sind, wollen wir jetzt genauer betrachten, mit welchen Prinzipien diese Technik im einzelnen kollidiert.

(i.) Kompetenzregelungen

Am stärksten fällt dabei die Verletzung der Kompetenzregelungen des CPP ins Auge, nach denen für Vergehen die Korrektionalgerichte und für Verbrechen die Geschworenengerichte zuständig sind. Indem hier Verbrechen vor den Korrektionalgerichten angeklagt werden, wird diese Zuständigkeitsverteilung verletzt. Die Kompetenzregeln sind jedoch zwingender Natur[640], auch der Angeklagte kann nicht wirksam auf sie verzichten[641]. In Hinblick auf die zahlreichen Korrektionalisierungen bezweifelt Decheix allerdings die zwingende Natur dieser Regelungen[642]. Dabei vermengt er jedoch zwei Ebenen, die faktische und die juristische; auch ein dauernder Verstoß gegen eine Regel kann ihr den Charakter als zwingende Regel nicht nehmen, dazu bedarf es vielmehr eines Aktes des Gesetzgebers.

Der Verstoß gegen die Kompetenzregelungen ist in der Regel nur dann möglich, wenn alle am Verfahren Beteiligten daran mitwirken, also mit der Korrektionalisierung einverstanden sind. Zum Teil wird daher vor der Anklageerhebung mit allen Beteiligten unter Einschluß der beteiligten Parteianwälte darüber gesprochen, unabhängig davon, ob die ursprüngliche Initiative zur Korrektionalisierung vom Untersuchungsrichter oder von der Staatsanwaltschaft ausging[643].

Die Unzuständigkeit kann vom Korrektionalgericht entweder von Amts wegen oder auf Antrag der Zivilpartei festgestellt werden. Praktisch geschieht dies selten[644]. Dies liegt vor allem wohl auch daran, daß die Staatsanwaltschaft oder der Untersuchungsrichter, von dem die Initiative zur Korrektionalisierung ausgeht, im

---

[639] Verdun, S. 74.

[640] Cass. Crim. vom 4. Januar 1990, Bull. Nr. 1; vom 1.12.1993, Bull Nr. 366; ständige Rechtspr.

[641] Belot, S. 85; Ortolan, Nr. 2066; Pradel, procédure, Rn. 92; Queret, S. 22; Robert, Rev. Sc. Crim. 1976, S. 145 (145).

[642] Decheix, Gaz.Pal. 1970. II. Doctr. S. 180, (180).

[643] Auskunft eines Praktikers.

[644] Pradel, procédure, Rn. 91.

Vorfeld mit allen Beteiligten, also auch mit den Anwälten des Beschuldigten und der Zivilpartei, spricht, ob gegen eine Anklage vor dem Korrektionalgericht Bedenken bestehen. Auch mit dem Vorsitzenden des Korrektionalgerichts wird dabei z.T. gesprochen, da das Gericht ja seine Unzuständigkeit von Amts wegen festzustellen kann, wozu es auch verpflichtet ist.[645]. In der Praxis geschieht es jedoch selten, daß das Korrektionalgericht sich von Amts wegen für unzuständig erklärt, häufiger soll es dagegen bei den cours d'appel geschehen, die direkt der Cour de Cassation unterstehen[646].

Darüber hinaus ist es für die Zivilpartei unter Umständen nicht immer ganz einfach, die Unzuständigkeit feststellen zu lassen. Das zeigt ein von Levasseur berichteter Fall, in welchem die Zivilpartei gleich zu Beginn des Prozesses, direkt nach der Verlesung der Anklageschrift die mangelnde Kompetenz des Korrektionalgerichts rügte, ohne die Verhandlung abzuwarten. Die Rüge wurde, auch in der nächsten Instanz, abgewiesen, da aus der Anklageschrift selbst nichts hervorging, woraus auf das Vorliegen eines schweren statt eines einfachen Diebstahls zu schließen war . Die Partei hätte den Verlauf der Verhandlung und eventuelle Hinweise dort abwarten müssen[647]. Die Zivilpartei kann auch die Unzuständigkeit nicht vor der Cour de Cassation geltend machen, wenn die Instanzgerichte in ein- und derselben Entscheidung über ihre Kompetenz und über die materiellen Fragen entschieden haben und wenn nur die Zivilpartei oder aber die Zivilpartei und der Angeklagte das Rechtsmittel eingelegt haben[648]. Dies liegt daran, daß das Rechtsmittel die Situation des Angeklagten nicht verschlechtern darf (Verbot der reformatio in peius), außer in den Fällen, in denen es auch von der Staatsanwaltschaft eingelegt wurde.

In dem Verstoß gegen die Kompetenzregeln liegt zugleich ein Verstoß gegen das Recht des Gesetzgebers, die Konturen eines Deliktes und seine Strafe festzusetzen und in Abhängigkeit davon das zuständige Gericht festzulegen[649]. D.h. genaugenommen, daß die Korrektionalisierung und die Kontraventionalisierung einen Verstoß gegen die Gewaltenteilung darstellt: der Gesetzgeber lebt die Konturen des Deliktes und die Strafe fest, der Richter urteilt und der Staatsanwalt leitet die Strafverfolgung. Mit dieser Gewaltenteilung, die in Frankreich mit der Revolution eingeführt wurde, sind Kontraventionalisierung und Korrektionalisierung nicht zu

---

[645] Cass. crim. vom 1.Dezember 1993, aaO.

[646] Auskunft von Praktikern; die Cour de Cass. macht in ihren Urteilen auch regelmäßig deutlich, daß die cour d'appel verpflichtet ist, die Unzuständigkeit von Amts wegen festzustellen, sofern sie durch einen appel des ministère public mit dem gesamten Ausmaß des Falles befaßt ist: Cass. Crim. vom 4.Januar 1990, aaO.; vom 1. Dezember 1993, aaO.; vom 15.März 1994 in D.1994 IR S.120/121, ständige Rechtsprechung, worauf es wohl zurückzuführen ist, daß die Appellationsgerichte weniger geneigt sind als die Korrektionalgerichte, bei einer Korrektionalisierung mitzuwirken.

[647] Levasseur, Rev. Sc. Crim. 1976, S.145 (146).

[648] Cass. crim. vom 17. Juni 1992, Bull. Nr. 241; vom 22. Juni 1994, Bull. Nr. 248.

[649] Queret, S. 40.

vereinbaren[650].

(ii.) Begründungspflicht

Eine zweite wichtige Regel, gegen die die Korrektionalisierungen ebenso wie die Kontraventionalisierungen verstoßen, ist die Pflicht des erkennenden Gerichts, seine Urteile zu begründen, um dem Kassationsgericht die Überprüfung des Urteils zu ermöglichen[651]. Auch die Begründungspflicht ist zwingendes Recht. Sie dient dazu, dem Verurteilten vor Augen zu führen, daß sich das Gericht mit seinem Fall auseinandergesetzt hat, der Öffentlichkeit zu zeigen, daß die Rechtsprechung "oeuvre de raison et non d'arbitraire" ist und sie erlaubt schließlich dem Kassationshof, die Anwendung des Gesetzes zu kontrollieren[652].

Bei der Korrektionalisierung wird aus einem Verbrechen ein Vergehen gemacht und wegen dieses Vergehens auch verurteilt. Auch im Urteil erscheint dann nur noch das Vergehen, es darf dort kein Hinweis mehr auf das Verbrechen zu finden sein, weil sonst die Korrektionalisierung nicht gelungen wäre. Die Begründung des Urteils entspricht damit aber erstens nicht mehr dem Sachverhalt und kann zweitens nicht immer das Strafmaß erklären.

Decheix verdeutlicht letzteres Problem an folgendem Fall:

> Eine Frau, die drei Konservendosen in einem Selbstbedienungsmarkt stiehlt, wird in der Regel zu einigen Wochen Gefängnis auf Bewährung verurteilt; handelt es sich bei ihr um eine Angestellte des Geschäfts, liegt die Strafe bei einigen Monaten mit Bewährung. In einem identischen Fall wurde eine junge Frau zu 13 Monaten Gefängnis (ohne Bewährung) verurteilt. Aus dem Urteil selbst läßt sich kein Grund für diese Abweichung vom Regelfall erkennen.

Wer die Akten der Staatsanwaltschaft kennt, weiß jedoch, daß es sich in dem betreffenden Fall um eine Art Plünderung des Geschäftes durch ca. dreißig Personen handelte, was eigentlich als Verbrechen mit lebenslanger Freiheitsstrafe zu ahnden gewesen wäre. Die qualifizierenden Umstände wurden in der Urteilsbegründung weggelassen[653], womit aus der Plünderung ein einfacher Diebstahl geworden war. Im Rahmen des Strafmaßes wurde jedoch berücksichtigt, daß es sich eben nicht um einen normalen Diebstahl handelte.

iii. Korrektionalisierung bzw. Kontraventionalisierung in der Diskussion

Aus der Illegalität der Korrektionalisierung einerseits und ihrer langen Tradition andrerseits resultiert, daß sie allgemein umstritten ist.

---

[650] J.-P. Doucet, aaO., S. 853.
[651] Decheix, aaO., S. 180; Queret, S. 23.
[652] Belot, S. 124/125; Merle/Vitu, Rn. 1422 (2. édition).
[653] Decheix, aaO., S. 180.

Das Hauptargument gegen sie ist ihre Illegalität, ihr Verstoß gegen die Kompetenzregeln, die zwingendes Recht sind. In diesem Verstoß liegt zugleich ein Verstoß gegen die Individualrechte, deren Schutz diese Regeln dienen[654]. Indem jeder Deliktskategorie ein bestimmtes Verfahren vor einem bestimmte Gericht zugewiesen wird, sollen dem Beschuldigten, je nach Schwere der gegen ihn erhobenen Vorwürfe, bestimmte Verfahrensgarantien eingeräumt werden[655]. Jeder Angeklagte findet seine Verteidigung durch die strikte Anwendung auch eines schlechten Gesetzes garantiert,[656] gleichmäßige Anwendung gewährleistet Rechtssicherheit.

Generell wird die Gefahr der Ungleichbehandlung gesehen, die ein rechtsfreier Raum mit sich bringt: niemand hat ja einen Anspruch darauf, daß auch sein Fall korrektionalisiert wird[657]. Außerdem besteht auch die Gefahr einer nicht einheitlichen Rechtsanwendung; so werde u.U. in Gegenden mit hoher Kriminalitätsdichte häufiger korrektionalisiert, um das dort sowieso stärker belastete Geschworenengericht zu entlasten, während in anderen Gerichtsbezirken weniger korrektionalisiert werde. Damit besteht die Gefahr, daß dieselbe Tat einmal als Verbrechen abgeurteilt wird und anderswo als Vergehen[658]. Laroche-Flavin stellt diese Gefahr sehr plastisch dar: es könne in einem Gerichtsbezirk üblich sein, alle Sittlichkeitsdelikte zu korrektionalisieren, während sie in einem anderen Gerichtsbezirk grundsätzlich vor dem Geschworenengericht verfolgt würden[659].

Unter einem anderen Blickwinkel kann man darin auch eine Gefahr von Willkürentscheidungen sehen. Im Zusammenhang damit steht auch die von einigen Autoren angedeutete Möglichkeit, die Korrektionalisierung, die ja prinzipiell nur mit dem Einverständnis aller Beteiligten funktionieren kann, könne zum Einfallstor für sogenannte "deals" nach amerikanischem Muster werden[660].

Während diese Argumente gegen die Korrektionalisierung alle mehr oder weniger auf einer abstrakt-theoretischen Ebene liegen, auf der sie auch nicht widerlegt werden können -auch ihre Befürworter müssen ihre Unvereinbarkeit mit dem CPP einräumen[661]- liegen die Argumente, die für sie sprechen, mehr auf der praktischen Seite und ergeben sich aus ihrer langen Praxis[662].

[654] Laurent, aaO., n° 73.

[655] Belot, S. 85.

[656] Verdun, S. 72.

[657] Weigend, S. 28.

[658] Pradel, procédure, Rn. 92; Verdun, S. 77/78.

[659] Laroche Flavin, S. 75/76.

[660] Queret, S. 47/48; Von Praktikern wurde mir allerdings gesagt,man versuche in der Praxis zwar schon, durch entsprechende Anklage zu einem Urteil zu gelangen, mit dem alle einverstanden sein konnten, um die nächste Instanz zu vermeiden, da die meisten Appellationsgerichte der Korrektionalisierung weniger positiv gegenüberständen als die Korrektionalgerichten.Jedoch würde darüber nicht offen verhandelt, ein plea-bargaining nach amerikanischem Vorbild fände nicht statt.

[661] Vergl. Laurent, aaO., der unter IV (n°. 70 ff) die verschieden Kritikpunkte aufführt und zu entkräften sucht.

Hauptargument für die Korrektionalisierung ist dabei ihre praktische Notwendigkeit für die mit Verbrechen befaßte Strafjustiz: Ein Geschworenengericht hat im Jahr vier reguläre Sitzungsperioden und kann damit ungefähr 60 Fälle im Jahr aburteilen. Mit außerordentlichen Sitzungen wächst diese Zahl auf ungefähr 300 Fälle. Wenn tatsächlich alle Fälle, die dem Gesetz nach Verbrechen sind, vor die Geschworenengerichte gingen, könnten diese mit dem Ansturm nicht Schritt halten[663].

Gegen die Gefahr willkürlicher Entscheidungen wird ausgeführt, daß faktisch so viele voneinander unabhängige magistrats mit einem Fall befaßt seien (zumindest der Staatsanwalt und das erkennende Gericht, teilweise auch der Untersuchungsrichter), daß Willkür als außerordentlich unwahrscheinlich erschiene. Darüber hinaus hat der Angeklagte auch immer die Möglichkeit, die Unzuständigkeit des Korrektionalgerichts feststellen zu lassen, was er wohl in den Fällen, in denen er seine Rechte vor dem Geschworenengericht besser gewahrt oder auch nur eine größere Chance auf ein milderes Urteil sieht, auch tun wird[664].

Gegen die Gefahr, die Korrektionalisierung verleite zu einem Handel zwischen der Staatsanwaltschaft und der Verteidigung, führt Laurent aus, daß die Staatsanwaltschaft ihre Entscheidung ohne irgendeine Vereinbarung träfe; bei der Menge von korrektionalisierten Fällen bedeute es nicht viel, wenn in dem einen oder anderen Fall die Unzuständigkeit des Gerichtes festgestellt würde. Im übrigen käme es auch deshalb nicht zu einem Handel, da der Beschuldigte die Korrektionalisierung zum Teil akzeptiere, ohne zu wissen, daß für seinen Fall auch das Geschworenengericht in Frage käme[665]. In Anbetracht dessen, daß die Beschuldigten zumeist durch einen Verteidiger beraten und vertreten werden, erscheint dies Argument jedoch zumindest fragwürdig.

Weiter wird damit argumentiert, Verteidigung und Beschuldigter würden in den unteren Instanzen häufig ihr Glück mit der Korrektionalisierung probieren in der Hoffnung, mit einer für sie akzeptablen Strafe belegt zu werden. Wenn die Korrektionalisierung gut gelungen sie, fände sich im Urteil kein Hinweis auf das eigentlich begangene Verbrechen, so daß weitere Rechtsmittel erfolglos blieben. Außerdem sei es für das Kassationsgericht schwierig, die mangelnde Kompetenz festzustellen in den Fällen, in denen nur die Verteidigung Revision eingelegt hat. Diese Feststellung könnte nämlich die Verurteilung wegen eines Verbrechen zur Folge haben. Diese Folge ist aber mit dem Verbot der reformatio in peius nicht zu vereinbaren[666].

Schließlich sei es auch so, daß der Angeklagte mit der Korrektionalisierung zwar die Garantien des Verfahrens vor dem Geschworenengericht verlöre, aber die

---

[662] Laurent, aaO., n°. 73.

[663] Rassat, procédure, S. 145.

[664] Laurent, aaO., n° 75; Verdun, S. 75.

[665] Laurent, aaO.,n° 78.

[666] Queret, S. 24.

Möglichkeit einer zweiten Tatsacheninstanz, des Appellationsgerichts, dazugewönne[667].

Als positives Argument wird für die Korrektionalisierung angeführt, sie gestatte eine gewisse Individualisierung der Strafe[668]. In der Praxis wird auch darauf hingewiesen, daß der Gesetzgeber die Praxis der Korrektionalisierung kenne und somit mit ihr rechne, sie sei sozusagen geduldet. Diese Kenntnis führe dazu, daß der Gesetzgeber sich zum Teil auf die Korrektionalisierung verlasse, um zu einer im Einzelfall angemessenen Lösung zu kommen[669].

Die ganze Diskussion bleibt im übrigen ohne Folgen für die Praxis, es wird weiter korrektionalisiert[670].

iv. Lösungsmöglichkeiten

Da grundsätzlich Einigkeit besteht, daß die Praxis der Korrektionalisierung zwar nicht legal, aber notwendig ist, ist immer wieder nach Möglichkeiten gesucht worden, diesen Konflikt in den Griff zu bekommen.

(i.) Legalisierung

So ist vorgeschlagen worden, die Praxis von Korrektionalisierung und Kontraventionalisierung zu legalisieren. Als Vorbild dafür könnte Belgien dienen, wo die Untersuchungsgerichtsbarkeit über mildernde Umstände entscheiden kann, so daß die Tat nur noch mit einer Korrektionalstrafe belegt werden kann, wodurch der Fall faktisch korrektionalisiert wird[671].

Gegen die Legalisierung wird aber angeführt, sie stelle einen Verstoß gegen die Gewaltenteilung dar, da eine Untersuchungsgerichtsbarkeit oder eine Staatsanwaltschaft über die Begründetheit (le fond) urteilen würde, was nicht ihre Aufgabe sei. Außerdem binde man die urteilende Gerichtsbarkeit und griffe somit in ihre Unabhängigkeit ein[672]. Im Prinzip werden gegen die Legalisierung also die Argumente angeführt, die gegen die Praxis der Korrektionalisierung in ihrer jetzigen, nicht legalisierten Form ebenso sprechen. Die Argumentation kann somit nicht völlig überzeugen, denn der Mißstand besteht bereits jetzt und auch diejenigen, die gegen die Korrektionalisierung Stellung beziehen, gehen nicht davon aus, daß die Praxis des Korrektionalisierens beschränkt oder gar abgeschafft werden könnte.

---

[667] Dies wird nach Auskunft eines Praktikers als Ausgleich für den Verlust der Verfahrensgarantien der cour d'assises gesehen

[668] Pradel, procédure, Rn. 92.

[669] Auskunft eines Praktikers.

[670] Laurent, aaO., n° 78.

[671] Queret, S. 25.

[672] Pradel, procédure, Rn. 92; Rassat, procédure, S. 145.

(ii.) Andere Lösungsmöglichkeiten

Decheix schlägt vor, im Urteil selbst festzuhalten,daß eine Korrektionalstrafe ange-
bracht erscheine und keine der Parteien die Zuständigkeit des Geschworengerichts eingefordert hätte. Dann könne das Urteil auch ehrlich die Gründe darlegen,
die zu dem verhängten Strafmaß geführt hätten. Es würde sich zwar damit generell
nichts ändern, aber jedenfalls könnten alle Beteiligten ehrlich sein. Den Verstoß gegen die Kompetenzregeln sieht Decheix nicht, da diese seiner Meinung nach faktisch längst nicht mehr zwingend sind[673].

Belot dagegen sieht keine Möglichkeit, effektiv gegen die Praxis des Korrektionalisierens vorzugehen: "il n'y a pas de remède contre la correctionnalisation"; es
sei denn, man würde den Strafprozeß an sich ändern. Eine Legalisierung würde seiner Ansicht nach nichts an dem Problem ändern[674]. Für ihn ist das Phänomen der
Korrektionalisierung auf den Widerspruch zweier Interessen zurückzuführen: der
ordre public procédural auf der einen Seite und die Aufrechterhaltung des öffentlichen Friedens auf der anderen. Eins von beiden zu bevorzugen, schade seiner Ansicht nach dem Bild der Justiz in der Öffentlichkeit[675].

Für Pradel liegt die sinnvollste Lösung darin, daß der Gesetzgeber bestimmte
Verhaltensweisen entkriminalisiert, was mit dem neuen CP auch geschehen ist. Damit wird das Recht in Übereinstimmung mit den Tatsachen gebracht. Dies geschieht allerdings nicht völlig, denn aus Gründen der Individualisierung der Strafverfolgung ist die Korrektionalisierung nach wie vor in bestimmten Fällen
nützlich[676].

Damit ist eine überzeugende Lösung des Problems bis heute nicht gefunden, so
daß die Korrektionalisierung bzw. Kontraventionalisierung weiter ohne gesetzliche
Regelung praktiziert werden. Um es noch einmal festzuhalten: Unter das Opportunitätsprinzip lassen sich diese Praktiken nicht subsumieren.

(iii.)Eigene Stellungnahme

Im Ganzen erscheinen die Argumente, die für die Korrektionalisierung ins Feld geführt werden, nicht sehr überzeugend. Vor allem aber sind sie zum Teil wider-
sprüchlich: entweder die Beschuldigten akzeptieren die Korrektionalisierung aus
Unwissenheit oder sie probieren ihr Glück. Hauptargument der Praxis scheint die
lange Tradition dieser Praxis und die ansonsten entstehende Überlastung der Gerichte zu sein.

---

[673] Decheix, aaO., S.180/181.
[674] Belot, S. 327.
[675] Belot, S. 326.
[676] Pradel, procédure, Rn. 92.

lange Tradition dieser Praxis und die ansonsten entstehende Überlastung der Gerichte zu sein.

Wie bereits bei der Mediation sind damit die Argumente auch für die Korrektionalisierung bzw. Kontraventionalisierung vor allem pragmatischer Natur; es zeigt sich dabei wieder deutlich, daß in Frankreich grundsätzlich pragmatischer vorgegangen wird als in Deutschland.

Allein diese Argumente können im Bereich des Strafverfahrens nicht überzeugen, was wohl auch in Frankreich zumindest zum Teil so gesehen wird. Durch gesetzliche Herabstufungen wird versucht, den Anwendungsbereich dieser Techniken zu verringern; es werden Möglichkeiten der Legalisierung angedacht. Geändert hat dies alles an der Praxis nichts und wird wohl auch an ihr nichts ändern.

f. Mit der Korrektionalisierung in Zusammenhang zu bringende deutsche Techniken

Eine Korrektionalisierung bzw. Kontraventionalisierung wie in Frankreich ist in Deutschland mehr oder weniger unbekannt, was wohl zumindest auch daran liegt, daß nach dem deutschen GVG die Gerichtszuständigkeiten unter anderem am erwarteten Strafmaß und nicht ausschließlich an der Trennung Vergehen oder Verbrechen festgemacht werden. Darüber hinaus existiert auch in Deutschland kein Geschworenengericht nach französischem Vorbild, sondern nur Berufsrichter und gegebenenfalls Schöffen. Die Urteile sind damit kalkulierbarer als in Frankreich, so daß eine der in Frankreich immer wieder angeführten Begründungen für die Entwicklung dieser Technik in Deutschland nicht zum Tragen kommt.

Wenn man von den Zielsetzungen der Korrektionalisierung bzw. Kontraventionalisierung ausgeht, d.h. schnellere Verfahren und zum Teil auch eine Anpassung der Strafe an das, was für angemessen gehalten wird, gibt es in Deutschland verschiedene Ansatzpunkte, mit denen ein Vergleich interessant ist und sei es nur, um aufzuzeigen, daß die Vorgehensweisen sehr unterschiedlich sind.

Unter einem ganz anderen Aspekt läßt sich auch die deutsche Technik der Regelbeispiele mit der französischen Korrektionalisierung in Zusammenhang bringen und zwar unter dem Gesichtspunkt, daß diese Strafzumessungsregeln den Entscheidungsspielraum für das Strafmaß erhöhen ohne daß, wie bei einer Qualifikation zwingend ein höheres Strafmaß vorgeschrieben ist, so daß durch diese Technik ein in Frankreich durch die Korrektionalisierung befriedigtes Bedürfnis in Deutschland u.U. auf diese Weise befriedigt wird (S.136ff.).

i. Herabstufungen im engeren Sinn

Während bei den besonders schweren Fällen mit ihren Regelbeispielen eben gerade keine Herabstufungen stattfinden, könnten diese   auf der Ebene des

§ 153 a StPO interessant sein, da nur Vergehen, nicht jedoch Verbrechen eingestellt werden können. Darüber hinaus gilt § 153 a StPO auch als das Gebiet, auf dem es am ehesten zu Absprachen zwischen Staatsanwaltschaft, Gericht und Verteidigung kommt. Dabei lassen in der Literatur gegebene Beispiele durchaus an die französische Technik des Korrektionalisierens denken:

"In einem Verfahren wegen Beihilfe zum Meineid ergibt die Hauptverhandlung, daß das Gewicht der Straftat aus besonderen Umständen an der untersten Grenze des Spektrums liegt. Der allseits für richtig gehaltenen Anwendung des § 153 a StPO steht aber der Verbrechenscharakter der angeklagten Tat entgegen. Nach eingehender Rechtsdiskussion der Beteiligten (im Beratungszimmer) weist das Gericht gem. § 265 StPO darauf hin, daß sich der Vorsatz der Beihilfe möglicherweise nur auf eine unbeeidigte Aussage erstreckt habe. Damit ist der Weg für die Einstellung nach § 153 a StPO frei."[677]

Allerdings wird ein solcher Fall unter dem Aspekt der Absprache[678] behandelt; die Frage, ob dabei auch die Tat als solche "herabdefiniert" wird, wird in der Literatur nicht behandelt[679]. Daß letzteres der Fall ist, erscheint jedoch nicht ausgeschlossen, gerade da in diesem Bereich ein Herabstufen von praktischem Interesse sein könnte.

Neben der Frage, ob es ein Herabdefinieren im engeren Sinne gibt, stellt sich die Frage, ob es im deutschen Strafverfahren, ausgehend von den Zielen der Korrektionalisierungen, ähnliche Verfahrensweisen gibt.

ii. §§ 154, 154 a StPO

Wesentliche Zielsetzungen der Korrektionalisierung sind, wie festgestellt, prozeßökonomischer Art: kann die gleiche bzw. eine ähnlich Strafe vor dem Korrektional- bzw. dem Polizeigericht erreicht werden, so muß nicht das längere, umständlichere Verfahren gewählt werden.

In Deutschland kann aus überwiegend prozeßökonomischen Gründen[680] der Verfahrensstoff begrenzt werden. Diese Begrenzungen lassen sich allerdings kaum mit der französischen Praxis des Korrektionalisierens bzw. Kontraventionalisierens vergleichen, obwohl die Ausgangssituation zunächst parallel wirkt: die Gerichte

---

[677] Dargestellt als ein Fall für Absprache bei Dahs, NStZ 1988, S. 153 (155).

[678] Auf die Absprachen im Strafrecht hier weiter einzugehen, würde den Rahmen dieser Arbeit sprengen Insoweit wird daher verwiesen auf RÖNNAU, Thomas: Die Absprache im Strafprozeß, Baden - Baden 1990, der 153 a StPO als ein Einfallstor für die Absprachepraxis bezeichnet (S. 116).
Zum praktischen Ablauf solcher Absprachen anhand von Fallbeispielen vergl. DEAL, StV 1982, S. 545 ff.

[679] Andeutungen in diese Richtung finden sich allenfalls bei Deal, StV 1982, S. 545 (549) unter dem Abschnitt "Allgemeine Merkmale, die die Bereitschaft zum Vergleich fördern.".

[680] Kapahnke, S. 81; LR-Rieß Rn.1 zu § 154 StPO.

sind überlastet und die Lösung wird in einer Reduzierung des Prozeßstoffes gesucht.

Diese Parallele ist aber auch die einzige, denn in Deutschland können zwar einzelne Taten oder Tatteile im Hinblick auf anderweitig zu erwartende oder verhängte Strafen bzw. Maßregeln eingestellt werden oder auch, wenn ein überlanges Verfahren droht (§§ 154, 154 a StPO). Aber es werden leichtere bzw. nicht ins Gewicht fallende Taten oder Tatteile eingestellt und eben nicht am Hauptvorwurf manipuliert.

Dabei betrifft § 154 StPO den Fall, daß der Täter mehrere selbständige Taten im Sinne des § 264 StPO begangen hat, während § 154 a StPO eine einzige Tat im prozessualen Sinn voraussetzt[681]. Trotz dieses Unterschiedes kann die Staatsanwaltschaft jedoch nach §§ 154, 154 a StPO einstellen, wenn zum Einstellungszeitpunkt noch nicht klar ist, ob es sich bei dem eingestellten Komplex um eine einzelne Tat oder um ein Tatteil im prozessualen Sinn handelt[682].

Im Einzelnen müssen für eine Einstellung jeweils folgende Voraussetzungen erfüllt sein: Nach § 154 Abs.1 Nr.1 StPO kann die Staatsanwaltschaft von der Verfolgung absehen, wenn die für diese Tat zu erwartende Strafe bzw. Maßregel neben einer entweder bereits verhängten oder aber zu erwartenden Strafe/ Maßregel für eine andere Tat nicht beträchtlich ins Gewicht fällt. Dabei wird jedoch nicht definiert, wann eine Folge beträchtlich ins Gewicht fällt. Vielmehr richtet sich dies nach dem jeweiligen Einzelfall[683]. Quantitative Gesichtspunkte können dabei als Obergrenze dienen,[684] sind aber nicht allein maßgebend in dem Sinn, daß der einstellungsrelevante Bereich bei § 154 I StPO seine Grenze dort finden muß, wo die wegen der nicht weiterverfolgten Tat zu erwartenden Folgen nicht mehr deutlich hinter denen der Bezugssanktion zurückbleiben[685]. Es zeichnen sich auch gewisse Leitlinien ab: eine Freiheitsstrafe wird gegenüber einer Geldstrafe regelmäßig beträchtlich ins Gewicht fallen, gegenüber einer lebenslangen Freiheitsstrafe werden auch weitere lange Freiheitsstrafen, in der Regel sogar eine weitere lebenslange Freiheitsstrafe, nicht ins Gewicht fallen[686]. Bei Vielfachtätern kann damit eine Reihe von Einzeltaten aus der Verfolgung ausgeschieden werden, solange dadurch die Höhe der Gesamtstrafe nicht beträchtlich geändert wird[687].

---

[681] Fezer, S.10 Rn.47; Roxin, Strafverf. S. 377; LR-Rieß Rn. 9 zu § 154 StPO.

[682] LR-Rieß Rn. 1 zu § 154 StPO.

[683] Schmidt-Hieber, S. 32 Rn. 63.

[684] LR-Rieß Rn. 16 zu § 154 StPO.

[685] Kurth, NJW 1978, S. 2481 (2482).

[686] LR-Rieß Rn. 17 zu § 154 StPO, aA, Kapahnke, S. 116, der davon ausgeht, daß bei Kapitaldelikten ein Rechtsfolge stets beträchtlich ins Gewicht falle, allerdings eine Einstellung unter den Voraussetzungen des §154 I Nr. 2 für möglich hält. Meines Erachtens handelt es sich dabei allerdings nicht um ein Problem des ins Gewichtfallens der Folgen, sondern um eine Frage des öffentlichen Interesses an der Strafverfolgung.

[687] Kapahnke, S. 119/120, der ein Ausscheiden bis zur Reduktion der Gesamtstrafe um 1/4 für zu-

Nach § 154 Abs.1 Nr. 2 StPO kann ein Fall auch dann eingestellt werden, wenn die zu erwartenden Folgen beträchtlich sind, ein Urteil aber in angemessener Zeit nicht zu erlangen ist und die Bezugssanktion zur Erreichung der Strafzwecke[688] ausreichend erscheint. Wesentlicher Zweck ist es, Verfahren gegen Mehrfachtäter nicht an einer übergroßen Stofffülle ersticken zu lassen, damit nicht durch die Belastung der Prozeßbeteiligten die Wahrheitsfindung und der Zweck des Strafens gefährdet werden[689]. Da diese Vorschrift weitgehend auf eine Sanktion verzichtet, kommt ihre Anwendung wohl nur in Betracht, wenn auch durch andere Verfahrensgestaltungen ein Urteil nicht in angemessener Frist erreicht werden kann, auch wenn dies in der Vorschrift ebensowenig erwähnt ist, wie nach den Gründen der Verzögerung unterschieden wird.[690] Was eine angemessene Frist ist, richtet sich nach den jeweiligen Umständen des Einzelfalles, ebenso wie die Frage, ob ein Strafzweck die Verfolgung gebietet[691]. Einen allgemeinen Maßstab der Angemessenheit gibt es nicht[692].

§ 154 StPO stellt sich damit als eine komplizierte Regelung dar, die der Staatsanwaltschaft bestimmte Entscheidungsspielräume zugesteht. Diese Verhandlungsspielräume können und werden wohl auch zum Teil zu Verhandlungen mit den Angeklagten bzw. ihren Verteidigern genutzt[693].

Die Voraussetzungen des §154 a Abs.1 StPO entsprechen im großen und ganzen denen des § 154 Abs.1 StPO, auch § 154 Abs.1 Nr. 2 StPO gilt für § 154 a StPO entsprechend; nur daß es hier um die Einstellung abtrennbarer Teile einer Handlung oder abtrennbarer Gesetzesverletzungen geht. Abtrennbare Teile sind dabei Teile, "die aus einem einheitlichen historischen Vorgang im Sinn des § 264 StPO herausgelöst werden können, ohne daß auch ein strafrechtlich untrennbar zusammengehöriger Gesamttatbestand zerrissen würde"[694]. Darunter fallen beispielsweise Teile einer falschen Zeugenaussage[695], nicht jedoch einzelne Tatbestandsmerkmale, wie z.B. die Gewalt im Rahmen der Vergewaltigung[696]. Darin liegt der

---

lässig hält.

[688] § 154 I Nr. 2 StPO selbst spricht nur von Einwirkung auf den Täter und von Verteidigung der Rechtsordnung. Darin liegt jedoch nach allgemeiner Ansicht eine Verweis auf alle Rechtsfolgenzwecke des materiellen Strafrechts. LR-Rieß Rn. 25 zu § 154;Kapahnke, S. 134; Kurth, aaO., S. 2481 (2482); Schmidt-Hieber S. 36 (Rn 65).

[689] Kapahnke, S. 121.

[690] So auch LR-Rieß Rn. 21 zu § 154; aA. Kapahnke, der aus der Nichterwähnung der Verzögerungsgründe in der Vorschrift und aus ihrem prozeßökonomischen Grund folgert, daß die Verzögerungsgründe nicht zu berücksichtigen sind, S. 123.

[691] LR-Rieß, Rn. 24 zu § 154 StPO.

[692] Kurth, aaO., S. 2481 (2482).

[693] Vergl. dazu Hanack, StV 1987, S. 500 (502/503).

[694] KK-Schoreit, Rn. 5 zu § 154 a StPO.

[695] Kleinknecht/ Meyer-Goßner, Rn. 5 zu §154a StPO.

[696] KK-Schoreit Rn. 5 ; Kleinknecht/ Meyer-Goßner, Rn. 5; Pfeiffer/ Fischer, Rn.2 jeweils zu § 154

Grundunterschied zur Korrektionalisierung / Kontraventionalisierung, bei welchen eine Technik gerade darin besteht, einzelne Tatbestandsmerkmale wegzulassen und die Anklage auf einen Rumpftatbestand zu begrenzen, der dem tatsächlichen Geschehen nicht gerecht wird. Gerade dies soll mit der Definition eines Tatteiles und der Festmachung des Tatteiles am prozeßualen Tatbegriff und nicht am materiellen Tatbegriff klargestellt werden.

Anders als bei den §§ 153, 153 a StPO braucht die Staatsanwaltschaft bei Einstellungen nach §§ 154, 154 a StPO keine gerichtliche Zustimmung. Eine Begrenzung des Verfahrensstoffes durch das Gericht bedarf allerdings eines Antrages der Staatsanwaltschaft.

Eine Folge des Ausscheidens von Tatteilen bzw. einzelnen Gesetzesverletzungen kann eine Änderung der gerichtlichen Zuständigkeit sein. Anders als in Frankreich ist eine solche Zuständigkeitsänderung aber nicht Ziel, sondern bloße Nebenfolge des Ausscheidens. Ausgeschieden werden kann ein Delikt, das entweder die Zuständigkeit einer Spezialkammer (§ 74 a GVG) oder die erstinstanzliche Zuständigkeit des OLG (§ 120 GVG) bzw. des Generalbundesanwaltes (§ 142 a GVG) begründet.[697]

Problematisch ist, ob und wieweit ausgeschiedene Taten, Tatteile und Gesetzesverletzungen um Rahmen der Strafzumessung berücksichtigt werden dürfen. Grundsätzlich kann der Angeklagte nach einer Einstellung darauf vertrauen, daß ihm die eingestellten Taten, Tatteile oder Gesetzesverletzungen nicht mehr zur Last gelegt werden, d.h. prinzipiell besteht ein Verwertungsverbot[698], das sich aus dem fair trial Gebot ergibt. Allerdings ist eine Berücksichtigung des ausgeschiedenen Stoffes dann möglich, wenn er prozeßordnungsgemäß zur Überzeugung des Gerichts festgestellt und der Angeklagte auf diese Möglichkeit hingewiesen wurde[699].

Damit kann insgesamt festgehalten werden, daß zwar zwischen der Reduzierung des Verfahrensstoffes nach §§ 154, 154 a StPO und der französischen Technik des Herabdefinierens Parallelen hinsichtlich der erstrebten Ziele, Entlastung der Justiz und schnellere Verfahren, bestehen. Bei beiden Vorgehensweisen wird das Ziel auch durch Begrenzung des Prozeßstoffes erreicht.

Weiter reichen die Parallelen jedoch nicht, denn in Deutschland ist gesetzlich vorgegeben, auf welche Art und Weise der Stoff reduziert werden kann und in welchen Fällen; es soll vermieden werden, daß einzelne Taten im materiellen Sinn auseinandergerissen oder verfälscht werden. In Frankreich existiert dagegen keine

a StPO.

[697] KK-Schoreit, Rn. 9 u. 10; Pfeiffer/ Fischer, Rn. 4 jeweils zu § 154 a StPO.

[698] LR-Rieß, Rn. 54 zu § 154.

[699] LR-Rieß, Rn. 56 ; KK-Schoreit Rn. 48; Pfeiffer/ Fischer, Rn. 7 jeweils zu § 154 StPO; Siehe weiterführend dazu insgesamt zu dem Problem BRUNS, Hans-Jürgen; Prozessuale "Strafzumessungsverbote" für nicht mitangeklagte oder wieder ausgeschiedene strafbare Vor- und Nachtaten?; NStZ 1981, S. 81 ff.

gesetzliche Regelung des Herabdefinierens, nur eine sehr lange Tradition. Diese setzt genau bei der einzelnen Tat an und verfremdet sie, um zu einer Vereinfachung zu gelangen. In Deutschland werden die leichteren Taten oder Tatteile eingestellt, um zu einer Konzentration auf das wesentliche zu gelangen; in Frankreich wird zum Teil eben das Charakterisierende einer Tat bei der Anklage weggelassen.

In Frankreich müssen, eben weil die Technik gesetzlich nicht vorgesehen ist, alle Verfahrensbeteiligten darüber einig sein. Dadurch ergibt sich der Eindruck, als könne es dabei zu "Kungeleien" kommen, obwohl sich im Schrifttum darauf wenig Hinweise finden und auch in der Praxis wohl selten Vereinbarungen getroffen werden.

Bei §§ 154, 154 a StPO ist eine solche Einigkeit zwar nicht erforderlich. Allerdings kann es auch hier im Rahmen der Verfahrenseinschränkung zu Vereinbarungen zwischen Staatsanwaltschaft und Beschuldigtem kommen; im Rahmen eines Gespräches können sich Verteidiger und Staatsanwalt "über eine Beschränkung des Verfahrensstoffes verständigen, wobei gleichzeitig der Verteidiger eine Mitwirkung an der Aufklärung des anzuklagenden Sachkomplexes zusichert,..."[700]

Als wesentlicher Unterschied bleibt festzustellen, daß durch die genauere gesetzliche Regelung in der deutschen StPO mehr Klarheit herrscht und vor allem nicht einzelne Taten unsachgemäß auseinandergerissen werden können; auch etwaige Vereinbarungen führen wohl nicht zu einer Verfremdung des Geschehens sondern lediglich zu einer Stoffreduzierung.

iii. Die Technik des "besonders schweren Falles" mit Regelbeispiel

In Deutschland wird beim Diebstahl, der in Frankreich früher häufig korrektionalisiert wurde, bereits im StGB mit einer anderen Technik gearbeitet und das Problem dadurch vermieden: in Frankreich wie in Deutschland ist der Diebstahl ein Vergehen. Während er in Frankreich aber früher durch das Hinzutreten erschwerender Umstände zu einem Verbrechen wurde, bleibt der Diebstahl in Deutschland ein Vergehen; die erschwerenden Tatsachen begründen als Regelbeispiele nur einen höheren Strafrahmen und ermöglichen so eine Anklage vor dem Landgericht, wenn die Staatsanwaltschaft dies für angemessen hält. Anders als in Frankreich liegen in diesen Regelbeispielen aber eben gerade keine Qualifizierungen, das Delikt bleibt ein Vergehen und wird nicht zum Verbrechen. Die Staatsanwaltschaft ist hier von vornherein berechtigt, alle Umstände der Tat zu berücksichtigen, um festzustellen, ob ein besonders schwerer Fall vorliegt. In § 243 Abs.2 StGB wird darüber hinaus festgehalten, daß in den Fällen, in denen sich die Tat auf eine geringwertige Sache

---

[700] Schmidt-Hieber, S. 34 (Rz.70); Hassemer/ Hippler, StV 1986, S. 360 (361), gehen allerdings abweichend davon aus, daß bei Einstellungen nach §§ 154, 154 a StPO, im Gegensatz zu Einstellungen nach §§ 153, 153 a StPO Absprachen eher nur zwischen Staatsanwaltschaft und Gericht, ohne die Verteidigung, stattfinden.

bezieht, ein besonders schwerer Fall nicht vorliegt. Die Fälle, in denen es um eine geringwertige Sache geht, sind jedoch in Frankreich zum Teil gerade die Fälle, in denen der schwere Diebstahl korrektionalisiert wurde.

Bei Annahme eines besonders schweren Falles ist auch das Landgericht nicht gezwungen, den höheren Strafrahmen voll auszuschöpfen, da durch die Bejahung eines Regelbeispieles kein höherer Mindeststrafrahmen eröffnet wird, sondern der Strafrahmen eben nur nach oben erweitert wird.

Im entgegengesetzten Sinn wird z.B. beim schweren Raub, § 250 StGB, gearbeitet; § 250 Abs.2 StGB normiert, daß in einem minder schweren Fall wieder ein niedrigerer Strafrahmen eröffnet wird. Ein minder schwerer Fall liegt dabei z.B. auch vor, wenn der Täter eine Scheinwaffe verwandt hat[701]. In dem oben genannten Beispielsfall, bei welchem der Täter mit einem Ast drohte, besteht dadurch in Deutschland keine Notwendigkeit, an der Qualifikation der Tat etwas zu ändern.

Durch die Technik des besonders schweren Falles mit den Regelbeispielen wird eine ähnliche Flexibilität wie durch die Korrektionalisierung erreicht, allerdings nicht, indem von einem Verbrechen ausgegangen wird, sondern indem der Strafrahmen für das Vergehen variiert wird. Damit bezieht sich diese Technik zwar auf das gleiche Problemfeld wie in Frankreich die Technik des Herabstufens. Sie erübrigt aber für diese Fälle gerade eine der Korrektionalisierung bzw. Kontraventionalisierung angenäherte Vorgehensweise.

g. Abschließende Stellungnahme zu der französischen Praxis.

Zusammenfassend bleibt festzustellen, daß die Korrektionalisierung bzw. Kontraventionalisierung eine in Frankreich seit langem praktizierte Technik ist, die aber auch nach französischem Recht nicht legal ist.

Eine vergleichbare Vorgehensweise findet in Deutschland höchstens im Rahmen von Verfahrenseinstellungen gemäß §§ 153, 153 a StPO statt. Das Einstellen von Taten oder Tatteilen gem. §§ 154, 154 a StPO ist demgegenüber mit dem Korrektionalisieren nicht vergleichbar[702].

Gründe dafür, daß diese Technik in Deutschland keine Anwendung findet, sind zum einen die flexibleren Strafrahmen sowie die Möglichkeit für die Staatsanwaltschaft, unter anderem in Relation zu der erwarteten Strafhöhe zum Strafrichter, zum Schöffengericht oder zum Landgericht anzuklagen. Ein weiterer Grund liegt wohl auch darin, daß z.B. beim Diebstahl, anders als in Frankreich lange Zeit, die erschwerenden Modalitäten der Tat keine Qualifikation begründen sondern über die Strafzumessungsregel des § 243 StGB den Strafrahmen erweitern, ohne an der Qualifikation der Tat als Vergehen etwas zu ändern. Indem der Staatsanwaltschaft

---

701 Dreher/ Tröndle, Rn. 9 zu § 250 StGB.
702 Wieweit dieses Urteil durch die "Absprachepraxis" im Strafprozeß verändert wird, kann im Rahmen dieser Arbeit nicht untersucht werden.

und auch den Gerichten hier auf der materiellrechtlichen Seite stärker als in Frankreich die Möglichkeit gegeben wird, auf die Umstände des konkreten Falles einzugehen, ist das Bedürfnis, prozessual einen Weg zu finden, um zu einer als angemessen angesehenen Lösung zu gelangen, nicht so ausgeprägt, daß die Entwicklung einer Technik wie der Korrektionalisierung erforderlich ist.

6. Strafprozessuale Opportunitätsentscheidungen anderer Behörden, insbesondere die transaction

In bestimmten Ausnahmefällen ist die action publique nicht allein der Staatsanwaltschaft vorbehalten, sondern, teils konkurrierend, teils exklusiv, anderen Behörden übertragen (Art.1 CPP). Im Einzelnen handelt es sich dabei u.a. um folgende Behörden:

► administration des douanes (Zollbehörden), Art. 350 Code des Douanes,

► administration des contributions indirectes, Art. L 235 Livre des procédures pénales,

► administration des eaux et forêts, Art. L 153-1, Code forestier,

► administration des ponts et chaussées,Art. 5 und 7 der ordonnance n° 58-1351 du 27 décembre 1958[703]

Ihre Befugnisse sind unterschiedlich: teils üben sie die action publique konkurrierend zur Staatsanwaltschaft aus, teils steht ihnen das Recht zur Strafverfolgung ausschließlich zu. Die in den Bereich der administration de changes fallenden Straftaten können nur auf ihre plainte hin verfolgt werden, so daß der Staatsanwalt nicht die freie Entscheidung über die Opportunität der Strafverfolgung hat[704], vielmehr eine übereinstimmende Entscheidung über die Opportunität vorliegen muß.

So hat die Verwaltung der Straßen und Brücken für die Delikte, die die Konservierung der öffentlichen Straßen betreffen, das Recht zur Strafverfolgung konkurrierend zur Staatsanwaltschaft inne (Art. 5 und 7 der ordonnance n° 58-1351 du 27 décembre 1958)

Zolldelikte sind besonderen Regelungen unterworfen: Neben der normalen action publique existiert noch eine sogenannte action fiscale, die als besondere action publique qualifiziert wird. Die eigentliche action publique kann nur von der Staatsanwaltschaft in Gang gesetzt werden, während die action fiscale sowohl von den Finanzbehörden als auch von der Staatsanwaltschaft in Gang gesetzt werden kann

---

[703] Grebing, in Jescheck / Leibinger, S. 33/34; Merle/Vitu, Rn. 853; Pradel, procédure, Rn. 164; Stefani/Levasseur/Bouloc, Rn. 123.
[704] Pannier, D. 1990, chr. S. 266.

(Art. 343 bis Code des douanes)[705].Die Steuerdelikte im Bereich der contributions indirectes werden vom Direktor der Finanzbehörden verfolgt, der das Gericht anruft, die Strafverfolgung leitet, Berufung einlegen kann und das Urteil ausführen läßt (Art. L 235 livre de procédures fiscales)[706]. Der Staatsanwalt hat in diesem Bereich nur dann das Recht zu intervenieren, wenn die Tat mit Freiheitsstrafe geahndet werden kann[707].

Die Vergehen und Übertretungen im Forstbereich, die den Forstregeln unterworfen sind, werden von der Forstverwaltung verfolgt. Im Fall ihrer Untätigkeit wird allgemein davon ausgegangen, daß die Staatsanwaltschaft handlungsbefugt ist[708], die Ausübung der action publique steht also beiden zu[709].

Soweit diesen Behörden das Recht zur Strafverfolgung zusteht, haben sie prinzipiell die gleichen Rechte wie die Staatsanwaltschaft. Das heißt, daß in diesen Fällen die betreffende Behörde über die Opportunität der Strafverfolgung entscheidet[710]. Im Unterschied zur Staatsanwaltschaft sind die Behörden bei der Ausübung der Strafverfolgung jedoch nicht "irresponsable": Wenn die von ihnen eingeleitete action publique mit einem Freispruch endet, müssen sie die Prozeßkosten tragen[711].

In einem wichtigen Punkt gehen die behördlichen Befugnisse jedoch über die der Staatsanwaltschaft hinaus: im Gegensatz zu letzterer, die die action publique ausübt, aber nicht innehat und daher keine Vergleiche schließen darf, kann die jeweilige Behörde mit dem Täter einen Vergleich (transaction) schließen[712], der dann gem. Art.6 CPP zur Folge hat, daß die action publique erlischt[713]. Begründet wird dies damit, daß die Behörde ebenso aus einem Vermögensinteresse wie aus einem Repressionsinteresse hinaus handelt[714], ebenso wie die Geldstrafe in diesem Bereich einen gemischten Charakter aufweist: gleichzeitig Strafe und Schadensersatz[715].

Der Behörde wird mit der transaction eine Möglichkeit gegeben, eine zufriedenstellende Lösung zu finden und das Allgemeininteresse zu kompensieren, ohne gleich die Strafe, die Repression wählen zu müssen[716]. Dieses ist insofern wichtig,

---

[705] Pradel, procédure, Rn. 164.
[706] Aymond, Rép. Pén. n°. 45-47; Pradel, ebd.
[707] Cass. Crim. vom 4.März 1991, Bull. Nr. 107.
[708] Pradel, ebd.
[709] Cass. Crim. vom 20. Oktober 1993, Bull. Nr. 302.
[710] Stefani/Levasseur/Bouloc, Rn. 122.
[711] Pradel, procédure, Rn. 165.
[712] Schneider, S. 249.
[713] Cass.Crim. vom 12. Februar 1990, Bull. Nr.72 für die transaction im Bereich der administration des douanes.
[714] Pradel, ebd.
[715] Cass. Crim. vom 25.November 1992, Bull. Nr.392 für die Geldstrafe im Bereich der forstrechtlichen Übertretungen.
[716] Aymond, aaO., n° 171.

da den Gerichten im Bereich dieser Delikte nicht die Möglichkeit zusteht, mildernde Umstände zuzuerkennen oder die Fahrlässigkeit des Täters zu berücksichtigen[717]. In so wichtigen Bereichen wie den Steuern, den Zollabgaben oder den Zollabgaben stellt die transaction dann auch die am stärksten genutzte Möglichkeit der Konfliktlösung dar[718].

Dabei kann sich die transaction nur auf die Strafen bzw. Bußgelder beziehen; die ursprünglich fällige Steuerschuld etc. kann von der transaction nicht betroffen werden, sie bleibt in ihrer Gesamtheit fällig. Diese Steuerschuld o.ä. (le droit principal), stellt das Abbild dessen dar, was der Gesellschaft als ganzer geschuldet wird und bleibt daher fest, dem Vergleich entzogen[719].

a. Voraussetzungen der transaction

Die Voraussetzungen für einen wirksamen Vergleich sind zum ersten eine streitige Situation. Diese liegt entweder in der Straftat oder in Schwierigkeiten bei der Ausführung des Urteils, wenn dieses bereits gefällt wurde[720].

Zweitens ist die Absicht erforderlich, diese strittige Situation zu beenden[721] und schließlich wird gegenseitiges Nachgeben verlangt[722]. Die streitige Situation liegt mit dem Steuervergehen bzw. dem diesbezüglichen Verdacht vor. Ebenso liegt in der Regel die Absicht vor, diese Situation zu beenden. Fraglich ist jedoch, ob man im Rahmen der transaction pénale wirklich von einem gegenseitigen Nachgeben sprechen kann. Die betreffende Verwaltung verzichtet auf die Ausübung der Strafverfolgung, deren Ausgang sie in den meisten Fällen genau abschätzen kann: Entweder sie ist selber die Anklagebehörde oder aber sie gibt den Fall an die Staatsanwaltschaft; in beiden Varianten wird praktisch nicht wegen Opportunität eingestellt. Und auch das Urteil des Gerichts ist für die Verwaltung meist recht gut abschätzbar[723]. Im Gegenzug bezahlt der Betreffende eine Geldsumme, die unterhalb dessen bleiben muß, was im Gesetz als Höchststrafe für das entsprechende Delikt vorgesehen ist. Diese Summe hätte die Verwaltung sonst durch Urteil zugesprochen bekommen. Der Verzicht auf die Strafverfolgung durch die betreffende Behörde ist somit nicht reziprok[724].

---

[717] de Guardia, Gaz. Pal. 1984, doctr. S.412 (412/413) für den Bereich der douanes; Cass. Crim. vom 25. November 1992, aaO., (Forstbereich).

[718] Lascoumes u.a., S. 156.

[719] Dupré, S.48, kritisch dazu Lascoumes u.a., S.189; Sie gehen davon aus, daß faktisch genauso über die eigentliche Steuerschuld verhandelt wird wie über die als Strafe zu zahlende Summe. Dies stützen sie auch darauf, daß am Ende der Verhandlungen der Betroffene eine Summe zahlen muß, in der sowohl die Steuerschuld als auch die Strafe enthalten ist.

[720] Larguier, aaO., n° 27.

[721] Larguier, aaO., n° 28.

[722] Larguier, aaO., n° 29.

[723] Dupré, S.176.

Vor allem aber beinhaltet gegenseitiges Nachgeben ein Verhandeln auf mehr oder weniger gleichrangiger Ebene. Davon kann jedoch im Rahmen der transaction pénale keine Rede sein: die Verwaltung ist in einer sehr viel stärkeren Position als der Delinquent. Dieser hat nur die Wahl, sich auf den Vergleich einzulassen oder die Strafverfolgung in Kauf zu nehmen. Bei einem Strafprozeß kann er das Ergebnis nicht abschätzen, vor allem riskiert er dort gegebenenfalls nicht nur eine Geld- sondern auch eine Freiheitsstrafe. Damit steht er unter massivem Druck, den Vergleich abzuschließen. Besonders ausgeprägt ist dieser Druck im Rahmen der Zolldelikte, denn die Administration des douanes kann die strittige Ware beschlagnahmen, Konten blockieren etc., so daß das Risiko besteht, daß die Ware verdirbt oder Marktanteile verlorengehen[725]. Damit ist das Verhältnis zwischen den Partnern stark unausgeglichen.

Um diese beinahe unbegrenzte faktische Macht zu begrenzen, hat sich die Zollverwaltung bemüht, durch die Erstellung einer Typologie der häufig vorkommenden Situationen ihre Handlungsweise zu rationalisieren: die Typologie dient dazu, die als Vergleich vorgeschlagenen Summe festzusetzen[726]. Damit nähert sich die transaction faktisch einer durch die Zollverwaltung ausgesprochenen Sanktion an.

Von Verwaltung zu Verwaltung unterschiedlich können sich darüber hinaus noch andere Voraussetzungen ergeben. So muß die administration des douanes ab einem bestimmten Umfang (das betroffene Kapital überschreitet 1 Million Francs) die transaction dem Comité contentieux fiscal douanier et des changes vorlegen, wenn die transaction vor Einleitung der action publique stattfinden soll[727]. Wird in diesem Bereich eine transaction nach Eröffnung der action publique eingeleitet, so bedarf sie der prinzipiellen Zustimmung entweder des Staatsanwaltes (wenn die Tat strafrechtlichen und fiskalischen Sanktionen unterliegt) oder des Präsidenten des Gerichtes (wenn es nur um fiskalische Sanktionen geht)[728].

b. Folgen der transaction

Die Folge des Vergleiches ist abhängig davon, zu welchem Zeitpunkt der Vertrag geschlossen worden ist. Wenn er vor dem endgültigen Urteil getroffen wurde, hat er das vollständige Erlöschen der action publique zur Folge (Art. 6 Abs. 3 CPP) und zwar sowohl hinsichtlich der zu erwartenden Geld- als auch hinsichtlich einer zu erwartenden Haftstrafe[729]. Wurde der Vergleich hingegen erst nach dem Urteil

---

[724] Dupré, S.177.
[725] Lascoumes u.a., S.185.
[726] Lascoumes u.a., S.186.
[727] de Guardia, aaO., S.412 (413).
[728] de Gaurdia, aaO., S.412 (413); Lascoumes u.a., S.207.
[729] Dupré, S. 55.

geschlossen, so entfaltet er nur bezüglich der Geldstrafe Auswirkungen[730]. Für die etwaige Aufhebung der Freiheitsstrafe ist die Verwaltung nicht zuständig; um diese zu erreichen, muß der Gnadenweg eingeschlagen werden.

Die Lehre des 19. Jahrhunderts wollte die Wirkung des Vergleichs auch vor dem Urteil auf die Geldstrafe begrenzen; sie unterschied zwischen den nur mit Geldstrafe bedrohten Taten, die das öffentliche Interesse nicht übermäßig stören und den auch mit Freiheitsstrafe bedrohten Taten, die das öffentliche Leben in stärkerem Ausmaß störten. Im Gegensatz dazu sprach sich die Rechtsprechung sehr schnell für eine generelle Reichweite der transaction sowohl hinsichtlich der Geld- als auch hinsichtlich der Freiheitsstrafe aus. Diese Rechtsprechung wurde durch die nachfolgenden Gesetze bestätigt. Dies ist insofern auch sinnvoll, da eine teilweise wirkende transaction nur schwer vorstellbar ist[731].

Grundsätzlich entfaltet die transaction nur Wirkung in bezug auf die an ihr Beteiligten. Bei mehreren Tätern kann sich nur derjenige auf sie berufen, mit dem die Verwaltung den Vergleich auch abgeschlossen hat. Anders ist es nur, wenn der Vergleich zwischen der Verwaltung und einer juristischen Person, die als zivilrechtlich Verantwortliche für einen Angestellten haftet: diese transaction bringt die action publique auch hinsichtlich des Angestellten[732] und hinsichtlich des gesetzlichen Vertreters[733] zum Erlöschen. Auch wenn die Tat unter mehrere Tatbestände fällt, für die unterschiedliche Behörden zuständig sind, ist nur die Behörde an die transaction gebunden, die sie abgeschlossen hat. Die anderen Behörden können jeweils entscheiden, ob sie auch eine transaction abschließen oder lieber vor das Gericht gehen wollen[734].

Wenn der Vertrag nicht erfüllt wird, hat die Behörde zwei Möglichkeiten: Sie kann entweder auf die Erfüllung des Vergleiches hinwirken, mit der Folge, daß die action publique erloschen bleibt. Oder sie kann auf rückwirkende Aufhebung des Vertrages klagen, in welchem Fall die action publique wieder auflebt[735]. Wenn sie an der transaction festhalten will, stehen ihr zwei Wege offen: sie kann entweder den Betreffenden auf Erfüllung verklagen oder aber sie kann mit Zwangsmaßnahmen gegen ihn vorgehen, um die Erfüllung durchzusetzen[736].

Die transaction pénale wirft das Problem auf, was mit dem in ihr enthaltenen Geständnis geschieht für den Fall, daß die transaction nichtig ist. Allgemein

---

[730] Dupré, S. 56.

[731] Duprè, S. 55.

[732] Für eine transaction mit der administration des douane s. Cass. Crim. vom 13. Dezember 1993, Bull. Nr. 384; für eine transaction im Bereich der contributions indirectes s. Cass. Crim. vom 30. Mai 1994, Bull. Nr. 210.

[733] Cass. Crim. vom 20. Januar 1992, D. 1992, IR S.109 für den Bereich der douanes.

[734] de Guardia, Gaz.Pal. 1984, doctr. S.412 (412).

[735] Larguier, aaO., n° 65.

[736] Dupré, S. 153.

unterscheidet man heute zwischen verschiedenen Klauseln, so daß aus der Nichtigkeit der transaction nicht zwangsweise die Nichtigkeit des Geständnisses folgt. Das Geständnis betrifft die Anerkennung der Straftat, die Nichtigkeit der transaction kann jedoch auf ganz anderen Ursachen beruhen. In diesem Fall kann das Geständnis von der Strafjustiz verwandt werden[737].

Eine weitere durch die transaction pénale aufgeworfenen Frage ist die nach der Unterbrechung der Verjährung. War man früher der Unterbrechung der Verjährung durch die transaction gegenüber positiv eingestellt, so steht heute fest, daß die im Rahmen eines Verwaltungsverfahrens vorgenommenen Handlungen und somit auch eine transaction, die Verjährung nicht unterbrechen können[738].

c. Rechtsnatur der transaction

Schließlich ist auch die Rechtsnatur der transaction nicht unumstritten. Im Prinzip existieren dazu zwei Theorien: die eine hält die transaction in diesem Bereich für eine Variation der zivilrechtlichen transaction, also des zivilrechtlichen Vergleichs. In den Augen der anderen Auffassung handelt es sich um eine freiwillig akzeptierte Sanktion der Verwaltung, die an die Stelle der Strafe tritt. Schließlich wird in der transaction zum Teil eine transaction pénale, also etwas Eigenständiges gesehen.

Dabei unterscheidet sich die transaction hinsichtlich ihrer Rechtsnatur von der geplanten injonction pénale (cf. oben S.73). An dieser Stelle können wir auf die Kritik Pradels zurückkommen (cf. oben S.77, der die Ablehnung der injonction pénale durch den Conseil Constitutionnel u.a. deswegen angegriffen hatte, weil die vergleichbare transaction seit jeher unbehelligt besteht. Volff führt dazu aus, daß transaction und geplanter injonction pénale nur die Zahlung einer Geldsumme gemein seien. Diese Zahlung habe aber eben bei der transaction eine gemischte Natur. Die transaction sei darüber hinaus auch bei Rückfällen möglich, während für die injonction neben dem Strafregister (casier judiciaire) noch ein zweites Register hätte geführt werden sollen. Den Hauptunterschied aber sieht Volff darin, daß die transaction sich nur auf Bereiche des Nebenstrafrechts bezieht[739].

Bei diesen Delikten geht man davon aus, daß sie nicht so sehr den ordre public stören, wie die im Code Pénal geregelten Taten es tun, sondern stärker Angriffe auf das staatliche Vermögen darstellen[740]. In diesen Beobachtungen könnte der Unterschied liegen, der die verschiedene Behandlung durch den Conseil Constitutionnel rechtfertigt.

---

[737] Dupré, S.140.
[738] Dupré, S. 142.
[739] Volff, D. 1995, chr. S. 201 (203).
[740] Dobkine, D. 1994, chr. S. 137 (137).

d. Vergleich zu deutschen Regelungen

Auch in Deutschland besteht zum Teil eine aktive Mitwirkung insbesondere der Finanzbehörden an der Strafverfolgung. Daneben sind die ehemaligen Übertretungen zu Ordnungswidrigkeiten, also zu Verwaltungsunrecht, herabgestuft werden, über das von den zuständigen Behörden unter Zugrundelegen des Opportunitätsprinzips entschieden wird.

i. Rechte der Finanzbehörden

Gem. § 386 Abs.1 AO ist den Finanzämtern die Ermittlung und Aufklärung von Steuerdelikten übertragen, gemäß § 386 Abs.4 S.1 u. 2 AO können die Ermittlungen aber auch jederzeit an die Staatsanwaltschaft abgegeben oder von dieser an sich gezogen werden.

Im Rahmen dieser Funktionen haben die Finanzbehörden dieselbe Stellung inne wie die Staatsanwaltschaft (§§ 386, 399 Abs.1, 406 AO). Da ihnen damit dieselben Rechte und Pflichten wie der Staatsanwaltschaft zustehen, sind sie in der Regel zwar an das Legalitätsprinzip gebunden, können in bestimmten Fällen jedoch auch das Verfahren wegen Geringfügigkeit bzw. aus Opportunitätserwägungen einstellen gemäß §§ 153 ff. StPO und § 398 AO. Bei einer Einstellung gemäß letztgenannter Regelung ist das Einverständnis des ansonsten zuständigen Gerichtes nicht notwendig, insofern entspricht § 398 AO dem § 153 Abs.1 S.2 StPO[741]. Dabei steht den Finanzbehörden auch die Möglichkeit einer bedingten Einstellung nach § 153 a StPO unter Zustimmung des Beschuldigten und des ansonsten zuständigen Gerichts offen . Letztere ist nicht notwendig in den Fällen des § 153 a Abs.1 S.2 StPO[742].

Die Finanzbehörden können Antrag auf Strafbefehl stellen. Wo dieser nicht ausreicht oder die Sache für das Strafbefehlsverfahren ungeeignet ist, müssen sie jedoch die Akten an die Staatsanwaltschaft übersenden (§ 400 AO)[743].

Das früher existierende Unterwerfungsverfahren im Steuerrecht, welches der französischen transaction insofern vergleichbar war, als daß die Zustimmung des Betroffenen notwendig war und es die Strafe mit umfaßte[744], wurde vom Bundesverfassungsgericht verworfen[745]. Voraussetzung des Unterwerfungsverfahrens war die Einräumung der ihm zur Last gelegten Taten durch den Beschuldigten sowie seine Erklärung, sich der Strafe ohne einen förmlichen Strafbefehl unterwerfen zu

---

[741] Klein/ Orlopp, Anm. 1 zu § 348 AO.
[742] Klein/ Orlopp,Anm. 21 zu § 199 AO.
[743] Peters, S. 187.
[744] Als Vergleich angesehen wurde das Unterwerfungsverfahren beispielsweise von Schneider, die es mit der französischen transaction verglich (S. 250 /251).
[745] BVerfG vom 6. Juni 1967, BVerfGE 22, S.49 (81 /82).

wollen. Die Unterwerfung stand einem rechtskräftigen Urteil gleich[746]. Bis zu dem Urteil des Bundesverfassungsgerichtes wurde das Steuerstrafrecht in hohem Maße im Unterwerfungsverfahren behandelt[747].

Verfassungswidrig war das Unterwerfungsverfahren insbesondere wegen Verstoßes gegen Art. 92 GG, wonach die Verurteilung zu einer Kriminalstrafe (worum es sich hier ja handelte) ausschließlich den Richtern vorbehalten[748]; es wurde also ein Verstoß gegen das Gewaltenteilungsprinzip festgestellt. Begründet wurde dies damit, daß eine Kriminalstrafe, unabhängig davon, ob es sich um eine Geld- oder eine Freiheitsstrafe handelte, notwendig mit einem Unwerturteil verbunden sei, daß so schwer wiegt, "daß es nach der grundgesetzlichen Ordnung nur vom Richter ausgesprochen werden kann."[749] Begründet wurde die Verfassungswidrigkeit also damit, daß im Unterwerfungsverfahren Strafe ausgesprochen und auch formal als solche bezeichnet wurde, worin ein Unterschied zur französischen transaction liegt, bei der es sich formal um einen Vergleich handelt. Der Unterschied ist aber nur ein formaler Unterschied, denn z.T. wird von den Behörden vorher festgelegt, wofür welche Vergleichssummen zu zahlen sind (cf. oben S.00141, es wird also inhaltlich eine Art Bußgeldkatalog aufgestellt. Damit ist Pradel in seiner Frage zuzustimmen, warum die injonction pénale, nicht aber die transaction pénale gegen die Gewaltenteilung verstößt.

Bemerkenswert ist in diesem Zusammenhang aber auch, daß in Deutschland das Unterwerfungsverfahren an der Gewaltenteilung gescheitert ist, nicht aber die bedingte Einstellung nach § 153 a Abs.1 StPO, während es in Frankreich genau umgekehrt ist.

Festzuhalten bleibt also, daß den deutschen Finanzbehörden im Endeffekt ähnliche Möglichkeiten zur Verfügung stehen wie den französischen Behörden; nur die rechtliche Ausgestaltung ist unterschiedlich: In Deutschland wird das Verfahren gegen Erfüllung einer Auflage eingestellt (die in der Zahlung einer bestimmten Geldsumme liegt); in Frankreich legt die Behörde die zu zahlende Summe im Rahmen der transaction fest.

ii. Befugnisse der Behörden im Rahmen des Ordnungswidrigkeitenrechts

Im Bereich der Ordnungswidrigkeiten sind generell die Behörden zur Verfolgung und Ahndung zuständig (§§ 35 ff, 43 OWiG). Das Ordnungswidrigkeitsverfahren führt entweder zur Einstellung oder zu einem Bußgeldbescheid (§§ 56, 66 OWiG). Dabei handelt die Behörde nach pflichtgemäßem Ermessen (§ 47 OWiG); hier gilt das Opportunitätsprinzip. Damit sind die Befugnisse der Behörden in Deutschland

---

[746] Barske, Kurt/ Gapp, Karl; Steuerstrafrecht und Steuerstrafverfahrensrecht, Stuttgart 1959, S.122.

[747] BVerfG, aaO., S. 57.

[748] BVerfG, aaO., S. 73.

[749] BVerfG, aaO., S. 49.

anders als die der französischen: die französischen Behörden leiten zwar zum Teil die Strafverfolgung und haben dann auch die Möglichkeit, aus Opportunitätserwägungen einzustellen. Sie können aber keine Geldstrafe verhängen wie die deutschen Behörden. Im Rahmen der transaction legen sie jedoch die Summe fest, die anstelle einer Strafe zu zahlen ist.

Im übrigen sollte man nicht aus den Augen verlieren, daß es sich in beiden Fällen um grundverschiedene Delikte handelt. Ordnungswidrigkeitenrecht kommt insbesondere im Rahmen der Verkehrsdelikte zur Anwendung, die in Frankreich die contraventions der ersten vier Kategorien darstellen und dort mit einem vereinfachten Verfahren nach festgelegten Sätzen mit Geldstrafen belegt werden (amende forfaitaire).

7. Faktische Opportunitätsentscheidungen der Polizei

Die Polizei ist gesetzlich verpflichtet, alle von ihr ermittelten Straftaten der Staatsanwaltschaft zu unterbreiten (Art. 19 CPP).

Die Realität sieht jedoch anders aus; die Polizei unterbreitet nicht sämtliche ihr bekannten Fälle, sondern trifft vielmehr eine erste Auswahl der Fälle, die sie der Staatsanwaltschaft unterbreitet[750]. Oder, um es mit Laroche-Flavin auszudrücken, "en fait, le principe de l'opportunité s'applique d'abord au niveau des commissariats."[751].

a. Methoden

So ist es die Police judiciaire, die über die Bedeutung eines Falles entscheidet sowie darüber, ob die Staatsanwaltschaft informiert wird[752]. Sie hat dabei verschiedene Möglichkeiten, eine Straftat nicht bis zur Staatsanwaltschaft gelangen zu lassen.

Sie kann eine Beschwerde oder Anzeige einfach nur in die sogenannte main courante eintragen, statt sie in ein förmliches Register aufzunehmen[753]. Diese main courante muß bei jeder Polizeidienststelle geführt werden. Sie stellt das Tagebuch der Aktivitäten der Dienststelle dar. Insbesondere werden die Aktivitäten dort eingetragen, die nicht zu einem förmlichen Protokoll geführt haben[754]. Ist eine Anzeige oder Beschwerde nur dort eingetragen, wird die Staatsanwaltschaft im Regelfall

---

[750] Simmat-Durand, S. 10. Für Deutschland siehe. Kürzinger, Josef: Private Strafanzeige und polizeiliche Reaktion. Berlin 1978.

[751] Etwa: "Tatsächlich wird das Opportunitätsprinip zunächst auf dem Niveau der Polizeikommissariate angewendet"; Laroche-Flavin, S. 89.

[752] Levy, S.103.

[753] Levy,S. 42, Simmat-Durand, S. 19.

[754] Levy, S. 42.

nicht damit befaßt. Diese Praxis ist relativ alt und wird von den übergeordneten Autoritäten nicht beanstandet, sondern im Gegenteil sogar bestätigt.

Ein Rundschreiben beispielsweise zielt darauf ab, diese "vernünftige Praxis" mit den Erfordernissen einer polizeiliche Speicherung in Einklang zu bringen, indem mit Zustimmung der Staatsanwaltschaft ein Zentralregister der in die mains courantes eingetragenen Vorfälle eingerichtet wurde[755]. Dieses Register dient dazu, die Wiederholungstäter herauszufinden. Wenn also beispielsweise jemand wegen eines geringfügigen Ladendiebstahls angehalten wird, muß das Zentralregister überprüft werden. Ist die betreffende Person dort bereits im Zusammenhang mit Ladendiebstahl erwähnt, muß im Regelfall ein förmliches Protokoll aufgenommen werden[756].

Eine wesentliche Voraussetzung dieses Verfahrens ist das Einverständnis der Person, also zumeist des Opfers, die den Sachverhalt der Polizei zur Kenntnis bringt. Besteht das Opfer auf einer förmlichen Strafanzeige (plainte), muß die Polizei auch eine solche registrieren[757]. Die Polizei versucht daher häufig, das Opfer vom Erheben einer plainte abzubringen. Dabei ist ein oft verwendetes Argument der Hinweis auf die staatsanwaltschaftliche Einstellungspraxis und die daraus resultierende mangelnde Aussicht auf Erfolg einer plainte[758].Teilweise versucht die Polizei auch, dem Opfer zu erklären, daß der vorgetragene Sachverhalt keine Straftat, sondern eine Angelegenheit für den Zivilrichter darstelle.

Eine andere Möglichkeit, einen Sachverhalt auf der Ebene der Polizei enden zu lassen, ohne ihn der Staatsanwaltschaft mitzuteilen, besteht darin, ihn überhaupt nicht aufzunehmen bzw., überhaupt zur Kenntnis zu nehmen. Überhaupt nicht erst festgestellt werden Straftaten, die die Polizei nur als geringfügig einschätzt, wie beispielsweise der aktive Kundenfang der Prostituierten, oder Delikte, deren Verfolgung sich in den Augen der Polizei nicht lohnt, da eine spätere Sanktion entweder nicht stattfindet oder sehr milde ausfällt (z.B. Bettelei, illegale Ausübung der Heilkunde durch guerisseurs etc.)[759].Das Nichtfeststellen von Straftaten kann zum einen mit einer Prioritätensetzung durch die Polizei zusammenhängen: geringfügige Straftaten werden vernachlässigt, um Kapazitäten für die wichtigeren, größeren Straftaten frei zu haben[760].

Zum Teil werden bestimmte geringfügige Delikte (Schlägereien in Diskotheken u.ä.) im Rahmen einer Transaktion d.h. wenn der Betroffene dafür der Polizei im Austausch Informationen zukommen läßt aber wohl auch "übersehen"[761].

---

[755] Circulaire Nr. 10-73 du 20 avril 1973 (Direction de la Police judiciaire), Préfecture de police de Paris; vergl. Levy ,S. 42.

[756] Levy, aaO., S. 42/43.

[757] Levy, aaO., S. 43.

[758] Levy,aaO., S. 43.

[759] Grebing, aaO., S. 32.

[760] Grebing, ebd.

[761] Levy ,S. 21/22; angedeutet auch bei Laroche-Flavin, S. 89.

Allerdings scheint es in diesen Fällen weiter verbreitet zu sein, daß die Polizei im Rahmen des Verfahrens ein gutes Wort für den Betreffenden einlegt statt die Sache fallenzulassen[762].

b. Gründe

Die Gründe für das Vorgehen der Polizei wurden zum Teil bereits angesprochen. Sie liegen in der Überlastung der Polizei und der Erfahrung, daß bestimmte Delikte von der Staatsanwaltschaft eingestellt werden.

Anders als in Deutschland wird in Frankreich viel stärker hingenommen, daß bereits die Polizei einen Teil der Opportunitätsentscheidungen vorwegnimmt.

---

[762] Levy, S. 24.

4. Teil:Grenzen und Kontrolle des Opportunitäts- prinzips

Dem Opportunitätsprinzip sind Grenzen gesetzt, um zu verhindern, daß der Staats- anwalt willkürlich entscheiden kann. Das wichtigste Gegengewicht zum Opportuni- tätsprinzips stellt dabei die dem Opfer und einigen Vereinigungen unter bestimmten Voraussetzungen eingeräumte Möglichkeit dar, den Strafprozeß auch gegen den Willen der Staatsanwaltschaft in Gang zu bringen (action civile)[763]. Andere Begren- zungen (aufgezählt werden in der französischen Literatur in diesem Zusammen- hang noch die Antragsdelikte) spielen eine wesentlich geringere Rolle. Sie sollen in dieser Arbeit daher nur knapp dargestellt werden (S.182 ff.)

Neben der action civile als Grenze oder Gegengewicht zu der Entscheidungs- kompetenz der Staatsanwaltschaft gibt es in Frankreich, anders als in Deutschland, wenig Kontrollen. So gibt es kein Rechtsmittel gegen die Einstellungsentscheidung des Staatsanwaltes, das zur Folge hätte, daß ein Gericht die Strafverfolgung anord- net, vergleichbar dem deutschen Klageerzwingungsverfahren. Auch die hierarchi- sche Kontrolle wird in der Literatur praktisch nicht erwähnt. Schließlich findet auch eine materiellstrafrechtliche Überprüfung, wie sie in Deutschland durch die Straf- vereitelung im Amt auf der einen und die Verfolgung Unschuldiger auf der anderen Seite bekannt ist, nicht statt, bzw. der Staatsanwalt kann sich insofern nur im allge- meinen Rahmen, wie jeder andere, strafbar machen.

A. Grenzen

Begrenzt wird das Opportunitätsprinzip in Frankreich hauptsächlich durch Ent- scheidungen des Opfers. Dabei kann sich diese Entscheidung in zwei Richtungen auswirken: das Opfer kann mittels der action civile den Prozeß und damit eine ge- richtliche Entscheidung erzwingen. Andererseits kann es bei bestimmten Delikten, deren Verfolgung einen Antrag voraussetzt, den Prozeß verhindern[764].

I. Die action civile des Verletzten

Kommen wir bei den Grenzen des Opportunitätsprinzips zunächst zu der bereits an mehreren Stellen erwähnten action civile: In Frankreich kann der Verletzte mit einer   action civile genannten Klage[765] auf Schadensersatz   Partei des

---

[763] Belot, S. 46; Garcin, S. 73; Poulpiquet, Rev. Sc. Crim., 1975, S. 373.
[764] Schneider, S. 268.

Strafverfahrens werden. Dies geschieht entweder, indem er dem bereits durch die Staatsanwaltschaft begonnenen Verfahren beitritt (intervention, sie ist sowohl vor der Untersuchungs- als auch vor der erkennenden Gerichtsbarkeit möglich). Oder das Opfer setzt den Strafprozeß mit der action civile selbst in Gang, wobei entweder direkt vor dem Strafgericht (citation directe) oder vor dem Untersuchungsrichter (plainte avec constitution de partie civile) auf Schadensersatz geklagt werden kann. Damit wird das öffentliche Strafverfahren automatisch, auch gegen den Willen der Staatsanwaltschaft, in Gang gesetzt. Indem hierbei eine Entscheidung unabhängig von der Staatsanwaltschaft getroffen werden kann, wird das Opportunitätsprinzip begrenzt bzw. es wird ein Gegengewicht geschaffen zu der Entscheidungsbefugnis der Staatsanwaltschaft und dieses Gegengewicht hat eine das Opportunitätsprinzip begrenzende Funktion.

1. Historische Entwicklung

Historisch gesehen hat die action civile eine lange Tradition: zwar hatte sich in der Entwicklung des Strafprozesses seit dem 13. Jahrhundert immer mehr der Staatsanwalt als öffentlicher Ankläger heraus entwickelt und damit das Opfer als Kläger immer mehr verdrängt. Jedoch blieb diesem immer die Möglichkeit, sich an der Klage des ministère public zu beteiligen[766]. Auch in der Revolutionszeit blieb ihm das Recht, durch seine Klage das Strafverfahren in Gang zu setzen, erhalten; zeitweise ersetzte dieses Recht die öffentliche Anklage durch den Staatsanwalt.

Die Einführung des CIC änderte an der Möglichkeit des Opfers, die öffentliche Klage mittels der action civile in Gang zu setzen, nichts, obwohl Napoleon die Position des Staatsanwaltes als Ankläger stark ausgebaut hatte[767]. Nach der Einführung des CIC hatte die action civile jedoch zunächst keine besondere Bedeutung, der Verlauf war wechselhaft. So beruhten 1830 ungefähr 20% aller Strafprozesse auf einer action civile gegenüber nur 4,5% zwischen 1854 und 1855. Allerdings beruhte dieser prozentuale Abstieg nicht allein auf einer schwächeren Beteiligung der Zivilparteien, sondern auch auf einer stärkeren Tätigkeit der Staatsanwaltschaft[768]. Dabei ging es bei den actions civiles zunächst am häufigsten um Körperverletzungs- und Beleidigungsdelikte, nur selten um Diebstähle. Die Zahl der actions civiles im Rahmen von Beleidigungsdelikten blieb relativ konstant; hinzu kamen Ende letzten Jahrhunderts die Straftaten die actions civiles wegen des Deliktes der Diffamierungen durch die Presse. Ab 1917 gesellten sich dann auch

---

[765] Action civile ist nur die Schadensersatzklage wegen eines auf einer Straftat beruhenden Straftat, sie ist im Gegensatz zur action publique des Staatsanwaltes benannt. Klagen vor den Zivilgerichten heißen action à fin civile.

[766] Beth, S. 5.

[767] Beth, S. 5; Schnapper, arch. pol. crim. 10 (1988), S. 19 (20).

[768] Schnapper, aaO., S. 19 (26).

Scheckbetrügereien zu den genannten Delikten hinzu[769].

Erst gegen Ende des 19. Jahrhunderts erlebte die action civile mit dem Beginn des industriellen Zeitalters wieder einen Aufschwung[770]. Schließlich wurde sie so häufig und zum Teil dabei auch mißbräuchlich ausgeübt, daß der Gesetzgeber in den 30er Jahren und zum Teil auch später noch versuchte, durch Maßnahmen, die die action civile erschwerten, dem entgegenzuwirken, was nicht immer den gewünschten Erfolg erzielte[771].

Dabei wurde jedoch das Institut der action civile selbst nicht in Frage gestellt[772]. 1959 wurde es im Wesentlichen unverändert in den CPP übernommen.

2. Rechtsnatur

Auch im französischen Recht sind, wie im deutschen Recht, die Zivilklage und die Strafklage zwei voneinander unabhängige Klagen. Infolgedessen wurde die action civile bis in die 50er Jahre als rein zivilrechtliche Klage begriffen[773], die einzig dem Zweck diente, Schadensersatz zu erlangen.

Inzwischen hat sich jedoch die Ansicht durchgesetzt, die action civile als eine Klage sowohl mit zivil- als auch mit strafrechtlichen Elementen zu betrachten.[774] Boulan geht sogar noch weiter mit seiner Feststellung: "Notre droit tend à consacrer de deux actions civiles distinctes", nämlich eine mit dem ursprünglichen Ziel, Schadensersatz zu erlangen, und eine mit einem auf Bestrafung des Täters angelegten Sinn[775].Dies wird auch darin deutlich, daß zwar für die Klagebefugnis ein erlittener Schaden notwendig ist (cf. unten S.156), dieser Schaden jedoch nicht tatsächlich auch eingefordert werden muß. Nach ständiger Rechtsprechung ist es ausreichend, wenn der Verletzte durch seine action civile die action publique des Staatsanwaltes unterstützen oder in Gang bringen oder die Existenz der Straftat feststellen lassen will[776]. In bestimmten Fällen kann ein Schadensersatz auch gar nicht zugesprochen werden. So kann beispielsweise bei betrügerischem Bankrott der Gläubiger zwar mit einer action civile gegen den Bankrotteur vorgehen, ihm kann aber wegen des Grundsatzes der Gleichheit aller Gläubiger in dem Prozeß

---

[769] Schnapper, aaO., S. 19 (27/28).

[770] Beth, S. 6.

[771] Beth, S. 7.

[772] Beth, S. 9.

[773] Vidal, Rev..Sc.Cr. 1963, S. 481, (481).

[774] Boulan, JCP 1973. I. doctr. 2563, n° 22; Faivre, Rèpertoire, n° 6, Vidal, aaO., S. 481 (483); Mérigeau in Eser/ Kaiser/ Madlener ,S. 325 (326)

[775] Etwa: "unser Recht tendiert dazu, zwei verschiedene actions civiles anzuerkennen", Boulan, aaO., n° 6.

[776] Cass. Crim. vom 24.5. und 4.7. 1973, Bull Crim. Nr. 238 u. 345; Cass. Crim. vom 15.3.1977, JCP 1979 II 19148; Cour d'Assises du Gard vom 20. 5. 1986, D. 1986 IR 112 (mit Urteilsanmerkung Pradel); Roca, D. 1991, chr. S. 85 (90).

kein Schadensersatz zugesprochen werden[777].

Die action civile ist sogar dann zulässig, wenn das Opfer bereits entschädigt worden ist, gar keinen Schadensersatz will oder das Strafgericht den Schadensersatz mangels Zuständigkeit nicht gewähren kann[778]. Die Rechtsprechung begründet die Zulässigkeit der action civile in diesen Fällen mit dem Wortlaut des Art. 418 CPP: "La partie civile peut, à l'appui de sa constitution, demander des dommages et intérêts..." Aus dem "peut" schließt die Rechtsprechung, daß das Opfer Schadensersatz verlangen kann, aber nicht muß[779].

Diese Interpretation wird in Frankreich stark kritisiert, denn sie gewähre dem Opfer ein reines Racherecht. In solchen Fällen offenbare sich der strafrechtliche Charakter der action civile besonders deutlich[780]. Auch die Begrenzungsfunktion gegenüber dem Opportunitätsprinzip offenbart sich darin sehr plastisch.auf der anderen Seite muß der französische Strafrichter auch dann über den Schadensersatz entscheiden, wenn der Angeklagte freigesprochen wird.[781] In Deutschland dagegen kann das Gericht gemäß § 405 Abs.2 StPO von einer Entscheidung über den Schadensersatz auch dann absehen, wenn sich der Antrag zur Entscheidung im Strafverfahren nicht eignet.

In diesen Punkten unterscheidet sich die action civile vom deutschen Adhäsionsverfahren gem. §§ 403 ff. StPO, das dem Opfers zwar Schadensersatz im Rahmen des Strafprozesses gewährt, jedoch nicht die Möglichkeit, den Prozeß auszulösen. Vor allem aber ist es von der Praxis nicht aufgenommen worden[782], auch wenn der Gesetzgeber 1986 den Versuch unternommen hat, Anwendungshindernisse abzubauen[783].

3. Formen

Wie bereits angedeutet, kann das Opfer entweder einem bereits durch die Staatsanwaltschaft angestrengten Strafprozeß beitreten oder den Prozeß selbst in Gang setzen. Als Begrenzung des Opportunitätsprinzips interessiert hier nur die zweite Möglichkeit.

---

[777] Cass. Crim. vom 2. 11. 1951, in JCP 1951, Teil 2, Nr. 6605; Cass. Crim. vom 14.11.1977, Bull Crim. Nr. 348; ständige Rechtsprechung für Bankrottfälle.

[778] Rassat, procédure, S. 233.

[779] Cass. Crim. vom 10.10. 1968, Bull. Nr. 248; vom 15. 10 1970, D. 1970 jur. 733; vom 8.6. 1971, D. 1971, jur. 594; Roca, aaO., S.90.

[780] Belot, S. 46/47; Vidal, aaO., S. 481 (484/485).

[781] Mérigeau, aaO., S. 325 (330).

[782] Kleinknecht/ Meyer-Goßner, Rn. 1; Pfeiffer/ Fischer, Rn.2 jew. vor § 403 StPO; Roxin, StrafverfahrensR, S. 458

[783] Kleinknecht/ Meyer-Goßner ,Rn. 2 vor § 403 StPO.

Wie auch der Staatsanwaltschaft steht dem Verletzten bzw. der Vereinigung für die action civile sowohl die Möglichkeit, direkt das erkennende Gericht mit dem Fall zu befassen (citation directe) als auch die Möglichkeit, durch den Untersuchungsrichter eine förmliche Voruntersuchung einleiten zu lassen (plainte avec constitution de partie civile), zur Verfügung.

a. Citation directe

Bei der citation directe (Art. 551 CPP) wird die Klage auf Schadensersatz direkt bei dem erkennenden Gericht erhoben. Sie ist dabei den gleichen Regeln unterworfen wie die citation directe des Staatsanwaltes: es handelt sich um eine förmlich dem Gegner zuzustellende Urkunde, aus der die Beteiligten und der Tatvorwurf hervorgeht. Mit dieser Urkunde wird der Beschuldigte unmittelbar vor das erkennende Gericht geladen.[784] Der Kassationshof ist dabei mit den Formvoraussetzungen sehr streng; wenn aus der Urkunde Name und Adresse etc. der Zivilpartei nicht eindeutig hervorgehen, ist die citation directe unzulässig.[785] Der Zivilkläger muß den Sachverhalt nicht bloß darlegen, sondern auch rechtlich würdigen.[786]

Bei Übertretungen ist die citation directe für das Opfer obligatorisch, nur der Staatsanwalt kann in diesen Fällen die gerichtliche Voruntersuchung beantragen.[787]Wenn sie nicht vorgeschrieben ist, wird diese Form der action civile vor allen Dingen dann gewählt , wenn der betreffende Sachverhalt einfach ist, wie beispielsweise bei Verleumdungen durch Presseartikel: Der Sachverhalt ist durch Vorlage des betreffenden Artikels geklärt, nur die Rechtsfrage, ob in ihm eine Verleumdung liegt, bleibt zu erörtern.

b. Plainte avec constitution de partie civile

Bei der plainte avec constitution de partie civile macht das Opfer seinen Schadensersatzanspruch vor dem Untersuchungsrichter geltend. Dieses Vorgehen ist weniger formalistisch als die citation directe: Die plainte wird schriftlich oder zur Niederschrift beim Untersuchungsgericht eingereicht[788]. In der Praxis handelt es sich meist um einen an den Richter adressierten Brief.

Der Sachverhalt muß dabei soweit geschildert sein, daß es dem Untersuchungsrichter möglich ist, bei unterstellter Richtigkeit des Sachverhaltes, den Schaden und die Kausalitätsbeziehung zwischen Schaden und Delikt abzuschätzen; mit anderen

---

[784] Gewaltig, S. 66; Merle/Vitu, Rn. 1128; Stefani/Levasseur/Bouloc, Rn. 229.

[785] Cass. Crim. vom 22. 6. 1967, Bull. Crim. Nr. 88; Cass. Crim. vom 10.3.1993, Dr. Pénal 1994 chr. Nr. 23; ständige Rechtsprechung.

[786] Gewaltig, S. 67.

[787] Gewaltig, S. 45; Merle/Vitu, Rn. 1127; Art. 44 u. 79 CPP.

[788] Stefani/ Levasseur/ Bouloc, Rn. 231.

Worten, er muß schlüssig sein[789]. Zu beachten ist, daß das Opfer ausdrücklich darlegen muß, daß es mit der plainte seine action civile geltend machen will. Anderenfalls wird die plainte wie eine einfache plainte behandelt, d.h. sie führt, wie bereits festgestellt, nicht unbedingt zu einem Strafverfahren. Die verletzten Straftatbestände muß der Verletzte bei der plainte avec constitution de partie civile, anders als bei der citation directe, nicht angeben[790].

Für Verbrechen ist diese Form der action civile vorgeschrieben, wie ja auch der Staatsanwalt bei Verbrechen den Untersuchungsrichter mit dem Fall befassen muß.

4. Voraussetzungen

a. Allgemeine Klagevoraussetzungen

Da es sich bei der action civile grundsätzlich um eine Klage auf Schadensersatz handelt, gelten die allgemeinen Klagevoraussetzungen einer zivilrechtlichen Schadensersatzklage.

Das heißt als erstes, daß der Verletzte rechts- und prozeßfähig sein muß. Die Frage der Prozeßfähigkeit richtet sich nach den für den Zivilprozeß geltenden Grundsätzen.[791] Ein Minderjähriger oder aus anderen Gründen nicht voll Geschäftsfähiger kann die action civile nicht erheben, für ihn muß sein gesetzlicher Vertreter tätig werden[792]. Das führt in Fällen von sexuellem Mißbrauch etc. zu Problemen, wenn der Täter ein Elternteil und damit gesetzlicher Vertreter ist. In diesen Fällen hat zwar der juge d'instruction gemäß einem Gesetz vom 10. Juli 1989 die Möglichkeit, einen administrateur ad hoc zu bestellen, der im Namen des betroffenen Kindes die Rechte der Zivilpartei wahrnimmt. Diese Bestellung ist jedoch nicht obligatorisch, so daß es jeweils vom juge d'instruction abhängt, ob das Kind die action civile geltend machen kann oder nicht[793].

Unabhängig davon, welchen der beiden Wege (plainte avec constitution de partie civile oder citation directe) das Opfer wählt, muß eine Kaution hinterlegt werden für den Fall, daß der Verletzte den Prozeß verliert. Dann nämlich mußte er bis vor kurzem die Prozeßkosten tragen[794]. Seit den Änderungen vom August 1993 werden

---

[789] Garcin, S. 73; Gewaltig, S. 46; Merle/Vitu, Rn. 1128; Stefani/Levasseur/Bouloc Rn. 231.

[790] Gewaltig, S. 46.

[791] Gewaltig, S. 7.

[792] Belot, S. 55; Pradel, procédure, Rn. 394; Stefani/Levasseur/Bouloc, Rn. 169; Cass. Crim. vom 16. Juni 1992, D. 1993, jur. S. 75.

[793] Bonneau, J.-Cl. Proc.Pén., Art. 2 à 3 Fasc. 20 n° 45 ; cf. auch Alain Prothais, Urteilsanmerkung zu Cass. Crim. vom 16. Juni 1992, D. 1993, jur. S. 75, (75/ 76), der die Situation etwas polemisch so zusammenfaßt: "violée trop jeune pour être recevable..." Das Problem stellt sich allerdings in ganzer Schärfe nur im Rahmen der intervention; Fälle von Vergewaltigung und sexuellem Mißbrauch von Kindern werden wohl kaum eingestellt werden.

zwar die Gerichtskosten vom Staat getragen. Der Staatsanwalt kann aber innerhalb von drei Monaten nach einem non-lieu oder Freispruch den Verletzten, Initiator der action civile, vor das tribunal correctionnel zitieren und ihn wegen mißbräuchlichem Gebrauch der action civile zu einer Geldbuße (amende civile) bis zu 100 000 FF verurteilen lassen[795]. Die Kaution dient jetzt der Absicherung dieser Buße für den Fall, daß sie fällig werden sollte. Schließlich muß die Klage   frist- und formgerecht erhoben werden. Der plainte avec constitution de partie civile und der action directe sind die Voraussetzungen für die Klagebefugnis gemeinsam.

b. Klagebefugnis

Da die action civile "Accessoire" der action publique ist, ist Voraussetzung immer, daß die fraglichen Tatsachen eine Straftat darstellen können, diesbezüglich kommt es auf Schlüssigkeit an[796].

i. Klagebefugnis natürlicher Personen

Klagebefugt sind zunächst natürliche Personen, die durch die betreffende Straftat einen Schaden erlitten haben, bzw. dieses schlüssig geltend machen[797].

Im Rahmen der action civile wird der zivilrechtliche Anspruch im Strafverfahren mitentschieden. Dieser Anspruch gründet sich zumeist auf Art. 1382 Code Civil,[798] der anders als § 823 BGB im deutschen Deliktsrecht eine Generalklausel enthält, wonach derjenige, der einem anderen einen Schaden zugefügt hat, diesen Schaden ersetzen muß.[799] Der geltend gemachte bzw. erlittene Schaden muß für die Zulässigkeit der action civile nicht bewiesen sondern nur schlüssig dargelegt werden.

Anders als im deutschen Schadensersatzrecht, wo Schmerzensgeld nur in den engen Fällen des § 847 BGB gewährt wird, ist nach dem französischen Schadensersatzrecht auch der immaterielle Schaden ersatzfähig, bis hin zu einer Verletzung des Affektionsinteresses. Danach liegt ein ersatzfähiger Schaden beispielsweise für eine Familie in der Trauer um einen verstorbenen Angehörigen[800].

---

[794] Merle/Vitu, Rn. 1128; Art. 88 CPP.

[795] Art. 91 al.1 CPP für die constitution de partie civile vor dem Untersuchungsrichter; Art. 392-1. Abs. 2 CPP für die citation directe. Vergl. auch Pradel, procédure, Rn. 416.

[796] Bonneau, J.-Cl Proc. Pén., Art. 2 à 3 Fasc. 20 n°6.

[797] Gewaltig, S. 56.

[798] Gewaltig, S. 43.

[799] Art. 1382: Tout fait quelconque de l'homme, qui cause à autrui un dommage, oblige celui, par la faute duquel il est arrivé, à le reparer. (Etwa: "Jede menschliche Handlung, die einem anderen einen Schaden zufügt, verpflichtet denjenigen, durch dessen Verantwortung der Schaden eingetreten ist, ihn zu ersetzen").

[800] Faivre, aaO., n° 142, 143; chambre mixte vom 30. April 1976, D.1977 jur 185; Cass. Crim. vom

155

(i.) Schaden

a.) Dommage certain et actuel

Der geltend gemachte Schaden muß gegenwärtig und sicher bestehen (dommage certain et actuel). Damit sollen Schäden, deren Entstehung zweifelhaft ist, ausgeschlossen werden[801].

Diese Voraussetzung schließt den Ersatz eines zukünftigen Schadens nicht aus, wenn der Schadenseintritt bereits im Zeitpunkt der Klageerhebung nachgewiesen werden kann[802].

Unter Umständen ist auch der Verlust einer Chance (perte d'une chance) ersatzfähig. Unter dem Verlust einer Chance wird das durch die Straftat bedingte Verschwinden der Möglichkeit des Eintritts eines vorteilhaften Ereignisses verstanden, auch wenn die Realisierung diese Möglichkeit nicht sicher ist[803]. Voraussetzung ist nur, daß der Eintritt hinreichend wahrscheinlich ist[804]. Nicht hinreichend wahrscheinlich in diesem Sinn ist beispielsweise der Gewinn, der infolge der Unterschlagung von Geldern an der Börse nicht realisiert werden konnte[805]. Nicht ausgeschlossen ist es dagegen, in den Schadensersatz, den ein Pferdetrainer und - züchter wegen einer aus einer Körperverletzung resultierenden Arbeitsunfähigkeit geltend macht, die Gewinne aus Pferderennen mit einzubeziehen[806].

Der Unterschied zwischen dem Verlust einer Chance und dem Verlust eines tatsächlichen Vorteils besteht darin, daß beim Verlust einer Chance nicht insgesamt das ersetzt wird, was hätte sein können, sondern nur ein Bruchteil davon, korrespondierend zu der Wahrscheinlichkeit der Realisierung dieser Chance[807].

b.) Dommage personnel

Weiterhin muß der Schaden ein persönlich erlittener Schaden sein[808]. Abgelehnt wurde aus diesem Grund die action civile eines Malers, der die Kunsthändler

---

18. Januar 1982, D. 1983, IR 73.

[801] Keinen dommage certain und actuel stellt des beispielsweise dar, wenn der Milchjunge die Milch mit Wasser streckt und sein Chef daher riskiert, Kunden zu verlieren; Merle/Vitu Rn. 895; Cass. Crim. 20.November 1886, Bull. Nr. 392.

[802] Beth, S. 14; Gewaltig, S.8/9.

[803] "Chaque fois que peut être constatée la disparition, par l'effet du délit, de la probabilité d'un élément favorable encore que, par définition, la réalisation d'une chance ne soit jamais certaine.", Maron, Albert, Dr. Pénal 1992, comm. 159.

[804] Faivre, aaO., n° 76/77.

[805] Cass. Crim. vom 19. Februar 1975, Bull. Nr.59.

[806] Cass. Crim. vom 6. Juni 1990, Bull. Nr. 224.

[807] Maron, Albert, ebd.

beschuldigte, in betrügerischem Einverständnis die Preise bestimmter Bilder künstlich zu erhöhen, was zur Folge hätte, "d'appauvrir les vrais artistes, de corrompre le goût du public et ... de contribuer à la démoralisation de la Nation"[809]. Das Kassationsgericht stellte fest, daß der betreffende Künstler keinen aktuellen, persönlichen und direkt aus der Straftat resultierenden Schaden geltend machen könne[810].

Das Kriterium besagt darüber hinaus, daß der Schadensersatzanspruch nicht von Dritten geltend gemacht werden kann[811]. Der abgetretene Schadensersatzanspruch kann nur vor dem Zivilgericht geltend gemacht werden, nicht vor dem Strafgericht, woran sich wiederum der Doppelcharakter der action civile zeigt[812]. In bestimmten Fällen können Dritte im Rahmen der Intervention tätig werden. Darauf hier genauer einzugehen, würde den Rahmen der vorliegenden Arbeit jedoch sprengen[813].

Ein persönlicher Schaden kann allerdings auch bei Personen vorliegen, die nicht selbst Opfer der Straftat geworden sind, so z.B. bei Ehegatten, nahen Verwandten und Lebensgefährten[814], was sich insbesondere daraus ergibt, daß auch das Affektionsinteresse ersatzfähig ist. So wurde beispielsweise die action civile der Großeltern zugelassen in einem Fall seelischer Vernachlässigung eines Kindes (Art.227-17 nouveau Code Pénal: abandon moral de l'enfant): Die Eltern hatten ihr 6-jähriges Kind zur Erziehung einem indischen Guru anvertraut, die Großeltern machten mit Erfolg im Rahmen der action civile Schadensersatz geltend, mit der Begründung, durch die Tat sei die privilegierte Beziehung zwischen ihnen und ihrem Enkelkind für unbestimmte Dauer unterbrochen[815].

Eine Ausnahme von dem Prinzip, daß es sich um einen persönlichen Schaden handeln muß, stellt Art. L -316 5 Code des communes dar. Danach kann ein Bürger einer Kommune den Schaden der Kommune, den diese durch eine Straftat erlitten hat, mit der action civile einklagen, wenn die Kommune selbst untätig bleibt. Voraussetzung ist die diesbezügliche Genehmigung des Verwaltungsgerichtes. In dieser Ausnahme liegt für den sensiblen Bereich der Veruntreuung öffentlicher Gelder etc. durch beispielsweise Bürgermeister oder andere öffentliche Funktionsträger eine wichtige Begrenzung der staatsanwaltschaftlichen Befugnis, über die Opportunität der Strafverfolgung zu entscheiden[816]. Diese Begrenzung ist um so

---

[808] Cass. Crim. vom 3. April 1991, D.1991, IR S.145; vom 10. Juni 1991, D.1991, IR S. 231; vom 9. Februar 1994 Bull. Nr. 59; ständige Rechtsprechung.

[809] Etwa: "...die wahren Künstler in Armut zu stürzen, den Geschmack des Publikums zu verderben ... und zur Demoralisierung der Nation beizutragen."

[810] J. Robert, Rev.Sc.Crim 1964, S. 387; Cass.Crim vom 6.November 1963, Bull. Nr.308.

[811] Belot, S. 53; Beth, S. 15.

[812] Pradel, procédure, Rn.214.

[813] In bestimmten Fällen können Dritte, beispielsweise Versicherungen, tätig werden, allerdings nur im Rahmen der Intervention. Die Intervention ist im Rahmen der vorliegenden Arbeit jedoch nicht von Interesse. S. genauer dazu Gewaltig, S. 9 ff.

[814] Beth S. 15/16; Pradel, procédure, Rn. 210; Cass. Crim. vom 9.2.u. 21.3.1989, Bull Nr. 63 u. 137.

[815] Cass.Crim. vom 11. Juli 1994, Bull. Nr. 269.

wichtiger, als das die Staatsanwaltschaft ja hierarchisch vom Justizminister abhängt. Als Beispiel dafür möge der von der Cour de Cassation am 12. Mai 1992 entschiedene Fall dienen, wo die Staatsanwaltschaft einen solchen Fall eingestellt hatte und diese Einstellung vom Justizministerium öffentlich bestätigt worden war (cf. zu diesem Urteil auch oben S.57)[817].

c.) Dommage directement causé par l'infraction

Weitere Voraussetzung ist, daß der Schaden unmittelbar durch die Straftat verursacht worden ist. Ausreichend ist dabei nicht jede Kausalität zwischen Straftat und Schaden[818]. Wie genau die Kausalität jedoch beschaffen sein muß, läßt sich nicht genau definieren, sondern nur anhand von Beispielsfällen aufzeigen[819].

So wurde früher das Merkmal der Kausalität so eng ausgelegt, daß der im Rahmen einer Körperverletzung entstandene Sachschaden, beispielsweise an Kleidungsstücken, durch die action civile nicht mit einklagbar war, soweit er auf Fahrlässigkeit beruhte[820]. Dies lag daran, daß die fahrlässige Sachbeschädigung in Frankreich ebensowenig wie in Deutschland strafbar ist und nach der damals vertretenen Auffassung der Sachschaden eben auf dieser Sachbeschädigung und nicht auf der Körperverletzung beruhte. Heute kann der Verletzte Ersatz für den Sachschaden auch dann im Rahmen der action civile einfordern, wenn er nicht unmittelbar auf der strafrechtlichen Qualifikation beruht. Basis dafür ist Art.3 Abs.2 CPP, wonach Voraussetzung für den Schadensersatz ist, daß der Schaden auf den gleichen Tatsachen, dem gleichen Vorgang beruht wie die Körperverletzung und daß Sach - und Personenschaden bei derselben Person eingetreten sind[821]. Aus Art. 3 CPP folgt ebenfalls, daß das Opfer auch den Schaden geltend machen kann, der nicht auf dem Grundtatbestand, sondern allein auf dem qualifizierenden Umstand beruht[822].

Umstritten ist aber bis heute, ob der Verletzte im Rahmen eines Prozesses wegen einer Verkehrsübertretung vor dem tribunal de police einen Personenschaden geltend machen darf. In diesen Fällen ist es daher sinnvoll, er lädt den Beschuldigten mit einer citation directe auch wegen Körperverletzung, damit beide Prozesse verbunden werden[823].Ebenso fraglich war lange Zeit, ob das Opfer eines

---

[816] Cass. Crim. vom 12. Mai 1992 Bull. Nr. 186; vom 27. Februar 1984 Bull Nr. 72; Bonneau, J.-Cl. Proc. Pen., Art. 2 à 3 Fasc. 20 n° 67.

[817] Cass. Crim. vom 12.5.1992, D. 1992 jur S.427 f.

[818] Beth, S. 16; Gewaltig, S. 18.

[819] Faivre, aaO., n° 83.

[820] Beth, S. 17/18; Stefani/Levasseur/Bouloc, Rn. 216.

[821] Beth, S. 18; Rassat, Procédure, S. 247.

[822] Cass. Crim. vom 7. April 1993, Bull. Nr. 150.

[823] Faivre, aaO., n° 135 - 137.

Scheckbetruges (Empfänger eines nicht gedeckten Schecks), neben dem Schadensersatz im Rahmen der action civile auch die Schecksumme verlangen könne. Die
Frage wurde vom Kassationsgericht verneint: dieser Schaden beruhe auf einer der
Scheckausstellung vorausgehenden Schuld, nicht auf dem Delikt[824]. Mit einem Dekret vom Mai 1938 hat jedoch der Gesetzgeber entschieden, daß der Kläger die
Schecksumme zusammen mit dem Schadensersatz im Rahmen der action civile geltend machen könne[825]. Diese Regelung hatte auch bei späteren Gesetzesänderungen,
zuletzt 1991, Bestand. 1991 wurde die Ausstellung eines nicht gedeckten Schecks
entkriminalisiert, bestehen blieb aber der Tatbestand des späteren Entziehens der
Deckung[826].

Im Gegensatz dazu werden als indirekte Schäden unter anderem betrachtet der
Schaden der Versicherung, die an ihren Versicherungsnehmer (Opfer) zahlen muß
(der Schaden beruht auf dem Versicherungsvertrag)[827] oder der Schaden, den eine
Bank durch Unterschlagung ihres Angestellten erlitten haben will, wenn die eigentlich Leidtragenden die Kunden gewesen sind[828]. Ebenso ist der Tod durch Herzin-
farkt eines Verkehrsunfallopfers nicht unmittelbar durch den Unfall verursacht,
wenn er aufgrund einer unvernünftigen Verfolgung des Unfallverursachers
erfolgte[829].

(ii.) Abgrenzung des Einzelinteresses vom Allgemeininteresse

a.) Darstellung der Rechtsprechung

Weitere Voraussetzung ist, daß der Kläger in seinen Interessen verletzt ist. Das
Kassationsgericht geht dabei davon aus, daß es bestimmte Strafnormen gibt, deren
Mißachtung keinen individuellen Schaden zu begründen vermag. Bei diesen Straftaten werde nur das Allgemeininteresse (l'intérêt général) berührt, für dessen Verteidigung allein die Staatsanwaltschaft zuständig sei, so daß die action civile in
diesen Fällen unzulässig sei[830]. Grundlegend für diese Rechtsprechung ist das Urteil
"Milhaud", in dem zum ersten Mal die Abweisung einer Klage damit begründet
wurde, daß durch die Natur der strafbaren Handlung aus dem Bereich der

---

[824] Cass.Crim. vom 12. Dezember 1936, Sirey 1937 Teil 1 S. 238.
[825] Merle/Vitu Rn. 893; Rassat, Procédure, S. 247; Stefani/Levasseur/Bouloc, Rn. 217.
[826] Rassat, Procédure, S. 247; Stefani/Levasseur/Bouloc, Rn. 217.
[827] Cass.Crim.vom 29. Dezember 1961, Bull.Nr. 552.
[828] Cass.Crim vom 6.Mai und vom 6.Oktober 1976, Bull. Nr. 144 und 281.
[829] Cass.Crim. vom 25.April 1967, Gaz.Pal. 67, S. 1343; in diesen Fällen geht es um eine ähnl. Problematik wie in den Verfolgerfällen bei § 823 BGB, wo durch eigenes Verhalten des Opfers u.U.
ebenfalls der Anspruch entfallen kann.
[830] Belot, S. 54; Beth, S. 24.

Wirtschaftsstraftaten ein individueller Schaden nicht entstehen kann[831].
Dem Urteil lag folgender Sachverhalt zugrunde:

> Die Leiter eines Thermalbades wurden beschuldigt, bestimmte Delikte nach der Verordnung Nr. 45-1483 vom 30.6.1945 über die Preise begangen zu haben. Insbesondere hätten sie verbotene Preiserhöhungen für bestimmte Teile der Kur vorgenommen. Milhaud, dessen Frau an mehreren Kuren teilgenommen hatte, schloß sich der action publique des Staatsanwaltes mit seiner action civile an. Diese Intervention wurde mit der genannten Begründung abgelehnt[832].

Diese restriktive Rechtsprechung blieb, trotz der Kritik, nicht auf Wirtschaftsstraftaten beschränkt; in der Folge wurden auch die Nichtanzeige von Straftaten,[833] das Vergehen der Unfallflucht[834] und die Sittlichkeitsdelikte outrage aux bonnes moeurs und atteinte à la pudeur publique[835] als Delikte angesehen, die nur die Allgemeinheit, nicht aber einen einzelnen schützen.

Diese Unterscheidung zwischen Einzelinteresse und Allgemeininteresse ist von der Argumentation der deutschen Figur des Schutzzweckes der Norm vergleichbar[836]: nicht nur eine Verletzung der Norm und ein daraus resultierender Schaden wurde verlangt, sondern darüber hinaus auch eine besondere Beziehung des Schadens zu dem mit der Norm verfolgten Ziel. Folge dieser Unterscheidung ist, daß in den zum Allgemeininteresse zählenden Bereichen allein der Staatsanwalt die öffentliche Klage auslösen kann. Somit setzt sich in diesem Bereich das Opportunitätsprinzip wieder uneingeschränkt durch; die Begrenzung des Opportunitätsprinzips, die in der action civile liegt, wird ihrerseits durch diese Rechtsprechung etwas begrenzt. Darin liegt wohl auch ein Ziel dieser Rechtsprechung.[837]

Insgesamt ist die Rechtsprechung in diesem Bereich jedoch nicht einheitlich. Einige Urteile verleiten dazu, an eine Aufgabe dieses Kriteriums zu glauben,[838] während andere an ihm festzuhalten scheinen.[839]

---

[831] Cass. Crim. vom 19. 11. 1959, Bull Crim Nr. 499 und D. 1960, Jur. S. 463 (mit Anm. Durry).

[832] Durry, Urteilsanmerkung zum Urteil Milhaud, D. 1960, jur. S. 464ff. (464)

[833] Cass. Crim vom 2.3.1961, D. 1962, S. 121.

[834] Cour d'appel de Paris vom 10.11.1971, Gaz. Pal. 1972 I, S. 17.

[835] Cass. Crim. vom 25. 7.1913, D. 1915 I, S. 150; Cass. Crim. vom 26.6. 1974, Bull. Crim. 241; Faivre, aaO., Abs. 172.

[836] Beth, S. 25; BGH in Zivilsachen vom 4.12.1956, BGHZ 22, S. 293 (295), vom 29. 4 1966, BGHZ 46, S. 17 (20).

[837] So Vidal, aaO., S. 481 (513).

[838] Cass. Crim. vom 22. Januar 1970, Bull. Nr. 37, vom 19. Oktober 1971, Bull. Nr. 269; vom 20. März 1972, Bull Nr. 112, vom 29. November 1993 Dr. Pénal comm. Nr. 52, Chambre d'accusation Limoges vom 21.12.1993, Dr. Pénal 1994 comm. Nr. 171.

[839] Cass. Crim.vom 7.März 1988, Bull Nr. 113; vom 9. Dezember 1993, Dr. Pénal 1994, comm. Nr. 75.

b.) Kritik an dieser Rechtsprechung

Diese Rechtsprechung ist in der französischen Literatur stark umstritten. Bereits das Urteil Milhaud stieß auf Kritik, die Durry treffend zusammenfaßt: "Quel que soient la nature et l'objet de la reglementation économique, il nous paraît impossible de nier que celui qui paye trop cher un objet ou une prestation taxés est, au premier chef, la victime de ce délit et qu'il peut donc se constituer partie civile"[840].

Vorgeworfen wird der Rechtsprechung zum einen, daß klare Grenzen oder Definitionen, welche Delikte nur die Allgemeinheit schützen und welche auch die Interessen Einzelner schützen, nicht gezogen werden können.[841] Zum anderen sei aber auch die Prämisse nicht richtig, da das Opfer wegen der gleichen Verletzung vor den Zivilgerichten durchaus entschädigt würde, der Fehlerbegriff im Zivilrecht und im Strafrecht aber identisch ist.[842] Auch die bereits von Durry angebrachte Kritik an der Grundaussage der Trennung von allgemeinem und individuellem Interesse bleibt bestehen.[843]

Im deutschen Deliktsrecht ist die Definition von Schutzzwecken ebenfalls nicht unumstritten; die Unterscheidung danach, ob eine Norm ausschließlich den Schutz der Allgemeinheit oder aber zumindest auch den Einzelner bezweckt[844], halten manche für präzisionsbedürftig[845].

(iii.) Verletzung eines rechtlich geschützten Interesses

Als letztes bleibt im Rahmen des Schadens zu erörtern, inwieweit er auf der Verletzung eines rechtlich geschützten Interesses beruhen muß. Probleme können sich dabei hinsichtlich zweier Fallgruppen ergeben: Einmal hinsichtlich des selbst straffällig gewordenen oder aus einem anderen Grund "unwürdigen" Opfers und zum anderen hinsichtlich des Opfers, daß in einer nichtehelichen Lebensgemeinschaft lebt.

Im Rahmen der nichtehelichen Lebensgemeinschaft wird das Problem immer dann akut, wenn der Kläger einen Schaden geltend macht, der ihm durch den Tod

---

[840] Etwa: "Was auch immer Wesen und Zweck der wirtschaftsrechtlichen Regelung sein mag, es erscheint uns unmöglich, abzustreiten, daß derjenige, der eine Sache oder eine Forderung, die von der Regelung betroffen sind, zu teuer bezahlt, das Hauptopfer dieses Deliktes ist und infolgedessen als Zivilpartei konstituieren kann." Durry, aaO., S. 466.

[841] Gegen sie z.B. Durry, aaO., S. 465; Faivre, aaO., Abs. 177; Merle/Vitu, Rn. 894; Pradel, procédure, Rn. 217; Vidal, aaO., S. 481 (513).

[842] Cass. Civ. vom 1.3.1965, JCP 1965 II 14134; Pradel, ebd, mit weiteren Nachweisen.

[843] Vidal, ebd.

[844] BGHZ 46, 17 (23).

[845] MüKo-Mertens, Rn. 140 ff. zu § 823 BGB ;
Palandt- Thomas, Rn. 141 zu § 823, hält diejenigen Gesetze für nicht drittschützend, die die Ordnung des Staatsganzen, seine Verfassung oder Verwaltung betreffen; für drittschütznd hält er dagegen die Gesetze, die die "Gesamtheit der Staatsbürger als Summe Einzelner schützen".

oder die Verletzung seines Lebensgefährten entstanden ist. Von der Zivilkammer des Kassationsgerichtes wurde in diesen Fällen anfänglich ein Schadensersatzanspruch und damit die Klagebefugnis mit der Begründung abgelehnt, es sei kein durch Ehe oder verwandtschaftliche Bindungen rechtlich geschütztes Interesse (lien juridique né de la parenté ou d'alliance) verletzt worden. Die Verletzung eines solchen Interesses sei jedoch Voraussetzung für die Anerkennung eines Schadensersatzanspruches.

Demgegenüber vertrat die Strafkammer eine großzügigere Auffassung. Sie entschied zugunsten des Lebensgefährten, wenn das Verhältnis bestimmte Anzeichen der Stabilität aufwies. Vor allen Dingen wurde anfänglich verlangt, daß die nichteheliche Lebensgemeinschaft keine sittlich anstößige sein dürfe, womit vor allem diejenigen Gemeinschaften gemeint waren, in denen der eine Partner (noch) anderweitig verheiratet war. Diese unterschiedliche Rechtsprechung der beiden Kammern dauerte von 1937 bis zu einer Entscheidung der vereinten Kammern im Jahr 1970[846]!

1975 änderte die Strafkammer im Urteil "Toros" ihre Rechtsprechung dann dahingehend, daß auch die Lebensgefährtin eines anderweitig verheirateten Mannes Schadensersatzansprüche geltend machen kann. Das Urteil[847] wurde in der Literatur zum großen Teil positiv aufgenommen[848]: Grund dafür ist die Überlegung, daß der Täter einer Verpflichtung, Schadensersatz zu leisten, nicht nur deshalb entgehen kann, weil er das "Glück" hatte, ein Opfer zu treffen, daß sich in einer nicht ganz einwandfreien Situation befand[849]. Nur der jeweilige Ehepartner kann sich auf den durch die nichteheliche Lebensgemeinschaft begangenen Ehebruch berufen, nicht aber der Täter. In Frankreich macht der Kassationshof seither immer wieder deutlich, daß es für Unterhaltsansprüche gegen den Schädiger auf die tatsächliche Lage ankommt, nicht auf rechtliche Verpflichtungen[850].

In Deutschland kann dagegen Schadensersatz in der Form von Unterhalt gem. § 844 Abs.3 BGB nur derjenige erhalten, der gegen den Getöteten einen rechtlichen Anspruch auf Unterhalt hatte, also nicht der nichteheliche Lebensgefährte. Anders als in Frankreich kommt es nicht auf den tatsächlich geleisteten Unterhalt an[851].

Ist das Opfer selbst wegen einer Mitschuld eigentlich "unwürdig" (indigne), kann es nach einer langen Rechtsprechung trotzdem im Rahmen der action civile Schadensersatz verlangen[852]. Motivation dafür ist es, dem Delinquenten nicht den

---

[846] Boulan, aaO., Abs. 29.

[847] Cass.crim vom 19. Juni 1975, D. 1975, 679 f. ; Pradel/Varinard, Nr. 8 (S. 68).

[848] Siehe zu diesem Zusammenhang auch Schreiber, S. 29/30.

[849] Pradel, procédure, Rn. 216; Schreiber, aaO., S. 99.

[850] Cass. Crim. vom 10.11.1992 in JCP 1993, IV. Teil Nr 560 .

[851] Schreiber, aaO., S. 95/96.

[852] So wurde im letzten Jahrhundert beispielsweise dem verletzten Duellisten Schadensersatz zuzusprechen, Faivre aaO., n° 187; und eine Prostituierte kann an den Zuhälter gezahltes Geld zu-

Gewinn aus der Straftat zu belassen; Entschädigung und Strafe werden hier gleichsam vermengt[853]. Vidal verweist allerdings zu Recht darauf, daß nicht nur die Alternative, den Gewinn bei dem Delinquenten zu belassen oder ihn dem mitschuldigen Opfer zu geben besteht, sondern auch die Möglichkeit, dem Täter eine Geldbuße zugunsten eine gemeinnützigen Organisation oder der Staatskasse aufzuerlegen[854].

Auch Klagen von an der Straftat beteiligten Opfern sind angenommen worden; bekannt und immer wieder dafür angeführt ist der Fall einer Person, die einem Betrüger Goldmünzen verkaufte und bei diesem Geschäft betrogen wurde. Das Geschäft hatte zu einer Zeit stattgefunden, in der der Handel mit Gold als Vergehen geahndet wurde[855].Allerdings bleibt die Annahme von Klagen "Unwürdiger" umstritten, denn im Zivilrecht haben solche Klagen regelmäßig keinen Erfolg - nemo auditur suam turpitudinem allegans. Inzwischen zeichnet sich daher auch eine Entwicklung in Richtung der Unzulässigkeit solcher Klagen ab[856].

Die Zulässigkeit solcher Klagen vor dem Strafgericht soll der Effizienz der Strafverfolgung dienen[857]. Auch Pradel sieht diesen Nutzen der action civile im Fall eines selbst an der Straftat Beteiligten. Er schlägt vor, diesen Verletzten zwar die Möglichkeit der action civile offenzulassen, da sie eben im allgemeinen Interesse läge, ohne daß ihnen dabei allerdings Schadensersatz zugesprochen werden soll[858].

ii. Klagebefugnis juristischer Personen

Neben den natürlichen Personen haben in vielen Fällen auch juristische Personen das Recht, die action civile geltend zu machen. Dieses Recht einer juristischen Person besteht zunächst immer dann, wenn sie Opfer einer Straftat geworden ist. In diesen Fällen liegt ein Unterschied zur Klagebefugnis natürlicher Personen nicht vor; ihre Klage bereitet weder größere noch andere Schwierigkeiten als die einer Privatperson.[859]

In vielen Fällen steht das Recht, die action civile geltend zu machen, juristischen Personen aber auch dann zu, wenn sie eine Verletzung des von ihnen vertretenen Kollektivinteresses geltend machen wollen. Dabei gelten für unterschiedliche Arten juristischer Personen unterschiedliche Regelungen. In jedem Fall muß aber das Recht, die action civile im Fall der Verletzung des Kollektivinteresses auszuüben,

---

rückverlangen, Cass. Crim. vom 7.6.1945, D. 1946, Jur. S.149 .
[853] Faivre, aaO., n° 158.
[854] Vidal, aaO., S. 481 (510).
[855] Cass. Crim . vom 3.7.1947, JCP 1948, II, S. 4474; Cass. Crim. vom 25.5.1950, Bull. Crim Nr. 48
[856] Faivre, aaO., n° 166.
[857] Vitu, Rev. Sc. Crim. 1956, S.622 (675).
[858] Pradel, procédure, Rn.226; in diesem Sinn auch Vidal, aaO., S. 482 (509).
[859] Gewaltig ,S. 22; Pradel/Varinard, S. 92.

gesetzlich ausdrücklich zuerkannt sein, da eine Verletzung des Kollektivinteresses keinen unmittelbaren, direkten Schaden darstellt, so daß die engen Voraussetzungen des Art. 2 Abs.1 CPP[860] in diesen Fällen eigentlich nicht erfüllt sind. Zu unterscheiden ist daher zwischen Berufsverbänden, Berufskammern und anderen juristischen Personen, insbesondere Vereinigungen.

(i.) Berufsverbände (syndicats professionnels)

Die französischen Berufsverbände nehmen die Interessen des jeweils von ihnen vertretenen Berufsstandes wahr. Die Mitgliedschaft in einem Berufsverband ist freiwillig. Seit einem Gesetz vom 21.3.1884 sind sie offiziell als Vertreter des entsprechenden Berufsstandes anerkannt und haben die Rechts- und Prozeßfähigkeit. 1913 hat das Kassationsgericht in einer Entscheidung der vereinten Kammern eine action civile zugelassen, die nicht das Eigeninteresse eines Verbandes, sondern das von ihm vertretene Kollektivinteresse betraf[861]. Bis zu diesem Zeitpunkt hatte es nur eine Zweiteilung gegeben: auf der einen Seite das Individualinteresse, auf der anderen Seite das öffentliche Interesse, welches allein vom Staat, vertreten durch den Staatsanwalt wahrgenommen wurde. Eine Repräsentation des Volkes fand nur politisch statt[862]. Der Einzelne konnte nur Schadensersatz verlangen, alles weitere war dem Staat überlassen.

1920 folgte der Gesetzgeber dem Kassationsgericht und räumte den Berufsverbänden das Recht, das jeweilige Kollektivinteresse auch mittels der action civile durchzusetzen, gesetzlich ein[863]. Dabei ging er über die Klagebefugnis natürlicher Personen insoweit hinaus, als die Berufsverbände auch bei mittelbarer Schädigung dieses Interesses die action civile geltend machen können[864].

Schwierig ist es allerdings, das Kollektivinteresse zu bestimmen. Es ist weder mit der Summe der Individualinteressen der Verbandsmitglieder gleichzusetzen noch mit dem eines einzelnen Mitgliedes[865].

---

[860] Art. 2 Abs. 1 CPP: L'action civile en réparation du dommage causé par un crime, un délit ou une contravention appartient à tous ceux qui ont personnellement souffert du dommage directement causé par l'infraction.. (Etwa: "Die action civile auf Ersatz des durch ein Verbrechen, ein Vergehen oder eine Übertretung verursachten Schadens steht all denen zu, die persönlich den durch die Straftat verursachten Schaden erlitten haben.")

[861] Chambres réunies vom 5.4.1913, D. 1914 Teil 1 S. 65; Sirey 1920 Teil 1 S. 49; Kuhnmunch, arch . pol. crim. 10 (1988), S.35,37; Pradel/Varinard, Nr.9 (das erste der beiden abgedruckten Urteilen) (S.90 ff.).

[862] Robert, arch. pol crim 10 (1988), S. 59 (64).

[863] Bouillane de Lacoste, J.-Cl. Proc. Pén., Art. 2 à 3 Fasc. 30 n°4.

[864] Art. L 411-11 Code de Travail: "... Ils peuvent devant toutes juridictions exercer tous les droits réservés à la partie civile aux faits   portant un préjudice direct ou indirect à l'interêt collectif de la profession qu'ils representent." (Etwa:"...Sie können vor allen Gerichten alle einer Zivilpartei zustehenden Rechte hinsichtlich der Taten ausüben, die dem von ihnen vertretenen Berufsstand einen direkten oder indirekten Schaden zufügen"); vergl. auch Gewaltig, S. 23.

Eine Verletzung dieses Interesses liegt vielmehr nur dann vor, wenn Belange verletzt werden, die den vertretenen Berufsstand im Ganzen betreffen[866]. Keine Rolle spielt es dabei, ob der betreffende Verband der einzige für seine Berufsgruppe ist oder ob es noch andere gibt; mehrere Verbände können nebeneinander tätig werden[867]. Als Beispiel dafür, was dies zur Folge haben kann, führt Vouin folgenden Fall an:

> J.Fesch überfiel in einer Pariser Wechselstube einen Mann und beraubte ihn. Auf der anschließenden Flucht tötete er einen Polizisten. Vor dem Geschworenengericht hörte er den Staatsanwalt und den Anwalt der Familie des Getöteten seine Verurteilung verlangen. "It was a little unusual though, to hear the consecutive demands of counsel for the Independent Trade Union of Municipal Police, the Christian Police Trade Union, the Association for the Defense of the professional Interests of the Police and the Federation of the Trade Unions of the Staff of Police Headquarters." [868]

Auch umgekehrt spielt es keine Rolle, falls der Verband nur wenige Mitglieder des Berufsstandes hat, den er repräsentiert. Letzteres resultiert aus der fakultativen Mitgliedschaft in einem Verband[869]. Grundsätzlich darf der Verband auch nicht anstelle eines Mitgliedes die action civile geltend machen oder dem Mitglied durch Intervention beistehen[870].

---

[865] Observation J.Pradel unter Cass. Crim. vom 22. Dezember 1987, D. 1988, somm. S.355.
Wie schwierig die Abgrenzung zum Individualinteresse der Mitglieder ist, mögen folgende Beispiele verdeutlichen: Zugelassen wurde die action civile einer Gewerkschaft anläßlich des tödlichen Arbeitsunfalls eines Angestellten. Begründet wurde dies damit, daß die Nachlässigkeiten, die zu dem Unfall (der als fahrlässige Tötung gewertet wurde) geführt hätten, die Sicherheit aller Arbeitnehmer gefährdeten und damit dem durch die Gewerkschaft vertretenen Kollektivinteresse des betroffenen Berufsstandes schadeten (Cass.Crim. vom 23. 11. 1982, Bull. Crim. Nr. 264; Kuhnmunch, arch. pol. crim. 10 /1988, S. 35, 44).
Abgelehnt wurde dagegen die action civile des Verbandes der Juweliere Frankreichs gegen die Täter eines bewaffneten Raubüberfalls auf einen Juwelier. Der Schaden sei hier nur individuell bei dem überfallenen Juwelier aufgetreten, auch wenn es den Tätern nicht um diesen als Person gegangen sei, sondern ganz generell darum, einen Juwelier zu überfallen und obwohl Juweliere ganz allgemein einem höheren Einbruchsrisiko ausgesetzt seien (Cass. crim. vom 29. Januar 1986, Bull. Crim. Nr. 39, Canin, Rev. Sc. Crim. 1995, S. 751, 765; Kuhnmunch, aaO., S. 35, 44).
Ebenfalls abgelehnt wurde die action civile eines syndicats de magistrats, die wegen versuchten Mordes an einem Untersuchungsrichter eingelegt worden war. Auch hier wurde damit argumentiert, daß das syndicat nicht die Individualrechte des betroffen Untersuchungsrichters wahrnehmen kann und daß über dieses Individualinteresse hinaus kein Interesse verletzt sei, das von dem allein durch den Staatsanwalt vertretenen öffentlichen Interesse verschieden sei. (Cass. Crim. vom 27. Oktober 1992, Bull. Crim. Nr. 344).
[866] Gewaltig, S. 24
[867] Canin, aaO., S. 751 (777/778).
[868] Vouin, AmJCompL 18 (1970), S. 482 (496).
[869] Pradel/Varinard, S.94.
[870] Faivre, n° 325.

Ebenso wie einerseits eine Abgrenzung zum Individualinteresse stattfinden muß, muß das Kollektivinteresse andererseits vom Allgemeininteresse abgegrenzt werden. Eine Klage ist dann unzulässig, wenn ausschließlich das Gesamtinteresse der Gesellschaft und nicht dasjenige eines einzelnen Berufsstandes verletzt ist[871], denn für die Verteidigung des Allgemeininteresses ist allein die Staatsanwaltschaft zuständig. Allerdings ist hier in den meisten Fällen ein Schaden nicht feststellbar, so daß für die Ablehnung der Klage zumeist auf die Verletzung des Gesamtinteresses nicht mehr zurückgegriffen wird[872].

Abschließend kann festgehalten werden, daß das Kollektivinteresse zwischen Allgemein- und Individualinteresse steht, wobei die Grenzen schwierig zu ziehen sind und die Rechtsprechung nicht immer einheitlich ist[873].

Praktisch spielt die action civile der Berufsverbände am stärksten eine Rolle bei Verstößen gegen strafbewehrte Arbeitsschutzbestimmungen, gegen die die Gewerkschaften vorgehen und die nach Ansicht des Kassationshofes auch nicht ausschließlich im öffentlichen Interesse bestehen[874]. Nach Ansicht von Arbeitsrechtlern hat diese Art der action civile der Gewerkschaften die Tendenz, eine objektive Klage zur Überprüfung der Legalität bzw. der kollektiven Anwendung des Arbeitsrechtes zu werden. Sie entfernt sich damit weit vom Ausgangspunkt der Schadensersatzklage[875]. Robert geht noch einen Schritt weiter: Er sieht darin eine Tendenz, das Gericht in diesem Bereich als Ort zu betrachten, vor dem neue Rechte erstritten werden können[876].

Voraussetzung für die Zulässigkeit der action civile ist also zusammengefaßt, daß der jeweilige Berufsverband eine Schädigung seines Kollektivinteresses nachweist. In der Praxis gilt dieser Nachweis dann als nicht erbracht, wenn der Antrag des Verbandes in seinen Statuten keinen Rückhalt findet[877]. So kann der Verband der Winzer des Midi nicht gegen gefälschte Herkunftsangaben bei Weinen aus anderen Regionen vorgehen[878]. Ebensowenig kann ein Berufsverband nicht gegen eine Straftat vorgehen, deren Natur nichts mit seiner Aktivität zu tun hat[879].

---

[871] Gewaltig, S. 25, Cass. Crim. vom 9. Dezember 1993 Bull. Nr. 382 und D.1994, IR S. 45.

[872] Faivre, n° 336.

[873] Kuhnmunch, aaO., S. 35 (44); Vidal, aaO., S. 481 (525).

[874] Gewaltig, S. 26.

[875] Dargestellt bei Kuhnmunch, aaO., S. 35 (38).

[876] Robert, arch. pol. crim. 10 (1988), S. 59 (66).

[877] Faivre, n° 330.

[878] Cour d'appel d'Amiens vom 20. Mai 1960, Gaz.Pal 1960, II 325.

[879] Faivre, Rép. Pén., n° 332.

(ii.) Berufskammern (ordres professionnels)

Neben den Berufsverbänden gibt es in Frankreich, ebenso wie in Deutschland, für bestimmte Berufe Berufskammern, in denen die Mitgliedschaft zwingend ist (medizinische und juristische Berufe, Architekten ...) Sie wahren die Interessen und das Ansehen des jeweils repräsentierten Berufsstandes und haben eine quasi öffentliche Aufgabe, indem sie ihren Mitgliedern eine gewisse Disziplin auferlegen und den Zugang zu den jeweiligen Professionen überwachen[880].

Es gibt jedoch für die Berufskammern, anders als für die Berufsverbände, keine gesetzliche Regelung, die ihnen allgemein Zugang zur action civile gewähren würde[881]. Daher gibt es für verschiedene Kammern verschiedene Regelungen: So hat beispielsweise die Apothekerkammer das Recht, ihre Interessen mit der action civile geltend zu machen, während anderen Kammern dieses Recht nur für bestimmte Delikte zusteht. Die von Berufskammern ohne gesetzliche Berechtigung erhobenen Klagen werden von den Gerichten als unzulässig abgelehnt[882].

Diese Rechtsprechung und die Begrenzung der Zulässigkeit der action civile bestimmter Kammern auf bestimmte Delikte lehnt Campredon ab. Zum einen widerspräche sie der höchstrichterlichen Rechtsprechung zu Art.1382 C.Civ., auf welchem der mit der action civile geltend gemachte Schadensersatzanspruch beruht, wonach die Existenz eines rechtliche geschützten Interesses nicht Voraussetzung der Klagebefugnis ist[883]. Zum anderen habe die Ablehnung der action civile der Berufskammern, denen keine explizite gesetzliche Regelung zur Seite stünde, zur Folge, daß es für die action civile nicht mehr auf den erlittenen Schaden sondern auf die Deliktsart ankäme[884].

Auch sonst wird die Begrenzung zum Teil abgelehnt, wobei mit einem Erstrechtschluß argumentiert wird: Wenn schon die syndicats mit der Begründung, sie repräsentierten den jeweiligen Berufsstand, die action civile geltend machen können, müsse dies erst recht für die Berufskammern gelten, da sie die von ihnen vertretenen Berufsgruppen wegen der Zwangsmitgliedschaft viel stärker repräsentierten[885].

Wenn einer Kammer die action civile offensteht, dann gilt wie für die syndicats, daß sie die Verletzung ihres Kollektivinteresses geltend machen muß. Genau wie bei den syndicats ist auch hier die Abgrenzung zu Individualinteresse und Allgemeininteresse schwierig zu ziehen; das dort Ausgeführte läßt sich übertragen.

---

[880] Campredon, JCP 1979 I, doctr. S. 2943 Abs.5.
[881] Gewaltig, S. 27
[882] Gewaltig, S. 28.
[883] Campredon, aaO., n° 15.
[884] Campredon, aaO., n° 31.
[885] Vidal, aaO., S. 481 (494).

(iii.) Vereinigungen (associations)

Des weiteren gibt es in Frankreich andere Vereinigungen, die bestimmte Interessen vertreten, vom Verbraucherschutz über die Verteidigung der öffentlichen Moral und gegen sexuelle Gewalt bis hin zur Verteidigung des Ansehens der Résistance-kämpfer, es wird gegen Rassismus und für den Umweltschutz gekämpft, Tiere und die materiellen und moralischen Interessen der Familie werden geschützt, um nur einige zu nennen[886].

Diese Vereinigungen bestehen zumeist in der Rechtsform des Gesetzes vom 1. Juli 1901, die in etwa dem eingetragenen Verein des BGB entspricht[887]. Gemäß Art. 6 dieses Gesetzes können sie im eigenen Namen vor Gericht auftreten und damit auch die action civile erheben, wenn beispielsweise ihr Vereinsvermögen beschädigt worden ist[888].

Die action civile wegen Verletzung ihres Kollektivinteresses, d.h. eines indirekten Interesses, dürfen sie dagegen, ebenso wie die Berufskammern, nur geltend machen, wenn es ihnen gesetzlich ausdrücklich erlaubt ist. Die Berufung auf den genannten Art. 6 ist dafür nicht ausreichend. Im Jahr 1913, in dem den Berufsverbänden die action civile eröffnet wurde (s.o.), wurde sie den associations für ihr jeweiliges Kollektivinteresse in dieser Gesamtheit verwehrt.[889] Diese Rechtsprechung wurde im Prinzip bis heute aufrechterhalten[890].

Auch hier gilt wie für die Berufskammern, daß eine einheitliche Regelung für alle Vereinigungen nicht besteht[891]. So gibt es bestimmte Vereinigungen, die mit ihrer action civile einem bereits anhängigen Strafverfahren beitreten können, aber nicht mit der action civile das Strafverfahren selbst in Gang setzen können[892].

Andere Vereinigungen wiederum können mit ihrer action civile auch das Strafverfahren in Gang setzen, zumeist allerdings nur im Einverständnis mit dem Opfer der Straftat[893].

---

[886] Ähnlich unvollständige Aufzählungen finden sich bei Gonin, Arch. pol. crim. 10 (1988), S. 51, 51/52; Kuhnmunch, aaO., S. 35 (36).

[887] Gewaltig, S. 28.

[888] Bouloc, Mélanges Larguier, S. 41 (51); Canin, aaO., S 751 (752); Gewaltig, S. 28.

[889] Cass. Crim. vom 18. Oktober 1913 bei Pradel/Varinard Nr. 9, zweites abgedrucktes Urteil.

[890] Cass. Crim. vom 12. April 1988 Bull. Nr. 146; vom 6. März 1990, Bull. Nr. 104, vom 10. Mai 1993, D. 1993 IR S. 189; Instanzgerichte stehen der action civile der Vereine z.T. aber wohl positiver gegenüber.

[891] Kuhnmunch, aaO., S. 35 (39).

[892] Z.B. associations pour la defense et assistance de l'enfance martyrisée bei bestimmten Delikten, Art. 2 - 2 CPP; s.a. Kuhnmunch, aaO., S. 35 (50); Roca, D. 1991, chr. S. 85 (91).

[893] Um nur einige zu nennen: Art. 2-1 CPP: associations contre le racisme, wenn sie zum Tatzeitpunkt seit 5 Jahren bestehen;
Art 2-2 CPP: associations contre les violences sexuelles, wenn sie zum Tatzeitpunkt seit 5 Jahren bestehen und das Opfer einverstanden ist;
Art. 2 - 5 CPP: associations pour la défense des interêts et de l'honneur de la résistance für be-

Einen logischen Grund für diese Differenzierungen scheint es nicht zu geben; sie sind wahrscheinlich auf die Zufälligkeit der Abstimmungsergebnisse im Gesetzgebunsgverfahren zurückzuführen[894].

Das Recht zur action civile wurde dabei zunächst in einer ersten dahingehenden Bewegung in den 40er Jahren u.a. den Ligen gegen Alkoholismus und den nationalen und departementalen Vereinigungen zum Schutz der Familien zuerkannt, in einer zweiten Welle in den 70er Jahren den Organisationen gegen Rassismus etc.[895] Trotz der immer größeren Zahl klagebefugter Vereinigungen sind von diesen eingelegte actions civiles in der Praxis wohl immer noch relativ selten[896].

Grundsätzlich können auch die associations nur die Verletzung ihres Kollektivinteresses geltend machen und nicht die Verletzung des Individualinteresses eines oder mehrerer ihrer Mitglieder, so daß sich dasselbe Abgrenzungsproblem wie bei den Berufsverbänden stellt. Seit einem Gesetz vom 18. Januar 1992 können aber Verbraucherschutzorganisationen auch die Verletzung von Mitgliederinteressen im Rahmen der action civile geltend machen, wenn sie von mindestens zwei Mitgliedern dazu beauftragt wurden[897].

Alle diese Vereinigungen machen dabei als Schaden häufig nur einen symbolischen Franc geltend.

5. Rechtsfolgen der action civile

a. Auslösung des Strafverfahrens

Durch die action civile wird zum einen das Verfahren um den Schadensersatz ausgelöst. Zum anderen wird damit, gleichsam akzessorisch, das Strafverfahren ausgelöst[898]. Mit dem Strafverfahren wird das Vorliegen einer Straftat und die Verantwortung des Täters für diese Straftat festgestellt. Diese Feststellungen sind Voraussetzung für die Entscheidung über den Schadensersatz, worin der konstruktive Grund dafür liegt, daß das Opfer mit seiner Schadensersatzklage das Strafverfahren in Gang bringen kann.[899]

Für die citation directe war von vornherein unbestritten, daß mit ihr gleichzeitig das Strafverfahren ausgelöst wird.[900] Für die plainte avec constitution de partie

---

stimmte Delikte; Gesetz Nr. 88-15 vom 5.1.1988: die Verbraucherschutzorganisationen; s.a. Roca, aaO., S.85 (91).

[894] Roca, aaO., S.85 (91); ähnl. Rassat, procédure, S. 239.

[895] Gewaltig, S. 32; Robert, aaO., S. 59 (68)

[896] Gewaltig, S. 32.

[897] Bouloc, aaO., S. 41 (45).

[898] Vidal, aaO., S. 481 (482).

[899] Bonneau, J.-Cl. Proc.Pèn., Art. 1er n° 112.

civile war das zunächst anders: Die Rechtsprechung hat ihr lange Zeit nicht die Folge zuerkannt, die Strafklage auszulösen.[901] Dies lag daran, daß der Untersuchungsrichter die plainte an den Staatsanwalt weiterleitet mit der Bitte, dieser möge seine Anträge stellen (Art. 86 CPP); der Staatsanwalt stellte in diesen Fällen dann häufig den Antrag, die Ermittlungen einzustellen.

Mit dem unter dem Namen des Berichterstatters Laurent-Atthalin bekanntgewordenen Grundsatzurteil aus dem Jahr 1906 änderte sich diese Rechtsprechung[902]. In dem Urteil stellte das Kassationsgericht fest, daß "... quelles que soient les réquisitions prises par le ministère public ... le juge d'instruction saisi ... d'une plainte avec constitution regulière de partie civile ... a ... le devoir d'informer sur la plainte dans telle mesure qu'il appartient."[903] Argumentiert wurde dabei zum einen mit der Notwendigkeit dieser Rechtsfolge: Ohne Entscheidung über die Straftat sei eine Entscheidung über den Schadensersatz nicht möglich. Zum anderen wurde ausgeführt, daß der durch ein Verbrechen Verletzte nicht schlechter stehen dürfte als der durch ein Vergehen oder eine Übertretung Verletzte[904], für dessen citation directe die Auslösung der action publique längst anerkannt war.

Infolgedessen werden heute zwar dem Staatsanwalt die Akten übersandt, damit er seine Anträge stellt. Der Untersuchungsrichter muß aber in jedem Fall die Untersuchung durchführen, wie immer auch der Antrag des Staatsanwaltes lauten möge. Wenn also das Opfer sich auf diesem Wege als Zivilpartei konstituiert hat, kann der Staatsanwalt nicht mehr über die Opportunität der Strafverfolgung entscheiden[905].

Der Richter ist in diesen Fällen auch dann verpflichtet, daß Strafverfahren durchzuführen, wenn er über den Schadensersatz wegen Unzuständigkeit nicht entscheiden kann oder der Verletzte seine Schadensersatzklage später zurückzieht[906].

Umgekehrt wird in manchen Fällen nur über den Schadensersatz entschieden, die action publique wird nicht ausgelöst. Dies ist der Fall, wenn eine dazu befugte Verwaltung mit dem Täter eine transaction abgeschlossen hat und dadurch die action publique erloschen ist. Die transaction gilt dann insoweit als Geständnis, so daß der Strafrichter über die action civile entscheiden kann (cf. oben S.142).

In der Regel wird aber durch die action civile das Strafverfahren ausgelöst. Der Untersuchungsrichter kann die Einleitung der gerichtlichen Voruntersuchung nur

---

[900] Pradel/Varinard S. 40; Pradel, procédure, Rn. 412; Cass. Crim. vom 17. August 1809, Bull. Crim. 141.

[901] Cour d'Appel de Lyon vom 25.Oktober 1905, D. 1906 II S. 89.

[902] Pradel/Varinard Nr. 4, S. 39 ff.; D. 1907, Teil 1 S. 207; Sirey 1907, Teil 1 S. 377.

[903] Etwa: "... welche Anträge auch immer der Staatsanwalt gestellt hat, der Untersuchungsrichter, der durch eine reguläre plainte avec constitution de partie civile mit dem Fall befaßt worden ist, hat die Pflicht , die gerichtliche Voruntersuchung im gebotenem Umfang durchzuführen."

[904] Boulan, JCP 1973, doctr. 2563 Abs. 13.

[905] Garcin, S. 73.

[906] Stefani/Levasseur/Bouloc, Rn. 229 für die citation directe, Rn. 234 für die plainte avec constitution de partie civile.

dann ablehnen, wenn sich aus dem vorgetragenen Sachverhalt ein strafbares Verhalten nicht ergibt oder aber eine Strafverfolgung wegen einer Amnestie, der Immunität des mutmaßlichen Täters oder einer rechtskräftigen Entscheidung, also aus rechtlichen Gründen, nicht durchgeführt werden kann[907]. In allen übrigen Fällen, auch bei einem ungenauen Sachverhalt, muß er die gerichtliche Voruntersuchung durchführen.

Allerdings hat der Staatsanwalt die Möglichkeit, aus einer plainte gegen eine bestimmte Person eine plainte gegen unbekannt zu machen, woraufhin der Untersuchungsrichter die Voruntersuchung gegen unbekannt eröffnet. Die in der plainte designierte Person wird dann als Zeuge verhört, sofern sie nicht darauf besteht, als Täter vernommen zu werden. Dies resultiert daraus, daß der Untersuchungsrichter in rem mit dem Fall befaßt ist und nicht in personam. In wenig aussichtsreichen Fällen soll dadurch auch dem Betreffenden erspart werden, als Beschuldigter mit der Justiz in Berührung zu kommen[908].

b. Die Regel "electa una via ..."

Der Verletzte kann seinen Schadensersatz nicht nur im Rahmen der action civile vor dem Strafgericht einklagen, sondern auch vor dem Zivilgericht. Hinsichtlich des Rechtsweges hat er also die Wahl.

Grundsätzlich gilt allerdings, daß die einmal getroffene Wahl verbindlich ist, der Rechtsweg also nicht gewechselt werden kann[909]: "Electa una via non datur recursus ad alteram." Diese Regel galt bereits im ancien droit und wurde 1958 in den CPP übernommen (Art. 5 CPP). Da sie jedoch kein zwingendes Recht darstellt, ist sie nicht von Amts wegen zu beachten[910], sondern muß vom Angeklagten geltend gemacht werden, bevor er sich materiell verteidigt. Unterläßt er dies, wird unwiderruflich angenommen, er habe sich auf die Debatte vor dem Strafgericht eingelassen und auf die Geltendmachung des Art. 5 CPP verzichtet[911]. Die Einrede muß gegebenenfalls vor dem Appellationsgericht wiederholt werden, sie kann nicht vor der Cour de Cassation zum ersten Mal eingeführt werden[912].

Begründet wird dieser Grundsatz damit, daß die Regel "electa una via" dem Schutz des Angeklagten dienen soll. Der Zivilprozeß gilt als für den Angeklagten

---

[907] Pradel/Varinard S. 45; eine Ablehnung ist also nur aus Gründen der Legalität möglich, woran sich wieder einmal deutlich zeigt, daß das Opportunitätsprinzip in Frankreich nur für die Staatsanwaltschaft gilt.

[908] Pradel/Varinard S. 47; Pradel, procédure, Rn. 414.

[909] Stefani/Levasseur/Bouloc, Rn. 212; Cass. Crim. vom 19.Januar 1993, Bull Nr. 23.

[910] Pradel, procédure, Rn.404; Stefani/Levasseur/Bouloc, Rn. 222.

[911] Bouillane de Lacoste, J.-Cl. Proc. Pén., Art. 4 à 5 n° 67; Cass. Crim. vom 8. Januar 1990 Bull. Nr. 12.

[912] Bouillane de Lacoste, J.-Cl. Proc. Pén., Art. 4 à 5 n° 65.

weniger gravierend, da er nicht zu einer Strafe verurteilt werden kann[913]. Diesen Schutz soll der Zivilkläger ihm nicht so einfach entziehen können, so daß ein Wechsel vom Zivilgericht zum Strafgericht grundsätzlich nicht möglich ist[914], sondern nur in bestimmten Ausnahmefällen und zwar zum einen dann, wenn das angerufene Gericht nicht zuständig oder die Klage vor dem Zivilgericht nicht identisch ist mit der Klage vor dem Strafgericht[915].

Eine weitere Ausnahmen besteht für den Fall, daß der Verletzte die Klage vor dem Zivilgericht in Unkenntnis der Tatsache erhoben hat, daß es sich bei der Handlung des Beklagten um eine Straftat handelt, und er während der Verhandlung erfährt, daß der Staatsanwalt einen Strafprozeß deswegen angestrengt hat. In diesem Fall kann der Wechsel dem Angeklagten nicht schaden, da er wegen des Prozesses seitens der Staatsanwaltschaft sowieso mit einer Strafe zu rechnen hat[916]. Aus demselben Grund kann sich der Verletzte auch dann der Klage der Staatsanwaltschaft durch Intervention anschließen, wenn das Zivilgericht noch nicht entschieden hat. Das ist für den Verletzten insofern von Vorteil, als das Zivilverfahren aufgrund der Maxime "le criminel tient le civil en état" während der Dauer des Strafverfahrens ruht[917]. Darin liegt auch ein Grund, warum es für den Verletzten häufig lohnend ist, seinen Schadensersatz vor dem Strafrichter einzufordern. Diese beiden zuletzt genannten Ausnahmen sind aus dem Zweck der Regelung, den Angeklagten zu schützen, verständlich.

c. Stellung des Verletzten als Zivilpartei

Da der mit der action civile geltend gemachte Schadensersatzanspruch und die öffentliche Strafklage in einem Prozeß beurteilt werden, wird der Verletzte Partei für den gesamten Prozeß[918]. Damit darf er, durch seinen Anwalt, Akteneinsicht nehmen (Art. 114 al. 2 - 4 CPP), Beweismittel gegen den Angeklagten vorbringen, Zeugen

---

[913] Garcin, S. 108; Schneider, S. 312.

[914] Stefani/Levasseur/Bouloc, Rn.223; dabei wird unter Identität der Klage verstanden, daß sie gegen die gleiche Person, aus demselben Grund und mit demselben Ziel erhoben wird.

[915] Cass.Crim. vom 9. April 1991 Bull. Nr. 167; vom 25. Mai 1992, Bull Nr. 207, vom 6. September 1990, Bull. Nr. 314; dies möge auch folgender Fall verdeutlichen:
A gewährt dem B ein Darlehen über eine bestimmte Geldsumme. B unterschlägt das Geld. A kann jetzt vor dem Zivilgericht auf Rückzahlung der Summe aus dem Darlehensvertrag klagen und gleichzeitig vor dem Strafgericht gegen B vorgehen auf Schadensersatz wegen der Unterschlagung (Pradel, procédure, Rn. 404). Die beiden Prozesse sind dann insofern nicht identisch, als daß es in dem ersten Prozeß nicht um Schadensersatz geht, sondern um die Erfüllung des Vertrages, wofür die Unterschlagung des Geldes keine Rolle spielt und deswegen auch nicht unbedingt vorgetragen werden muß; der Lebenssachverhalt, auf den der Anspruch gestützt wird, ist jeweils ein anderer: einmal der Vertrag, zum anderen das Delikt.

[916] Pradel, ebd.

[917] Stefani/Levasseur/Bouloc, Rn. 223.

[918] Vidal, aaO., S. 481 (482).

vernehmen lassen (Art. 442 CPP) und wird, ebenfalls über seinen Anwalt, über die Entscheidungen des Untersuchungsrichters informiert[919]. Der Verletzte als Zivilpartei kann nicht mehr als Zeuge vernommen werden sondern nur zur Information (à titre de renseignement) gehört werden (Art. 395 n° 6 CPP). Er kann gegen alle Handlungen des Untersuchungsrichters, die seinen Interessen zuwiderlaufen, Beschwerde (appel) bei der chambre d'accusation einlegen (Art. 186, 186-1 CPP)[920]. Insgesamt stehen ihm die gleichen prozessualen Rechte wie dem Angeklagten zu.

Wird der Angeklagte freigesprochen oder endet das Verfahren mit einer Entscheidung des "non-lieu" des Untersuchungsrichters, so muß der Verletzte die Prozeßkosten tragen und ist unter Umständen dem Angeklagten schadensersatzpflichtig[921].

6. Kritik an der action civile

Die action civile wird in der französischen Literatur zum Teil heftig kritisiert, insbesondere die den Vereinen und Organisationen zustehende action civile.

In ihrer jetzigen Form gibt sie dem Verletzten und damit vor allem auch den verschiedenen Verbänden und Vereinigungen die Möglichkeit, die Strafklage gegen den Willen des einstellenden Staatsanwaltes in Gang zu setzen. Dabei hat sich der Akzent vom vermögensrechtlichen Schadensersatzinteresse insbesondere bei den Vereinigungen zu einem Interesse an der Strafverfolgung hin verschoben[922]. Dies gilt um so mehr, als, wie oben dargelegt, der Verletzte seinen Schaden nicht unbedingt einzufordern braucht. Damit scheint der Staatsanwalt nicht mehr der einzige zu sein, der über die Opportunität der Strafverfolgung in einem bestimmten Fall entscheidet.

Umstritten ist, wie dieser immer stärker werdende Einfluß insbesondere der Gruppierungen zu werten ist. Viele dieser Gruppen vertreten ja Interessen, die im Prinzip Teil des öffentlichen Interesses ausmachen (Antirassismus, Schutz vor Mißhandlungen etc.), so daß eine starke Ähnlichkeit zwischen ihrer action civile und der action publique des Staatsanwaltes besteht. Ihre action civile stellt nach einer Ansicht keine action civile im eigentlichen Sinn mehr, sondern ein Mittelding zwischen dieser und der action publique des Staatsanwaltes dar[923].

Etlichen der Vereine und Organisationen wurden ihre Rechte auch gerade deshalb gegeben, weil die von ihnen vertretenen Interessen im öffentlichen Interesse lagen: Mitte/Ende der 80er Jahre entstand in Frankreich ein "kollektives Bewußtsein", daß sich bestimmter sozialer Probleme annahm. Dafür wurden Vereine

---

[919] Art. 89, 183 CPP; Boulan, aaO., n° 11; Stefani/Levasseur/Bouloc, Rn. 237.

[920] Pradel, procédure, Rn. 411.

[921] Zum Ganzen siehe Stefani/Levasseur/Bouloc, Rn. 237; Pradel, procédure, Rn. 411.

[922] Kuhnmunch, aaO., S. 35 (50).

[923] Pradel, procédure, Rn. 227.

gegründet, denen der Gesetzgeber dann bestimmte Rechte gab[924]. Allein zwischen Ende 1988 und 1991 ist der Gesetzgeber zehn Mal auf diese Art tätig geworden[925].

Teilweise gewinnt man dabei jedoch auch den Eindruck, daß der Gesetzgeber auf bestimmte, in einem gegebenen Augenblick aktuelle Probleme mit dem Erlaß von Strafgesetzen antwortet und zum Teil eben auch mit der Einräumung der Rechte einer Zivilpartei für bestimmte Gruppierungen.

Im Oktober 1986 wurde über diese Frage ein Kolloquium mit dem insofern bedeutsamen Titel "L'action publique menacée ou partagée?" (Die öffentliche Strafverfolgung - bedroht oder geteilt?) abgehalten[926]. Auch sonst ist die Frage viel diskutiert, ob durch die immer weiterreichenden Möglichkeiten von Vereinigungen, die Strafklage auch gegen den Willen der Staatsanwaltschaft in Gang zu setzen, das Anklagemonopol des Staatsanwaltes bedroht ist und mit ihm zusammen das Opportunitätsprinzip.

Auf der einen Seite der vertretenen Ansichten steht u.a. Kuhnmunch. Für ihn ist es wünschenswert, zwischen der Staatsanwaltschaft, die das öffentliche Interesse abwägt und dem Verletzten, der sein Privatinteresse betrachtet, in der Mitte Raum für die Einbeziehung des Kollektivinteresses zu schaffen[927]. Auch Vitu sieht in der Anwendung der action civile eher etwas positives; die verschiedenen Gruppierungen helfen seiner Ansicht nach der Staatsanwaltschaft, da sie in ihrem jeweiligen Sachgebiet über eine größere Sachkenntnis verfügen[928]. Er stellt dabei die action civile in einen größeren Zusammenhang privater Mithilfe bei der Strafverfolgung, wozu beispielsweise auch Anzeigen von bevorstehenden und begangenen Straftaten gehören.

Im Gegensatz zu Kuhnmunch sieht Larguier die action publique des Staatsanwaltes durch die immer häufiger vorkommende action civile der verschiedenen Gruppierungen bedroht. Die action publique verteile sich auf immer mehr Hände, bis sie am Ende der Staatsanwaltschaft ganz entzogen werde[929]. Die Vereinigungen repräsentieren für ihn zu wenig konkrete Interessen, selbst wenn sie bestimmte Interessengruppen vertreten. Die von einer Vereinigung vertretenen Interessen seien vom öffentlichen Interesse kaum abzugrenzen[930]. Außerdem hätten diese

---

[924] Roca, aaO., S. 85, (91).

[925] Roca, ebd.

[926] L'action publique menacée ou partagée? La défense des interêts collectifs par les groupements privées:syndicats, associations, ordres professionnels... Travaux du XXIIIème Congrés de l'Association française de criminologie, organisé par l'Association française de Criminologie et par le centre de recherches de politique criminelle. Die Beiträge sind in arch. pol. crim. 10 (1988) abgedruckt.

[927] Kuhnmunch, aaO., S 35 (50).

[928] Vitu, Rev. Sc. Crim. 1956, S. 675 (693); ähnl. argumentiert Pradel, der die Vorteile und Nachteile abwägt, procédure, Rn. 227.

[929] Larguier, D. 1958, I doctr. S. 29 (32).

[930] Larguier, aaO., S. 29 (33).

Vereinigungen im Gegensatz zur Staatsanwaltschaft, die das Gesamte betrachtet, nur ihr jeweiliges Interesse im Blick. Das könne dazu führen, daß die Vereinigungen aus einer Art Rachegedanken handeln. Aus diesen Gründen will Larguier die Vereinigungen für ihren tatsächlich erlittenen Schaden auf den Zivilweg verweisen.

Vidal stimmt im Ergebnis der restriktiven Rechtsprechung über die Zulässigkeit der action civile juristischer Personen zu. Sie seien zwar wegen ihrer Sachkunde unter Umständen nützlich. Generell stehe es aber der Staatsanwaltschaft zu, über die Opportunität der Strafverfolgung zu entscheiden. Seiner Ansicht nach sind die Texte, die den Gruppierungen abweichend vom Prinzip, einen direkten und persönlichen Schaden als Voraussetzung für die action civile zu verlangen, restriktiv auszulegen[931].

Primär geht es bei weitem nicht immer nur um Schadensersatz, es geht auch um Vergeltung[932], so wie darum, den Täter feststellen zu lassen, also um die Durchsetzung bestimmter Interessen auch auf diesem Wege. Dies zeigen bereits die vielen Verurteilungen zu Schadensersatz in der Höhe des symbolischen Francs[933]. Genau hierin wird für Boulan deutlich, daß es quasi zwei actions civiles gibt: für den "normalen" Verletzten als Schadensersatzklage, für die diversen Vereine und Organisationen als Möglichkeit, Strafverfolgung zu betreiben[934]. Auch Roca sieht diese zwei verschiedenen actions civiles und darüber hinaus die Tatsache, daß die action civile inzwischen ohne das eigentliche Opfer durchgeführt werden kann[935]. Wenn Boulan auch der Ansicht ist, daß für den Moment die Auswirkungen der von den verschiedenen Gruppierungen durchgeführten actions civiles aufgrund ihrer Sachkunde etc. eher von Vorteil ist, so fürchtet er jedoch für die Zukunft, daß diese als Ausnahme gedacht Möglichkeit zum Prinzip werden könne und damit das Privileg des Staatsanwaltes, über die Opportunität der Strafverfolgung im Einzelfall zu entscheiden, verschwände[936]. Damit argumentiert er ähnlich wie Vidal, der ja auch auf der einen Seite die Sachkunde der Vereinigungen sieht und auf der anderen Seite die Bedrohung der Stellung des Staatsanwaltes als dem Organ, der die maßgeblichen Entscheidungen zu treffen hat.

Rassat geht demgegenüber in ihrer Kritik weiter. Auch sie geht davon aus, daß es heute zwei unterschiedlich motivierte actions civiles gibt (Vergeltung bzw. Schadensersatz). Ihr erscheint es im Widerspruch zur Rechtsprechung nicht vertretbar, eine action civile zuzulassen, bei welcher es der betreffenden Zivilpartei erkennbar nicht um Schadensersatz geht, "dans une société policée où la punition du coupable doit être et ne doit être qu'une affaire d'Etat. Rappelons, une fois de plus,

---

[931] Vidal, aaO., S. 481 (519/520).

[932] Pradel, procédure, Rn. 195 spricht von einem "aspect vengeur" der action civile.

[933] Boulan, JCP 1973, I doctr. 2563 Abs. 13; Campredon, aaO., Abs. 1; Larguier, aaO., S. 34.

[934] Boulan, aaO., n° 13.

[935] Roca, aaO., S. 92.

[936] Boulan, aaO., Abs. 41.

que le droit pénal n'est pas fait pour les victimes"[937]. Die Kritik Rassats ist damit die radikalste. Sie richtet sich nicht primär gegen die action civile der juristischen Personen, sondern setzt deutlicher als die übrigen an einem anderen Punkt an: der allmählichen Loslösung der action civile von der Zuerkennung eines Schadensersatzanspruches. Die meisten actions civiles von juristischen Personen fallen allerdings unter diese Kategorie, woraus folgt, daß Rassat ihnen skeptisch gegenübersteht[938].

Wieder andere versuchen, zu analysieren, wie es zu dieser Situation gekommen ist. Dabei werden als Ursachen für die Entwicklung die Enttäuschung mit dem Vorsorgestaat und das Mißtrauen in die öffentliche Strafverfolgung angeführt. Letzteres wird zum Teil sehr ernst genommen, gerade weil insbesondere Gruppen von besonders hilflosen Opfern (Opfer rassistischer Straftaten, mißbrauchte Kinder, vergewaltigte Frauen...) die Möglichkeit zusteht, die Verletzung ihres Kollektivinteresses mit der action civile geltend zu machen. Die Aktion dieser Gruppen spiegelt nach Ansicht von Pierre ein Gefühl der Enttäuschung und des Mißtrauens eines großen Teils der Bevölkerung wieder.[939] Für ihn resultiert dies daraus, daß zugunsten der strafprozessualen Ziele der Prävention und der Resozialisierung die Ziele der Abschreckung und der Verwahrung vernachlässigt wurden[940].

Zusammenfassend kann man festhalten, daß die action civile auf der einen Seite vom Gesetzgeber immer mehr ausgeweitet, auf der anderen Seite aber in der Diskussion auch gerade deswegen immer stärker kritisiert wird. Dabei richtet sich die Kritik nicht gegen die action civile in ihrer ursprünglichen Form einer Klage auf Schadensersatz mit der Folge, daß der Strafprozeß ausgelöst wird. Vielmehr ist Tenor der Kritik die Befürchtung, daß durch den immer stärkeren Ausbau der action civile die Befugnis der Staatsanwaltschaft, über die Opportunität der Strafverfolgung eines Falles zu entscheiden, unterlaufen wird.

7. Zum Vergleich: Privatklage nach §§ 374 ff. StPO

Die action civile in ihren Erscheinungsformen der action civile und der intervention[941] erfüllt "in komplexer Weise die Funktionen des deutschen Klageerzwingungs-Privatklage- und Adhäsionsverfahrens sowie der Nebenklage." [942]   Als

---

[937] "In einer Gesellschaft, in der die Bestrafung des Schuldigen Sache des Staates und allein Sache des Staates sein soll. Rufen wir einmal mehr in Erinnerung daß das Strafrecht nicht für die Opfer gemacht ist." Rassat, Procédure, S. 235; ein Hinweis, der ob der häufigen und traditionellen Opferpräsenz im französischen Strafrecht sehr deutlich ist.

[938] Rassat, Procédure, S. 239 ff.

[939] Pierre, arch. pol. crim 10 (1988), S.79 (87).

[940] Pierre, ebd.

[941] Dabei wird im Rahmen dieser Arbeit auf die intervention nicht weiter eingegangen, vergl. dazu aber Beth, Alfred: Die Geltendmachung zivilrechtlicher Schadensersatzansprüche im französischen Strafverfahren, Diss. Freiburg 1972 und Gewaltig, Stefan: Die action civile im französischen Strafverfahren, Frankfurt / M. 1990.

Gegengewicht zum Opportunitätsprinzip korrespondiert dabei am stärksten die Privatklage nach §§ 374 ff StPO mit ihr: in beiden Fällen wird durch das Opfer das Strafverfahren herbeigeführt, unabhängig vom Willen der Staatsanwaltschaft. In beiden Fällen wird durch diese Entscheidungsmöglichkeit des Opfers das Opportunitätsprinzip begrenzt.

Nachfolgend soll versucht werden, Unterschiede und Parallelen zwischen den beiden Rechtsinstituten aufzuzeigen.

a. Rechtsnatur

Das Privatklageverfahren ist Strafverfahren, das ebenso wie das Offizialverfahren auf die Strafverfolgung des Beschuldigten gerichtet ist und auf dessen Verurteilung zielt.[943]. In einigen Punkten unterscheidet sich das Privatklageverfahren jedoch vom Offizialverfahren. Wenn man hier auch nicht, wie bei der action civile, von einer Doppelnatur sprechen kann, so weist doch auch das Privatklageverfahren bestimmte Züge auf, die dem Zivilprozeß näher stehen als dem Strafprozeß: Privatklageverfahren ist Ausnahme vom Legalitätsprinzip. Der Privatkläger kann daher auf die Klage verzichten, sie weitgehend zurücknehmen- auch nach der Eröffnung der Hauptverhandlung (§ 391 I StPO) oder sich vergleichen[944]. Eine Verfügung über den Prozeßgegenstand ist möglich[945].

Die Ähnlichkeiten zum Zivilprozeß beruhen bei der Privatklage also auf dem Ablauf des Verfahrens; für die action civile ergeben sich Überschneidungen mit dem Zivilrecht dagegen daraus, daß mit der action civile zwei Zwecke (öffentliche Strafverfolgung und Schadensersatz) verfolgt werden.

b. Voraussetzungen

Die Privatklage ist gemäß § 381 StPO entweder zu Protokoll oder durch Einreichung der Anklageschrift zu erheben. Dabei ist keine besondere Frist zu wahren; es gilt die allgemeine Verjährungsfrist des betreffenden Deliktes.

i. Allgemeine Klagevoraussetzungen

Wie in Frankreich für die action civile so gelten auch für die deutsche Privatklage die allgemeinen Klagevoraussetzungen; der Kläger muß also geschäfts- und

[942] Grebing, GA 1984, S. 1 (17).
[943] KK-Pelchen, Rn.1; LR-Wendisch, Rn.4; Pfeiffer/ Fischer Rn. 1, jeweils vor § 374 StPO.
[944] LR-Wendisch, Rn. 10 zu § 374 StPO.
[945] Roxin, StrafverfahrensR, S. 428.

prozeßfähig sein. Ist er das nicht, so wird sein gesetzlicher Vertreter für ihn tätig. Ist dieser zugleich Beschuldigter, so beginnt die Frist nicht zu laufen[946].

Gemäß § 67 GKG muß der Kläger einen Gebührenvorschuß zahlen, wofür ihm gemäß § 379 a StPO eine Frist zu setzen ist. Vor Zahlung des Gebührenvorschusses soll keine gerichtliche Handlung vorgenommen werden (§379 a Abs.2 StPO)[947].

Gegen Jugendliche ist die Privatklage nicht zulässig, wohl aber gegen Heranwachsende.

Wie bei der citation directe und anders als bei der plainte avec constitution de partie civile muß der Privatkläger den Sachverhalt auch rechtlich würdigen. Gemäß §§ 381, 200 Abs.1 StPO muß er u.a. die gesetzlichen Merkmale der Tat, die anzuwendenden Strafvorschriften und das Gericht der Hauptverhandlung angeben[948].

ii. Eigenschaft der betreffenden Tat als Privatklagedelikt

Im Gegensatz zur französischen action civile ist die Privatklage auf wenige, in § 374 I StPO abschließend aufgezählte Delikte beschränkt: Hausfriedensbruch, Beleidigung, Verletzung des Briefgeheimnisses, Körperverletzung, Bedrohung, Sachbeschädigung und bestimmte Straftaten nach dem UWG und patent-, urheber-, warenzeichen-, gebrauchs- und geschmackmusterrechtliche Vergehen. In dieser Begrenzung auf nur einige Delikte liegt einer der wesentlichen Unterschiede zur französischen action civile, die eine solche Auflistung der Delikte eben gerade nicht kennt.

Trifft eines dieser Privatklagedelikte mit einem Offizialdelikt zusammen (unabhängig davon, ob in Form der Tateinheit, der Gesetzeskonkurrenz oder der Tatmehrheit im Rahmen einer einheitlichen Tat iSv. § 264 StPO), ist die Privatklage ausgeschlossen; der gesamte Komplex unterfällt dann wieder voll und ganz dem Offizialprinzip[949].

Die meisten Privatklagedelikte sind zugleich Antragsdelikte (Ausnahme: die Bedrohung und die gefährliche Körperverletzung). Wird innerhalb der Antragsfrist Privatklage erhoben, so ist der notwendige Strafantrag mit in ihr enthalten[950]. Leitet sich die Klagebefugnis allein aus der Antragsbefugnis ab, so muß der Strafantrag vom Privatkläger selbst gestellt worden sein.

---

[946] KK-Pelchen, Rn. 15; LR-Wendisch, Rn. 46, jew. zu § 374 StPO.

[947] Auch bei der citation directe mußte der Zivilkläger früher nach Art. R 236 CPP einen Gebührenvorschuß zahlen. Dieser Artikel wurde aber mit Dekret n° 93-867 vom 28.6.1993 aufgehoben.

[948] BOHLANDER, NStZ 1994, S. 420 (420), sieht in diesen strengen Anforderungen die Gefahr eines Eingriffes in das Grundrecht auf rechtliches Gehör des Privatklägers.

[949] Kleinknecht/ Meyer-Goßner, Rn. 3 zu § 374; KK-Pelchen, Rn. 8, 9; LR-Wendisch, Rn. 18,19 jew. zu § 374 StPO.

[950] KK-Pelchen, Rn.4 zu § 374 StPO.

iii. Sühneverfahren

Ebenfalls im Unterschied zur französischen action civile ist dem deutschen Privatklageverfahren für bestimmte Delikte (Hausfriedensbruch, Verletzung des Briefgeheimnisses, Körperverletzung, Bedrohung und Sachbeschädigung) ein Sühneverfahren
fahren vorgeschaltet (§ 380 StPO). Dieses ist vor einer Vergleichsbehörde
durchzuführen[951].

Der Sühneversuch ist von Amts wegen zu prüfen; ist er bei Klageerhebung noch
nicht durchgeführt worden, so muß die Klage als unzulässig zurückgewiesen werden.[952] Hat das Gericht allerdings das Hauptverfahren eröffnet, ohne daß ein Sühneversuch durchgeführt worden wäre, so ist das Verfahren fortzusetzen und nicht wegen Fehlens einer Prozeßvoraussetzung einzustellen; das Sühneverfahren ist bloße
Klagevoraussetzung[953].

Das Erfordernis des Sühneverfahrens dient dem öffentlichen Interesse; der Erhebung leichtfertiger und übereilter Privatklagen soll vorgebeugt werden. Ihre Erhebung soll beträchtlich erschwert werden, da "die Beseitigung des Klagerechtes
durch Vergleich dem Interesse des Staates mehr entspricht als die Verhängung einer Strafe." [954] Diese Begründung entspricht für die Privatklagedelikte dem, was die
Anhänger des Täter - Opfer - Ausgleiches generell behaupten, daß nämlich die
Konfliktlösung zwischen Täter und Opfer geeignet ist, den staatlichen Strafanspruch zu beseitigen.

iv. Klagebefugnis

In Frankreich ist es für die Erhebung der action civile notwendig, einen erlittenen
Schaden geltend zu machen, da die action civile ja zugleich auch eine Schadensersatzklage darstellt. In Deutschland dagegen geht es zwar auch darum, für die Klagebefugnis das Opfer der Straftat von anderen Personen abzugrenzen. Ansatzpunkt
ist dabei aber nicht der erlittene Schaden, sondern die Position des Privatklägers als
Verletzten; der Privatkläger muß durch die Tat in seinen Rechten verletzt sein
(§374 Abs.1 1. HS StPO) oder er muß befugt sein, Strafantrag zu stellen
(§ 374 Abs.2 StPO).

Dabei ist der Verletztenbegriff des § 374 StPO mit anderen Verletztenbegriffen
der StPO nicht unbedingt identisch. Insbesondere wird zum Teil vertreten, daß Unterschiede zum Verletztenbegriff des Klageerzwingungsverfahrens bestünden: führt
bei § 172 Abs.2 StPO eine extensive Auslegung zur Wahrung des Legalitätsprinzipes und damit zur Erweiterung strafrechtlichen Rechtsschutzes, so würde eine

---

951 Cf. im einzelnen zu den Vergleichsbehörden Kleinknecht/ Meyer-Goßner, Rn. 3 zu § 380 StPO.

952 KK-Pelchen, Rn. 4 zu § 380 StPO.

953 Roxin, StrafverfahrensR, S. 451.

954 Hahn, zitiert nach LR-Wendisch, Rn. 29 zu § 380 StPO.

weite Auslegung bei § 374 StPO gerade das Gegenteil erreichen[955]. Grundsätzlich ist bei § 374 StPO für die Feststellung, wer Verletzter ist, auf das jeweilige Delikt abzustellen[956].

Neben dem Verletzten sind auch die Strafantragsberechtigten befugt, Privatklage zu erheben. Wer antragsberechtigt ist, richtet sich nach § 77 StGB. Dies ist zunächst wiederum der Verletzte. Ist dieser verstorben, so geht in den Fällen, in denen das Gesetz dies vorsieht, sein Antragsrecht auf die Ehegatten, danach auf die Kinder, auf die Eltern, Geschwister und Enkel über (§ 77 Abs.2 StGB). In den Fällen, in denen das Gesetz keinen Übergang des Antragsrechts vorsieht, erlischt dieses und mit ihm das Recht, die Privatklage zu erheben.

Auch in Frankreich kann die action civile nur von dem Opfer selbst geltend gemacht werden.

c. Folgen der Erhebung der Privatklage

i. Auslösung des Strafverfahrens

Bei den Folgen der Erhebung der Privatklage und der action civile zeigt sich der zentrale Unterschied zwischen den beiden Rechtsinstituten: Wird bei der action civile die öffentliche Klage ausgelöst und also der Staatsanwalt zum Tätigwerden gezwungen, so hat bei der Privatklage der Privatkläger rechtlich und faktisch die Stellung des Anklägers. § 377 Abs.1 S.1 StPO bestimmt eindeutig, daß der Staatsanwalt im Rahmen der Privatklage zu einer Mitwirkung nicht verpflichtet ist.

Dieser Unterschied dürfte allerdings in der Praxis weniger groß sein als in der Theorie, denn auch in Frankreich spielt der Staatsanwalt in Verfahren, die durch eine citation directe eines Zivilklägers eingeleitet wurde, während der Verhandlung zumeist nur eine untergeordnete Rolle, da er die Prozeßführung meist vollständig dem Gericht und den Parteien überläßt[957]. In seinem Strafantrag am Ende der Verhandlung fordert er zumeist einfach die Anwendung des Gesetzes und kein bestimmtes Strafmaß[958].

Andererseits kann bei der deutschen Privatklage die Staatsanwaltschaft aus Opportunitätserwägungen das Privatklageverfahren in jedem Zeitpunkt übernehmen, § 377 Abs.2 StPO, mit der Folge, daß der Privatkläger aus dem Verfahren ausscheidet. Will er Beteiligter bleiben, so muß der gemäß § 396 StPO den Anschluß erklären, falls er nach § 395 StPO nebenklageberechtigt ist.

---

[955] von Schacky ,S. 47.

[956] KK-Pelchen, Rn.6 zu § 374; LR-Wendisch, Rn. 2 zu § 374; von Schacky, S. 47.

[957] Gewaltig, S. 69.

[958] Gewaltig, S. 70; wurde mir auch von Praktikern bestätigt.

Ein weiterer großer Unterschied zur action civile liegt darin, daß das Privatklageverfahren nicht unbedingt mit einem Urteil enden muß und in der Tat wohl auch
selten mit einem Urteil endet: Gemäß § 383 Abs.2 StPO kann das Gericht das Privatklageverfahren bei anzunehmender geringfügiger Schuld des Täters einstellen;
diese Einstellung ist auch nach Eröffnung der Hauptverhandlung noch zulässig. Dabei beurteilt sich die Geringfügigkeit der Schuld wie bei § 153 StPO, der von
§ 383 Abs.2 StPO für das Privatklageverfahren verdrängt wird. Gegen die Einstellung kann der Privatkläger zwar mit der sofortigen Beschwerde vorgehen. Es bleibt
aber festzuhalten, daß er, anders als der Kläger bei der action civile, kein Urteil erzwingen kann.

ii. Stellung des Privatklägers

Laut § 385 Abs.1 StPO erhält der Privatkläger die Stellung, die im Offizialverfahren der Staatsanwalt innehat. Allerdings kann er, ebenso wie der französische Zivilkläger, Akteneinsicht nur vertreten durch seinen Anwalt nehmen. Er kann ebensowenig wie der französische Zivilkläger als Zeuge vernommen werden.
   Gemäß § 386 Abs.2 StPO steht dem Privatkläger das Recht der unmittelbaren
Ladung von Zeugen zu und nach § 390 Abs.1 StPO stehen ihm die Rechtsmittel zu,
die im Offizialverfahren der Staatsanwalt zustehen.

d. Rechtswirklichkeit

Im Unterschied zur action civile wird von der Privatklage weniger und weniger Gebrauch gemacht:
   GEWALTIG geht in seiner Arbeit davon aus, daß etwa 30 % aller jährlich in Paris
anhängigen ca. 7000 Untersuchungsverfahren durch eine action civile des Verletzten ausgelöst werden und auf zehn citations directes, die von der Staatsanwaltschaft
veranlaßt werden, im Schnitt eine citation directe eines Zivilklägers kommt[959].
   In Deutschland machen ungefähr 10 % aller auf den Privatklageweg Verwiese-
nen von dieser Möglichkeit auch Gebrauch[960], wobei die Privatklage von vornherein nur wenige Delikte umfaßt, anders als die action civile.
   Dabei umfassen die citation directe des Zivilklägers und die Privatklage hauptsächlich die gleichen Delikte: Körperverletzungen und Beleidigungen, in Frankreich darüber hinaus auch noch die Verletzung der Unterhaltspflicht und die
Verleumdung[961].

---

[959] Gewaltig, S. 94/95.
[960] Bohlander, NStZ 1994, S. 420; laut GREBING ist die Anzahl der Privatklagen zwischen 1960 und
      1980 um ungefähr 70 % zurückgegangen, GA 1984, S. 1 (6).
[961] Für Deutschland: Grebing aaO., S. 1 (7); für Frankreich: Gewaltig, S. 95/ 96.

Der Hauptunterschied in der Praxis liegt aber im Ergebnis von Privatklage einerseits und action civile andererseits. Zwar werden von den aufgrund einer plainte avec constitution de partie civile eingeleiteten untersuchungsrichterlichen Verfahren wesentlich mehr eingestellt als bei den von der Staatsanwalt initiierten[962]; der Untersuchungsrichter kann aber, wie bereits ausgeführt (cf. S.47), nur aus Rechtsgründen, nicht aus Opportunitätserwägungen einstellen.

Bei den citations directes der Zivilkläger, die ja direkt vor den erkennenden Richter führen, ist die Zahl der Freisprüche nicht höher als bei den citations der Staatsanwaltschaft[963]. Auch der erkennende Richter kann das durch die action civile des Zivilklägers eingeleitete Verfahren nicht wegen anzunehmender geringfügiger Schuld oder anderen Opportunitätserwägungen einstellen.

Anders sieht es dagegen in Deutschland aus: weniger als die Hälfte der Privatklagen führen zur Eröffnung des Hauptverfahrens, Einstellungen wegen Geringfügigkeit und sonstige Erledigungen machen dann 41 % der Erledigungen aus und nur 9 % der Privatklagen enden mit einem Urteil[964]; andere gehen sogar von nur 6 % durch Urteil endenden Privatklagen aus[965].

Die action civile scheint damit als Begrenzung des Opportunitätsprinzips effektiver zu sein, als die Privatklage es selbst in dem eingeschränkten Bereich der Privatklagedelikte ist. Das liegt wohl zum einen daran, daß die action civile im französischen Strafprozeß seit langem verankert ist. Zum anderen wirkt aber die deutsche Privatklage neben der action civile wie ein halbherziger Versuch, die Einstellungsbefugnis der Staatsanwaltschaft bei den Privatklagedelikten auszugleichen, denn auch das Privatklageverfahren muß nicht mit einem Urteil enden. Der Verletzte hat damit keine Möglichkeit, ein Strafurteil zu erzwingen.

II. Besondere Verfolgungsvoraussetzungen einiger Delikte

Grundsätzlich ist in Frankreich die plainte, der Strafantrag, nur eine Weise, auf die der Staatsanwalt Kenntnis von einer begangenen Straftat erhält. Das weitere Vorgehen unterliegt dann seiner Entscheidung, er kann souverän darüber entscheiden, ob er die Strafverfolgung einleiten oder den Fall einstellen will[966]. Der Antrag ist für

---

[962] Gewaltig, S. 95.

[963] Gewaltig, S. 93.

[964] Grebing, aaO., S. 1 (9); die Zahlen beziehen sich auf 1980; genauer: Von 10 000 Privatklagen enden 19 % durch Zurückweisung des Richters, 16 % durch Klagerücknahme, 15 % durch Vergleich, 41 % durch Einstellung und 9 % durch Urteil.

[965] Bohlander, aaO., S. 420; auch er geht davon aus, daß die Mehrzahl der abschließenden Entscheidungen Einstellungen wegen Geringfügigkeit sind.

[966] Pradel, procédure pénale, Rn. 373.

die Strafverfolgung grundsätzlich weder notwendig, noch ist der Staatsanwalt auf einen einfachen Strafantrag hin verpflichtet zu handeln.

Eine Ausnahme von diesem Prinzip stellen jedoch die Delikte dar, deren Verfolgung einen Antrag voraussetzt. Durch das Antragserfordernis ist der Staatsanwalt in seiner Freiheit, über den Fortgang des Falles in angemessener Weise zu entscheiden, eingeschränkt. Will er die Strafverfolgung einleiten, ist er auf den Antragsteller angewiesen; es kommt also nicht allein auf sein Urteil an. Insofern kann man hier (auch) von einer Einschränkung des Opportunitätsprinzips sprechen. In diesem Sinn werden die Antragsdelikte in Frankreich auch begriffen[967].

1. Strafantrag

Antragsdelikte sind zum einen Delikte, die primär die Privatsphäre des Verletzten und nicht so sehr die Allgemeinheit betreffen[968]; zum anderen handelt es sich um Delikte, die sich Materien auf beziehen, in deren Bereich bestimmte Behörden spezialisiert sind[969].

Das Antragserfordernis kann, soweit ein privater Verletzter antragsberechtigt ist, unterschiedlich begründet sein: Zum Einen spielt der Gedanke eine Rolle, daß in manchen Fällen das öffentliche Interesse an einer Verfolgung hinter dem privaten Interesse des Verletzten zurückstehen muß (insbesondere bei Delikten innerhalb einer Familie oder anderer enger Beziehungen); zum anderen sind bestimmte Taten nur oder überwiegend zum Schutz des Einzelnen strafrechtlich sanktioniert (so z.B. die Delikte gegen die Ehre)[970].

Das Antragserfordernis durch eine Behörde wird mit der besonderen Sachkunde der betreffenden Behörde oder mit einem besonderen durch diese Behörde wahrgenommenen Interesse begründet[971].

Es ist dann entweder das Opfer oder die betreffende Behörde, deren Entscheidung mit derjenigen des Staatsanwaltes übereinstimmen muß, wenn es zu einer Strafverfolgung kommen soll. Zwischen dem Strafantrag eines Privaten und dem einer Behörde besteht dabei insofern ein Unterschied, als daß ein Verletzter sein

---

[967] So wird z.B. bei Pradel, procédure, die plainte (Rn.373 ff.) im Rahmen eines Abschnittes "Les limites au principe de l'opportunité du poursuites" behandelt.

[968] Z.B. Eingriff in die Privatsphäre (Art. 226-1, 226- 2, 226-6 nouveau CP);auch die meisten Beleidigungsdelikte (art. 48 de la loi du 29 juillet 1881), Jagd auf fremdem Gebiet (Art. 389 Abs. 2 C. Rural); contrefaçon de brevet (art. 52 de la loi du 2. janvier 1952); Vergehen gegen eine Privatperson durch einen Franzosen im Ausland (Art. 113-8 C. P.); siehe dazu Aymond Rép. Pén. n° 88, 91; Pradel, procédure, Rn. 374.

[969] Z.B. contributions directes, Art. 1835 Code général des impots; Straftaten, die von Arbeitgebern gegenüber der Sozialversicherung begangen werden, Art. 225 des Gesetzes vom 29. Juli 1943; Straftaten im Bereich der Steuer und des Geldwechsels (Art. 458 Code Douanier; art. L 228 LPF)siehe dazu Aymond, aaO., n° 88, 89; Pradel, procédure, Rn. 375.

[970] Schneider, S. 379/ 380.

[971] Pradel, procédure, Rn. 375.

Privatinteresse berücksichtigt und dabei keine öffentlichen Interessen in Betracht zu ziehen braucht. Eine Behörde dagegen trifft genau wie die Staatsanwaltschaft eine Opportunitätsentscheidung und bezieht dabei dieselben öffentlichen Interessen in ihre Entscheidung mit ein, die auch die Staatsanwaltschaft berücksichtigt[972].

Bei den Antragsdelikten kann der Staatsanwalt nur dann die Tat verfolgen, wenn ein Strafantrag (plainte) vorliegt. Ohne einen solchen Antrag darf er nichts unternehmen. Die Beschränkung funktioniert jedoch, wie gesagt, nur in eine Richtung:[973] Trotz gestelltem Strafantrag kann der Staatsanwalt das Verfahren einstellen, denn der Antrag schafft für ihn nur die Voraussetzung, eine Entscheidung hinsichtlich der Strafverfolgung zu treffen. Anders sieht es aus, wenn sich der Verletzte zugleich als Zivilpartei konstituiert (s.o.).

In Deutschland wie in Frankreich ist der Strafantrag Prozeßvoraussetzung. Die Rechtsprechung sorgt sowohl in Deutschland als auch in Frankreich für eine strikte Einhaltung des Strafantragserfordernisses. Er kann nicht nachgeholt werde, was zur Folge hat, daß alle bereits vorgenommenen Akte einer ohne vorhergehenden Antrag etwa begonnenen Strafverfolgung eines Antragsdeliktes unheilbar nichtig sind.[974]

Grundsätzlich ist in Deutschland das Antragserfordernis, was die Antragsberechtigung einer Privatperson als Verletztem betrifft, viel häufiger anzutreffen als in Frankreich[975]. Andererseits gibt es in Deutschland keine Antragsbefugnis bestimmter Behörden.

a. Voraussetzungen

Prinzipiell sind sich die Voraussetzungen des deutschen Strafantrages und der französischen plainte sehr ähnlich. Weder in Frankreich noch in Deutschland werden besondere formelle Voraussetzungen verlangt; in beiden Ländern genügt die Schriftform, die in Deutschland von § 158 Abs.2 StPO und in Frankreich von der Praxis verlangt wird[976].

---

[972] Schneider, S. 374.

[973] Casorla, S. 111.

[974] Aymond, aaO., n° 93.

[975] Deutsche Antragsdelikte sind insbes.: Hausfriedensbruch (§123 StGB); Haus-und Familiendiebstahl (§ 247 StGB); Haus- und Familienbetrug (§ 263 IV iVm. § 247 StGB); Verführung (§ 182 StGB); §§12, 15, 17f. iVm. 22 UWG; §§ 106 ff. UrhG, diese sind reine Antragsdelikte, bei denen der Staatsanwalt nie ohne Antrag tätig werden kann.
Daneben sind auch die einfache vorsätzliche und jede fahrlässige Körperverletzung (§ 232 I StGB); Diebstahl und Unterschlagung geringwertiger Sachen (§ 248 a StGB); Sachbeschädigung (§ 303 a StGB); Datenveränderung (§ 303 B StGB) und Computersabotage (§ 303 b StGB) Antragsdelikte; bei diesen Delikten kann die Staatsanwaltschaft aber bei Vorliegen eines besonderen öffentlichen Interesses die Tat verfolgen, ohne daß ein Strafantrag vorliegt.

[976] Schneider, S. 392.

In Frankreich gilt keine besondere Frist für die plainte, so daß sie bis zur Verjährung des entsprechenden Deliktes erhoben werden kann. In Deutschland dagegen gilt eine Dreimonatsfrist ab dem Zeitpunkt, in dem der Verletzte von der Tat in einem solchen Maß Kenntnis erlangt hat, daß von ihm eine Entscheidung verlangt werden kann (§ 77 b Abs.2 StGB)[977].

b. Folgen

Wie bereits festgehalten, löst der Antrag an sich die Strafverfolgung nicht aus, er ermöglicht sie nur. Erst mit Vorliegen des Antrages bekommt die Staatsanwaltschaft ihre Entscheidungsgewalt wieder, d.h. in Frankreich kann sie ganz normal die Opportunität einer Strafverfolgung abschätzen. In Deutschland kommt es darauf an, ob sich die Tat im Geltungsbereich des Legalitätsprinzips befindet, in welchem Fall die Staatsanwaltschaft mit Antragstellung verpflichtet ist, die Strafverfolgung einzuleiten, oder ob sich die Tat im Geltungsbereich einer Ausnahme des Legalitätsprinzipes befindet. Dann kann eine Einstellung gem. §§ 153, 153 a StPO oder gem. § 376 StPO erfolgen.

Eine Ausnahme besteht in Deutschland für diejenigen Delikte, bei denen die Staatsanwaltschaft bei besonderem öffentlichen Interesse auch ohne Strafantrag des Verletzten die Strafverfolgung aufnehmen kann; Roxin spricht in dieser Hinsicht von Offizialdelikten "für die das Opportunitätsprinzip gilt[978]."

Das in Deutschland diskutierte Problem, inwieweit der Strafantrag auf die Verfolgung bestimmter Personen begrenzt werden kann[979], wird in Frankreich nicht erörtert: ist die plainte einmal erhoben, dann erhält der Staatsanwalt seine volle Entscheidungsgewalt wieder und kann alle an der Tat Beteiligten strafrechtlich verfolgen, ohne auf die in der plainte genannten Personen beschränkt zu sein[980].

III. Genehmigung oder Verwarnung

In bestimmten Fällen ist vor der Strafverfolgung eine Genehmigung oder eine Verwarnung des Täters erforderlich. Auch hier ist der Staatsanwalt also in seiner Entscheidungsfreiheit eingeschränkt.

---

[977] Jescheck/Weigend, S. 909; Schneider, S. 399.

[978] Roxin, StrafverfahrensR S. 71.

[979] Heute ist wohl allgemein anerkannt, daß der Verletzte den Antrag begrenzen kann und zwar sowohl auf einen bzw. auf einen Teil der Täter als auch sachlich und rechtlich auf einzelne abtrennbare Teile. Ohne ausdrückliche Beschränkung bezieht sich der Antrag auf alle in Betracht kommenden Täter. KK-Wache, Rn. 49 zu § 158 StPO.

[980] Aymond, aaO., n° 94; Schneider, S. 406; Cass. Crim. vom 15. Juli 1959, Bull. Crim. Nr. 362.

Wie in Deutschland kann auch in Frankreich gegen Minister und Parlamentsangehörige nur ermittelt werden, wenn das Parlament, dem der Betreffende angehört, diese genehmigt und die Immunität aufhebt (Art. 26 der französischen Verfassung). Dazu muß der Staatsanwalt bei dem jeweiligen Gremium einen Antrag auf Aufhebung der parlamentarischen Immunität (mainlevée de l'inviolabilité parlementaire) stellen. Bis zur Genehmigung dieses Antrages kann eine Strafverfolgung nicht stattfinden. Ausnahmen von diesem Prinzip sind zum einen die Übertretungen und zum anderen die Ermittlungen im Flagranzverfahren[981].

Bei bestimmten anderen Delikten muß zunächst eine Verwarnung ausgesprochen werden. Erst wenn dieser Verwarnung nicht Folge geleistet wird, kann der Staatsanwalt die Strafverfolgung einleiten. Dabei ist die Verwarnung Verfolgungsvoraussetzung, nicht Element des Tatbestandes des entsprechenden Deliktes.[982] Dies gilt für das Delikt des abandon de famille, für Delikte rund um die Sozialversicherung und z. T. im Bereich der Sicherheit am Arbeitsplatz[983].

Grund für diese Regelung ist wohl die häufige Unkenntnis dieser Bestimmungen, der der Gesetzgeber hier Rechnung zu tragen versucht. Dabei galt in Frankreich bis zur Einführung des neuen Code Pénal der Grundsatz "Unkenntnis schützt vor Strafe nicht", was PRADEL im vorliegenden Zusammenhang jedoch für eine Fiktion hielt[984]. Mit dem Art. 122 - 3 nouveau Code Pénal wurde die erreur sur le droit als Strafausschließungsgrund (cause d'irresponsabilité penale) eingeführt[985].

B. Kontrolle

Neben einer Begrenzung der Entscheidungsgewalt des Staatsanwaltes ist grundsätzlich auch ihre Kontrolle denkbar und zwar in zwei Richtungen: Zum einen als die Überprüfung einer Entscheidung, unabhängig von einem Vorwurf gegenüber dem Handelnden und zum anderen als eine Kontrolle des Handelnden. In Deutschland findet die Überprüfung einer Entscheidung im Rahmen des Legalitätsprinzips durch das Klageerzwingungsverfahren statt; die Kontrolle des Handelnden auf strafrechtlichem und disziplinarischem Weg. Auch in Frankreich finden sich die

---

[981] Aymond, aaO., n° 98; Pradel, procédure, Rn. 376.

[982] Aymond, aaO., n° 108.

[983] Garcin, S. 66.

[984] Pradel, procédure, Rn. 377; ähnl. Garcin, der aus der Möglichkeit, die Situation zu bereinigen, schließt, daß Unkenntnis manchmal doch erlaubt ist (que parfois l'ignorance de la loi est permise), S. 65.

[985] Dieser Irrtum scheint ungefähr dem deutschen Verbotsirrtum (§ 17 StGB) zu entsprechen, die von der Rechtsprechung an die Vermeidbarkeit des Irrtums gestellten Anforderungen scheinen eben so strikt zu sein, wie die der deutschen Rechtsprechung. Vergl. dazu Cass. Crim. vom 15.11.1995, Droit penal 1996, S. 6 f. mit Anmerkung Véron.

beiden Kontrollansätze, jedoch weniger ausgeprägt als in Deutschland; es wird mehr auf die Begrenzung durch die action civile gesetzt.

I. Kontrolle des Handelnden

Kontrolle findet in Frankreich und in Deutschland zunächst durch die Hierarchie statt; es besteht immer die Möglichkeit, sich an den Vorgesetzten des Staatsanwaltes zu wenden, dessen Entscheidung kritisiert wird. Der Vorgesetzte kann dann im Rahmen seines Weisungsrechtes eine nochmalige Überprüfung anordnen (cf. zur Hierarchie der französischen Staatsanwaltschaft oben S.26).

Eine strafrechtliche Kontrolle des staatsanwaltschaftlichen Handelns findet in Frankreich wie im deutschen Recht in zwei Richtungen statt: zum einen werden Handlungen unter Strafe gestellt, die den Täter begünstigen, und zum anderen solche, in denen ungerechtfertigte Eingriffe in die Freiheit Angeschuldigter oder anderer Personen stattfinden.

Allerdings gibt es, abweichend von der deutschen StPO, in Frankreich keine Sonderregelungen für Amtspersonen; eine Strafbarkeit kommt nur nach den allgemeinen Vorschriften in Betracht. Insofern werden in Frankreich diese strafrechtlichen Vorschriften in der Diskussion -soweit ersichtlich- nicht als Grenzen zum Opportunitätsprinzip angesehen. Anders als das Legalitätsprinzip, bei dem ja eine Entscheidung des Staatsanwaltes vorgegeben ist: (die Verfolgungspflicht bei hinreichendem Verdacht), ist eine von Opportunitätserwägungen getragene Entscheidung nicht so eindeutig; eine strafrechtliche Überprüfung, die ja einen eindeutigen Gesetzesverstoß voraussetzt, ist daher kaum möglich.

1. Begünstigung und Strafvereitelung

Die Begünstigung (recel de malfaiteurs) war bis 1993 in Art. 61 Abs. 2 CP und ist heute in Art. 434-6 nouveau CP geregelt. Sie liegt dann vor, wenn jemand den Täter der Strafverfolgung entzogen oder dies versucht hat, wobei der Begünstigende gewußt haben muß, daß es sich bei der Person, der er auf diese Art Hilfe leistet, um einen Straftäter handelt[986]. In Deutschland stellt § 258 Abs.1 StGB die persönliche Begünstigung als Strafvereitelung unter Strafe. Tathandlung ist es, die Bestrafung des Vortäters ganz oder zum Teil zu verhindern, es kommt auf den Verhinderungserfolg an[987].Anders als in Deutschland (§ 258 a StGB, Strafvereitelung im Amt)

---

[986] Larguier, aaO., n° 46.

[987] LK-Ruß, Rn. 10; Sch-Sch-Stree, Rn.12, beide zu § 258 StGB; Beispiele für Vereitelungshandeln: Verbergen des Vortäters, Gewähren einer Unterkunft als Unterschlupf, Fluchthilfe, Beseitschaffen von Ermittlungsakten etc. (Sch-Sch-Stree, Rn. 17 zu § 258 StGB).

liegt in Frankreich keine Qualifizierung darin, daß es sich bei dem Täter um eine mit der Strafverfolgung beauftragte Person handelt.

Problematisch ist in Frankreich, wie bereits angesprochen, daß der Staatsanwalt prinzipiell nicht zur Strafverfolgung gezwungen ist, da er ja auch aus Opportunitätserwägungen das Verfahren einstellen kann, wenn alle Voraussetzungen für die Strafverfolgung gegeben sind. In einer solchen Einstellung kann keine Straftat liegen. Eine solche kann nur dann vorliegen, wenn aus erwiesenermaßen sachfremden Gründen keine Strafverfolgung eingeleitet worden ist[988]. Damit liegt in der strafrechtlichen Begünstigung keine wirkliche Kontrolle der Entscheidung des Staatsanwaltes, denn Fälle, in denen er erwiesenermaßen mit Begünstigungsvorsatz handelte, dürften praktisch nicht vorkommen.

2. Freiheitsberaubung

Das Gegenstück zu der Begünstigung eines Straftäters, nämlich die Freiheitsberaubung eines Unschuldigen, regelt Art. 432-4 nouveau Code Pénal.

Art.432-4 nouveau CP (Art. 114 alter CP) kennt zwei Begehungsmodalitäten, zum einen die Arrestation und zum anderen die détention und sequestration. Arrestation bedeutet eine Augenblickshandlung, die dem Opfer die physische Freiheit, sich fortzubewegen, nimmt. Détention dagegen bedeutet das Einsperren an einem Ort, entweder unter Aufsicht oder gefesselt (sequestration)[989]. Diese Handlung darf nicht durch einen Befehl oder ein Gesetz gerechtfertigt sein. Insoweit liegt kein Unterschied vor zu den Voraussetzungen des Art. 344 ancien CP, der den Freiheitsentzug durch Privatpersonen unter Strafe stellte[990].

In Deutschland wird die Freiheitsberaubung von § 239 StGB erfaßt, eine besondere Vorschrift oder Qualifikation für Hoheitsträger gibt es nicht. Durch Ausübung amtlicher Befugnisse kann die Rechtswidrigkeit der Freiheitsberaubung allerdings ausgeschlossen sein[991].

Darüber hinaus müssen für Art. 433-4 CP aber weitere Voraussetzungen erfüllt sein: der Täter muß ein Beamter sein, wobei vorliegend nur der Staatsanwalt interessiert, und er muß in seiner Funktion als Staatsanwalt gehandelt haben[992]. Des weiteren muß die Freiheitsentziehung willkürlich sein. Dabei ist auch hier die Abgrenzung zu dem, was dem Staatsanwalt in Ausübung seiner Funktion erlaubt ist, nämlich die Anordnung der garde à vue, schwierig. Mit Sicherheit handelt er dann willkürlich, wenn sein Handeln illegal ist, also in Fällen mangelnder Kompetenz, in nicht vom Gesetz vorgeschriebenen Fällen oder unter Mißachtung der vom Gesetz

---

[988] Cf. auch Schneider, S.81 Fn.3.
[989] Gassin, Rép. Pén., Libertés, n°26.
[990] Gassin, aaO., Abs. 25; Vouin/Rassat, Rn. 211.
[991] Sch-Sch-Eser, Rn. 8 zu § 239 StGB.
[992] Gassin, aaO., n° 54 u. 59; Vouin/Rassat, Nr. 211.

vorgeschriebenen Formalitäten[993].

II. Überprüfung der Entscheidung

Kontrolle in Frankreich und zu großen Teilen auch in Deutschland findet im Rahmen der staatsanwaltschaftlichen Hierarchie statt, durch die Beschwerde beim Vorgesetzten, die bis hoch zum Ministerium gehen kann.

Eine gerichtliche Überprüfung der Einstellungsentscheidung findet in Frankreich
nicht statt, was sich aus der Unabhängigkeit der Staatsanwaltschaft von den Gerichten ergibt. Die gerichtliche Überprüfung einer Opportunitätsentscheidung würde
dazu führen, daß das Gericht seine Erwägungen an die Stelle derjenigen der Staatsanwaltschaft setzen würde.

In Deutschland findet dagegen im Rahmen des Legalitätsprinzipes eine gerichtliche Kontrolle im Rahmen des Klageerzwingungsverfahrens statt. Im Rahmen des
Opportunitätsprinzips findet auch in Deutschland eine nachträgliche gerichtliche
Kontrolle nicht statt, statt dessen ist zum Teil für die Einstellung die Zustimmung
des Gerichtes erforderlich.

1. Hierarchische Kontrolle (Beschwerde beim Vorgesetzten)

Da die Staatsanwaltschaft stark hierarchisch aufgebaut ist, ist natürlich auch immer
die Beschwerde beim procureur général oder, ist die Einstellung durch einen substitut erfolgt, beim procureur de la République als dem Behördenleiter möglich, die
gegebenenfalls die Einleitung der Strafklage anordnen können. Ein förmliches Verfahren ist dafür nicht vorgesehen. In der Praxis kommt sie wohl auch selten vor.
Was nach Auskunft eines Praktikers eher geschieht, ist, daß das Opfer einen Brief
an den einstellenden Staatsanwalt selbst schreibt, der daraufhin seine Entscheidung
noch einmal überprüft.

Auch in Deutschland gibt des die Dienstaufsichtsbeschwerde, die formlos immer
und gegen jede Entscheidung eingelegt werden kann. Daneben gibt es die an bestimmte Bedingungen gebundene Beschwerde, die Voraussetzung für das Klageerzwingungsverfahren ist.

2. Klageerzwingungsverfahren

Mit dem Klageerzwingungsverfahren steht dem Verletzten die Möglichkeit offen,
die Staatsanwaltschaft zur Eröffnung des öffentlichen Strafverfahrens zu zwingen.
Darin ist es der action civile vergleichbar. Damit endet die Vergleichbarkeit aber

---

[993] Gassin, aaO., n° 38.

auch schon. Im Gegensatz zur action civile erstrebt der Verletzte beim Klageer-
zwingungsverfahren eine gerichtliche Entscheidung darüber, ob ein genügender
Anfangsverdacht für die Eröffnung einer Hauptverhandlung besteht. Sollte daraufhin tatsächlich ein öffentlicher Strafprozeß folgen, so ist der Verletzte nicht automatisch an ihm beteiligt; dazu muß er sich vielmehr als Nebenkläger konstituieren.
  Vor allem aber dient das Klageerzwingungsverfahren nicht der Überprüfung der
Opportunitätsentscheidungen des Staatsanwaltes, sondern nur der Überprüfung der
Einstellungen mangels hinreichendem Tatverdacht, also der Absicherung des Legalitätsprinzips (§ 172 Abs.2 StPO). Damit ist der Anwendungsbereich der Klageerzwingungsverfahrens sehr reduziert. Vor allem stellt § 170 Abs.2 StPO ausdrücklich fest, daß eine gerichtliche Kontrolle von Einstellungen, die nicht auf mangeln-
dem Tatverdacht beruhen, nicht stattfindet; das Klageerzwingungsverfahren ist also
bei Einstellungen aus Opportunitätsgründen ausgeschlossen.

C. Ergebnis

Aus dem Gesagten folgt, daß der Verletzte gemäß der deutschen StPO nicht die
Möglichkeit hat, eine aus Opportunitätserwägungen erfolgte Einstellung der Staatsanwaltschaft zu konterkarieren und die öffentliche Strafklage zu erzwingen. Die
einzige Möglichkeit, die er hat, ist die Einlegung einer Dienstaufsichtsbeschwerde.
Ansonsten hat das Opfer eines Diebstahles, einer Nötigung, einer Unterschlagung,
eines Betruges... keine Möglichkeit, einen Strafprozeß gegen den Täter herbeizuführen, wenn die Staatsanwaltschaft das Verfahren anders als nach
§ 170 Abs.2 StPO eingestellt hat. Bei Diebstahl oder Unterschlagung einer gering-
wertigen Sache ist für die Einstellung der Staatsanwaltschaft auch keine gerichtliche Einwilligung erforderlich.
  Diese in den anderen Fällen erforderliche gerichtliche Einwilligung gilt, ebenso
wie die staatsanwaltschaftliche Einwilligung bei einer durch das Gericht erfolgen-
den Einstellung, als eine gewisse Kontrolle; das Gericht soll die Ausnahme vom
Legalitätsprinzip mit verantworten, eben auch, weil dem Verletzten in diesem Bereich das Klageerzwingungsverfahren nicht offensteht. Diese gerichtliche Zustimmung ist jedoch nur eine Prozeßerklärung, keine Entscheidung. D.h. eine Gewäh-
rung rechtlichen Gehörs ist für sie nicht erforderlich; der Verletzte kann die Erklärung auch nicht mittels der Beschwerde angreifen.[994]
  Als Ergebnis bleibt festzuhalten, daß der Verletzte in Deutschland keine förmliche Möglichkeit hat, die Einstellung aus Opportunitätserwägungen des Staatsanwaltes zu überprüfen; die deutsche Staatsanwaltschaft ist insofern freier als die
französische. Eine Überprüfung kann nur systemimmanent im Rahmen einer

---

[994] Kleinknecht/Meyer-Goßner, Rn.11 Zu § 153.

Dienstaufsichtsbeschwerde stattfinden. Ob und wie dabei überprüft wird, wird allerdings nach außen nicht deutlich.

Dieses Ergebnis überrascht: in Frankreich, wo der Staatsanwalt in jedem Fall die Möglichkeit hat, die Opportunität der und somit das öffentliche Interesse an der Strafverfolgung zu beurteilen und entsprechend seiner Einschätzung des öffentlichen Interesses zu handeln, steht dem Opfer einer Straftat immer die Möglichkeit zu, ein Strafverfahren und mit diesem Strafverfahren ein Urteil zu erzwingen. Das öffentliche Interesse hat insofern keinen absoluten Vorrang vor dem privaten.

Nach der deutschen StPO, in der grundsätzlich das Legalitätsprinzip gilt (von den genannten Durchbrechungen abgesehen, die aber als Ausnahmen konzipiert sind), steht dem Opfer keine vergleichbare Möglichkeit zu. Dabei sind die der Staatsanwaltschaft eingeräumten Möglichkeiten, das Verfahren aus anderen als rechtlichen Gründen einzustellen, längst nicht mehr auf Ausnahmen begrenzt. Anders als in Frankreich hat in Deutschland die Entscheidung, daß ein öffentliches Interesse an der Strafverfolgung nicht besteht, Vorrang vor dem privaten Interesse.

Allerdings sind auch in Frankreich diese Befugnisse des Opfers und z.T. bestimmter Behörden (action civile, Antragsdelikte) nicht als Kontrolle, sondern als Begrenzung ausgestaltet. Dem Staatsanwalt wird nicht gesagt, seine Entscheidung sei falsch oder richtig, vielmehr wird seine Entscheidung entweder von der Entscheidung eines anderen abhängig gemacht (Antragsdelikte) oder umgangen (action civile).

Wo in Deutschland das Opportunitätsprinzip gilt, wird teilweise ähnlich verfahren (Antragsdelikte, Privatklage). Aber eben nur teilweise, nicht überall. Gerade im weiten, von den §§ 153, 153 a, 153 b StPO erfaßten Bereich findet eine solche, von außen kommende Begrenzung nicht statt; es gibt nur die gegenseitige Begrenzung von Gericht und Staatsanwaltschaft durch das Erfordernis der gegenseitigen Zustimmung. Überprüft wird in Deutschland allein das Legalitätsprinzip: durch das Klageerzwingungsverfahren.

Dabei stand dem Verletzten bei den ersten Ausnahmen vom Legalitätsprinzip, den Privatklagedelikten, mit der Privatklage ein Weg offen, einen Strafprozeß anzufangen, während er die Einhaltung des Legalitätsprinzipes mit dem Klageerzwingungsverfahren erreichen konnte. Im Nationalsozialismus wurde das Klageerzwingungsverfahren abgeschafft denn: "Das Interesse des Individuums an der Bestrafung des Verbrechers muß notwendig unbeachtlich dafür sein, ob eine einzelne Straftat vorliegt oder nicht. Die verbrecherische Handlung ist Verletzung der vom Staat aufgestellten Verbots- und Gebotsnormen; das Interesse des Staates entscheidet daher allein, ob Bestrafung einzutreten hat oder nicht."[995] Dem Opfer wurde somit ein Interesse, eine Berechtigung am und auf den Strafprozeß abgesprochen und

---

[995] Hertz, Geschichte des Legalitätsprinzips, Diss. Freiburg 1935, S. 91, zitiert nach H.Mayer, JZ 1955, S. 601 (602).

zugleich, was schwerer wiegt, eine Kontrollmöglichkeit der staatsanwaltschaftlichen Entscheidungen.

Mit dem Vereinheitlichungsgesetz vom 12.9.1950 erhielt der Verletzte das Klageerzwingungsrecht zurück, das jedoch 1953 bereits wieder auf die im Rahmen des Legalitätsprinzips eingestellten Verfahren beschränkt wurde[996].

"Le principe de légalité requiert une sanction, le principe d'opportunité l'admet difficilement" stellte 1971 SCHNEIDER fest. Das Legalitätsprinzip verpflichtet zum Handeln, ein Verstoß gegen diese Verpflichtung ist objektiv feststellbar und muß geahndet, bzw. aufgehoben werden. Hat der Staatsanwalt dagegen Entscheidungsspielraum, Ermessen etc. ist eine Kontrolle kaum möglich, bei der nicht das kontrollierende Organ Gefahr läuft, seine Ansichten mit denen des betreffenden Staatsanwaltes zu tauschen. Eine Kontrolle der Einstellungsentscheidungen durch das Gericht, angelehnt an das Klageerzwingungsverfahren, würde darüber hinaus die Gewaltenteilung zwischen Anklage und erkennendem Gericht angreifen.

Wünschenswert für das im deutschen Strafprozeß immer mehr Raum gewinnende Opportunitätsprinzip oder besser, die immer zahlreicheren Ausnahmen zum Legalitätsprinzip, wären Begrenzungen, die von außerhalb der Justiz kommen.

Das französische Prinzip der Begrenzung durch die action civile funktioniert. Allerdings ist es in Frankreich historisch gewachsen, eine Übertragung auf den deutschen Strafprozeß scheint schwierig, wenn nicht unmöglich. Dies um so mehr, da die Privatklage in Deutschland ein von der Praxis wenig geliebtes Schattendasein führt.

Trotzdem erscheint die Begrenzung durch dem Verletzten zugestandene Möglichkeiten sinnvoll und dies aus mehreren Gründen: In den letzten Jahren wird generell mehr über die Stellung des Verletzten im Strafprozeß nachgedacht. Mit dem Opferschutzgesetz, mit der Einführung des Täter-Opfer-Ausgleiches ist das Opfer bereits etwas stärker in den Strafprozeß integriert worden. Auf der anderen Seite ist der Staatsanwalt gehalten, bei einer Einstellung hauptsächlich das öffentliche Interesse zu berücksichtigen; wenn dieses nicht dagegen steht, kann ein Fall eingestellt werden. Die Interessen des Opfers werden dabei kaum berücksichtigt.

Eine Ausweitung der Befugnisse des Opfers; sei es durch eine anders gestaltete Privatklage, sei es auf anderem Weg, würde zunächst das Opfer stärker berücksichtigen. So würde vielleicht erreicht, daß die Wiedergutmachungsauflage des § 153 a Abs.1 Nr.1 StPO nicht mehr die am seltensten gewählte Auflage ist.

Gegen eine Ausweitung der Privatklage, gegen eine Beteiligung des Opfers am Strafprozeß ist immer wieder eingewandt worden, daß auf diesem Weg die Gerichte mit Querulanten überhäuft werden, daß damit dem Einzelnen ein Mittel gegeben wird, Vergeltung auszuüben etc. Dies ist in Frankreich praktisch nicht der Fall; auch für Deutschland zeigen Opferstudien, daß diese Befürchtung unrealistisch ist.

---

[996] Kritisch zu dieser Entwicklung H. Mayer, JZ 1955, S. 601 ff. , der die Regelung für verfassungswidrig hält, da sie dem Verletzten sein Recht auf Gehör nimmt.

5. Teil: Abschließende Betrachtungen

Das deutsche Strafverfahrensrecht geht im Grundsatz vom Legalitätsprinzip aus, das durch diverse Ausnahmen durchbrochen oder begrenzt wird[997]. Frankreich dagegen geht für die Frage der Einleitung, und nur für diese, des Strafprozesses vom Opportunitätsprinzip aus (principe d'opportunité dans la mise en mouvement des poursuites).

Dabei sind in Deutschland die Privatklagedelikte und die Delikte, die nur bei Vorliegen besonderen öffentlichen Interesses von Amts wegen verfolgt werden, dem französischen Opportunitätsprinzip am nächsten, da dem Staatsanwalt hier ein gewisses Ermessen eingeräumt ist. Eben dieses Ermessen steht dem französischen Staatsanwalt immer zu, will man Art. 40 CPP mit unserer Terminologie charakterisieren.

Auch die Begrenzung verläuft hier ähnlich: Wo dem Staatsanwalt Ermessen zusteht, hat das Opfer bei den Privatklagedelikten die Möglichkeit, trotz der Ansicht der Staatsanwaltschaft einen Strafprozeß einzuleiten; die genannten Antragsdelikte sind, bis auf § 248 a StGB, ebenfalls Privatklagedelikte. Dies korrespondiert mit der französischen action civile, abgesehen von dem bereits dargestellten Unterschied, daß in Deutschland das Opfer selbst die Anklage vertritt, was in Frankreich auch bei der action civile durch den Staatsanwalt geschieht.

Zumindest theoretisch wird damit in Deutschland und in Frankreich deutlich, daß Strafverfolgung nicht nur im öffentlichen Interesse liegt, sondern daß es auch ein berechtigtes privates Anliegen sein kann[998]. Über das öffentliche Interesse entscheidet hier wie dort die Staatsanwaltschaft, über das private Interesse entscheidet jeweils der Betroffene.

Anders sieht es bei den Nichtverfolgungsermächtigungen nach §§ 153 ff StPO aus. Hier wird die Einstellungsbefugnis von Voraussetzungen abhängig gemacht, die in der jeweiligen Norm enthalten sind. Dabei sind diese Voraussetzungen im jeweiligen Gesetz zumeist nicht klar umrissen (geringe Schuld, öffentliches Interesse, Nicht-ins-Gewicht-fallen der Strafe etc.), vielmehr liegen unbestimmte Rechtsbegriffe vor. Bei Vorliegen der Voraussetzungen soll trotz der Kann-Formulierungen die Staatsanwaltschaft verpflichtet sein, das Verfahren einzustellen; ein Ermessen steht ihr nach überwiegender Ansicht hier nicht zu[999]. Alle Erwägungen, die im

---

[997] Roxin, StrafverfR, S. 79; KK-Schoreit, Rn. 22 zu § 152 StPO..

[998] Strafe muß auch Genugtuungs- und Wiedergutmachungsfunktionen berücksichtigen, Dölling, ZStW 104 (1992), S. 258 (266); in Deutschland wird das Genugtuungsinteresse des Opfers allerdings auch in der Form berücksichtigt, daß ihm weniger Schmerzensgeld zugesprochen wird, mit der Begründung, seinem Genugtuungsinteresse sei durch den Strafprozeß weitgehend Genüge getan, Bendel in: Kerner/ Hassemer/ Marks/ Wandrey, S. 15 (19); OLG Celle vom 12.6.1980, JZ 1980, S. 548.

Rahmen des Ermessens von Bedeutung sein könnten, würden bereits zur Konkretisierung der unbestimmten Rechtsbegriffe auf der Voraussetzungsseite herangezogen. Zwar bestehen zwischen Ermessen und unbestimmten Rechtsbegriffen starke dogmatische Unterschiede, praktische Unterschiede dürften aber in dem uns interessierenden Bereich kaum bestehen, vor allem, da eine Überprüfung der staatsanwaltschaftlichen Entscheidung in diesem Bereich nicht stattfindet; bei der Ausfüllung der unbestimmten Rechtsbegriffe besteht ein nicht überprüfbarer Beurteilungsspielraum. Damit kann für unsere Zwecke die Unterscheidung in Ermessen und unbestimmte Rechtsbegriffe im deutschen Strafprozeßrecht vernachlässigt werden[999].

Die Unterschiedlichkeit der Nichtverfolgungsermächtigungen zu den Opportunitätsvorschriften geht weiter: Der Verletzte kann die Strafverfolgung nicht beeinflussen. Weder ist das Klageerzwingungsverfahren in diesem Bereich möglich, noch steht dem Verletzten der Rechtsweg nach §§ 23 EGGVG ff. offen, wobei der Grund für letzteres darin liegen soll, daß der Verletzte durch die Einstellung von Offizialdelikten in seinen Rechten nicht verletzt ist[1001]. DÖLLING sieht die Nichteinräumung eines Rechtsmittels für den Verletzten als einen Mangel; er plädiert dafür, ihm einen Rechtsbehelf einzuräumen, wodurch seiner Ansicht nach auch eine bessere Kontrolle gegen sachfremde Anwendung gewährleistet wäre[1002].

Als Ausgleich dafür, daß weder eine Privatklage noch das Klageerzwingungsverfahren in diesem Bereich zulässig ist, soll das gerichtliche Zustimmungserfordernis dienen[1003], wobei der Verletzte allerdings ebenfalls nicht gehört wird. Außerdem wird dieses Zustimmungserfordernis auch nicht überall festgeschrieben, vielmehr in weiten Teilen nicht verlangt. Darüberhinaus ist fraglich, wieweit das jeweilige Gericht tatsächlich in eine eigene Prüfung eintritt und wieweit die Zustimmung quasi automatisch erteilt wird, was von einigen angenommen wird[1004]. Die einzig mögliche Kontrolle in diesem Bereich ist die Dienstaufsichtsbeschwerde, also Kontrolle durch die Hierarchie. Dabei handelt es sich um eine immanente, keine von außen kommende Kontrolle. HIRSCH spricht daher von einer "Unanfechtbarkeit des Einstellungsbeschlusses, die in der Praxis dazu führt, daß Staatsanwaltschaften und Gerichte sich contra legem ausschließlich am öffentlichen Interesse orientieren und dieses unkontrolliert in concreto selbst definieren."[1005]. Damit hat

---

[999] LR-Rieß, Rn. 35 zu § 153 StPO.

[1000] LR-Rieß, Rn. 36 zu § 153 StPO spricht von einer "ermessensähnlichen Entscheidung (im untechnischen Sinn)"; ders. auch Rn. 10 zu § 152 StPO.

[1001] so LR-Rieß, Rn.53 zu § 152 StPO.

[1002] Dölling, aaO., S. 258 (269).

[1003] LR-Rieß, Rn. 36 zu § 153 StPO.

[1004] AK-Schöch, Rn. 61 zu § 153 StPO; Werner, NStZ 1984, S. 401 (401) spricht von einer kursorischen Prüfung des Sachverhaltes, nach der die Zustimmung nur ganz selten verweigert werde.

[1005] Hirsch, Armin Kaufmann Gedächtnisschrift, S. 699 (704).

die Staatsanwaltschaft in Deutschland weitreichendere Möglichkeiten als in Frankreich, obwohl Deutschland von dem strengeren Legalitätsprinzip ausgeht.

Festzuhalten ist, daß auf der einen Seite in Deutschland die Möglichkeiten des Opfers gegenüber Frankreich beschränkt sind, auf der anderen Seite aber auch keine anderweitige, von außen kommende Begrenzung oder Kontrolle der Entscheidungsbefugnis der Staatsanwaltschaft besteht. Die Staatsanwaltschaft ist, entgegen dem proklamierten Prinzip, nicht immer zur Strafverfolgung verpflichtet, ihr steht faktisch ein breiterer Entscheidungsspielraum zu als der französischen Staatsanwaltschaft, die ihrerseits nicht an das Legalitätsprinzip gebunden ist. Das Legalitätsprinzip gilt in Deutschland praktisch nur noch für Verbrechen.

Ebenso ist in Deutschland die bedingte Einstellung, trotz teilweise heftiger Kritik seitens der Lehre, möglich und wurde mit der letzten Änderung noch erweitert. In Frankreich, dem Land mit dem eigentlich weiteren Prinzip, dagegen ist diese Vorgehensweise dagegen nicht möglich. Die Ausnahmen der deutschen StPO gehen damit offensichtlich über das Opportunitätsprinzip hinaus. Im Zeitpunkt der Entscheidung über eine etwaige Verfahrenseinstellung geht Deutschland weiter: auch nach Erhebung der Anklage ist eine Einstellung noch möglich; die Anklage führt, anders als in Frankreich, nicht automatisch zu einem Urteil.

Ein Grund für diese Unterschiede liegt wohl darin, daß in Frankreich zwar auf der einen Seite das Opportunitätsprinzip gilt, auf der anderen Seite aber der strafprozessuale Gewaltenteilungsgrundsatz sehr viel stärker als in Deutschland beachtet wird. In Deutschland ist in Art. 92 GG nur festgelegt, was jedenfalls richterlicher Tätigkeit vorbehalten sein muß. Man kann aber die Frage nach Opportunitätsprinzip und Legalitätsprinzip nicht losgelöst betrachten.

Und geht man einerseits in Frankreich davon aus, daß die Grenzen zwischen Einstellungen aus Opportunitätserwägungen und solchen aus rechtlichen Gründen fließend seien, so scheinen sich auch in Deutschland die Einstellung nach § 170 Abs.2 StPO und die nach § 153 a Abs.1 StPO in einem gewissen "Austauschverhältnis" zu befinden[1006].

Das Alles zeigt, daß die Verfahrenseinstellungen in Deutschland und Frankreich trotz der unterschiedlichen Ausgangsprinzipien sehr ähnlich sind; gleiche Probleme (Überlastung der Justiz, Andrang der massenhaften Bagatelldelinquenz) scheinen ähnliche Lösungen hervorzubringen. Allerdings, und das ist der Hauptunterschied, ist das französische Verfahren mit seinem Opportunitätsprinzip von vornherein flexibler und pragmatischer, dabei aber in sich geschlossen mit Entscheidungsspielräumen auf der einen und Begrenzungen und Kontrollen auf der anderen Seite.

In Deutschland dagegen war und ist das Ausgangsprinzip starrer. Die im Lauf der Zeit immer zahlreicher gewordenen Durchbrechungen dieses Prinzips haben dazu geführt, daß ein in sich geschlossenes System mit korrespondierenden

---

[1006] Hergenröder, S. 199.

Entscheidungsspielräumen und Begrenzungs- bzw. Kontrollmechanismen nur noch ansatzweise besteht.

In Deutschland wird das Legalitätsprinzip nicht durchgehalten; die Durchbrechungen des Prinzips sind so ausgestaltet, daß auch eine Gewaltenteilung zwischen Gericht und Staatsanwaltschaft kaum existiert, da beide bei der Einstellung aus Opportunitätserwägungen, d.h. wegen Geringfügigkeit, zusammenwirken müssen.

Anhang

Im Folgenden werden die für die Arbei wesentlichen französischen Gesetzestexte augeführt. Zum besseren Verständnis ist ihnen eine ungefähre Übertragung ins Deutsche danebengestellt. Diese ungefähre Übertragung stammt von der Verfasserin und soll nur das Verständnis erleichtern; sie erhebt nicht den Anspruch, eine exakte Übersetzung zu sein.

A. Aus der Verfassung von 1958

Art. 64: Le Président de la République est garant de l'indépendance de l'autorité judiciaire
Il est assistè pas le Conseil supérieur de la magistrature.
Une loi organique porte sur le statut des magistrats.
Les magistrats du siège sont inamovibles.

Art. 65: Le conseil supérieur de la magistrature est présidé par le Président de la République. Le ministre de la justice en est le vice-président de droit. Il peut supléer le Président de la République.
Le Conseil supérieur de la magistrature comprend deux formations, l'une compétente à l'egard des magistrats du siège, l'autre à l'égard des magistrats du parquet.
La formation compétente à l'égard du siège comprend, outre que le Président de la République et le garde des sceaux, cinq magistrats du siège et un magistrat du parquet, un conseiller d'Etat, désigné par le Conseil d'Etat, et trois personnalités appartenant ni au Parlement ni à l'ordre judiciaire, désignées respectivement par le Président de la République, le président de l'assemblée nationale et le président du sénat.
La formation compétente à l'egard des

Art. 64: Der Präsident der Republik ist Garant der Unabhängigkeit der Justiz.
Er wird von dem Conseil supérieur de la magistrature unterstützt.
Der Status der Magistrate wird von einem Organisationsgesetz geregelt.
Die Richter sind unabsetzbar.

Art. 65: Der Präsident der Republik steht dem conseil supérieur de la magistrature vor. Der Justizminister ist von Amts wegen der Vizepräsident. Er kann den Präsidenten der Republik ersetzen.
Der Conseil supérieur de la magistrature besteht aus zwei Abteilungen, von denen eine für die Richterschaft, die andere für die Staatsanwaltschaft zuständig ist.
Die für die Richterschaft zuständige Formation besteht neben dem Präsidenten der Republik und einem Justizminister aus fünf Richter und einem Staatsanwalt, einem Staatsrat, der vom Conseil d'Etat bestimmt wird, und drei weiteren Persönlichkeiten, die weder dem Parlament noch der Justiz angehören, von denen jeweils eine durch den Präsidenten der Republik, den Parlamentspräsidenten und den Senatspräsidenten bestimmt wird.
Die für die Staatsanwaltschaft zuständige

magistrats du parquet comprend, outre le Président de la République et le garde des sceaux, cinq magistrats du parquet et un magistrat du siège, le conseiller d'Etat et les trois personnalités mentionnés à l'alinéa précédent.

La formation du Conseil supérieur de la magistrature compétente à l'egard des magistrats du siège fait des propositions pour les nominations des magistrats du sège à la Cour de Cassation, pour celles de premier président de la cour d'appel et pour celles de président de tribunal de grande instance. Les autres magistrats du siège sont nommès par avis conforme.

Elle statue comme conseil de discipline des magistrats du siège. Elle est alors présidée par le premier président de la cour de cassation.

La formation du Conseil supérieur de la magistrature compétente à l'egard des magistrats du parquet donne son avis pour les nominations concernant les magistrats du parquet, à l'excéption des emplois auxquels il est pourvu en conseil de ministres.

Elle donne son avis sur les sanctions disciplinaires concernant les magistrats du parquet. Elle est alors presidée par le procureur général prés la Cour de cassation.

Une loi organique détermine les conditions d'application du présent article.

Abteilung besteht neben dem Präsidenten der Republik und dem Justizminister aus fünf Staatsanwälten, einem Richter, einem Staatsrat und den drei im vorherigen Absatz genannten Persönlichkeiten.

Die für die Richterschaft zuständige Abteilung des Conseil supérieur de la magistrature macht Vorschläge für die Nominierung der Richter der Cour de Cassation, die der ersten Präsidenten der Appellationsgerichte und die der Präsidenten der Tribunal de grande instance. Die übrigen Richter werden nach übereinstimmender Stellungnahme nominiert.

Diese Abteilung entscheidet auch als Disziplinarrat der Richterschaft, in welchem Fall ihr der erste Präsident der cour de cassation vorsteht.

Die für die Staatsanwaltschaft zuständige Abteilung gibt ihre Stellungnahme hinsichtlich der Nominierung der Staatsanwälte ab außer für die Tätigkeiten, über die im Ministerrat entschieden wird.

Sie nimmt zu Disziplinarmaßnahmen gegenüber Staatsanwälten Stellung. Dabei steht ihr der procureur général der Cour de cassation vor.

Ein Organisationsgesetz regelt die Einzelheiten der Anwendung dieses Artikelsl.

B. Aus dem statut de la magistrature (ordonnance n° 58 - 1270 du 22. décembre 1958 / loi organique)

Art. 1: Le corps judiciaire comprend:
1) Les magistrats du siège et du parquet de la Cour de cassation, des cours d'appel et des

Art.1: Die Justiz umfaßt:
1) Die Richter und Staatsanwälte der Cour de cassation, der Appelationsgerichte und der

tribunaux de première instance ainsi que les magistrats du cadre de l'administration centrale du ministère de la Justice;

2) Les magistrats du siège et du parquet placés respectivement auprés du premier président et du procureur géneral d'une cour d'appel et ayant qualité pour exercer les fonctions du grade auquel ils appartiennent dans l'ensemble des tribunaux de première instance du ressort de la cour d'appel à laquelle ils sont rattachés."

Art. 5: Les magistrats du parquet sont placés sous la direction et le contrôle de leurs supérieurs hièrarchiques et sous l'autorité du garde des sceaux, ministre de la justice. A l'audience, leur parole est libre.

Instanzgericht sowie die Magistrate der zentralen Justizverwaltung;

2) Die Richter und Staatsanwälte, die dem ersten Präsidenten bzw. dem procureur général eines Appelationsgerichtes zugeteilt sind und die die Befugnis haben, ihre Funktion gemäß ihresd Ranges im Bereich der Instanzgerichte, die zu dem jeweiligen Appelationsgericht gehören, wahrzunehmen.

Art. 5: Die der Staatsanwaltschaft zugehörigen Magistrate unterstehen den Weisungen und der Kontrolle ihrer Vorgesetzten sowie des Justizministers. In der Verhandlung sprechen sie weisungsfrei.

C. Aus dem Code de Procédure Pénale

Art. 1: "L'action publique pour l'application des peines est mise en mouvement et exercée par les magistrats ou par les fonctionnaires auxquels elle est confiée par la loi.
Cette action peut aussi être mise en mouvement par la partie lesée, dans les conditions determinées par le présent code"

Art. 1: Das öffentliche Strafverfahren wird von den Magistraten oder den Beamten, denen diese Aufgabe gesetzlich übertragen ist, in Gang gesetzt und ausgeübt.
Das Verfahren kann ebenfalls von der geschädigten Partei in Gang gesetzt werden unter den in diesem Gesetz bestimmten Voraussetzungen.

Art. 2: "L'action civile en réparation du dommage causé par un crime, un délit ou une contravention appartient à tous ceux qui ont personnellement souffert du dommage directement causé par l'infraction.
La renonciation à l'action civile ne peut arrêter, ni suspendre l'exercise de l'action publique, sour reserve des cas visés à l'alinéa 3 de l'art.6."

Art.2 : Die action civile, die auf den Ersatz eines Schadens, der durch ein Verbrechen, ein Vergehen oder eine Übertretung verursacht wurde, steht allen denjenigen zu, die den durch die Straftat unmittelbar verursachten Schaden persönlich erlitten haben.
Der Verzicht auf die action civile kann das öffentliche Strafverfahren weder anhalten noch zu seiner Aussetzung führen, mit Ausnahmen der in Art.6 Abs.3 bezeichneten

Art. 6: "L'action publique pour l'application de la peine s'éteint par la mort du prévenu, la presription, l'amnistie, l'abrogation de la loi pénale et la chose jugée.
Toutefois, si des poursuites ayant entraîné condamnation ont révélé la fausseté du jugement ou de l'arrêt qui a declaré l'action publique éteinte, l'action publique pourra être reprise; la prescription doit alors être considerée comme suspendue depuis le jour où le jugement ou arrêt était devenu définitif jusqu'à celui de la condamnation du coupable de faux ou usage de faux.
Elle peut, en outre s'éteindre par transaction lorsque la loi en dispose expressément; il en est de même, en cas de retrait de plainte, lorsque celle-ci est une condition nécessaire de la poursuite."

Art.6: Das öffentliche Strafverfahren endet mit dem Tod des Angeklagten, der Verjährung, der Amnestie, der Aufhebung des betreffenden Strafgesetzes und der Rechtskraft des Urteils.
Jedoch kann das Strafverfahren wiedereröffnet werden, wenn die Ermittlungen, die die Verurteilung nach sich gezogen haben, die Unrichtigkeit des Urteils oder des Beschlußes, der das Strafverfahren für beendet erklärt hat, feststellen; die Verjährung wird in diesen Fällen als seit dem Tag unterbrochen angesehen, an dem das Urteil oder der Beschluß definitiv geworden ist.
Das öffentliche Strafverfahren kann darüberhinaus mit einer transaction enden, wenn das Gesetz dies ausdrücklich bestimmt. Dasselbe gilt für die Rücknahme des Strafantrages in den Fällen, in denen er Strafverfolgungsvoraussetzung ist.

Art. 31: "Le ministère public exerce l'action publique et requiert l'application de la loi"

Art. 31: Der Staatsanwalt betreibt das Strafverfahren und beantragt die Anwendung des Gesetzes.

Art. 32: "Il est représenté auprés de chaque juridiction répressive. Il assiste aux débats des juridictions de jugement; toutes les décisions sont prononcées en sa présence.
Il assure l'execution des décisions de justice."

Art.32: Der Staatsanwalt ist bei jedem Strafgericht vertreten. Er ist bei den Verhandlungs des Gerichts anwesende, alle Entscheidungen werden in seiner Gegenwart ausgesprochen.
Der Staatsanwalt übernimmt die Ausführung der Gerichtsentscheidung.

Art. 33: " Il est tenu de prendre des réquisitions écrites conformes aux instructions qui lui sont données dans les conditions prévues aux articles 36,37 et44. Il développe librement les observations orales qu'il croit convenables au bien de la justice.

Art.33: Er ist gehalten, schriftliche Anträge gemäß den ihm unter den Voraussetzungen der Art. 36, 37 und 44 erteilten Weisungen zu stellen.
Seine mündlichen Bemerkungen macht er weisungsfrei, so wie er es zum Wohl der Justiz für angemessen hält.

Art. 34: "Le procureur général représente en

Art. 34: Der procureur général repräsentiert

public auprés de la cour d'appel et auprés de la cour d'assises instituée au siège de la cour d'appel, sans préjudice des dispositions de l'article 105 du Code forestier et de l'article 446 du Code rural. Il peut, dans les mêmes conditions, représenter le ministère public auprés des autres cours d'assises du ressort de la cour d'appel.

Staatsanwaltschaft bei dem Appelationsgericht und bei dem Geschworenengericht, das dort seinen Sitz hat, unbeschadet der Regelungen des Art. 105 Code forestier und des Art. 446 Code rural. Unter den gleichen Voraussetzungen kann der auch die Staatsanwaltschaft bei den anderen Geschworenengerichten im Bezirk des Appelationsgerichtes vertreten.

Art. 35: Le procureur général est chargé de veiller à l'application de la loi pénale dans toute l'étendue du ressort de la cour d'appel.

Art. 35: Der procureur général ist beauftragt, die Anwendung des Strafrechts im gesamten Bezirk des Appelationsgerichtes zu überwachen.

A cette fin, il lui est adressé tous les mois, par chaque procureur de la République, un état des affaires de son ressort.
Le procureur général a, dans l'exercice de ses fonctions, le droit de réquerir directement la force publique.

Zu diesem Zweck wird im jeden Monat von jedem procureur de la République ein Bericht über den Stand in seinem Bezirk übersand.
Der procureur général hat in der Ausübung seiner Funktion das Recht, direkt die öffentliche Gewalt anzufordern.

Art. 36: Le ministre de la justice peut dénoncer au procureur général les infractions à la loi pénale dont il a connaissance, lui enjoindre, par instructions ecrites et versées au dossier de la procédure, d'engager ou de faire engager des poursuites ou de saisir la juridiction compétente de telles réquisitions écrites que le ministre juge opportunes.

Art. 36: Der Justizminister kann dem procureur général die Straftaten anzeigen, von denen er Kenntnis hat; er kann ihm durch schriftliche Weisung, die der Akte beigefügt wird, auferlegen, ein Strafverfahren einzuleiten oder einleiten zu lassen oder bei dem zuständigen Gericht diejenigen schriftlichen Anträge zu stellen, die der Justizminister für angemessen hält.

Art. 37: Le procureur général a autorité sur tous les officiers du ministère public du ressort de la cour d'appel.
A l'egard de ces magistrats, il a les mêmes prérogatives que celles reconnues au ministre de la justice à l'article précédent.

Art. 37: Der procureur général ist allen Mitgliedern der Staatsanwaltschaft im Bezirk des jeweiligen Appelationsgerichtes vorgesetzt.
Gegenüber diesen Magistraten hat er die gleichen Befugnisse wie sie dem Justizminister im vorhergehenden Artikel zugesprochen werden.

Art. 39: Le procureur de la République représente en personne ou par ses substituts le ministère public près le tribunal de grande

Art. 39: Der procureur de la République repräsentiert persönlich oder durch seine Substituten die Staatsanwaltschaft beim tribunal

instance, sans préjudice des dispositions de l'article 105 du Code rural.

Il représente également en personne ou par ses substituts le ministère public auprès de la cour d'assises instituée au siège du tribunal.Il représent de même, en personne ou par ses substituts, le ministère public auprés du tribunal de police dans les conditions fixées par l'aricle 45 du présent code.

Art. 40: Le procureur de la République reçoit les plaintes et les dénonciations et apprécie la suite à leur donner. Il avise le plaignant du classement de l'affaire ainsi que la victime lorsque celle-ci est identifiée.

Toute autorité constituée, tout officier public ou fonctionnaire qui, dans l'exercice de ses fonctions, acquiert la connaissance d'un crime ou d'un délit est tenu d'en donner avis sans délai au procureur de la République et de transmettre à ce magistrat tous les renseignements, procès-verbaux et actes qui y sont relatifs.

Art. 41: Le procureur de la République procède ou fait procéder à tous les actes nécessaires à la recherche et à la poursuite des infractions à la loi pénale.
A cette fin, il dirige l'activité des officiers et agents de la police judiciaire dans le ressort de son tribunal.
Le procureur de la République contrôle les mesures de garde à vue.
Il a tous les pouvoirs et prérogatives attachés à la qualité d'officier de police judiciaire prévus par la section II du chapître 1er du titre 1er du présent livre, ainsi que par des lois spéciales.
En cas d'infractions flagrantes, il exerce les pouvoirs qui lui sont attribuès par l'art. 68
Le procureur de la République peut

de grande instance vorbehaltich des Art. 105 des Code rural.

Er repräsentiert ebenfalls persönlich oder durch seine Substituten die Staatsanwaltschaft bei dem Geschworenengericht am Sitz des Tribunals, sowie unter den Voraussetzungen des Art. 45 des CPP beim tribunal de police.

Art. 40: Der procureur de la République nimmt die Anzeigen und Strafanträge entgegen und würdigt die ihnen zu gebende Folge. Eine Verfahrenseinstellung zeigt er dem Anzeigenden und dem Opfer, soweit es bekannt ist, an.

Jede Behörde, jeder öffentliche Angestellte oder Beamte, der in Ausübung seiner Funktionen Kenntnis von einem Verbrechen oder einem Vergehen erhält, ist verpflichtet, diese Tatsache unverzüglich dem procureur de la République anzuzeigen und ihm sämtliche diesbezüglichen Informationen, Protokolle und Schriftstücke zukommen zu lassen.

Art. 41: Der procureur de la République nimmt alle für die Ermittlung und Verfolgung von Straftaten notwendigen Handlungen vor oder läßt sie vornehmen.
Zu diesem Zweck leitet er die Aktivitäten der Justizpolizei in seinem Gerichtsbezirk.

Der procureur de la République überwacht die Maßnahmen der garde à vue.
Ihm stehen alle Kompetenzen zu, die einem officier de police judiciaire gemäß der Sektion II des 1. Kapitels des 1. Titels dieses Gesetzes sowie nach Spezialgesetzen zustehen.

Im Fall einer Flagranztat übt er die ihm in Art. 68 zuerkannten Befugnisse aus.

Der procureur de la République kann auch, je

Le procureur de la République peut également requérir, suivant les cas, le comité de probation et d'assistance aux libérés, le service compétent de l'éducation surveillée ou toute personne habilitée dans les conditions prévues par l'article 81, sixième alinéa, de vérifier la situation matérielle, familiale et sociale d'une personne faisant l'objet d'une enquête et de l'informer sur les mesures propres à favoriser l'insertion sociale de l'interessé. En cas de poursuites contre un majeur âgé de moins de vingt et un ans au moment de la commission de l'infraction, lorsque la peine encourue n'excède pas cinq ans d'emprisonnement, ces diligences doivent être prescrites avant toute réquisition de placement en détention provisoire.

Le procureur de la République peut enfin, préalablement à sa décision sur l'action publique et avec l'accord des parties, décider de recourir à une médiation s'il lui apparaît qu'une telle mesure est susceptible d'assurer la réparation du dommage causé à la victime, de mettre fin au trouble résultant de l'infraction et de contribuer au reclassement de l'auteur de l'infraction."

Art. D 15 - 1: Lorsque le procureur de la république décide de recourir à une médiation dans les conditions de l'Art. 41, il peut désigner à cette fin toute person physique ou morale habilitée ainsi qu'il est dit ci - aprés

Der procureur de la République kann auch, je nach der Lage des Falles, vom comité de probation et d'assistance aux libérés (eine ARr Bewährungshilfekomitee), von der für die überwachte Erziehung zuständigen Stelle oder von jeder gemäß Art. 81 Abs. 6 befähigten Person verlangen, die materielle, familiäre und soziale Situation einer Person zu überprüfen, die Gegenstand einer Ermittlung ist, und ihn über die für die soziale Eingliederung dieser Person notwendigen Maßnahmen zu informieren. Wenn sich die Ermittlungen gegen einen Erwachsenen richten, der zum Tatzeitpunkt unter 21 Jahren alt war und die verwirkte Strafe fünf Jahre Freiheitsstrafe nicht übersteigt, müssen diese Maßnahmen ergriffen werden vor einer Anordnung von Untersuchungshaft.

Der procureur de la République kann schließlich, bevor er eine Entscheidung über das Strafverfahren trifft und im Einverständnis mit den Parteien, beschließen, Rückgriff auf eine Mediation zu nehmen, wenn ihm diese Maßnahme geeignte erscheint, die Wiedergutmachung des dem Opfer verursachten Schadens sicherzustellen, die aus der Tat herrührende Beunruhigung zu beenden und die Wiedereingliederung des Täters zu fördern.

Art. D 15 - 1: Wenn der procureur de la République beschließt, Rückgriff auf eine Mediation zu nehmen im Rahme der Voraussetzungen des Art. 41, kann er damit jede natürliche oder juristische Person betrauen, die gemäß dem Folgenden dazu befähigt ist.

D. Aus dem Gesetzesentwurf vom 22.11. 1994 Projet de loi adopté avec modification par l'Assemblée Nationale en deuxième lecture (Titre IIIDispositions de procédure pénale chapître premier: L'injonction pénale)

Art. 22: Il est inseré, au chapître II du premier livre du code de procédure pénale, intitulé: "Du ministère public", une section 5 intitulée: "De l'injonction pénale", comportant les articles 48-1 à 48-7 ainsi redigés:

Art. 22: In das 2. Kapitel des ersten Buches des CPP wird eine Sektion 5 mit folgendem Titel eingefügt: "Über die injonction pénale". Sie enthält die Art. 48-1 bis 48 - 7 mit folgendem Wortlaut:

Art. 48-1: Le procureur de la République peut, selon les modalités prévues par la présente section, faire à une personne physique contre laquelle les éléments d'une enquête sont de nature à motiver l'exercice de poursuites pour l'une ou plusieurs infractions visées à l'article 48-2, une injonction consistant dans l'execution de certaines obligations définies par l'article 48-4. Cette exécution a pour effet d'eteindre l'action publique.

Le procureur de la République peut, lorsque les faits ont été reconnus, faire cette injonction, tant que l'action publique n'a pas été mise en mouvement, s'il lui apparaît que cette procédure est susceptible à mettre fin au trouble résultant de l'infraction, de prévenir le renouvellement de celle-ci et d'assurer, s'il y a lieu, la réparation de la victime.

Art. 48 - 1: Der procureur de la République kann unter den in dieser Sektion genannten Voraussetzungen gegenüber einer natürlichen Person, gegen die eine Untersuchung Anhaltspunkte ergeben hat, die eine Strafverfolgung wegen einer der in Art. 48 - 2 aufgezählten Taten begründen, ein Gebot aussprechen, bestimmte Auflagen, die in Art. 48 - 4 aufgezählt sind, zu erfüllen. Die Erfüllung hat das Erlöschen der Action publiqze zur Folge. Der procureur de la République kann, wenn die Vorausetzungen vorliegen, dieses Gebot machen, solange das Strafverfahren noch nicht eingeleitet ist, wenn ihm dies geeignet erscheint, die aus der Tat resultierende Störung zu beenden, die Wiederholung der Tat zu verhindern und gegebenenfalls die Entschädigung des Opfers sicherzustellen.

Art. 48-2: L'injonction peut être ordonnée pour les délits suivants:
1° les délits prévus par les articles 222-16, 222-17, 222-18 (premier alinéa), 227-3 à 227-7, 227-9 à 227-11, 311-3, 313-5, 314-5, 314-6, 322-1, 322-2, 322-12 à 322-14, 433-5 et 521-1 du code pénal;

Art 48 - 2: Die Anordnung kann für folgende Delikte ergehen:
1° für die in den Art.222-16, 222-17, 222-18 (erster Absatz), 227-3 à 227-7, 227-9 à 227-11, 311-3, 313-5, 314-5, 314-6, 322-1, 322-2, 322-12 à 322-14, 433-5 et 521-1 du code pénal genannten Delikte;

2° les délits prévus par l'article 28 et par le 2° de l'article 32 du decret-loi du 18 avril 1939 fixant le régime des matériels de guerre, armes et munition.
L'injonction ne peut être ordonnée lorsque la personne concernée est mineure.

Elle ne peut non plus être ordonnée lorsque la personne concernée a, dans les cinq années précédant la commission des faits, fait l'objet, pour le même délit ou un d'lit qui lui est assimilé au regard des régles de la récidive, d'une injonction ou d'une condamnation.

L'engagement des poursuites par la victime du dommage causé par l'infraction fait obstacle à l'injonction pénale.

Art. 48-3: Le procureur de la République notifie son injonction à la personne concernée soit en la faisant comparaître devant lui, soit par lettre recommandé, soit par officier ou agent de police judiciaire. Il l'informe de sa faculté de se faire assister par un avocat.

La personne concernée dispose d'un délai d'un mois à compter de cette notification pour accepter l'injonction. Si cette notification lui est faite lors de sa comparution devant le procureur de la République, elle ne peut s'y soumettre immédiatement qu'en présence de son avocat ou celui dûment appelé, à moins qu'elle n'y renonce expressément.

Le procureur de la République notifie l'injonction au plaignant ainsi qu'à la victime, si elle a été identifiée, dans les conditions prévues au premier alinéa. Il avise cette personne que l'injonction pourra être subordonée à la réparation de son préjudice ou à l'octroi de garanties suffisantes pour que cette réparation ait lieu.

2° für die in Art. 28 und im 2. Absatz des Art. 32 des décret loi vom 18. April 1939 über den Umgang, Besitz etc. von Kriegsmaterial, Waffen und Munition.
Die injonction kann nicht angeordnet werden gegenüber Minderjährigen.

Sie kann ebenfalls nicht angeordnet werden, wenn die betroffene Person innerhalb der letzten fünf Jahre vor der Tat wegen derselben Tat oder einer gemäß den Regeln über den Rückfall gleichzustellenden Tat verurteilt oder ihr gegenüber eine injonction angeordnet wurde.

Das Einleiten der Strafverfolgung des Opfers des durch die Tat verursachten Schadens hindert die injonction pénale.

Art. 48 - 3: Der procureur de la République gibt dem Betroffenen die injonction bekannt entweder dadurch, daß der Betroffene vor ihm erscheint, durch eingeschriebenen Brief oder durch einen Polizeibeamten. Er belehrt den Betroffenen über sein Recht, sich von einem Anwalt beraten zu lassen.

Dem Betroffenen steht eine Frist von einem Monat nach der Bekanntgabe der injonction zu um die injonction anzunehmen. Wenn die Bekanntgabe während seines Erscheinens beim procureur de la République stattfindet, kann der Betroffene nur in Gegenwart seines Anwaltes oder nach Rücksprache mit dem Anwalt sofort die injonction annehmen, falls er nicht ausdrücklich auf die Anwesenheit eines Anwaltes verzichtet hat..
Der procureur de la République gibt die injonction dem Anzeigeerstatter sowie dem Opfer, soweit es bekannt ist, bekannt unter den Voraussetzungen, die im Ersten Absatz genannt sind. Er belehrt diese Person, daß die injonction an die Wiedergutmachung ihres Schadens oder an hinreichende Sicherheiten für diesd Wiedergutmachung gebunden

werden kann.

Art. 48-4: L'injonction prévoit l'exécution d'une des obligations suivantes:
- le versement au Trésor publique d'une somme dont le montant ne peut excéder ni 50000 F ni la moitié du maximum de la peine de l'amende encourue. Cette somme est fixée par le procureur de la République en fonction des circonstances de l'infraction, des ressources et des charges de la personne concernée;
- la participation, pour une durée fixée par le procureur de la République lans la limite de quarante heures, à une activité non remunerée au profit d'une personne morale de droit public ou une association habilitée à cet effet.
L'injonction peut prévoir des mesures de réparation du préjudice causé à la victime.

L'injonction peut également prévoir la remise de la chose qui a servi ou a été destinée à commettre l'infraction ou la chose qui en est le produit, à l'exception des choses susceptibles de restitution. La chose remise est dévolue à l'Etat qui peut librement en disposer.

L'injonction précise les délais d'execution de ces obligations. Ces délais ne doivent pas depasser six moirs à compter de l'acceptation de l'injonction par la personne intéressée.

Un décret en Conseil d'Etat fixe les conditions d'application du présent article.

Art. 48-5: Lorsque la personne à laquelle a été faite l'injonction la refuse, ou lorsque, l'ayant acceptée, elle n'exécute pas les mesures prescrites dans les délais impartis, le procureur de la République, sauf élément nouveau, exerce l'action publique.

Art. 48 - 4: Die injonction sieht die Erfüllung einer der folgenden Obligationen vor:
- die Zahlung einer Geldsumme an den Staat, deren Höhe weder 50 000 FF noch die Hälfte der verwirkten Höchststrafe übersteigen darf. Diese Summe wird vom procureur de la République unter Berücksichtigung der Tatumstände, der Einkünfte und der Belastungen des Betroffenen festgelegt.
- die Teilnahme während einer bestimmten Zeitdauer von maximal vierzig Stunden, an einer unbezahlten Tätigkeit zugunsten einer juristischen Person des öffentlichen Rechts oder zugunsten eines dazu befugten Vereines. Die injonction kann Maßnahmen zur Wiedergutmachung des dem Opfer verursachten Schadensd vorsehen.

Die injonction kann ebenfalls die Ablieferung der Sache, die dazu gedient hat oder zu dienen bestimmt war, die Tat zu begehen oder die ein Ergebnis der Tat ist, mit Ausnahme der Sachen die zur Rückgabe geeignet sind. Die abgelieferte Sache fällt dem Staat zu, der frei über sie verfügen kann.

Die Injonction legt die Fristen für die Erfüllung ihrer Obligationen fest. Diese Fristen dürfen sechs Monate ab der Annahme der injonction durch den Betroffenen nicht überschreiten.

Ein Dekret des Staatsrates legt die Voraussetzungen der Anwendung dieses Artikels fest

Art. 48 - 5: Wenn die Person, der gegenüber die injonction gemacht worden ist, sie zurückweist oder, nachdem sie sie zunächst angenommen hat, die in der injonction angeordneten Maßnahmen nicht innerhalb der vorgeschriebenen Fristen befolgt, leitet der procureur de la République die Strafverfolgung ein, außer es ist ein neues Element in

La préscription de l'action publique est suspendue entre la date à laquelle le procureur de la
République notifie son injonction aux intéressés
en application de l'article 48-3 et la date d'expira-
tion des délais impartis.

Erscheinung getreten.
Die Verjährung des Strafverfahrens ist unter-
vrochen zwischen dem Datum, an dem der
procureur de la République seine injonction
den Betroffenen in Anwendung des Art.
48 - 3 bekanntgibt und dem Datum, an dem
die gesetzten Fristen ablaufen.

Art. 48-6: L'exécution des obligations résultant
de l'injonction est portée à la connaissance du
plaignant et de la victime, si elle a été identifiée.

Art. 48 - 6: Die Erfüllung der aus der injonction hervorgehenden Obligationen wird
dem Anzeigeerstatter sowie dem Opfer, soweit es bekannt ist, mitgeteilt.

Cette exécution ne fait pas échec aux droits de la
partie civile de délivrer citation directe devant le
tribunal correctionnel dans les conditions prévues
par le present code. Toutefois, le tribunal ne statue alors, le cas échéant, que sur les seuls intérêts
civils. Le dossier de la procédure est versé au
débat.

Die Erfüllung berührt die Rechte der Zivilpartei, eine citation directe vor dem Korrektionalgericht vorzunehmen im Rahmen der
Voraussetzungen dieses Gesetzbuches. In diesem Fall entscheidet das Tribunal jedoch allein über die zivilrechtlichen Interessen. Die
Prozeßakte wird der Verhandlung beigefügt.

Art. 48-7: Les injonctions exécutées sont portées
à un registre national des injonctions pour une
durée de cinq ans. De registre ne peut être con-
sulté que par les autorités judiciaires. Un décret
en Conseil d'Etat détermine les conditions d'application du présent article.

Art. 48 - 7: Die erfüllten injonctionen werden
für eine Dauer von fünf Jahren in ein natio-
nales Register der injonctionen eingetragen.
Dieses Register kann nur von den Justizbehörden konsultiert werden. Ein Dekret des
Staatsrates regelt die Anwendung dieses
Artikels.

E. Andere Gesetze

I. Hinsichtlich der transaction

1. code forestier

Art. L153-1: L'administration chargée des   **Art. L 153 - 1:** Die Forstverwaltung leitet die

forêts exerce, tant dans l'intérêt de l'Etat que dans celui des autres proprietaires de bois et forêts soumis au regime forestier, les poursuites en réparation de tous délits et contraventions commis dans ces bois et forêts.

Les actions et poursuites sont exercées, au nom de cette administration, par les ingenieurs d'Etat chargés des forêts, sans préjudice du droit qui appartient au ministère public prés les tribunaux de grande instance et les cours d'appel.

Art. L 153-2: L'autorité administrative chargée des forêts a le droit, aprés l'accord du procureur de la République, de transiger sur la poursuite des délits et contraventions mentionnés à l'article précédent selon les modalités fixées par décret en Conseil d'Etat.

Il n'y a pas lieu à une telle transaction lorsque la procédure de l'amende forfaitaire doit recevoir application.

Art. L 153-3: Lorsqu'elle est compétente pour exercer l'action publique, l'administration chargée des forêts fait citer les prévenus ou les personnes civilement responsables devant le tribunal correctionnel ou le tribunal de police.

Les agents assermentés de l'office national des forêts peuvent, dans les actions et poursuites exercées au nom de l'administration, faire toutes citations et significations, sans pouvoir procéder aux saisies-exécutions. Leurs rétributions pour les actes sont taxées comme pour les actes faits par les huissiers de justice.

Strafverfolgung der Vergehen und Übertretungen hinsichtlich der Wälder und Forste sowohl im Interesse des Staates als auch im Interesse der anderen Eigentümer der der Forstverwaltung unterstehenden Wälder und Forste.

Die Ermittlungen und Verfahren werden von den für diese Forste zuständigen ingenieurs d'Etat vorgenommen unbeschadet der Rechte der Staatsanwaltschaft bei den tribunaux de grande instance und den Appelationsgerichten.

Art. L 153 - 2: Der Forstverwaltung steht das Recht zu, im Einvernehmen mit dem procureur de la République, über die Verfolgung der im vorangehenden Artikel genannten Vergehen und Übertretungen einen Vergleich abzuschließen unter den Voraussetzungen, die in einem Dekret des Staatsrates festgesetzt sind.

Ein solcher Vergleich findet nicht statt, soweit ein Bußgeldverfahren Anwendung findet.

Art. L 153 - 3: Soweit sie für die Strafverfolgung zuständig ist, lädt die Forstverwaltung die Beschuldigten oder die zivilrechtlich Verantwortlichen vonr das Korrektionalgericht oder das tribunal de police.

Die vereidigten Angestellten des Nationalen Forstbüros können im Rahmen der Verhandlungen und Ermittlungen, die im Namen der Behörde durchgeführt werden, alle Ladungen und Zustellungen durchführen, ohne jedoch Beschlagnahmen ausführen zu können. Ihre Besoldung für diese Handlungen richtet sich nach der Besoldung der Gerichtsvollzieher für diese Handlungen.

XXX

2.   Livre des procédures fiscales

Art. L. 235: Sous réserve des dispositions de l'article 1736 du code général des impôts, les infractions en matière de contribution indirecte et de législation édictants les mêmes règles en matière de procédure et de recouvrement sont poursuivis devant le tribunal correctionnel, qui prononce la condamnation.

Le directeur des services fiscaux instruit et défend sur l'instance portée devant le tribunal. En cas de d'infraction touchant à la fois au régime fiscal et au régime économique d'alcool, l'administration des impôts est seule chargée des poursuites.

Art. L. 248: Les infractions peuvent faire l'objet de transaction avant mise en mouvement d'une action judiciaire ou, dans les conditions fixées à l'art. L. 249, avant jugement définitif.

Art. L.249: En matière de contributions indirectes, aprés mise en mouvement par l'administration ou le ministère public d'une action judiciaire, l'administration ne peut transiger que si l'autorité judiciaire admet le principe d'une transaction.

L'accord de principe est donné par le ministère public lorsque l'infraction est passible à la fois de sanctions fiscales et de peine, par le président de la juridiction saisie lorsque l'infraction est passible seulement des sanctions fiscales.

Aprés jugement définitif, les sanctions fiscales prononcées par les tribunaus ne peuvent faire l'objet de transaction.

Art. L 235: Vorbehaltlich der Regelungen des Art. 1736 des Code général des impôts werden die Verstöße im Bereich der indirekten Besteuerung und gegen die entsprechende Verfahrensgesetzgebung vor dem Korrektionalgericht verfolgt, das auch die Verurteilung ausspricht.

Der Direktor der Steuerbehörden ermittelt und vertritt im Verfahren vor dem Gericht. Wenn eine Straftat sowohl die Steuergesetzgebund als auch die wirtschaftlichtliche Gesetzgebung hinsichtlich des Alkohols betrifft, ist allein die Steuerverwaltung für die Verfolgung zuständig.

Art. L 248: Über diesed Straftaten kann vor der Einleitung des gerichtlichen Verfahrens oder unter den Voraussetzungen des Art. 249 auch vor dem endgültigen Urteil ein Vergleich geschlossen werden.

Art. L 249: Im Bereich der indirekten Besteuerung kann die Verwaltung, nachdem ein gerichtliches Verfahren entweder durch die Verwaltung oder durch die Staatsanwaltschaft eingeleitet worden ist, nur dann einen Vergleich schließen, wenn die Justizbehörde grundsätzlich einverstanden ist.

Zuständig für die Erteilung dieses Einverständnisses ist die Staatsanwaltschaft für die Fälle, in denen die Tat sowohl mit steuerrechtlichen Sanktionen als auch mit Strafe belegte ist,. In den Fällen, in denen die Tat nur mit steuerrechtlichen Sanktionen belegt ist der Präsident des angerufenen Gerichtes zuständig.

Nach dem endgültigen Urteil kann über die vom Gericht ausgesprochenen steuerrechtlichen Sanktionen ein Vergleich nicht mehr geschlossen werden.

Les demandes de remise, totale ou partielle, des charges du débiteur sont instruites par l'administration et soumises au président de la juridiction qui a prononcé la condamnation.

La remise ne peut être accordée qu'après avis conforme du président de la juridiction.

Art. L. 251: Lorsqu'une transaction est devenue définitive après accomplissement des obligations qu'elle prévoit et approbation de l'autorité compétente, aucune procédure contentieuse ne peut plus être engagée ou reprise pour mettre en cause les pénalités qui ont fait l'objet de la transaction ou les droits eux-mêmes.

Dans le cas où le contribuable refuse la transaction qui lui a été proposée par l'administration et porte ultérieurement le litige devant le tribunal compétent, celui-ci fixe le taux de majoration ou pénalités en même temps que la base de l'impôt.

Die Anträge auf teilweisen oder vollständigen Nachlaß der Belastung des Schuldners werden von der Verwaltung entgegengenommen und durch den Präsidenten des Gerichtes, das die Verurteilung ausgesprochen hat, entschieden.
Der Nachlaß kann nur nach Zustimmung des Gerichtspräsidenten gewährt werden.

Art. L 251: Wenn ein Vergleich rechtskräftig geschlossen wurde, die in ihm vorgesehenen Auflagen erfüllt worden sind und die zuständige Behörde zugestimmt hat, kann ein streitiges Verfahren nicht mehr angestrengt oder wiederaufgenommen werden, um die Strafen oder die Rechte, die von dem Vergleich erfaßt sind, in Frage zu stellen.
Wenn der Steuerschuldner den ihm von der Behörde vorgeschlagenen Vergleich ablehnt und den Streit später vor das zuständige Gericht bringt, legt das Gericht den zu zahlenden Zuschlag oder die Strafe zugleich mit der zu zahlenden Steuer fest.

II. Hinsichtlich der action civile

Code de Travail

Art. L411 - 10: Les syndicats professionnels jouissent de la personnalité civile.

Art. L411 - 10: Die Gewerkschaften und die Arbeitgeberverbände sind rechtsfähig.

Art. L 411 - 11: Ils ont le droit d'ester en justice. Ils peuvent devant toutes les juridictions exercer tous les droits réservés à la partie civile relativement aux faits portant un préjudice direct ou indirect à l'intérêt collectif de la profession qu'ils représentent.

Art. L 411 - 11: Sie haben das Recht, vor Gericht aufzutreten. Sie können vor jeder Gerichtsbarkeit hinsichtlich der Tatsachen, die dem Kollektivinteresse der Profession, die sie vertreten, einen direkten oder indirekten Schaden zufügen, alle der partie civile zustehenden Rechte geltend machen.

Literatur-und Quellenverzeichnis

Alternativkommentar zur Strafprozeßordnunung: Gesamtherausgeber: Wassermann, Rudolf; Band 2, Teilband 1; Neuwied, Kriftel, Berlin 1992

Arndt, Adolf: Umwelt und Recht, in: NJW 1961, S. 1616 ff.

Apap, Georges: La conciliation pénale à Valence, in: Rev. Sc. Crim. 1990, S. 633 f.

Aubusson de Cavarlay, Bruno: Les filières pénales. Etude quantitative des cheminements judiciaires; CESDIP 1986.

Aydalot, Maurice: Ministère Public (1969), in: Dalloz, Répertoire de droit pénal et de procédure pénale, (Rép. Pén), Loseblattsammlung, Bd. IV.

Aymond, Pierre: Action Publique (1967), in: Dalloz, Répertoire de droit pénal et de procédure pénale, (Rép. Pén.), Loseblattsammlung, Bd. I.

Bader, Karl S.: Staatsanwalt und Rechtspflege, in: JZ 1956, S. 4ff.

Bandisch, Günter: Aus der Arbeit des DAV, Strafrechtsausschuß, in: AnwBl. 1991, S. 311 ff.

Bannenberg, Britta: Wiedergutmachung in der Strafrechtspraxis; Bonn 1993 (Diss. Göttingen 1993).

Bannenberg, Britta/ Rößner, Dieter: Die Praxis des Täter- Opfer-Ausgleiches in der Bundesrepublik Deutschland; in: Kerner, Hans-Jürgen/ Hassemer, Elke/ Marks, Erich/ Wandrey, Michael (Hrsg.): Täter-Opfer-Ausgleich - auf dem Weg zur bundesweiten Anwendung?; Bonn 1994, S.65 ff.

Barske, Kurt / Gapp, Karl: Steuerstrafrecht und Steuerstrafverfahrensrecht; Stuttgart, 1989.

Belot, Jaques: L'ordre public et le procés pénal, Thèse, Nancy 1980.

Bendel, Ewald: Rechtspolitische Perspektiven der Konfliktschlichtung; in:Kerner, Hans-Jürgen/ Hassemer, Elke/ Marks, Erich/ Wandrey, Michael (Hrsg.): Täter-Opfer-Ausgleich - auf dem Weg zur bundesweiten Anwendung?; Bonn 1994, S.15 ff.

Besson, Antonin/Vouin, Robert/ Arpaillange, Pierre: Code annoté de procédure pénale, Paris 1958.

Beth, Alfred: Die Geltendmachung zivilrechtlicher Schadensersatzansprüche im französischen Strafverfahren, Diss. Freiburg 1972.

Beulke, Werner: Strafprozeßrecht; Heidelberg 1994.

Blanc, Gérard: La médiation pénale (commentaire de l'art. 6 de la loi n° 93-2 du 4. Janvier 1993 portant reforme de la procédure pénale) in: JCP 1994.I.3760.

Bloy, René: Zur Systematik der Einstellungsgründe im Strafrecht. In: GA 1980 S. 161 ff.

Bohlander, Michael: Zu den Anforderungen an die Privatklageschrift nach § 381 StPO; in: NStZ 1994, S. 420 ff.

Bohnert, Joachim: Die Abschlußentscheidung des Staatsanwaltes. Berlin 1992.

Bonafé-Schmitt, Jean-Pierre: Alternatives to the judicial model; in: Wright, Martin/Galaway, Burt (Hrsg.): Mediation and Criminal Justice; London,Newbury Park, New Delhi 1989, S. 178 ff.

- La médiation: une justice douce; Paris 1992.

Boucly, Jaques/ Leclère, Marcel: Code de Procédure Pénale Commenté, 4. Aufl., Paris 1970.

Boulan, Fernand: Le double visage de l'action civile exercée devant la juridiction repressive, in: JCP 1973.I.2563

Bouloc, Bernard: L'exercice de l'action publique par mandataire, in: Mélanges Jean Larguier, Grenoble 1993.

Bouzat, Pierre/ Pinatel, Jean: Traité de droit pénal et de criminologie, Band II: procédure pénale, regime des mineurs, domaine des lois pénales dans le temps et dans l'espace. Bearbeiter: Bouzat, Pierre; 2. Auflage, Paris 1970.

Boxdorfer, Dietrich: Das öffentliche Interesse an der Strafverfolgung totz geringer Schuld des Täters; in: NJW 1976, S. 317 ff.

Braunschweig, André: Observations sur Cass. Crim. vom 15.5.1992 in: Rev. Sc. Crim. 1992, S. 606 ff.

Breton, Pascale: La procédure en matière de toxicomanie. Mémoire pour le Diplôme d'Etudes Approfondies de droit processuel, Université de Poitiers, année 1982 - 1983. (Da diese Arbeit eine Abschlußarbeit im Studium darstellt, ist sie nicht veröffentlicht. Sie kann jedoch in Poitiers im Institut de Sciences Criminelles eingesehen werden.)

Caleb, M: Considérations sur le nouveau projet de Code d'Instruction Criminelle, in: Rev. Sc. Crim. 1952, S. 19 ff.

Campredon, Claire: L'action collective ordinale, in: JCP 1979 I doctr. 2943.

Carbasse, Jean - Marie: Introduction historique au droit pénal; Paris 1990.

Cartou, Louis: Note sous Conseil d'Etat du 26.juin 1953, in: JCP 1953 II 7810.

Casorla, Francis: Le procureur de la République et la mise en état des affaires pénales, Thèse, Poitiers 1981.

Cedras, Jean: La poursuite des affaires signalées d'interêt particulier; in: Rev. pénitentiaire 1992, S.77 ff.

Chavanne, Albert: chronique législative: toxicomanie, in: Rev. Sc. Crim. 971, S. 705 ff.

Chénon, Emile: Histoire générale du droit Francais public et privé des orgines à 1815, Bd. I, Paris 1926

Christie, Nils: Conflicts as property; in: British Journal of Criminology 1977, S. 1 ff.

Coppens, Philippe: Médiation et Philosophie du droit; in: arch. pol. crim. 13 (1991), S.13 ff.

Dahs, Hans: Absprachen im Strafprozeß. In: NStZ 1988 S. 153 ff.

Davidovitch, A.: Boudon, R.: Les mécanismes sociaux des abandons de poursuite, in: l'année sociologique 1964, S. 111 - 244.

Deal, Detlef (Pseudonym): Der strafprozessuale Vergleich, in: StV 1982, S. 545 ff.

Dencker, Friedrich: Die Bagatelldelikte im Entwurf eines EGStGB; in: JZ 1973, S. 144 ff.

de Guardia, Charles: Changes et transactions avec l'administration des douanes, in: Gaz. Pal. 1984 doctr. 412 ff.

Decheix, Pierre: En finir avec l'hypocrisie de la correctionnalisation, in: Gaz. Pal 1970, II, doctr. S. 180-181.

Denis, Guy: L'enquête préliminaire, Paris 1974 (Thèse Aix - Marseille 1973).

 - La rationalité des conduites policières dans la marche de la justice pénale; in: Le fonctionnement de la justice pénale, colloque du CNRS, Lyon-Villeurbanne vom 11.-14.1.1977, veröffentlicht Paris 1979 (zitiert: Denis in: colloque).

Dobkine, Michel: La transaction en matière pénale, in: D.1994 chr. 137 ff.

Dölling, Dieter: Die Weiterentwicklung der Sanktionen ohne Freiheitsentzug im deutschen Strafrecht. In: ZStW 104 (1992) S. 258 ff.

Donnedieu de Vabres: Projet de Code d'Instruction Criminelle; in: Rev. Sc. Crim. 1949 S. 433 ff; S. 617 ff (suite); S. 796 ff. (suite et fin).

Doucet, J.-P.: Note sous tribunal de police de Brioude; in: Gaz. Pal. 1988 II S. 853.

Dreher, Eduard: Die Behandlung der Bagatellkriminalität. In: Festschrift für Hans Welzel zum 70. Geburtstag, hrsg. von Stratenwerth, Günter u.a.; Berlin New York 1974.

Dünkel, Frieder/ Rössner, Dieter: Law and practice of victim/offender agreements; in: Wright, Martin/ Galaway, Burt (Hrsg.): Mediation and Criminal Justice; London, Newbury Park, New Delhi 1989, S. 152 ff.

Dupré, Jean-Francois: La transaction en matière pénale; Paris 1977.

Durry: Note sous Cass. Crim du 19. novembre 1959; in : D. 1960 jur. S. 464.

Elling, Karl: die Einführung der Staatsanwaltschaft in Deutschland, Breslau 1911.

Eisenberg, Ulrich: Jugendgerichtsgesetz, 6. Auflage, München 1995.

Esmein, Adhémar: Histoire de la Procédure Criminelle et spécialement de la procédure inquisitoire dépuis le XIIIème ciècle jusqu'à nos jours, Paris 1882, Neudruck Frankfurt/M. 1969.

Etevenon, Claude: Les expériences françaises de médiation, in: Gaz.Pal. 1993.I.S.119 ff.

Eukeu, J.-P.: Consensualisme et poursuite en droit pénal comparé, Thèse, Poitiers 1990 (2 Bd.).

Faget, J.: La médiation: une dialectique de l'ordre et du desordre, in: Déviance et Société 1993, S. 221 ff.

Faivre, Pierre: Action civile (1985), in: Dalloz, Répertoire de droit pénal et de procédure pénale (Rép. Pén), Loseblattsammlung Bd I.

Faustin Helie: Analyse et commentaire du code de procédure pénale; Bearbeiter: Brouchot, Jean/ Brouchot, Francois/ Gazier,Jaques; Paris 1960.

Favoreu, Louis: Brèves observations sur la situation du parquet au regard de la Constitution, in: Rev. Sc. Crim. 1994, S. 675 ff.

Feldhausen, Peter: Zur Geschichte des Strafprozeßrechtes in Frankreich von der Revolution bis zum Erlaß des Code d'Instruction Criminelle (1789-1808), Diss. Bonn 1966.

Fezer, Gerhard: Strafprozeßrecht I, 2. Auflage, München 1995.

-Vereinfachte Verfahren im Strafprozeß. In: ZStW 106 (1994) S. 1 ff.

Garcin, Claude: Procédure Pénale, Lyon 1993.

Garraud, R.: Traité théorique et pratique d'instruction criminelle et de procédure pénale, Bd.I, Paris 1907.

Gassin, Raymond: arrestations (1967), in: Dalloz, Répertoire Pénale, Loseblattsammlung Band I.

-libertés individuelles (1980), ebd. ,Band III (zitiert: Gassin, libertés).

-transactions (1969), ebd., Band IV.

Geerds, Friedrich: Zum Weisungsrecht gegenüber Staatsanwälten, in: Strafverfolgung und Strafverzicht. Festschrift zum 125-jährigen Bestehen der Staatsanwaltschaft Schleswig - Holstein; hrsg. von Ostendorf, Heribert; S. 297 ff.

Gewaltig, Stefan: Die action civile im französischen Strafverfahren, Frankfurt/M. 1990.

Glesener, A.: Le classement sans suite et l'opportunité des poursuites, RDPC 1972 - 73, S. 353 ff.

Gleizat, Jean - Jaques/ Gatti - Domenach, Jaquline / Journis, Claude: La Police, Paris, 1993.

Goldschmidt, J.: Staatsanwaltschaft und Kriminalpolizei in Frankreich, in: GA 67 (1919), S. 179 ff.

Grebing, Gerhardt: Staatsanwaltschaft und Strafverfolgungspraxis in Frankreich, in: Jescheck, Hans-Heinrich/ Leibinger, Rudolf (Herausgeber): Funktion und Tätigkeit der Anklagebehörde im ausländischen Recht, Baden-Baden 1979.

- Abschaffung oder Reform der Privatklage? in: GA 1984, S. 1 ff.

Guilbot, Michel/ Rojare, Sophie: La participation du ministère public à la médiation, in: arch. pol. crim. 14 (1992), S. 39 ff.

Günther, Hans: Die Staatsanwaltschaft - Kind der Revolution. Frankfurt / M., Berlin, Wien 1973

Hanack, Ernst-Walter: Das Legalitätsprinzip und die Strafrechtsreform. In: Festschrift für Wilhelm Gallas zum 70. Geburtstag, hrsg. von Lackner, Karl u.a.; Berlin New York 1973, S. 339 ff.

- Vereinbarungen im Strafprozeß, ein besseres Mittel zur Bewältigung von Großverfahren? in: StV 1987, S. 500 ff.

Hassemer, Raimund / Hippler, Gabriele: Informelle Absprachen in der Praxis des deutschen Strafverfahrens, in: StV 1986, S. 360 ff.

Hergenröder, Carmen Silvia: Das staatsanwaltschaftliche Verfahren. Frankfurt/ Main Bern New York 1986 (Diss. Konstanz 1986).

Hirsch, Hans-Joachim: Zur Stellung des Verletzten im Straf- und Strafverfahrensrecht. In: Gedächtnisschrift für Armin Kaufmann, hrsg. von Dornseifer, Gerhard u.a.; Köln Berlin Bonn München1989, S. 699 ff.

- Zur Behandlung der Bagatellkriminalität in der Bundesrepublik Deutschland, in: ZStW 92 (1980), S. 218 ff.

- Wiedergutmachung des Schadens im Rahmen des materiellen Strafrechts; in: ZStW 102 (1990), S. 534 ff.

Hünerfeld, Peter: Kleinkriminalität und Strafverfahren in: ZStW 90 (1978), S. 905 ff.

Jeandidier, Wilfrid/ Belot, Jaques : Procédure Pénale, Paris 1988.

Jeandidier, Wilfrid: La juridiction d'instruction au second degré, Paris 1982.

Jescheck, Hans - Heinrich / Weigend, Thomas: Lehrbuch des Strafrechts. Allgemeiner Teil. 5. Aufl. Berlin 1996.

Joachimski, Jupp: Betäubungsmittelgesetz, 5. Auflage, Stuttgart, München, Hannover, Berlin, Weimar, Dresden 1994.

Jurisclasseur Procédure Pénale: Loseblattsammlung; Stand: incorproation N° 1187 (3, 1995); zitiert nach Bearbeiter,Artikel,evtl Fascicule, Absatznr.; Band I Art. 1 à 74 (J.-Cl. Proc.Pén.).

Jung, Heike: Diskussion. Täter - Opfer - Ausgleich; In: MSchrKrim. 76 (1993), S. 50 ff.

Kaiser, Günther/ Meinberg, Volker: "Tuschelverfahren" und "Millionärsschutzparagraph"?, in: NStZ 1984, S. 343 ff.

Kapahnke, Ulf: Opportunität und Legalität im Strafverfahren. Strafverfolgungsverzicht durch die Staatsanwaltschaft gem. den §§ 154, 154 a StPO nach der Neuordnung durch das Strafverfahrensänderungsgesetz. Diss. Tübingen 1982.

Karlsruher Kommentar zur Strafprozeßordnung, herausgegeben von Pfeiffer, Gerd, 3. Auflage, München 1993; zitiert KK - Bearbeiter.

Kausch, Erhard: Der Staatsanwalt. Ein Richter vor dem Richter? Berlin 1980 (Diss. Bielefeld 1978).

Kill, Franz: Die Stellung der Staatsanwaltschaft im französischen und deutschen Strafverfahren, Diss. Bonn 1960.

Kintzi, Heinrich: Plädoyer für eine Neuordnung des Amtsrechts der Staatsanwälte, in: Festschrift für Rudolf Wassermann, herausgegeben von Broda, Christian u.a., Neuwied und Darmstadt 1985; S. 899 ff

Kissel, Otto-Rudolf: Gerichtsverfassungsgesetz (Kommentar), 2. Auflage, München 1994.

Klein, Franz/ Orlopp, Gerd: Abgabenordnung. Kommentar, 5. Aufl. München 1995.

Kleinknecht, Theodor/ Meyer - Goßner, Lutz: Kommentar zur Strafprozeßordnung, 41. Auflage, München 1993.

Koffka, Else: Literaturbericht Strafprozeßrecht, in: ZStW 84 (1972), S. 666ff.

Körner, Harald Hans: Betäubungsmittelgesetz, 4. Auflage, München 1994.

Krey, Volker/ Pföhler, Jürgen: Zur Weisungsgebundenheit der Staatsanwaltschaft in: NStZ 1985, S. 145 ff.

Krey, Volker: Grundzüge des Strafverfahrensrechts (11. Teil), in: JA 1985, S. 511.ff.

Krümpelmann, Justus: Die Bagatelldelikte, Berlin 1966 (Diss. Freiburg 1964).

Kühl, Christian: Unschuldsvermutung, Freispruch und Einstellung. Köln, Berlin, Bonn, München 1983.

Kuhnmunch, Olivier: La défense des interêts collectifs et l'éclatement des poursuites, in: arch. pol. crim. 10 (1988), S. 35 ff.

Kunigk, Fritz: Die staatsanwaltschaftliche Tätigkeit. 2. Auflage, Stuttgart Berlin Köln München Mainz 1978.

Kunz, Karl-Ludwig: Das strafrechtliche Bagatellprinzip. Berlin 1984.

- Die Einstellung wegen Geringfügigkeit. Königsstein/ Ts. 1980.

Kurth, Hans-J.: Beschränkung des Prozeßstoffs und Einführung des Tonbandprotokolls durch das Strafverfahrensänderungsgesetz 1979, in: NJW 1978, S. 2481 ff.

Laingui, André: La phase préparatoire du procés pénal (historique), in: RIDP 56 (1985), S. 42 ff.

Laingui, André/ Lebigre, Arlette: Histoire du droit pénal, Bd. II: La procédure criminelle, Paris, o.J.

Larguier, Jean: L'action publique menacée, in. D. 1958 I chr. S. 29 ff.

- Recel de Malfaiteurs (1969), in.: Dalloz, Répertoire Pénale, Loseblattsammlung, Band IV.

Laroche-Flavin, Charles (Pseudonym mehrerer Richter): La machine judiciaire, Paris 1968.

Lascoumes, Pierre/ Barberger, Christine/ Lambert, Thierry/ Maier, Marie-Claire/ Pretre, Jean-Michel/ Serverin, Evelyne: Le droit pénal administratif instrument d'action étatique; recherche financée par le Commissariat au Plan, 1986 ohne Ortsangabe.

Laurent, Jean-Charles: La correctionnalisation, in: JCP (la semaine juridique) 1950 I Nr. 852.

- Le classement sans suite, in: Récueil de droit pénal 2 (1948), S. 97 ff.

Lay, Jean-Pierre / Bigaut, Christian: Loi organique n° 94.100 du 5. février 1994 sur le Conseil superieur de la Magistrature - la mise en oeuvre de la reforme constitutionelle du 27. juillet 1993; in: D.1994 chr. S.129 ff.

Lazerges, Christine: Essai de classification des procédures de médiation, in: arch. pol. crim. 14 (1992), S. 17 ff.

Leger, Philippe: Rapport sur la législation française et d'inspiration française, in: RIDP 56 (1985), S. 87 ff.

Le Poittevin, Gustave: Dictionnaire - Formulaire des parquets et de la police judiciaire, Band III, 7. Auflage, Bearb.: Besson, Antonin/ Combaldieu, Raoul/ Siméon, Jaques; Paris 1950.

Lévy, René: Du suspect au coupable: le travail de police judiciaire, CNRS 1987

Löwe-Rosenberg: Die Strafprozeßordnung und das Gerichtsverfassungsgesetz; 24. Auflage, Band II (§§ 112 - 212b) hrsg. von Berlin New York 1989 Band V (§§ 374 - 474, Nachtrag, EGStPO), hrsg. von Rieß, Peter; Berlin New York 1989.

Marck / Kloß: Die Staatsanwaltschaft in Preußen. 2. Auflage, Berlin 1903.

Maron, Albert: Commentaire; in: Droit Pénal 1992, comm. 159.

Mayer, Danièle: note sous Cass. Crim. vom 12.5.1992, D. 1992 jur. S. 429.

Meinberg, Volker: Geringfügigkeitseinstellung von Wirtschaftsstrafsachen. Freiburg 1985.

Mérigeau, Martine: Überblick über die neuen Wege einer opferbezogenen Kriminalpolitik in Frankreich; in: Eser, Albin u.a.: Neue Wege der Wiedergutmachung im Strafrecht (internationales strafrechtlich - kriminologisches Kolloquium in Freiburg i.Br.) Freiburg i.Br. 1990, S. 325 ff.

Merle, Robert/ Vitu, André: Traité de droit criminel. Bd. 2: Procédure pénale. 4. Aufl. Paris 1989.

Morineau, Jaqueline: Le centre de médiation et de formation à la médiation (Ass. loi 1901), in: arch. pol. crim. 14 (1992) S. 71 ff.

Müller, Rudolph: Begünstigung der Steuer - und Wirtschaftsstraftaten durch den Staat? In: ZRP 1975, S. 49 ff.

Müller - Dietz; Heinrich: Strafrechtstheoretische Überlegungen zur Wiedergutmachung; in: Eser, Albin u.a.: Neue Wege der Wiedergutmachung im Strafrecht (internationales strafrechtlich - kriminologisches Kolloquium in Freiburg i.Br.) Freiburg i.Br. 1990, S. 355 ff.

Münchener Kommentar zum BGB, 3. Band, 2. Halbband, 2. Auflage, München 1986.

Naucke, Wolfgang: Der Begriff der geringen Schuld (§ 153 StPO) im Straftatsystem; in: Festschrift für Reinhard Maurach zum 70. Geburtstag, herausgegeben von H.-C. Schroeder und H. Zipf, Karlsruhe 1972, S. 197 ff.

Netzig, Lutz: Ein Kampf gegen Windmühlenflügel? Bemühungen der WAAGE Hannover eV. zur Implementation des Täter - Opfer - Ausgleichs in die Strafverfoigung Erwachsener. In: Kerner, Hans-Jürgen u.a. (Hrsg.): Täter-Opfer-Ausgleich - auf dem Weg zur bundesweiten Anwendung?; Bonn 1994, S. 178 ff.

Odersky, Walter: Aktuelle Überlegungen zur Stellung der Staatsanwaltschaft, in: Festschrift für Kurt Rebmann zum 65. Geburtstag, herausgegeben von: Eyrich, Hans u.a.; München 1989, S. 342ff.

Ortolan, J.: Éléments de droit pénal, 5. Auflage (überarbeitet von Desjardins, Albert), Band II, Paris 1886.

Ottenhof, R.: Les techniques de conciliation en matière pénale; in: arch. pol. crim. 7 (1984) S. 124 ff.

Pannier, Jean: La mise en mouvement de l'action publique en matière de change; in D. 1990 chr. 266.

Parchauy, Michel: L'art. 6 de la Convention Europeenne des Droits de l'Homme et la médiation pénale; in: arch. pol. crim. 14 (1992), S. 31 ff.

Peters, Karl: Strafprozeß, 4. Auflage, Heidelberg 1985.

Pfeiffer, Gerd: Zur Ausschließung und Ablehnung des Staatsanwaltes im geltenden Recht; in: Festschrift für Kurt Rebmann zum 65. Geburtstag; hrsg. von Eyrich, Hans u.a.; München 1989, S. 359 ff.

Pfeiffer, Gerd / Fischer, Thomas: Strafprozeßordnung. München 1995.

Pierre, Christian: Rapport de Synthèse, in: arch. pol. crim. 10 (1988), S. 69 ff.

Poulpiquet, Jeanne de: Le droit de mettre en mouvement l'action publique: conséquence de l'action civile ou droit autonome? in: Rev. Sc. Crim. 1975, S. 37 ff.

Pradel, Jean: Procédure Pénale, 7. Auflage, Paris 1993 (zitiert: Pradel, procédure).

- Droit pénal comparé, Paris 1995 (zitiert: Pradel, dr.pén.comp.).

- Opportunité ou Legalité de la poursuite? Aperçus sur quelques législations d'Europe, in: Revue pénitentiaire 1991, S. 94 ff.

  - D'une loi avortée à un projet nouveau sur l'injonction pénale, in: D.1995, chr. S. 171 ff.

  - Un législateur se muant en Pénélope ou se faisant perfectionniste? In: D. 1993, chr. S. 229 ff.

  - France in: van den Wyngaert, Christine (Hrsg.): Criminal procedure systems in the European Community; London, Brüssel, Dublin, Edinburgh 1993, S. 105 ff.

Pradel, Jean/Varinard, André: Les grands arrêts du droit criminel, Band II (le procès, la sanction), 4. Auflage, Paris 1995.

Queret, Cathèrine: La correctionnalisation judiciaire en 1990, Mémoire pour le Diplôme d'Etudes Approfondies de droit processuel, Université de droit, d'économie et des sciences sociales de Paris I; (Da diese Arbeit eine Abschlußarbeit im Studium darstellt, ist sie nicht im eigentlichen Sinn veröffentlicht. Sie kann aber in Paris in der Bibliothèque Cujas beim Panthèon eingesehen werden.).

Rapport fait au nom de la commission de l'Assemblée Nationale, Nr. 1427, Band 1 und 2.

Rapport fait au nom de la commission sénatoriale des lois, Nr. 30, 13. octobre 1994.

Rassat, Michèle - Laure: Le ministère public entre son passé et son avenir, Paris 1967 (zitiert: Rassat, ministère public).

- Procédure pénale, Paris 1990 (zitiert: Rassat, procédure).

- Institutions judiciaires, Paris 1993, (zitiert: Rassat, institutions).

Reeves, Helen: The Victim Support Perspective, in: Wright / Galaway (Hrsg.): Mediation and criminal justice, London, Newbury Park, New Delhi, 1989, S. 44 ff.

Remplon, Lucien: Pratique du ministère public, Loseblattsammlung Bd. 1.

Rieß, Peter: Die Zukunft des Legalitätsprinzips, in: NStZ 1981 S. 2 ff.

Robert, J.: Chronique de procédure pénale; in: Rev. Sc. Crim. 1964, S. 387 ff.

  - Incompétence de la juridiction correctionnelle à l'égard des faits prétendus criminels, in: Rev. Sc. Crim. 1976, S. 145 ff.

Robert, Philippe: L'action des groupements. Des strategies évolutives. in: arch. pol. crim. 10 (1988), S. 59 ff.

Roca, Claire: De la dissociation entre la réparation et la répression dans l'action civile exercée devant les juridictions répressives, in: D. 1991, chr. S. 85 ff.

Rönnau, Thomas: Die Absprache im Strafverfahren, Baden - Baden 1990 (Diss. Kiel).

Roessner, Dieter: Strafrechtsfolgen ohne Übelszufügung? In: NStZ 1992, S. 409 ff.

Rojare, Sophie: Une politique criminelle participative: l'exemple de la participation des associations à la variante de médiation, in: arch. pol. crim. 11 (1989), S. 107 ff.

Roux, J.A.: Cours de droit pénal et de procédure pénale, Paris 1920.

Roxin, Claus: Strafverfahrensrecht, 23. Auflage, München 1993 (zit.: StrafverfahrensR).

- Rechtsstellung und Zukunftsaufgaben der Staatsanwaltschaft, in: DRiZ 1969, S. 385 ff.

Rudolphi, Hans - Joachim: Strafprozeß im Umbruch; in ZRP 1976, S. 165 ff.

Rüping, Hinrich: Die Geburt der Staatsanwaltschaft in Deutschalnd, in GA 1992, S. 147 ff.

Sasserath, M.: Procedure accusatoire et procédure inquisitoriale; in: Rev. Sc. Crim. 1952, S. 433 ff.

Schacky, Susanne von: Das Privatklageverfahren und seine Berechtigung heute, Diss. München 1975.

Schlüchter, Ellen: Das Strafverfahren, Köln Berlin Bonn München 1981.

- Weniger ist mehr. Aspekte zum Rechtsplegeentlastungsgesetz, Baden - Baden 1992. (Zitiert: Schlüchter, Aspekte.)

Schmidhäuser, Eberhard: Freikaufverfahren mit Strafcharakter im Strafprozeß? In: JZ 1973, S. 529 ff.

Schmidt, Eberhard: Einführung in die Geschichte der deutschen Strafrechtspflege, 3. Auflage, Göttingen 1965

- Die Rechtsstellung der Staatsanwaltschaft, in: MDR 1951, S. 1ff.

Schmidt - Hieber, Werner: Verständigung im Strafverfahren. München 1986.

Schnapper, Bernard: L'action pénale, le ministère public et les associations: naissance et contestaion d'un quasi-monopole (XIX. - XX. siècles), in: arch pol. crim. 10 (1988), S. 19 ff.

Schneider, Françoise: Les principes de légalité et d'opportunité dans la mise en mouvement des poursuites, thèse, Nancy 1974.

Schönke/Schröder: Kommentar zum Strafgesetzbuch. Bearbeiter: Lenckner, Theodor/ Eser, Albin/ Cramer, Peter/ Stree, Walter. 24. Aufl. München 1991.

Schreiber, Christiane: Die nichteheliche Lebensgemeinschaft; München 1995.

Simmat - Durand, Laurence: L'abandon des Poursuites: ces classements dits d'opportunité,(Recherche menée sous contrat avec le Ministère de la Justice, Convention Nr. 8705042002107501), C.E.S.D.I.P., 1989.

Soyer, Jean - Claude: Droit pénal et procédure pénale, 11. Auflage, Paris 1994.

Stasi, Marion: La médiation. Le point de vue des avocats, in: arch. pol. crim. 14 (1992), S. 85 ff.

Stefani, Gaston/ Levasseur, Georges/ Bouloc, Bernard: Procédure pénale, 13. Auflage Paris 1987/15. Auflage Paris 1993.

Tolksdorf, Klaus: Mitwirkungsvebot für den befangenen Staatsanwalt, Berlin 1988.

Treyvaud, Dominique: Légalité ou Opportunité des poursuites? Etude de droit suisse et de droit comparé, Thèse Lausanne 1961.

Vauzelle, Jean-Luc: De la présomption d'innocence à la présomption des charges ou l'etrange réforme du procés pénal; in. Gaz. Pal. 1993 doctr. S. 342 ff.

Verdun, Henri: Des pratiques judiciaires de correctionnalisation, Thèse, Aix-en-Provence 1922.

Vérin: La médiation à San Francisco, New York et Kitchener, Ontario; in: Rev.Sc.Crim. 1983, S. 193 ff.

Vidal, José: Observations sur la nature juridique de l'action civile, in Rev. Sc. Crim. 1963, S. 481 ff.

Vincent, Jean/Guinchard, Serge/ Montagnier, Gabriel/ Varinard, André: La justice et ses institutions, 3. Auflage, Paris 1991.

Vitu, André: Le classement sans suite, in Rev. Sc. Crim. 1947, S. 505 ff.

- La collaboration des personnes privées à l'administration de la justice criminelle francaise, in: Rev. Sc. Crim. 1956 S. 675 ff.

Volff, Jean: Un coup pour rien! L'injonction pénale et le Conseil constitutionnel, in: D. 1995 chr. S. 201ff.

Vouin, Robert: The role of the prosecutors in French criminal trials, in Am.Journ. Comp.Law, 18 (1970), S. 483 ff.

- Droit pénal spécial, 5. Auflage, fortgeführt von Rassat, Michèle-Laure; Paris 1983 (zitiert: Vouin/Rassat).

Waller, Hellmut: Empfiehlt es sich, § 153 a zu erweitern? In: DRiZ 1986, S. 47 ff.

Weigend, Thomas: Absprachen im ausländischen Strafverfahren, Freiburg i. Br. 1990.

- Strafzumessung durch den Staatsanwalt? Lösbare und unlösbare Probleme bei der Verfahrenseinstellung unter Auflagen (§ 153 a StPO). In: KrimJ. 1984, S. 8 ff.

Werner, Karin: Die Rechtstellung des Verletzten im Strafprozeß, in: NStZ 1984, S. 401ff.

Wille, Heinrich: Das externe Weisungsrecht, in: Strafverfolgung und Strafverzicht. Festschrift zum 125-jährigen Bestehen der Staatsanwaltschaft Schleswig - Holstein; hrsg. von Ostendorf, Heribert, S. 317 ff.

The manufacturer's authorised representative in the EU is Springer
Nature Customer Service Centre GmbH, Europaplatz 3, 69115 Heidelberg,
Germany. If you have any concerns regarding our products, please
contact ProductSafety@springernature.com

Printed and bound by CPI Group (UK) Ltd, Croydon, CR0 4YY
24/04/2026
02096346-0002